부동산
용어사전
1300

부동산
용어사전
1300

부동산용어사전 1300

개정 2판 1쇄 발행　　　2023년 08월 10일
개정 3판 1쇄 발행　　　2024년 01월 29일

편 저 자 │ 상식연구소
발 행 처 │ (주)서원각
등록번호 │ 1999-1A-107호
주　　소 │ 경기도 고양시 일산서구 덕산로 88-45(가좌동)
대표번호 │ 031-923-2051
교재문의 │ 카카오톡 플러스 친구 [서원각]
홈페이지 │ goseowon.com

PREFACE

과거에도 현재에도 부동산은 뜨거운 감자이며 각종 뉴스와 매체에서도 연이어 보도하고 있습니다. 내 집 마련하기를 소망하는 젊은 청년들과 내 집 유지와 관리를 위한 중·장년층도 부동산에 대한 궁금증을 가지고 있으리라 생각합니다.

궁금증을 풀고 싶다면 어느 주제에 대한 것이든 호기심이 발동하는 그 순간을 잡아라. 그 순간을 흘려보낸다면 그 욕구는 다시 돌아오지 않을 수 있고 당신은 무지한 채로 남게 될 것이다. –William Wirt

윌리엄 워트의 명언처럼 부동산에 대한 호기심이 발동했다면, 그 순간을 놓치지 말고 공부할 기회를 잡아야 할 것입니다.

그러나 사실, 부동산에 대한 호기심을 한순간에 잡기란 쉽지 않습니다. 그저 상식을 늘리고 싶을 뿐인데, 공인중개사를 준비하는 것도 아닌데, 하며 포기하는 경우도 많습니다. 호기심이 발동한 그 순간을 놓치지 않게 하기 위해 어렵지 않고 간략한 설명으로 이해를 돕고자 본서를 기획하였습니다.

기초용어부터 최신용어 및 개정된 내용까지 반영하였으며 뉴스에 자주 등장하는 용어와 집을 보러 갔을 때에 사용하는 실생활 용어, 공인중개사를 준비하는 수험생들까지 모두 볼 수 있도록 구성하였습니다.

> 1. 자가진단 테스트로 자신의 부동산상식 수준이 어느 정도인지 파악하고 그에 맞는 공부 계획을 세워 학습하시기 바랍니다.
> 2. 파트별로 QUIZ와 십자말 풀이를 수록하였습니다. 이를 활용하여 쉽고 확실하게 시사상식을 쌓기 바랍니다.

처음 느꼈던 호기심과 흥미를 가지고 본서와 함께 차근차근 지식을 쌓아가기를 바랍니다.

01 주제별 용어

파트별로 세분화되어 있어, 어떤 용어가 어떤 분야에서 주로 사용되는지 확인할 수 있습니다. 또한 공인중개사 시험을 준비하는 수험자들은 어떤 과목에서 어떤 용어가 주로 언급되는지 확인할 수 있습니다.

02 자가진단 TEST

자가진단 TEST로 책을 마주하기 전, 부동산 용어를 얼마나 알고 있는지 확인할 수 있으며, 이에 따른 공부 방법을 제시해주고 있습니다. 넘어가지 말고 스스로 체크해보세요!

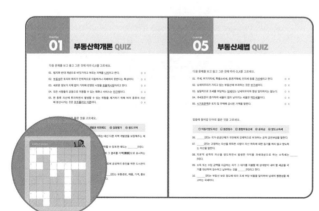

03 파트별 QUIZ

부동산 용어의 개념을 정확하게 익혔는지 확인할 수 있는 파트별 QUIZ를 수록하였습니다. 파트가 끝나는 부분에서 자신의 실력을 체크해 볼 수 있습니다.

CONTENTS
이 책의 차례

최신뉴스기사		010
PART 01 부동산학개론		014
PART 02 민법 및 민사특별법		152
PART 03 중개법령 및 중개실무		246
PART 04 부동산공시법		280
PART 05 부동산세법		346
PART 06 부동산공법		384
PART 07 파트별 QUIZ		458
INDEX		464

1 토지의 자연적 특성 중 하나인   (은)는 장기투자를 통해 자본과 소득의 이득을 얻을 수 있으며, 부동산활동에 있어서 장기배려를 하게 한다.

2 대지면적에 대하여 지하를 제외한 건축물의 연면적이 차지하는 비율을   (이)라 한다.

3   (은)는 땅에 건물을 지을 때, 토지 내에서 건물이 차지하는 대지면적의 비율이다.

4   (은)는 국토교육부 장관이 조사·평가하여 공시한 토지의 단위면적당 가격이다.

5   (은)는 대지 등으로 개발되기 이전의 자연상태로서의 토지를 말한다.

6 집을 담보로 돈을 빌리고자 할 때 대출가능한도를   (이)라 한다.

7   (은)는 채무의 의무를 지닌 사람이 채무를 책임지는 행위를 하지 않을 경우에 생기며 채권자가 제일 먼저 상환 받을 수 있는 권리이다.

8 자신의 토지가 아닌 타인소유지에 건물을 짓거나 다른 용도로 토지를 사용할 수 있는 권리는   (이)다.

9 도시재생 사업을 뜻하는   (은)는 주거하기 열악한 환경지역에 주택, 도시를 재정비하는 것으로 도로부터 학교, 공원, 주차장 등 공공사업의 성격을 가진다.

10 임대차 계약에 따라 돈을 받고 다른 사람에게 목적물을 빌려준 사람을 임대인, 그 목적물을 빌려 쓰는 사람을   (이)라고 한다.

11 등기사항 전부가 부적합한 경우, 기존 등기의 소멸을 목적으로 하는 등기는   (이)다.

12   (은)는 부동산 거래 시 계약할 때, 거래금액의 10% 정도의 금액을 상대방에게 지급하는 것을 말한다.

13 자산 취득에 대하여 취득자에게 부과되는 조세를   (이)라 한다.

14   (은)는 지적도나 임야도에 등록된 경계를 지적공부 실지에 표시하기 위해 실시하는 측량이다.

15 다른 사람의 의뢰로 일정한 보수를 받고 중개하는 일은   (이)다.

16   (은)는 물건을 사실상 지배하고 있지만 점유자가 되지 못하는 사람으로 가사도우미, 공장의 근로자 등을 말한다.

17 토지 등의 경제적 가치를 판정하고 그 결과를 가액으로 표시하는 것을   (이)라 한다.

18 채무자의 채무불이행에 대비하여 채권자에게 제공되는 것은   (이)다.

19 건물과 함께 부동산이라 불리는 중요한 재산인   (은)는 인위적으로 경계선을 긋고 구획하여 개수를 정한 1필지를 단위로 등기한다.

20 도로, 상하수도, 전기시설, 지역난방시설 등 주택단지 안의 기간시설을 단지 밖에 있는 같은 종류의 기간 시설에 연결시키는 시설을   (이)라 한다.

ANSWER

01 영속성	02 용적률	03 건폐율	04 공시지가	05 소지
06 주택담보대출비율	07 저당권	08 지상권	09 재개발	10 임차인
11 말소등기	12 계약금	13 취득세	14 경계복원측량	15 중개업
16 점유보조자	17 감정평가	18 담보	19 토지	20 간선시설

0~5개 | 부동산 용어 입문자!

좌절하지 마세요! 공부를 시작할 수 있는 최고의 계기! 우리 함께 부동산 용어를 알아보아요! 부동산의 달인이 되는 것은 어렵지 않아요. 조금만 눈을 크게 뜨고 세상에 관심 갖는 것을 시작으로 해요. 내 주위 보이는 것들에 조금만 관심을 주기만 해도 입문자로 시작할 수 있어요. 지금 당신이 이 책을 들고 있는 것처럼 말이죠! 출퇴근 시간, 자투리 시간에 음악 대신 뉴스를 그냥 귀로 흘려보내고 귀에 남은 용어를 책에서 확인해보는 것은 어떨까요?

6~10개 | 기초는 있는 부동산 용어 초보자!

어디서 많이 들어봤는데 어디서였지? 하고 생각하고 있죠? 인터넷 기사, 뉴스, 라디오 등에서 어렵게 말하는 단어들 때문에 골치 아프신가요? 이름은 들어봤는데 대략적으로만 알고, 찾아보기는 싫은 당신! 조금만 부지런히 책 펴는 연습을 해보아요. 스쳐 지나간 용어부터 중요한 용어까지 책 한권을 통해 확인할 수 있습니다.

11~15개 | 부동산 용어 흡수 단계인 중수!

아직 부동산 용어를 소화 중이신가요? 완벽한 소화를 통해 나의 것으로 흡수하기 위해서는 정확한 뜻을 이해하는 것입니다. 완벽하지 않아도 되는 것은 초보자까지만! 책을 통해 용어가 어디에서 쓰였으며, 어떨 때 쓰이는지 파악하셨나요? 어려운 단어들을 부동산 용어 사전에 표시하고 계속해서 보세요. 그렇게 한다면 까먹지 않고 자세한 내용까지 하나하나 기억할 수 있어요! 깊이 있는 공부로 달인이 되는 그날까지!

16~20개 | 완벽한 흡수력을 지닌 달인!

짝짝짝! 모든 것을 소화한 부동산 용어의 달인님들, 흡수력이 대단합니다! 하지만 앞으로 나아가지 않으면 퇴보한다는 뜻의 학여역수(學如逆水)라는 말이 있듯이 많이 아는 만큼 다시 상기시키고 공부하는 것이 필요하겠죠? 많이는 필요 없어요. 하루에 한 번 훑어보며 뭐였더라? 라고 생각하는 단어를 목표로 암기해보아요. 또한 문제를 푸는 연습도 중요합니다. 날마다 노력하는 달인을 이길 사람은 아무도 없답니다.

신규 택지, 긍정적이나 공급부족 불안해소는 제한적…
"사업 속도감 필요"

국토교통부 제1차관이 지난 15일 정부세종청사에서 전국 5개 지구 8만 가구 규모의 신규택지 후보지를 발표했다. 기존 도심 등과 연계 개발하며 선 교통·후 입주가 목표다. 오는 2027년 상반기 최초 사전청약 및 주택 사업계획 승인을 추진한다. 이 과정에서 택지 내 투기 방지를 위한 대책도 시행한다.

업계에서는 주택 수요가 많은 곳을 중심으로, 미래 청사진 제시와 함께 기존 도심·택지와 연계 개발하는 점을 긍정적으로 전망했다. 다만 실제 공급으로 이어지기까지 상당한 시간이 소요되는 만큼, 당장 공급 부족 불안심리를 막기에는 제한적일 수 있다는 의견도 나온다. 때문에 공급부족 불안심리 해소를 위해 사업 추진 속도를 올려야 한다는 공통된 목소리다.

한편, 국토교통부는 ▲구리토평2지구(1만 8,500가구) ▲오산세교3지구(3만 1,000가구) ▲용인이동지구(1만 6,000가구) ▲청주분평2지구(9,000가구) ▲제주화북2지구(5,500가구) 등 5곳(8만가구)을 신규 택지 후보지로 선정했다고 발표했다.

모든 신규 택지는 인근의 기존 도심·택지·산업단지 등과 연계 개발한다. 이는 기존에 부족했던 도시 기능과 인프라를 보완·분담해 통합 자족 생활권으로 조성하기 위한 것이다.

특히 선 교통·후 입주 실현을 위해 광역교통 개선 대책을 신규 택지 발표 직후 수립할 계획이며, 오는 2025년 상반기까지 지구 지정을 완료하고, 2026년 하반기 지구계획 승인을 거쳐 2027년 상반기 최초 사전청약 및 주택 사업계획 승인을 추진할 계획이다.

택지 내 투기 근절을 위해 '예방·적발·처벌·환수'라는 4대 영역의 대책도 시행한다. 우선 국토부와 사업시행자 전 직원의 토지 소유 여부를 확인하고, 실거래 조사로 이상 거래를 추출했다. 또 신규 택지 주변은 토지거래허가구역으로 지정하고, 관계기관 합동 투기점검반을 구성·운영할 예정이다.

2023.11. 기준

부동산 불패 믿음?
고금리에도 작년 무주택자 69만 명 집 샀다

지난해 가파른 금리 인상 와중에도 내 집 마련의 꿈을 이룬 무주택자가 69만 명에 달했다. 반면, 집을 모두 팔고 무주택 상태로 되돌아간 사람은 그 절반인 37만 명에 불과했다.

통계청이 지난 14일 펴낸 2022년 주택소유통계' 에 따르면 지난 2021년 무주택자였지만 지난해 11월 1일 기준으로 유주택자가 된 사람은 68만 6,000명으로 집계됐다. 무주택자들의 주택 매수는 작년 한국은행의 급격한 금리 인상 와중에도 지속된 셈이다. 지난해 1월 1일만 해도 1.00% 수준이던 기준금리는 연말 3.25%로 2.25%p 급등했다. 은행 대출금리도 연초 3%대 중반에서 연말 5%대 초반까지 크게 뛰었고, 현재 기준금리는 3.50% 수준에서 운용되고 있다.

유주택자가 된 무주택자는 집을 1채만 사들인 사람이 66만 3,000명으로 전체의 대다수(96.7%)를 차지했고 2채 이상을 사들여 무주택자에서 다주택자로 점프한 이들은 2만 2000명(3.3%)이다. 반면 집을 전부 팔고 무주택자로 돌아간 이들은 37만 3,000명(2.6%)으로 유주택자가 된 무주택자 수의 절반(53.6%) 규모다.

보통 다주택자가 집을 1채만 남기고 팔아넘기는 경우는 금리 부담을 견디지 못했거나 집값 하락을 예상했기 때문으로 풀이된다. 지난해 빠른 금리 인상에도 이 같은 이유로 인해 집을 1채만 남기고 처분한 다주택자 수가 집을 추가로 매입한 1주택자 수보다 오히려 적었다는 의미다.

2023.11. 기준

CROSS WORD

①1	1			②2			
②2				③3		3	
④4			4				

Across

① 지역 내에 있는 모든 부동산 평균가격

② 토지사용 대가로 토지소유자가 타인에게 임대하여 주고받는 임료

③ 인근지역과 유사지역 및 주변 용도지역을 포함한 광역적인 지역

④ 수익방식에서 대상부동산에 귀속되는 순수익 산정방법

Down

① 택지지역, 농지지역, 임지지역 등 상호 간 종별이 전환되고 있는 지역의 토지

② 의제부동산으로 부동산은 아니나 등기나 등록을 하여 부동산으로 인정되는 것

③ 가격과 수요량 사이에 성립하는 역관계

④ 택지의 유효지표면 경계와 인접지 경사진 토지부분

Across | ① 가격수준 ② 지대 ③ 동일수급권 ④ 잔여법
Down | ① 가망지 ② 준부동산 ③ 수요의 법칙 ④ 법지

*check**point***

- ✓ 가치 분할
- ✓ 감응도 분석
- ✓ 내용연수
- ✓ 도시구조이론
- ✓ 맹지
- ✓ 산재성 점포
- ✓ 수익환율법
- ✓ 순영업소득
- ✓ 정상임료
- ✓ 주택 바우처제도
- ✓ 포트폴리오 이론
- ✓ 흠결

1 **가격수준** *
價格水準

개개의 부동산 가격이 아닌, 어떤 지역 내의 모든 부동산의 평균적인 가격

가격은 개별분석을 통한 최유효 이용에 의해 구체화된다. 즉, 부동산의 가격을 판정하기 위해서는 지역분석을 통한 가격수준의 판정이 선행되어야 하고, 이를 통해 부동산의 개별적 요인을 분석하여 부동산 가격을 개별화·구체화하여야 한다. 가격수준의 파악을 통해 지역 간의 격차를 확인할 수 있다.

PlusTip 가격수준조정저당

인플레이션의 위험에 대처하는 방법으로 이자율은 변함없이, 예상된 인플레이션율에 따라 저당가격수준(저당잔금)을 조정하여 인플레이션 위험에 대처하는 것을 말한다.

2 **가격시점** *
價格時點

가격기준일 또는 가격기준으로 삼은 날짜

대상 부동산에 대한 평가의 기준이 되는 시점으로 대상 부동산의 가격조사를 완료한 시점을 원칙으로 한다. 그러나 가격시점이 미리 정해질 수 있는 경우 가격조사가 가능한 때에 한하여 미리 정해진 날짜를 가격시점으로 할 수 있다. 또한 가격은 대상 부동산의 가격에 영향을 미치는 모든 요인에 대한 현지조사완료일을 말하며, 임료의 경우에는 임료 산정의 수익성을 반영하는 것으로서 그 기간이 개시되는 시점을 가격시점으로 한다. 즉, 임료산정 개시일자를 말한다. 가격시점이 중요시되는 가격원칙은 변동의 원칙이다.

PlusTip 평가시점

감정평가사가 대상 부동산을 평가한 날짜로 가격시점과 다르다.

**3 가격의
이중성** *
價格 二重星

재화의 가격은 수요, 공급의 상호관계와 변화과정에 의해서 결정되며, 결정된 가격은 다시 수요와 공급에 영향을 미쳐 균형을 이루는 과정

부동산 가격을 형성하는 데는 여러 사회·경제적인 요인들이 영향을 미치며 이미 결정된 부동산 가격은 다시 사회·경제적 요인들에 다양한 영향을 미친다.

4 가로조건 *
街路條件

부동산 평가 시 가격의 높낮이를 측정하는 요인

부동산 가격 형성에 영향을 미치는 요인 중 하나로, 부동산의 이용가치는 부동산이 접하는 가로의 성격과 양부에 따라서 영향을 받는다.

5 가망지 *
可望地

택지지역·농지지역·임지지역 등의 상호 간에 종별이 전환되고 있는 지역의 토지

후보지 또는 예정지라고도 한다. 현재 농지지역 내에 있고 농지로서 사용·수익되고 있으나 머지않아 그 지역의 택지화가 객관적으로 예측되고, 합리적으로 인정되는 경우 그 지역 내에 있는 토지를 택지가망지라 한다.

6 가수요 *
假需要

공급부족, 물가상승 등이 예상될 때 일어나는 수요

생활필수품의 매점매석, 가격상승에 대한 예상 또는 물자 부족 등에 대비해 특정한 재화의 가격이 상승함에도 불구하고 해당 재화의 수요가 증가하는 현상을 의미한다. 그 결과 물가가 급격히 상승한다.

PlusTip 실수요
실제 소비하기 위한 전제로 물품을 구입하는 수요로 가수요와 대응된다.

7   **가청산** ✱✱
假淸算

사업 시행 기간이 길어질 때 중간청산단계

원래는 당해 사업이 종료되고 환지의 부지정이나 중환지, 혹은 감환지로 관리처분계획이 정해진 경우에 금전으로 청산하나, 사업 시행 기간이 장기적일 때 원리관계 불공평 시정을 목적으로 실시하는 중간청산단계이다.

8   **가치** ✱
價値

상품이 지니고 있는 효용성

시장성보다는 사람이 느끼는 주관적인 것에 중점을 둔 것을 말한다. 즉, 재화가 본질적으로 가지고 있는 인간의 욕망을 충족시켜 주는 능력이라 정의할 수 있다. 또한 장래 기대되는 편익을 현재가치로 환원한 값이며, 대상 부동산의 현재의 값을 의미한다.

9   **가치분할** ✱✱
價値分割

공유자 한 사람이 다른 지분을 양수하고 단독소유하는 일

다른 공유자들의 지분을 양수하고, 그 가치액을 지급하여 단독 소유가 되는 것을 말한다. 현물분할, 금전분할과 함께 협의에 의해 행하는 분할 방법 중 하나이다.

10   **감가수정** ✱✱
減價修正

원가법으로 하는 부동산 감정평가

대상 물건에 대한 재조달원가를 감액하여야 할 요인이 있는 경우에 물리적·기능적·경제적 감가를 고려하여 그에 해당하는 금액을 재조달원가에서 공제하여 가격시점에 있어서의 대상 물건의 가격을 적정화하는 작업을 말한다. 이러한 감가수정방법에는 경제적 내용연수를 표준으로 하는 정액법·정률법·상환기금법과 관찰감가법, 양자를 병용하여 조정하는 방법이 있다.

11 감가액 *
減價額

재조달원가와 적산가격과의 차액

부동산 감정평가 방법 중 원가방식에 의해 건물 등의 상각자산의 현재가격을 구할 시 기술·경제·법률적 감가요인에 따라 재조달원가에서 감하는 액면을 말한다.

12 감응도 분석 *
感應度分析

투입 요소나 변수·변화가 값에 미치는 영향을 분석하는 기법

다른 조건이 일정할 때 투자안의 현금흐름에 영향을 미치는 변수(임대수입, 조세율, 영업비, 공실률, 감가상각의 방법, 보유 기간, 가치의 상승 등) 중에서 어느 한 변수(투입요소)가 변동할 때 그 투자안의 순현가나 내부수익률이 어느 정도 변동하는가를 분석하는 것이다. 민감도가 큰 투자안일수록 순현가의 변동이 심하고 더 위험한 투자안으로 평가하며 민감도 분석이라고도 부른다.

13 감정평가 *
鑑定評價

토지 등의 경제적 가치를 판정하여 그 결과를 가액(價額)으로 표시하는 것

부동산의 소유 등을 통하여 얻을 수 있는 권익(권리·이익)에 대하여 매긴 화폐액이다. 경제적 가치란 동산·부동산 소유권의 경제적 가치 또는 소유권 이외의 권리, 임료 등의 경제적 가치를 말한다. 평가 대상이 될 수 있는 이익은 법률이 금지하지 않아야 하고, 시장성이 있어야 하며, 존속기간이 보장되고 이론적으로 평가가 가능하여야 하는 등의 조건을 갖추어야 한다.

PlusTip 감정평가의 절차

기본적 사항의 확정 → 처리계획의 수립 → 대상 부동산의 확인 → 자료의 수집 및 정리 → 자료의 검토 및 가격형성요인의 분석 → 평가 방법의 선정 및 적용 → 평가액의 결정 및 표시의 순으로 한다.

14 감정평가서 *
鑑定評價書

감정평가업자가 평가의뢰인이 의뢰한 부동산 물건의 가격을 기재한 문서

감정평가업자가 목적, 기준가치, 기준시점, 산출근거 등을 작성한 감정평가 보고서이다.

PlusTip 감정평가에 관한 규칙상의 용어

① **시장가치** : 감정평가의 대상물건이 통상적인 시장에서 충분한 기간 동안 거래를 위하여 공개된 후 그 대상물건의 내용에 정통한 당사자 사이에 신중하고 자발적인 거래가 있을 경우 성립될 가능성이 가장 높다고 인정되는 대상물건의 가액(價額)이다.

② **기준시점** : 대상물건의 감정평가액을 결정하는 기준이 되는 날짜이다.

③ **기준가치** : 감정평가의 기준이 되는 가치를 말한다.

④ **가치형성요인** : 대상물건의 경제적 가치에 영향을 미치는 일반요인, 지역요인 및 개별요인 등을 말한다.

⑤ **원가법** : 대상물건의 재조달원가에 감가수정(減價修正)을 하여 대상물건의 가액을 산정하는 감정평가방법을 말한다.

⑥ **적산법(積算法)** : 대상물건의 기초가액에 기대이율을 곱하여 산정된 기대수익에 대상물건을 계속하여 임대하는 데에 필요한 경비를 더하여 대상물건의 임대료[(賃貸料), 사용료 포함]를 산정하는 감정평가방법을 말한다.

⑦ **거래사례비교법** : 대상물건과 가치형성요인이 같거나 비슷한 물건의 거래사례와 비교하여 대상물건의 현황에 맞게 사정보정(事情補正), 시점수정, 가치형성요인 비교 등의 과정을 거쳐 대상물건의 가액을 산정하는 감정평가방법을 말한다.

⑧ **임대사례비교법** : 대상물건과 가치형성요인이 같거나 비슷한 물건의 임대사례와 비교하여 대상물건의 현황에 맞게 사정보정, 시점수정, 가치형성요인 비교 등의 과정을 거쳐 대상물건의 임대료를 산정하는 감정평가방법을 말한다.

⑨ **공시지가기준법** : 감정평가의 대상토지와 가치형성요인이 같거나 비슷하여 유사한 이용가치를 지닌다고 인정되는 비교표준지의 공시지가를 기준으로 대상토지의 현황에 맞게 시점수정, 지역요인 및 개별요인 비교, 그 밖의 요인의 보정(補正)을 거쳐 대상토지의 가액을 산정하는 감정평가방법을 말한다.

⑩ **수익환원법**(收益還元法) : 대상물건이 장래 산출할 것으로 기대되는 순수익이나 미래의 현금흐름을 환원하거나 할인하여 대상물건의 가액을 산정하는 감정평가방법을 말한다.

⑪ **수익분석법** : 일반기업 경영에 의하여 산출된 총수익을 분석하여 대상물건이 일정한 기간에 산출할 것으로 기대되는 순수익에 대상물건을 계속하여 임대하는 데에 필요한 경비를 더하여 대상물건의 임대료를 산정하는 감정평가방법을 말한다.

⑫ **감가수정** : 대상물건에 대한 재조달원가를 감액하여야 할 요인이 있는 경우에 물리적 감가, 기능적 감가 또는 경제적 감가 등을 고려하여 그에 해당하는 금액을 재조달원가에서 공제하여 기준시점에 있어서의 대상물건의 가액을 적정화하는 작업을 말한다.

⑬ **인근지역** : 감정평가의 대상이 된 부동산(이하 "대상부동산"이라 한다)이 속한 지역으로서 부동산의 이용이 동질적이고 가치형성요인 중 지역요인을 공유하는 지역을 말한다.

⑭ **유사지역** : 대상부동산이 속하지 아니하는 지역으로서 인근지역과 유사한 특성을 갖는 지역을 말한다.

⑮ **동일수급권**(同一需給圈) : 대상부동산과 대체·경쟁 관계가 성립하고 가치 형성에 서로 영향을 미치는 관계에 있는 다른 부동산이 존재하는 권역(圈域)을 말하며, 인근지역과 유사지역을 포함한다.

15 감정평가액 *
鑑定評價額

감정평가사가 부동산의 경제적 가치를 화폐 단위로
측정한 것

법원은 경매물건의 감정을 감정평가사에게 의뢰하는
데 감정평가액은 최초 경매 시 최저입찰가격이 된다.

PlusTip 감정평가사의 직무(감정평가 및 감정평가사에 관한
법률 제4조)

감전평가사는 타인의 의뢰를 받아 토지 등을 감정평가하
는 것을 그 직무로 한다.

16 감채기금 *
減債基金

채권의 상환자원을 확보하기 위해 적립하는 자금

경제주체가 부채를 점차로 상환하거나 줄이기 위해
특정한 기금회계를 설정하고, 매년 일정금액을 적립
하는 기금을 말한다.

PlusTip 감채기금계수(상환기금계수)

일정 누적액을 전체기간 말에 만들기 위해 매 기간의 기말
마다 적립해야 할 액수를 구하는 계수이다. 매기 불입해야
한다는 측면에서 감채기금계수는 미래가치이다.

**17 강성효율적
시장 ***
强性效率的
市場

모든 정보가 이미 시장 가치에 반영되어 있는 시장

이미 투자자에게 공개된 정보뿐만 아니라 공개되지 않
은 정보까지도 신속 정확하게 반영되는 완전히 효율적
인 시장으로 모든 정보가 이미 반영되어 있으므로 정
상 이상의 이윤을 획득할 수 없는 시장이다.

PlusTip 준강성효율적시장

현재까지 공표된 모든 정보들이 신속하고 정확하게 시장
가치에 반영되는 시장을 말한다. 초과이윤은 불가능하다.

**18 개간
촉진 지구 ***
開墾促進地區]

개발 필요성이 있는 지구

농업, 임업, 축산업, 수산업 용지로 개발할 필요성이 있는 지구로, 토지능력등급이 1 ~ 6급지인 토지가 해당된다.

19 개발권 *
開發權

법에 따라 정부에 위임된 토지소유권과 구별되는 개발권

지역지구별로 허용한 건물의 용적률보다 건물의 실제 용적률이 낮을 경우 잔여용적률에 대하여 개발할 수 있는 권리로 미사용 용적률에 대한 권리를 인접건물에 이전함으로써 건물의 외형적 파괴를 방지하고 당초 건물의 원형을 보존하려 할 때 이 같은 이점을 법적으로 인정한다.

**20 개발권
이전제도 ⁑**
TDR:
Transferable
Development
Rights

개발권 양도제

개발이 제한되고 규제되는 보전지역의 토지소유자들에게 개발제한으로 발생하는 손실을 보전해 주기 위하여 개발지역으로 지정된 다른 지역의 토지를 개발할 수 있는 개발권을 부여하는 제도이다. 개발권 이전제도는 토지이용계획의 규제가 전제가 되는 정책이다.

21 개발부담금 *
開發負擔金

개발이익 환수 목적의 부담금

주택단지조성사업을 포함한 택지개발사업이나 도심재개발사업, 지목변경이 수반되는 사업을 시행하는 토지소유자 등에게 부과되는 부담금이다. 원칙적으로 개발로 인한 토지가격 상승분의 100분 50을 부과한다. 부과기준액은 다음과 같다.

> 부과기준액 = 종료시점지가 − (개시시점지가 + 부과기간 동안의 정상지가 상승분 + 개발 비용)

22 개발손실 *
開發損失

개발을 수행함에 있어서 그 개발로 인한 재산상의 손실

개발이익에 대립되는 개념이다. 이론적으로는 개발이익과 개발손실이 상계(相計)되도록 토지정책을 수행하는 것이 바람직하다.

23 개발신탁 *
開發信託

토지(개발)신탁 또는 투자신탁

토지를 신탁받은 회사는 토지의 입지조사에서부터 기획입안, 사업진행, 자금조달, 임차인 모집, 분양, 관리운영 등 모든 업무를 대행해 주며 그 성과를 배당의 형태로 토지소유자에게 지급하는 것이다.

PlusTip 부동산 개발신탁

부동산 신탁회사가 부동산 소유주에게 위임받은 부동산에 대해 개발계획 작성부터 자금조달, 분양, 관리에 이르기까지의 개발행위 일체를 진행하는 것을 말한다. 크게 분양형 토지신탁과 임대형 토지신탁으로 구분된다.

24 개발이익 *
開發利益

개발사업의 결과로 인근 토지의 가격이 상승하여 생긴 이익

개발사업의 시행 또는 토지이용계획의 변경 기타 사회·경제적 요인에 의하여 정상지가상승분을 초과하여 개발사업을 시행하는 자 또는 토지소유자에게 귀속되는 토지가액의 증가분을 말한다. 개발이익은 무형의 것도 포함되며 또 이익이 미치는 범위를 확정함이 곤란하여 정확하게 파악하기 어려우며 이익창출에 공헌한 비율에 따라 공평하게 분배해야 하나, 분배에 관한 명확한 원칙이 명시되어 있지 않은 상태다.

25 개발이익 환수제도 *
開發利益 換手制度

토지개발로 얻은 이익 중 일정액을 정부가 거둬들이는 제도

국가나 지방자치단체 또는 정부투자기관이 시행한 개발 사업이나 정비사업 등으로 토지소유자 노력과는 관계없이 지가가 상승되어 현저한 이익을 얻을 때, 국가가 그 이익의 일부를 토지소유자로부터 환수하는 제도이다.

PlusTip 개발이익환수방법

① **수익자부담금제** : 공공사업비용을 조달하기 위해 부과하는데, 공공사업으로 인하여 얻은 이익을 토지소유자에게 이익의 비율에 따라 부과하는 제도이다.

② **개간법(開墾法)에 의한 개발증가의 환수** : 간척사업의 비용을 부담하기 위해 미국 연방정부가 농지로부터 발생하는 개발증가를 환수하는 제도이다.

③ **개발허가부 공공시설부담** : 개발허가를 조건으로 도로나 하수도를 시설하거나, 시에 학교용지, 도로확장지의 일부를 제공하는 것을 전제로 개발을 허가하는 제도이다.

④ **공공시설과세** : 지역사회의 공공시설 설치나 공공서비스의 공급으로부터 얻은 개발이익에 과세하여 개발이익을 환수하는 제도이다.

⑤ **개발허가의 매각** : 개발권의 매각은 국가에 있으므로 발생한 이익은 국가가 환수한다.

⑥ **지가세(地價稅)** : 지방정부의 재정수입이나 토지정책의 수단으로 활용한 나라들의 토지과세이다.

⑦ **불로소득환수세** : 토지의 투기를 막고, 토지에 개발의 증가를 환수하기 위한 제도이다.

⑧ **수익자부담금 수용에 의한 용도제** : 용도지정으로 인한 가치 상승으로 토지소유자에게 수익자부담금을 징수하여 용도지정으로 개발손실을 본 토지소유자에게 보상해 주는 제도이다.

⑨ **개발권이전제** : 개발이 제한된 지역의 토지소유자에게 허가된 개발권을 개발이 가능한 지역의 토지소유자에게 매각하여 개발이 가능한 지역이 개발할 수 있도록 하는 제도이다.

PlusTip 클라크(P.H. Clarke)의 개발이익 환수방법

① **초과매수** : 공공사업에 필요한 양 이상으로 토지를 매입하여 개발한 후 오른 가격으로 처분하거나 임대하여 공공사업에 투입된 비용을 환수하는 방법이다.

② **상쇄** : 공공사업을 위하여 토지를 수용하는 경우 수용당한 소유자의 주변 토지에서 발생하는 그 사업에 의한 개발이익을 공제한 후 차액을 보상하는 방법이다.

③ **직접부과** : 개발이익을 받을 자에게 수익자부담금, 개발
이익세, 중개세 등을 직접 부과하는 방법으로 가장 많
이 사용한다.
④ **토지의 국유화** : 개발이익이 발생한 토지의 전부 또는
일부를 국유화한 다음, 그것을 수요자에게 임대함으로
써 그 토지에 발생한 개발이익을 환수하는 방법이다.

---

26 **개별분석 ***
個別分析

부동산 가격형성의 개별요인이 대상 부동산의 이용
상태와 가격형성에 어느 정도 영향을 주는지 분석하
여 **최유효 이용(最有效利用)**을 판정하는 작업

대상 부동산의 개별요인(면적, 형상, 지질, 구조, 가로
조건, 접근성 등)을 분석하여 최유효 이용을 판정하
는 것을 말한다.

PlusTip 지역 분석 p.123

---

27 **개별성 ****
個別性

모든 부동산은 자연 특성의 하나로 하나하나 독특한
개성을 가지고 있다는 것

물리적으로 보아 동일한 것은 하나도 없다는 것으로
건물이 같더라도 지표상에 존재하는 토지는 위치·지
형·지세·지반 등이 동일한 것이 없고 그 개성도 달라
대체할 수 없다는 것이다.

---

28 **개별
환원이율 ****
個別還元利率

토지 및 건물 각각의 환원 이율

토지와 건물의 각각 다른 환원 이율을 말한다. 종합
환원이율에 대립되는 개념으로 대상 부동산의 수익가
격을 결정하는 수익환원법의 중요한 요소가 된다.

---

29 개별평가의
원칙 *
個別評價 原則

감정평가의뢰를 받은 부동산을 감정평가 할 때, 부동산의 구성부분에 대하여 개별적으로 평가하는 것

감정평가 할 때, 해당 부동산의 토지와 건물을 개별적으로 평가하여 산정한 금액을 합한 부동산의 가치를 구해야 한다는 원칙이다.

PlusTip 일괄감정평가

감정평가는 대상 물건마다 따로 평가해야 하지만 두 개 이상의 물건이 동일한 가격으로 감정되거나 물건 상호 간에 용도상 불가분의 관계에 있는 경우에는 일괄하여 감정평가 할 수 있다.

30 갱지 *
更地

공법적 규제를 받으며 사법상의 제약은 일절 받지 않는 토지

갱지는 건축물을 건축하도록 용도가 정하여져 있는 지역(주거지역·상업지역·공업지역 등)에서 건축물 등 지상정착물이 없고, 당해 토지의 사용·수익을 제약하는 사권이 부착되어 있지 아니한 토지를 말한다. 갱지는 부동산 가격 공시를 위한 감정평가를 할 때에 상정하도록 되어 있으며 갱지의 감정평가액은 갱지, 사용건물 및 그 부지의 거래가격을 기초로 비준가격 및 토지잔여법에 의한 수익가격을 관련시켜 결정한다. 재조달원가를 파악할 수 있는 경우에는 복성가격도 관련시켜 결정할 수 있다.

PlusTip 나지 p.44

31 거래사례 *
去來事例

시장에서 사고 팔린 부동산의 정보를 알 수 있는 사례

부동산 가격의 평가 방법 중 비교방식의 경우에는 거래된 사례를 수집하여 그 사례와 비교하여 가격을 평가하는데, 이때 부동산시장에서 실제로 발생한 부동산의 매매 및 교환 등의 사례를 거래사례라 한다.

대표성이 없는 거래사례

시장의 불완전성으로 정보가 불충분한 거래당사자 간의 거래사례나 개인적 동기로 용도지역이 변경된 것으로 예상해서 특정 부동산을 매수했으나 용도지역이 변경되지 않은 거래사례 등은 대표성이 없는 거래사례에 해당한다.

① 정부에 의한 거래사례 : 법원의 경매에 의한 매매사례, 수용에 의한 부동산의 매매사례, 거래당사자가 모두 정부기관인 매매사례, 세금체납으로 인한 거래사례, 국·공유부동산의 불하, 지역권·임차권 등 부분적 권익의 거래가 수반된 거래사례 등

② 관련 당사자 간의 거래 : 가족구성원 상호 간의 거래사례, 관련 당사자 간의 부분적 권익의 거래가 수반된 거래사례

③ 편의에 의한 거래 : 유저당(流抵當) 시 당사자에 의한 자발적 거래사례, 긴급매매, 유언집행에 의한 거래사례, 자선단체가 당사자인 거래사례

32 거래사례 비교법 *
去來事例比較法

매매사례비교법

대상 부동산과 동일성 또는 유사 부동산의 거래사례를 비교하여 가격시점과 대상 부동산의 현황에 맞게 사정보정(事情補整) 및 시점수정(時點修整)을 가하여 감정가격을 추정하는 방법을 말하는 것이다. 이 방법에 의하여 산정(算定)된 시산가격(試算價格)을 유추가격(類推價格) 또는 비준가격(比準價格)이라 한다.

33 거미집이론 **
Cobweb Theorem

가격변동에 대해 수요·공급이 시간차를 가지고 대응하는 과정을 나타낸 이론

수요량은 가격에 대하여 즉각적으로 반응하나 공급량은 생산기간이 필요하기 때문에 시차를 두고 반응한다는 시장균형에 대한 동적(動的)이론으로 부동산시장은 주기적으로 초과수요와 초과공급을 반복하며 가격폭등과 폭락을 반복하는 과정을 통하여 시장균형에 도달한다는 이론이다.

**34 건물의
내용연수 ***
建物 耐用年數

건물이 신축된 후 수명이 다하기까지, 건물 유용성의
지속연수

건물의 내용연수는 물리적·기능적·경제적·행정적 내
용연수로 구분해 볼 수 있다. 또한 부동산의 내용연수
는 조세부과와 부동산의 중개 및 부동산 평가활동에
필요하다.

35 건부감가 *
建附減價

지상의 건물로 인하여 발생하는 감가의 정도

어느 부지에 건물이 있고 그 부지의 사용을 현재보다
나은 방법으로 이용할 경우 부지에 건물 등이 존재하
면서 나타나는 부지에 대한 제약분(制約分)을 부지가
격에서 감액하는 것을 말한다. 일반적으로 건물면적
에 비해서 부지면적이 크면 클수록 부지에 대한 제약
은 적고 지상건물이 견고할수록 크다.

36 건부지 **
建敷地

건물 및 구축물이 서 있는 토지

지상건물에 의하여 사용·수익이 제한된 토지이다. 나
지와 같이 최유효 이용의 상태에 있는 토지라고 볼 수
는 없으며, 소유자에 의해 점유·이용되며 타 권리의
부담이 없는 토지이다.

37 건축심의 *
建築審議

일정 규모 이상의 건물을 지을 때 건물 인·허가에
앞서 도시미관을 저해하거나 공공성을 침해하지 않
았는지 등을 따져보는 것

건축 전문가들과 담당 공무원으로 이루어진 건축위원
회가 건축주의 설계도를 놓고 설계·디자인 보완사항,
건축법 위배 등을 확인한다.

38 **격자형
도로** *
格子形 道路

도로의 가로와 세로의 크기가 동일하게 바둑판처럼
설계된 도로

도시개발의 과정에서 구획하기가 용이하고 경비가 저
렴하며 화재 등 기타 재해의 적응에 적합하다는 장점
이 있으나, 도로가 너무 획일적이고 기능별 다양성의
상실로 권태감을 일으키기 쉬우며 형태의 단조로움으
로 도심부가 없다는 단점이 있다.

39 **결손준비비** *
缺損準備費

건물 등 부동산의 임대차에 있어서 임대기간 중에
임차인이 약정한 임료를 지불하지 않음으로써 임대
인의 손실을 전보(塡補)하기 위한 표준적인 일정액

보증금 등 대손에 대한 충분한 조치가 있으면 별도의
계상은 필요가 없다.

40 **결절지역** ✲
結節地域

상업, 공업, 교육, 문화, 행정 등 여러 가지 기능이 집
중되는 곳을 중심으로 기능적으로 밀접하게 연결되
는 지역

어떤 지역에 있어서 상호의존적이고, 상호보완적인 관
계를 가진 몇 개의 공간단위를 하나로 묶은 지역을 말
한다.

41 **경쟁의
원칙** *
競爭 原則

초과이윤에서 비롯된 생산요소에 대한 수요자경쟁
(인적경쟁, 투자참여자 문제)

초과이윤은 경쟁을 낳고 경쟁은 초과이윤을 소멸시킨
다는 원칙이다. 경쟁은 대체성이 약할수록 가격인상
의 경향은 높아진다. 관련원칙으로는 대체의 원칙, 수
요·공급의 원칙, 최유효 이용의 원칙이 있으며, 감정
평가활동과의 관계에서는 대상 부동산이 불완전경쟁
하에 있으면 초과이윤이 아직 존재하므로 높게, 완전
경쟁하에 있으면 초과이윤이 소멸하므로 낮게 평가되
어야 한다.

42 경제 임료 ∗
經濟 賃料

부동산의 경제가치에 상응하는 적정 임료

임대용 부동산에서 임료를 결정하는 방법으로 대상 부동산의 원본가격에 합리적 기대이율을 적용한 후 적정 이윤을 반영하여 수익을 올리려는 경우의 임료이다.

43 경제적 내용연수 ∗
經濟的 耐用年數

인근 지역의 변화, 인근 환경과의 부적합, 부근의 다른 건물에 비교한 시장성 감퇴 등에 의해 경제적 수명이 다하기까지의 기간

건설비, 유지 관리비를 종합적으로 검토하여 가장 경제적으로 수익이 발생될 것이라고 예상되는 기간으로 물리적 내용연수보다 기간이 짧고, 부동산 가치평가의 기준이 되기 때문에 부동산 활동에서 물리적 내용연수보다 중요시된다.

PlusTip 부동산의 내용연수

부동산의 유동성이 지속될 것으로 예측되는 사용가능기간을 말하는 것으로, 내용연수에는 물리적, 경제적 내용연수가 있으며 일반적으로 내용연수라 함은 주로 경제적 내용연수를 뜻한다.

44 계속임료 ∗
繼續賃料

부동산의 임대차 등을 계속하는 특정 당사자 간에 성립할 수 있는 경제가치를 적정하게 표시한 임료

계속임료를 구하는 감정평가 방법은 차액분배법, 이율법, 슬라이드법 및 임대사례비교법이 있다.

45 고도상업지 ∗
高度商業地

광범위한 배후지를 기반으로 높은 상업수익을 올리고 있는 상업지

상업시설 또는 업무시설의 종류, 규모, 집적도 상태와 상업 배후지 및 고객의 질과 양로 판단한다.

**고분양가
관리지역 ‡***
高度商業地

투기 목적으로 매물을 다량으로 매입하여 금액이 폭
등하는 것을 막기 위해 관리지역을 지정하는 것

입지성, 사업안정성, 단지특성이 좋은 지역에 새로 생
긴 아파트가 분양을 시작하면 사람이 몰리게 되어 가
격이 폭등한다. 부동산 가격에 상한선을 정하여 폭등
을 예방하고 부동산시장의 안정화를 위해 시행했다.
고분양가관리지역에서 새로 분양하는 아파트나 준공
후 20년이 지나지 않은 아파트 단지의 분양가는 주변
500m 내에 아파트 시세의 90%까지만 책정할 수 있
다. 투기과열지구인 서울이나 세종은 85%로 책정된다.

공가율 *
空家率

전체 집 중 빈집의 비율

전 주민 호수에 대한 공가(빈집)수의 비율을 말한다.

PlusTip 공가현상

① **마찰적 공가현상** : 주택을 원활하게 하기 위해 생기는
이사 등으로 생기는 공가현상이다.
② **의도적 공가현상** : 콘도미니엄, 별장, 주말농장 등 제2주
택을 소유함으로써 생기는 공가현상이다.
③ **통계적 공가현상** : 3분의 2 이상 건설된 주택의 입주 전
에 센서스에 포함시켜 실제와 다른 통계로 인한 공가현
상이다.

**공간균배의
원리 ‡***
空間均配
原理

경쟁관계에 있는 점포들은 상호경쟁을 통하여 공간
을 서로 균배(均配)하는 이론

운송비의 다과에 관계없이 소비자의 수량이 일정한
경우, 즉 수요의 (운송비)탄력성이 0인 경우에만 해당
된다. 현실적으로 수요의 (운송비)탄력성은 0보다 크
기 때문에, 즉 운송비의 부담이 커질수록 수요량이 감
소하므로 두 점포에게 모두 불리하다.

PlusTip 공간균배의 원리에 따른 점포의 분류

① 집심성 점포 : 배후지의 중심지에 입지하여야 유리한 점 포이다.

② 집재성 점포 : 동일한 업종의 점포가 같은 곳에 모여서 입지하여야 유리한 점포이다.

③ 산재성 점포 : 같은 곳에 모여 있으면 불리하기 때문에 서로 분산해서 입지하여야 유리한 점포이다.

④ 국부적 집중성 점포 : 동일한 업종의 점포끼리 국부적 중심지에 입지하여야 유리한 점포이다.

49 **공공 임대주택** *
公共 賃住宅

공공주택사업자가 국가 또는 지방자치단체의 재정이 나 주택도시기금을 지원받아 건설, 매입 또는 임차하 여 공급하는 주택

임대 또는 임대한 후 분양전환을 목적으로 공급하는 주택이다. 공공기관 또는 민간이 재정 및 국민주택기 금의 지원을 받아 전용면적 25.7평 이하로 건설하여 5년 이상 임대하는 모든 주택인 공공건설 임대주택과 공공주택사업자가 직접 건설하지 아니하고 매매 등으 로 취득하여 공급하는 공공매입 임대주택이 있다.

① **영구임대주택** : 국가나 지방자치단체의 재정을 지원 받아 최저소득 계층의 주거안정을 위하여 50년 이 상 또는 영구적인 임대를 목적으로 공급한다.

② **국민임대주택** : 국가나 지방자치단체의 재정이나 주 택도시기금의 자금을 지원받아 저소득 서민의 주 거안정을 위하여 30년 이상 장기간 임대를 목적으 로 공급한다.

③ **행복주택** : 국가나 지방자치단체의 재정이나 주택 도시기금의 자금을 지원받아 대학생, 사회초년생, 신혼부부 등 젊은 층의 주거안정을 목적으로 공급 한다.

④ **장기전세주택** : 국가나 지방자치단체의 재정이나 주 택도시기금의 자금을 지원받아 전세계약의 방식으 로 공급한다.

⑤ 분양전환공공임대주택 : 일정 기간 임대 후 분양전
환 할 목적으로 공급한다.
⑥ 기존주택매입임대주택 : 국가나 지방자치단체의 재
정이나 주택도시기금의 자금을 지원받아 제37조
제1항의 어느 하나에 해당하는 주택 또는 건축물
을 매입하여 저소득층과 청년 및 신혼부부 등에게
공급한다.
⑦ 기존주택전세임대주택 : 국가나 지방자치단체의 재
정이나 주택도시기금의 자금을 지원받아 기존주택
을 임차하여 저소득층과 청년 및 신혼부부 등에게
전대(轉貸)한다.

PlusTip 민간임대주택

임대 목적으로 제공하는 주택으로 임대사업자가 등록을
한 주택을 의미한다.
① 공공지원 민간임대주택 : 민간임대주택을 10년 이상 임
대할 목적으로 취득하여 임대료 및 임차인의 자격 제한
등을 받아 임대하는 민간임대주택이다.
② 장기일반 민간임대주택 : 임대사업자가 공공지원민간임
대주택이 아닌 주택을 10년 이상 임대할 목적으로 취득
하여 임대하는 아파트를 제외한 민간임대주택이다.

50 **공공분양** *
公共分讓

국가나 지방자치단체 혹은 토지주택공사 등 공적 사
업주체가 부동산을 분양하는 일

민간분양에 대응되는 개념이다. 공공부문은 택지를
개발하여 사업자에게 분양하거나 주택을 개발하여 수
요자에게 공급한다. 특히 공공은 택지를 독점적으로
개발하여 분양하며, 주택은 공공과 민간이 생산하여
공급한다. 공공이 택지를 개발하여 분양하고 그곳에
건설하여 짓는 주택은 조장과 통제가 뒤따른다.

51 공공재 ✱✱
公共財

모든 사람들이 공동으로 이용할 수 있는 재화 또는 서비스

공공재는 재화와 서비스에 대하여 대가를 치르지 않더라도 소비 혜택에서 배제할 수 없는 성격을 가지며, 국방·경찰·소방·공원·도로 등과 같은 재화 또는 서비스를 말한다.

52 공공주택 정책 ✱✱
公共住宅政策

임대주택정책의 한 가지로, 정부가 시장임대료보다 저렴한 가격으로 임대주택을 제공하는 정책

공공주택은 임대료에 대한 이중가격을 형성하여 공공주택에 거주하는 저소득층에게 혜택을 주므로 공공주택 거주자들은 임대료 차액만큼 정부로부터 보조받는 효과를 얻게 된다.

53 공급법칙 ✱✱
供給法則

공급가격에 대한 공급량과의 관계를 나타내는 법칙

어떤 상품의 가격이 상승하면 공급량이 증가한다. 즉, 가격변화를 원인으로 하는 양의 변화를 결과로 하는 (정)비례관계를 나타낸다.

54 공매 ✱
公賣

금융기관이나 기업체가 가진 비업무용 재산과 국세·지방세의 체납으로 인한 압류재산을 처분하는 것

경매가 개인 간의 채무에 의하여 발생하는 것이라면, 공매는 국가기관과 개인 간의 채무관계에서 비롯된 것이라 할 수 있다. 공매 기관으로는 국세청, 지자체의 세무과, 한국자산관리공사가 있으며, 공매와 관련한 양식으로는 공매대행 중지 요구서, 공매대행 취소, 공매 통지서, 공매대행 의뢰서 등이 있다.

PlusTip 온비드(OnBid)
국가, 지방자치단체, 공기업 등 공공기관 및 금융기관 등의 공매(公賣) 정보를 통합, 인터넷을 통하여 공매에 참여할 수 있도록 한 공매포털시스템을 말한다.

55 공매물건 *
公賣物件

국가기관(세무서 및 자치단체)이 체납세액 등을 회수하기 위해 캠코(한국자산관리공사)에 매각을 의뢰한 물건

국가기관은 세금, 공적연금, 공적보험료 등을 납부해야 할 의무자가 이를 납부하지 않으면 납부의무자의 재산을 압류해 한국자산관리공사를 통해 경매와 같은 방법으로 매각을 진행한 후 납부액을 환수한다. 더불어 국공유 재산을 임대하거나 매각할 때도 공매의 절차를 거치게 된다. 낙찰을 받은 후, 매각의 경우에는 낙찰일로부터 5일 이내에 매매계약을 체결하고 60일 이내에 잔금을 완납해야 한다. 대부의 경우에는 낙찰일로부터 5일 이내에 대부료 잔금을 납입한 후 대부계약을 체결해야 하며, 대부계약 기간은 대부계약 체결일로부터 5년 이내이다.

56 공신의 원칙 **
公信 原則

실제로는 권리관계가 존재하지 않지만 권리관계의 존재를 추측할 만한 외형적 표상(등기·점유)이 있는 경우에 이 외형을 신뢰하고 거래한 자를 보호하여 진실로 권리관계가 존재하는 것과 같은 법률효과를 인정하려고 하는 원칙

거래의 안전을 보호받는 반면에 진실의 권리자에게는 불이익이 된다. 더욱이 등기부의 기재가 대체로 진실한 권리관계를 정확하게 반영하도록 되어 있지 아니한 경우에는 등기에 공신력을 인정하면 그 폐단은 더욱 커진다. 한국 민법이 부동산 물권의 변동에 관하여 공신의 원칙을 인정하지 아니한 것은 바로 이 점이 문제가 되기 때문이다.

57 공시지가 ✱✱
公示地價

국토교통부 장관이 조사 평가하여 공시한 표준지의 단위면적당 가격

공시지가는 양도세, 상속세, 증여세, 토지초과이득세, 개발부담금(착수시점), 택지초과소유부담금 등 각종 토지관련 세금의 과세기준이 된다. 공시지가가 산정되면 이를 기준으로 개별지가가 산출된다. 공시지가 열람은 해당 표준지가 속한 시·군·구에서 가능하며, 공시된 지가에 이의가 있는 토지소유자는 공시일로부터 60일 이내 국토교통부 장관에게 서면으로 이의를 신청할 수 있다.

58 공실률 ✱
空室率

아파트나 임대빌딩에 있어 그 건물 전체의 실수에 대한 공실(빈방)의 비율

빌딩 등의 수급동향에 크게 지배되는 것으로 공실률은 지역적으로 상당한 차이가 있다. 임대빌딩의 경우에는 그의 공실률이 높으면 빌딩관리상 지장을 초래하게 되며, 정산임료 및 수익임료를 구하는 경우 필요 제경비 등으로 고려하여야 한다.

59 공실률 분석 ✱
空室率分析

임차인들에 의해 임차공간이 실제로 어느 정도 사용되고 있는가를 파악하는 것

투자 부동산의 안정적인 점유율 결정을 위해 공실률 분석은 필요하며, 사무실의 수요분석을 위해 공실률을 조사하여 과잉공급 상태유무나 향후 그러한 위험성은 없는지 등을 조사한다.

60 공영개발 ✱
公營開發

국가, 지방자치단체, 정부투자기관(한국토지주택공사) 주체의 토지개발

우리나라에서 택지개발의 주동적 역할을 담당하는 것은 공공부문이다. 공공부문의 택지개발사업의 특징은 공익성이 강하고, 택지의 대량공급이 가능하다는 점이다.

61 공용부담 **
公用負擔

공익사업을 위해 법률에 의거하여 국민에게 강제적으로 과해지는 모든 인적·물적부담

특정한 공익사업을 위해 강제적으로 과해지는 경제적 부담이기 때문에 사법상의 계약에 의한 부담 또는 전신적이고 논리적 성질을 가진 공적인 부담(공무원의 성실의무)과 구별된다.

① 인적공용부담 : 특정인이 특정한 공익사업을 위하여 필요한 자위·부자위·급부의 의무를 부담하는 채권적인 것으로 부담금, 부역, 현품, 노역, 물품, 시설부담, 부자위부담 등이 있다.

② 물적공용부담 : 특정한 재산권이 공익사업에 필요하기 때문에 그 재산권에 고착하여 가해지는 물권적인 것으로, 부담성질상의 차이에 의하여 공용제한, 공용징수, 공용환지 등이 있다.

62 공용사용 *
公用使用

행정주체가 특정한 행정목적을 실현하기 위해 타인의 재산권을 사용하는 일

특정한 공익사업 등 기타 복리행정을 효과적으로 수행하기 위하여 그 사업주체인 경찰 및 재정과 국방상 타인의 소유권이나 토지, 기타 재산권을 강제적으로 제한하여 사용하는 것을 말한다. 박탈과는 구별되며, 사용제한이라고도 한다.

63 공용수용 *
公用收用

특정한 공익사업을 위하여 보상을 전제로 개인의 특정한 재산권을 강제력으로 취득하는 것

물적 공용부담의 일종으로 수용이 대표적인 예이다.

PlusTip 공용환지

토지의 이용가치를 증진하기 위해 일정 지역 안에서 토지의 소유권 또는 기타 권리를 강제적으로 교환·분합하는 것을 말한다.

64 공유면적 *
共有面積

아파트나 연립주택 등 공동주택에서, 각 가구가 공동으로 사용하는 부분의 바닥 면적

출입구나 엘리베이터의 홀, 계단, 통로, 관리인실, 기계실 등이 고유면적에 속한다.

**65 공익
감정평가 ***
公益鑑定評價

부동산 감정평가분류의 하나

평가 목적에 따라서 공익평가와 사익평가로 구분할 수 있다. 공익평가는 평가의 결과가 공익을 위하여 이용되는 평가를 말하며, 사익평가는 평가의 결과가 사익을 위하여 이용되어질 때를 말한다.

66 공익비 *
公益費

아파트나 공동주택 및 임대용 부동산의 공용부문에 소요되는 비용

공통비용·부문관리비용을 말한다. 공익비에는 공용부문의 수도광열비·위생비·공용설비비·공용안전관리비 등이 있다.

67 공중공간 *
空中空間

빌딩, 주택, 기타 지하나 공중을 향하여 연장되는 일정한 높이의 공간

부동산을 3차원 공간으로 볼 때, 공간에는 수평공간, 공중공간, 지중공간의 세 가지가 있다. 이 중 공중공간이란 주택·빌딩 기타 건물에서 지하나 공중을 향하여 연장되는 공간으로써 일정한 높이에 한한다.

68 공중권 **
空中權

타인의 소유에 관계되는 건물·구조물의 옥상 이상의 공간을 이용하는 권리

토지소유자가 공중공간을 타인의 방해 없이 일정한 고도까지 포괄적으로 이용할 수 있는 권리이다. 이 중 권리사적 공중권은 일정 범위의 공중공간을 토지소유자 개인이 사용할 수 있는 권리이며, 권리공적 공중권은 일정 범위 이상의 공중공간을 공공기관이 공익목적의 실현을 위해 사용할 수 있는 권리이다.

69 **공한지** ✽✽
空閑地

도시 내의 택지 중에서 지가 상승만을 기대하여 투기를 위하여 장기간 방치되고 있는 택지

집을 건축하지 않고 장기간 방치하고 있는 빈 땅의 택지를 말하며 토지이용계획 때문에 공지로 된 토지는 공한지가 아니다.

PlusTip 휴한지 p.149

70 **과밀도시** ✽
過密都市

인구 밀도가 높아 정상적인 생활이 어려운 도시

인구나 산업이 집중되어 도시시설과의 사이에 불균형이 발생함으로써 공해, 교통, 생활기능 등이 저해된 도시를 말한다.

71 **과소설비** ✽
過小設備

부동산 가격 형성과 관련된 구성요소들의 불균형 상태

균형을 이루지 못하고, 생산요소의 하나가 다른 요소에 비하여 과소(過小)한 경우의 불균형상태로, 과소설비는 추가설비로 보완할 수 있다.

72 **관리신탁** ✽
管理信託

부동산 신탁의 한 종류

신탁부동산을 보존·개량·임대 등의 부동산사업을 시행하여 발생된 수익을 수익자에게 배당하여 주거나 수탁재산의 소유권을 관리하는 신탁을 일컫는다.

PlusTip 수탁재산

금융기관 및 기업체가 소유한 비업무용 보유한 자산으로 한국자산관리공사에 매각을 위임한 재산을 말한다.

73 **관찰감가법** ✽
觀察減價法

대상 부동산에 대한 내용연수나 잔가율 등의 공식을 사용함이 없이 대상 부동산 전체에 대한 감가요인과 감가액을 직접 관찰하여 구하는 방법

대상 부동산에 대하여 개별적인 상태가 세밀하게 관찰된다는 장점은 있으나, 평가주체의 주관과 능력 및 경험에 좌우되며 관찰할 수 없는 기술적인 하자를 놓치기 쉽다.

**74 구분
감정평가** *
區分鑑定評價

일부분의 토지가격을 구하는 경우의 감정평가

한 개의 대상 물건일지라도 가치를 달리하는 부분은
구분하여 평가하는 것으로 이 경우 감정평가서에 그
내용을 기재하여야 한다. 다만, 평균가격으로 평가하
여 줄 것을 의뢰하였다면 구분하지 않고 평균가격으
로 감정하되 평가서에 그 내용을 명시하여야 한다.

75 구거 *
溝渠

인공적인 수로 또는 그 부지

지적법에서는 용수·배수를 목적으로 하여 일정한 형
태를 갖춘 인공적인 수로·둑 및 그 부속시설물의 부
지와 자연의 유수가 있거나 있을 것으로 예상되는 소
규모 수로의 지목, 즉 폭이 좁고 적은 물이 흐르는 작
은 개울이다. 구거는 지적도에서 "구"로 표기된다.

76 구획 *
區劃

토지의 일정한 장소를 하나로 묶어 구별되도록 경계
를 만들어 놓은 것

도시지역에서 가로 등으로 4방이 구획되어 대지가 일
단으로 된 것을 말하며 논밭을 한 단위로 묶은 것을
예를 들 수 있다.

**77 국민
주택기금** *
國民住宅基金

무주택 서민의 내 집 마련을 앞당기고 주거수준을
향상시키기 위해 필요한 주택자금 지원기금

주택복권판매자금, 국채관리기금 예수금, 정부융자
등으로 자금을 조성하여 국민주택자금의 융자, 저소
득임차가구에 대한 전세자금융자, 농촌주택개량자금
지원, 불량주택개량을 위한 주거환경개선사업 지원
등을 행한다.

78 국부적 집중성 점포 *
局部的 集中性 店鋪

동업종의 점포끼리 국부적 중심지에 입지하여야 유리한 점포

농기구점, 석재점, 철공소, 종묘점, 어구점, 기계·기구점 등이 여기에 속한다.

79 균형가격 *
均衡價格

초과공급량과 초과수요량이 없이 가격이 수요와 공급의 일치점에서 균형상태를 이루는 가격 수준을 의미

초과공급량이 있으면 가격은 떨어지고 초과수요량이 있으면 가격은 오르며 수급이 조절된다. 이런 조절을 통해서 수급의 균형을 통해 성립된 가격이다. 일시적 균형, 단기적 균형, 장기적 균형으로 구분된다.

80 권리금 **
權利金

주로 상가 등을 빌리는 사람(차주, 借主)이 빌려주는 사람(대주, 貸主)에게 내는 임차료(일시금) 외에, 빌리는 사람이 앞에 빌려서 살던 사람(전차주, 前借主)에게 내는 관행상의 금전

권리금은 가게 등에서 흔히 있는 것으로 장사가 잘 되어 돈을 버는 것을 기대하여 내는 돈이다. 전차주가 요구하는 권리금은 대상 부동산에 부설한 설비나 개량비용, 장사가 잘 되어 수익이 보장되는 보이지 않는 대가(代價) 등이 포함된다. 차주는 전차주에게 지급한 권리금을 대주(주인)에게 달라고(청구) 할 수 없다. 이것은 그 부동산이 발생시키는 특수한 장소의 이익 대가로서 별도로 내는 것이다. 어떤 때는 권리금이 보증금보다 더 많을 수도 있다. 권리금은 그곳의 영업 시설·비품 등 유형물이나 거래처, 신용, 영업상의 노하우 또는 점포 위치에 따른 영업상의 이점 등 무형의 재산적 가치의 양도 또는 일정 기간 동안의 이용대가이다. 즉, 전차주가 점포를 타인에게 양도하기 때문에 포기해야 하는 시설비와 영업권이다.

81 권리분석 **
權利分析

대상 부동산에 대한 권리관계를 조사·확인·분석·판단하는 활동

부동산 거래활동을 안전하게 하려는 것으로, 경제관계를 취급하는 평가활동이나 부동산 자체의 이용·관리인 소유활동과는 구분된다.

82 권원등기 제도 *
權原登記制度

부동산의 권원(權原)을 관할법원에 등록하게 함으로써 등록된 부동산에 대한 권원을 법원이 보증하는 부동산 등기제도의 하나

날인증서등록제도가 날인증서의 등록에 불과한 형식적인 것에 비하여, 권원등기제도는 권원 그 자체를 등록하고, 법률적으로 보장한다는 점에서 날인증서등록제도와는 차이가 있다.

83 권원보험 *
Title Insurance

부동산 권리의 하자나 상실, 보험계약 체결 당시 부동산에 존재하는 우선 특권으로 인하여 부동산 저당권자나, 소유권자 등의 피보험자가 받게 되는 경제적 손실을 보상해 주는 보험

기존의 보험상품이 미래의 리스크를 담보하기 위해 존재하는 것임에 비해, 권원보험은 이미 해당 부동산에 존재하고 있는 하자에 대한 리스크를 담보해 주는 것이다.

84 기능적 내용연수 *
機能的 耐用年數

기능적으로 유효한 기간

건물과 부지와의 부적응, 설계불량, 형식의 구식화 등이 기능적 내용연수와 관계된다.

85 근저당권 *
根抵當權

계속되는 거래로 발생하는 다수의 채권을 장래의 결산기에 일정한 한도액까지 담보하기 위해 부동산에 설정하는 저당권

저당권과 달리 담보채권은 장래에 증감·변동하는 불특정한 채권이므로 현재 채무가 없어도 저당권이 성립하며, 한 번 성립한 채권이 변제되어도 차순위의 저당권 순위가 승격하지 않는 점이 보통저당권과 다르다. 이것을 설정할 때는 근저당이라는 뜻과 채권의 최고액을 등기해야 한다. 거래 관계가 종료되고 채권액이 확정되면 근저당권은 우선변제 받으며, 효력은 보통 저당권과 같으나, 채권액이 많아도 약정된 최고액 이상의 우선변제권이 없다. 이러한 특성 때문에 근저당권은 상거래 하는 사람이 상품을 공급받는 계약을 하거나, 계속적으로 어음을 할인하여 쓴다는 계약을 할 때 상대방에게 자기 부동산을 근저당 잡히고 상품을 안정적으로 공급받는 데 활용한다.

PlusTip 저당권 p.220

86 기대가격 *
期待價格

부동산 투자활동에 있어서 장래의 부동산 가격형성 요인의 변동을 기초로 소유자 또는 투자자에게 유리한 예측에 의한 기대에서 생기는 가격

기대 가격은 정상적인 부동산 가격형성의 일반적 요인과 개별적인 요인의 변화에 따라 장래에 기대할 수 있는 통상의 가격이어야 한다.

87 기대이율 *
期待利率

투하자본에 대해 투자자가 기대하는 보수의 이율

임대차 등에 제공되는 부동산을 재조달하는 데 투입된 자본에 대하여 임대차 기간 동안 계약내용에 따른 사용수익에 따라 기대되는 수익의 비율을 말한다.

88 **기초가격** *
基礎價格

적산임료를 구하는 것에 기초(원본)가 되는 가격

임료의 가격시점에 있어서 대상 물건이 갖는 원본가치를 말한다. 원가방식(복성식)이 원칙이며, 예외로 비교방식을 이용하고, 수익방식은 금해야 한다. 또한 기초가격은 계약내용이나 조건에 따라 최유효 이용에 미달된 때에는 이에 따른 계약감가를 고려한 가격이다.

89 **기펜재** *
Giffen Goods

가격이 상승하면 수요량이 증가하고, 가격이 하락하면 수요량이 감소하는 재화

가격과 수요량의 관계가 정비례관계를 이룬다. 기펜재는 열등재이지만, 모든 열등재가 기펜재가 되는 것은 아니다. 즉, 기펜재는 특수한 열등재이다.

90 **기한부 감정평가** *
期限附 鑑定評價

미래의 특정한 시점을 기준으로 하여 부동산의 가격을 평가하는 일

기한부감정평가는 가끔 조건부감정평가와 병행해서 행해지기도 하지만 소급감정평가는 과거의 어느 시점을 가격시점으로 하여 대상 부동산의 가격을 평가하는 것을 말한다.

91 **기회비용** ⁑
機會費用

여러 가지 선택 가능한 활용 대안들 중에서 어느 한 가지 대안을 선택함으로써 포기한(희생한) 것의 최대(화폐)가치

기회비용은 합리적인 선택의 기준이 되며 가장 합리적인 대안은 기회비용이 최소가 될 때의 선택이다. 따라서 그 부동산의 기회비용을 올바르게 반영한 가격을 잠재가격이라 하며, 감정평가가격은 기회비용을 반영하는 잠재가격의 기능을 한다.

92 **길어깨** *

도로를 보호하고 비상시에 이용하기 위하여 차도에 접속하여 설치하는 도로 부분

도로의 유효폭 이외에 도로변의 노면 폭에 여유를 두기 위하여 넓힌 부분이다. 비상통행이나 비상정차를 할 수 있는 곳이다.

93 **깊이가격체감** *
價格遞減原則

획지가 가로에 접하였다 하더라도 가로에서 멀어질수록 가격이 체감된다는 것

획지의 깊이의 장단(長短)에 따라 획지의 가격이 체감하는 깊이가격의 체감률을 말하며 오행가격 체감이라고도 불린다.

94 **나지** **
裸地

건물 등의 정착물이 없고 지목이 대(垈)인 토지로서 물리적 제한이 없고(건축가능) 공법상의 제약은 받으나 사법상의 제약은 받지 않는 토지

물리적으로 본 나지는 미(未)이용의 토지이고, 언제라도 최유효 이용과 자유로운 이용·수익·처분을 기대할 수 있는 상품이므로 시장성이 높고, 토지의 기본적인 형태라고도 할 수 있다.

PlusTip 나대지

건축물 등 지상물(地上物)이 없는 택지로 도시계획법 등 공법상의 제약이나 행정규제도 받고 사법상의 제약도 받는 토지를 말한다.

95 **날인증서
등록제도** *
捺印證書
登錄制度

지정된 등록소에 부동산의 처분에 관한 날인증서의 내용을 연대별로 등록해 두어 후일의 증거로 삼도록 하는 제도

토지에 대한 권리 자체를 등기하는 것이 아니라 임의적 신청에 의하여 등록하는 것이다. 날인증서등록제도에 의하여 등록된 날인증서의 원본이 분실되더라도 등록소에서 조사하면 증서가 작성된 일이 있음을 확인할 수 있다.

96 **내구재** ✲
耐久材

수명이 긴 재화

내구성을 가지고 장기사용에 가능하며 사용으로부터 서서히 소모되어 가는 재화이다. 경기순환 과정에서 기계설비 등의 생산과 유사한 경기변동요인으로 작용하는 소비재를 지칭하며, 재화의 용도에 따라 산업용과 소비생활용으로 나눌 수 있다. 산업용은 기계·장치·공장건물 등이 대표적이며 소비생활용은 내구소비재와 주택 등이 대표적이다.

PlusTip 비내구재(非耐久財)

단기 사용으로 소모되어 버리는 재화로 식료품·의류·약품 등을 말한다. 내구재에 비해 경기변동에 대한 탄력성이 적다.

97 **내력벽** ✲
耐力壁

건축물에서 지붕의 무게나 위층 구조물의 무게(하중, 荷重)를 견디어 내거나 힘을 전달하기 위해 만든 벽

단순히 칸을 막기 위해 블록이나 벽돌로 쌓은 벽(장막벽)과 구분되는 벽이다. 건축법에는 개축의 범위에 기존 건축물의 내력벽, 기둥, 보, 지붕틀 중 셋 이상을 포함하여 철거하고 그 대지에 종전과 같은 규모의 범위에서 건축물을 다시 축조하는 경우를 포함시키고 있으며, 개축에 해당하지 않는 것으로 내력벽을 증설 또는 해체하거나 그 면적을 $30m^2$ 이상 수선 또는 변경하는 것을 대수선에 포함시키고 있다. 내력벽은 철거나 변경이 불가하며 이를 행하면 불법행위가 되어 벌금이나 처벌이 가해진다. 또 건축업자는 이것을 주요 구조물로 다루고 건축해야 하며 하자가 있으면 보수해야 하고, 무너져 사람을 다치게 하면 처벌받는다.

내부수익률 *
内部收益率

투자로부터 기대되는 예상수익률로 기대수익률

투자의 결과로 미래에 발생이 예상되는 편익을 할인율로 할인하여 얻은 현가와 미래에 유출이 예상되는 비용을 할인율로 할인하여 얻은 현가가 동일해지는 할인율을 말한다.

내용연수 *
耐用年數

건축물이나 구축물 등이 최초로 만들어진 시점부터 노후하여 마지막에는 폐물이 되는 시점까지의 기간

부동산학에서 내용연수는 건물 등의 감정평가 시 적산 가격을 구하는 경우의 감가수정 방법으로서 사용되는데, 감정평가에서는 경제적인 잔존내용연수에 중점을 둔다. 내용연수는 ▲통상의 유지보수가 실시되어 있을 것 ▲통상의 기술, 재질에 의하여 제작된 것일 것 ▲통상의 작업 조건하에서 사용될 것의 전제하에 계산된다.

노동지향형 입지 *
勞動志向型 立地

노동력이 풍부하고 임금이 저렴한 노동력의 밀집지역을 선호하는 입지 형태

신발산업이나 의류산업이 그 구체적 예이다. 따라서 노동지향형 입지요건은 저임금과 노동력의 밀집도가 결정한다. 노임지수가 클수록 노동지향형 입지를 선호한다.

노선가 *
路線價

인접 도로의 효용에 따라 획지를 평가하는 기준 가격

각 획지가 접해 있는 각종 가로의 교통상태와 가로의 위치 및 형상에 따라 보편적 효용을 기초로 하여 각종 가로에 표준적 등급을 붙여 그 등급에 따라 각 획지의 평균단가를 구하고, 연접노선에 따라 설정함으로써 획지를 평가하는 데 기준이 되는 가격이다. 그 구성요소로는 가로계수·접근계수·택지계수·환경계수가 있다.

① 달관식 : 현지에서 매 단위 획지마다 가격형성 요인이 미치는 영향의 우열을 따져 경험에 비추어 평가하는 것이다. 평가주체는 노선의 각 획지가 전체적으로 균형을 이루도록 등급을 매기거나 가격을 결정한다.

② 채점식 : 가격형성 요인에 점수를 부여하여 그 채점의 합계액으로 평가하는 것이다. 용도별로 미리 가격형성 요인에 비중을 두는 경우와 비중을 두지 않는 경우의 두 가지가 있다.

102 **노유자 시설 ⚐**
老幼者施設

교육 및 복지 시설군에 속하는 시설

아동 관련 시설(영유아보육시설, 아동복지시설, 그 밖에 이와 비슷한 것으로서 단독주택, 공동주택 및 제1종 근린생활시설에 해당하지 않는 것을 말함), 노인복지시설(단독주택과 공동주택에 해당하지 않는 것을 말함), 그 밖에 다른 용도로 분류되지 않은 사회복지시설 및 근로복지시설을 말한다.

103 **노후지구 ***
老朽地區

건물 및 물리적 시설이 노후화되어 개량·보수하지 않으면 도시 전체의 기능에 장애를 주는 지구

주민의 대부분은 경제적으로 중산층 이하이며, 지역의 토지분할, 높은 지가 등의 이유로 여러 가지 문제점을 낳고 있는 지역이기도 하다.

104 **농업입지론 (고립국이론) ***
農業立地論

튀넨(J.H. Th'nen)의 산업입지론 중 하나

하나의 이론적 모델로 설정된 가공의 나라가 격리되어 자연조건이 균질한 고립국에서 단 하나의 소비도시 주위에 '튀넨권'이라고 불리는 경영조직이 동심원모양으로 자유식 → 임업식 → 윤재식 → 곡초식 → 삼포식 → 목축의 순서로 형성된다는 것을 나타내었다.

PlusTip 튀넨(J.H. Th'nen)이 주장한 산업입지론

① 수송비가 절약되는 지대이다. 중심지에서 인접한 곳은 집약적 토지 이용현상이 나타난다.

② 생산비와 농산물 가격 및 수송비와 인간의 행태변화는 지가를 변화시킨다.

③ 가장 비싼 지대를 지불하는 입지주체가 중심지와 가장 가깝게 입지한다.

④ 작물과 경제활동에 따라 한계지대곡선이 달라진다.

---

105 **능률성의 원칙** *
能率性
原則

주어진 목표 달성을 위한 과정·방법·수단의 과학화, 기술화, 합리화 및 근대화

소유활동에 있어서는 최유효 이용의 원칙을, 거래활동에 있어서는 유통성 내지 거래 질서의 확립을 그 지도원리로 삼고 있으므로 사회성 및 공공성과 밀접한 관계를 가지고 있다.

PlusTip 능률화의 원리

① 이전(移轉)의 원리 : 인간이 지금까지 담당하던 작업을 기계나 도구에 의존함으로써 능률화를 추구하는 원리(인간가능, 기계의존)를 말한다.

② 보족(補足)의 원리 : 인간능력의 유한성을 보충·극복하는 수단으로 기계 등을 사용함으로써 능률화를 추구하는 것(인간불가능, 기계의존)을 말한다.

③ 분담(分擔)의 원리 : 작업과정을 분담(분업화)하여 능률화를 추구하는 것을 말한다. 이는 부동산의 유형이 다양하고 그 업무가 복잡함으로써, 업무의 분담을 통한 전문성의 제고와 그에 따른 능률화를 도모하는 데 그 의의가 있다.

④ 연결(連結)의 원리 : 업무를 분담하는 경우 각자가 행한 결과를 유기적으로 잘 연결함으로써 능률화를 추구할 수 있다는 것이다. 즉, 부동산 중개활동에서 업무를 분담하여 처리한 경우에도 분담결과를 잘 분석하여 종합함으로써 보다 공정하고 정확한 중개활동이 이루어진다는 것이다.

⑤ 표준(標準)의 원리 : 각종 서식 등을 표준화하여 능률을 꾀하는 것으로 분담 및 연결의 원리의 밑바탕이며 필수적인 사항이라 할 수 있다.

⑥ 분발(奮發)의 원리 : 참여하는 사람은 목표달성을 위한 의욕이 충만해야 한다. 즉, 높은 사기와 동기부여로 적극적으로 활동해야 한다.

---

106 **님비현상 ✱✱**
NIMBY :
Not In My
Back Yard

생활하는 데 필요성을 인식하면서도 자신이 사는 근처 지역에 들어서는 것을 꺼리는 현상

주로 쓰레기 소각장, 방사능 폐기장, 공동묘지, 송전탑, 유류저장소 등과 같은 혐오시설의 필요성을 인지하고 있으나 재산 가치의 하락, 지역 발전의 후퇴 등, 유해물질 배출업체가 들어올 경우에는 환경오염과 인체의 부정적인 영향 등을 이유로 인근 설립을 반대하는 현상을 말한다. 이러한 님비현상을 극복하기 위해서는 시설물에 대한 안전성과 친환경성 등의 대책을 마련하여 주민들에게 적극적으로 홍보하고, 주민들이 해당 시설에 대해 가지고 있는 부정적인 인식을 개선하도록 대화와 타협을 통해 해결해야 한다.

---

107 **다가구주택 ✱✱**
多家口住宅

단독주택 내에서 다가구가 살 수 있도록 만들어진 주택

「건축법 시행령」에 따라 다음의 요건을 갖춘 주택으로 공동주택에 해당하지 않는다.

① 주택으로 쓰는 층수(지하층은 제외한다)가 3개 층 이하일 것. 다만, 1층의 전부 또는 일부를 필로티 구조로 하여 주차장으로 사용하고 나머지 부분을 주택(주거 목적으로 한정한다) 외의 용도로 쓰는 경우에는 해당 층을 주택의 층수에서 제외한다.

② 1개 동의 주택으로 쓰이는 바닥면적의 합계가 660 제곱미터 이하일 것

③ 19세대(대지 내 동별 세대수를 합한 세대를 말한다) 이하가 거주할 수 있을 것

108 **다운계약서** *
低減契約書

매도인과 매수인이 허위 거래가격으로 계약한 계약서

세금을 덜 내기 위해 하는 행위가 많고 대개 매수인의 제안으로 매도인이 수락하는 예가 많다. 적발될 경우 매도자는 탈세액과 허위신고에 따른 신고불성실가산세로 40%와 납부불성실가산세로 연 10.95%를 내야 하고 매수자 역시 매도자와 마찬가지로 같은 비율로 과태료가 부과된다. 또한, 적발 시 비과세나 세금 감면이 가능했던 거래였더라도 혜택을 받을 수 없게 된다. 소득세법에 따라 비과세나 세 감면을 적용하지 않았을 때의 세금 차이 또는 다운계약으로 인한 이익 만큼 비과세, 세감면 금액에서 추징당한다. 분양권 거래도 마찬가지로 적발되면 준공 후 납부하는 세금에도 영향을 주는 것은 물론, 준공된 주택이 1주택에 해당되더라도 비과세 혜택을 받을 수 없고 집을 임대주택으로 등록해서 세 감면대상이어도 감면 혜택을 받지 못하게 된다.

109 **다중주택** *
多衆住宅

1개 동의 주택으로 쓰이는 바닥면적의 합계가 660㎡ 이하이고 주택으로 쓰는 층수(부설 주차장 면적 제외)가 3개 층 이하인 주택

「건축법 시행령」에 따라 다음의 요건을 갖춘 주택을 의미한다.

① 학생 또는 직장인 등 여러 사람이 장기간 거주할 수 있는 구조로 되어 있는 것
② 독립된 주거의 형태를 갖추지 않은 것(각 실별로 욕실은 설치할 수 있으나, 취사시설은 설치하지 않은 것)
③ 1개 동의 주택으로 쓰이는 바닥면적(부설 주차장 면적은 제외)의 합계가 660㎡ 이하이고 주택으로 쓰는 층수(지하층은 제외)가 3개 층 이하일 것. 다만, 1층의 전부 또는 일부를 필로티 구조로 하여

주차장으로 사용하고 나머지 부분을 주택(주거 목적으로 한정) 외의 용도로 쓰는 경우에는 해당 층을 주택의 층수에서 제외한다.

④ 적정한 주거환경을 조성하기 위하여 건축조례로 정하는 실별 최소 면적, 창문의 설치 및 크기 등의 기준에 적합할 것

110 **단절지가** *
斷切地價

도시의 교통한계지와 바로 이웃에 있는 농지 또는 임지와의 가격차

교통한계지의 지가를 분석해 보면 바로 이웃에 있는 농지 또는 임지와는 가격차이가 심하기 때문에 도시 주변의 농지와 임지가 택지후보지로서 빛을 보게 되고, 주택조성사업이 활발해진다.

111 **담보신탁** *
擔保信託

부동산 신탁회사의 제공 상품 중 하나로 기존의 저당권을 대체할 수 있는 방법

부동산담보금융의 한 방법으로 신탁회사에게 담보신탁을 의뢰하면, 신탁회사는 부동산 감정평가액의 범위 내에서 수익증권을 발행하고, 부동산소유자는 수익증권을 근거로 금융기관에서 대출을 받는 방식이다.

112 **담보인정
비율** *
LTV:
Loan To Value
Ratio

주택을 담보로 대출을 받을 때 인정받을 수 있는 자산가치의 비율

은행에서 주택을 담보로 대출을 해주는 것으로 주택담보대출비율이 80%이고 2억짜리 주택이 담보라면 대출 가능한 최대금액은 2억 × 0.8로 계산하여 총 1억 6천만 원이다.

113 **대부비율** *
貸付比率

부동산의 가치에 대한 융자액의 비율

대부비율의 특징으로는 대부비율이 커짐에 따라 지렛대효과는 커질 수 있는 반면 채무불이행위험도 증가하는 경향을 보인다.

114 대상 부동산의 확정 *
對象不動産
確定

감정평가 대상 물건을 다른 물건과 명확하게 구별하고 특정 짓는 것

부동산을 감정평가하려면 대상 부동산에 대하여 합리적이고, 현실적인 판단에 의해 일정한 절차가 필요하다. 대상 부동산의 확인은 이런 절차 중의 하나로 처리계획을 수립한 후 자료의 수집 및 정리에 앞서서 해야 할 절차를 말한다. 토지의 경우는 소재·지번·지목·면적 등을 확정하여야 하며, 건물의 경우에는 소재·지번·종류·구조·용도·바닥면적 등을 확정하여야 한다.

115 대체재 ⁂
代替財

용도가 동일하거나 또는 유사해 서로 바꾸어서 사용이 가능한 재화

서로 다른 두 재화의 가격변화 방향 및 수요량의 변화방향 등이 동일한 모습을 보인다. 예를 들면 쌀과 밀가루, 버터와 마가린 등이 있다.

116 대체효과 *
代替效果

어떤 상품의 가격이 오르내릴 때에 그 대체재의 수요량이 늘거나 줄어들어 수요와 공급의 균형을 맞추는 일

실질소득이 일정한 상태에서 서로 대체관계에 있는 특정 제품의 가격이 상승하면 가격이 변하지 않은 재화가 상대적으로 저렴해지므로 가격이 불변인 재화의 수요량이 증가하는데 이를 대체효과라 한다.

117 대치원가 *
代置原價

대상 부동산과 동일한 효용(유용성)을 갖는 부동산을 최신의 자재와 디자인에 의해 신축하여 대치하는 데 소요되는 효용면의 원가

대치원가는 오래된 가옥이나 공장 등과 같이 적절한 자료의 부족으로 재생산원가를 산출하는 것이 현실적으로 불가능한 경우에 산정되며 대치원가는 교환가치가 사용가치로 된다. 이는 대체비용, 대체권, 대체원가 라고도 부른다.

**118 도시공간
구조이론 ***
都市空間構造
理論

도시 규모 확대에 따라서 도시의 내부기능 지역이 분화되면서 형성되는 구조를 의미하는 이론

① 버제스(E. W. Burgess)의 동심원 이론 : 도심을 중심으로 5개의 동심원 형태로 성장 및 확대하면서 분화가 된다는 이론이다.

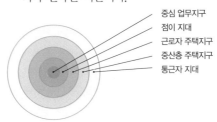

중심 업무지구
점이 지대
근로자 주택지구
중산층 주택지구
통근자 지대

② 호이트(H. Hoyt)의 선형 이론 : 도시 내부의 기능 지역이 철도나 도로를 통해서 도심 바깥으로 뻗어가면서 분화된다는 이론이다.

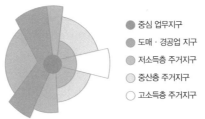

● 중심 업무지구

● 도매 · 경공업 지구

● 저소득층 주거지구

● 중산층 주거지구

○ 고소득층 주거지구

③ 해리스와 울만(Harris & Ullman)의 다핵심 이론 : 도시가 성장할수록 도시 내부에 다양한 기능을 가지면서 성장하여 도시 구조가 통합적으로 발달한다는 이론이다.

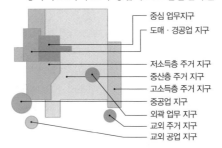

중심 업무지구
도매 · 경공업 지구

저소득층 주거 지구
중산층 주거 지구
고소득층 주거 지구
중공업 지구
외곽 업무 지구
교외 주거 지구
교외 공업 지구

119 도시내부 구조이론 **
都市內部
構造論

도시의 규모가 확대되면서 도시 내부의 기능 지역이 분화되어 형성된 구조를 설명하는 이론

① 동심원이론 : 도시는 중심원에서 동심원상으로 확대되어 다섯 개 지구로 분화되면서 성장한다는 것으로 버제스(E.W. Burgess)가 튀넨의 고립국이론을 도시내부구조 설명에 응용한 것이다. 사회·경제적 인자가 경쟁을 통하여 도시 내의 공간적 구분과 형태를 이루어 낸다는 도시형태론적 입장에서 구축한 이론(중심업무지대, 천이지대, 근로자주택지대, 중산층주택지대, 통근자지대)이다.

② 선형이론 : 동심원이론을 수정·보완한 것으로 토지 이용은 도심에서 시작해서 점차 교통망을 따라 동질적으로 확장되어 원을 변형한 형태로 도시가 성장한다는 이론이다. 호이트(H. Hoyt)가 미국의 142개 도시를 대상으로 수집한 자료를 토대로 제시한 이론이며, 도심을 중심으로 부채꼴 모양의 토지 이용분화가 이루어지고, 고소득층의 주거는 고속교통망을 따라 형성해 나간다는 것이다.

③ 다핵심이론 : 도시의 성장에 있어서 그 핵심은 하나가 아니며, 도시가 점차 성장하면서 핵심의 수가 증가하여 도시는 복수의 핵심주변에서 발달한다는 이론으로 맥켄지(R.D. Mckenzie)가 주장하여 해리스(Harris)와 울만(Ullman)이 발전시켰다.

④ 다차원이론 : 동심원이론, 선형이론, 다핵심이론 등의 이론은 공간적 분포를 설명하기에는 부족하다고 보고 각각의 이론을 종합하여 파악해야 한다는 시몬스(J.W. Simmons)의 이론이다. 또한 머디(R. Murdie)는 세 가지 차원으로 구성된 구조를 사회공간구조라 하고 사회, 가족구조, 경제적 지위, 인종의 특성에 따라 동질적인 사회공간패턴이 형성된다고 했다.

⑤ 유상도시이론 : 교통의 발달로 도시내부에 집약되어 있던 업무시설과 주택이 간선도로를 따라 리본 모양으로 확산·입지되어 간다는 베리(Berry)의 이론이다.

⑥ 3지대론 : 1947년 유럽의 여러 도시를 연구하여 지대구조와 도시발전을 결합한 이론으로 디킨슨(R. Dickinson)은 도시공간구조를 중앙지대, 중간지대, 외부지대로 구분하였다.

120 도시
확산현상 *
Sprawl Effect

급속한 도시화에 따라 확대되는 도시지역에서의 토지 이용이 무질서·무계획적으로 진행되어 불규칙하고 보기 흉하게 퍼지는 평면적 확산현상

주거지역에서만 생기는 것은 아니고 상·공업지역에서도 생기며 도심지보다는 외곽지역에서 더욱 발달하여 토지의 최유효 이용에서 괴리됨으로써 일어나는 현상이라고 할 수 있다.

PlusTip 도시확산현상의 내용

① 고밀도 연쇄개발현상 : 합리적인 밀도 이상의 수준을 유지하면서 인접지를 잠식해 가는 현상

② 저밀도 연쇄개발현상 : 합리적인 밀도 이하의 수준을 유지하면서 인접지를 잠식해 가는 현상

121 독립
감정평가 *
獨立
鑑定評價

건물이 있어도 없다고 가정하고 평가하는 것

복합부동산으로 구성된 경우에 그 부동산의 구성부분인 토지만을 독립된 부동산으로 보고 감정평가의 대상으로 하는 것이다.

122 독점시장 *
Monopoly
Market

하나의 기업에 의해 재화 및 용역의 공급이 이루어지는 시장

시장 진입장벽이 있어, 시장으로의 진입이나 탈퇴가 자유롭지 못하다. 독점기업의 공급은 시장의 총공급량과 일치하며, 가격결정자의 지위에 있다는 것이 특징이다.

동일수급권 ✽
同一需給圈

인근 지역과 유사지역 및 그 주변의 용도지역을 포함한 광역적인 지역

대상 부동산과 대체·경쟁·의존·보완관계가 성립되고 가격형성에 있어서 서로 영향을 미치는 관계에 있는 다른 부동산이 존재하는 권역이며, 동일수급권은 사례수집범위의 최원방권(最遠方圈)이다.

PlusTip 동일수급권의 종류

① **주거지의 동일수급권** : 도심으로 통근이 가능한 지역범위이다. 교통수단과 교통체계와 관계가 있으며, 대체성이 적을수록 그 범위가 작아진다.

② **상업지의 동일수급권** : 배후지를 기초로 하여 동일영업수익을 올리는 지역의 범위(고도상업지역의 동일수급권은 넓고 보통상업지역의 동일수급권은 보다 좁게 된다)이다.

③ **공업지의 동일수급권** : 생산·판매비용의 경제성에 관해 대체성을 가지는 지역범위(대규모 공업지의 동일수급권은 전국적인 규모까지 확대되는 경향이 있다)이다.

④ **농지·임지의 동일수급권** : 농업(임업)경영이 가능한 범위이다.

⑤ **이행지의 동일수급권** : 이행 후의 종별에 따라서 동일수급권을 판정한다.

⑥ **후보지(가망지)의 동일수급권** : 전환 후의 종별에 따라 동일수급권을 판정(이행이나 전환이 완만한 경우에는 이행·전환 전의 동일수급권도 고려한다)한다.

124 **라멘구조** *
Rahmen,
Rigid Frames

건물의 수직 힘을 지탱하는 기둥과 수평 힘을 지탱해 주는 보로 구성된 건축구조 형태

시공의 편의성 때문에 현대건축에서 많이 이용한다. 고층, 초고층의 업무용빌딩, 아파트, 주상복합아파트 등에 이용한다. 라멘식 구조로 집을 짓게 되면, 건축물의 골격은 유지하면서 벽이나 설비는 가구별로 내·외부를 쉽게 바꿀 수 있을 뿐만 아니라, 1·2인 가구나 노령가구의 특성에 맞게 꾸밀 수 있다. 또한, 아파트와 아파트 사이의 벽을 허물어 두 가구를 한 가구로, 또는 세 가구를 두 가구로 합칠 수도 있다. 수도배관 등 각종 설비가 벽 속에 들어 있어 보수가 어려운 종전 주택과 달리 보수나 교체가 편리해진다.

125 **레지던스** *
Residence

호텔식 서비스를 제공하는 오피스텔 개념의 주거시설

객실 안에 거실과 세탁실, 주방 등의 편의시설을 갖추고 이용객들로 하여금 '호텔' 같은 집처럼 쉴 수 있는 환경을 제공한다. 호텔 급 수준의 서비스에 각종 편의시설과 사우나·피트니스센터·수영장 등의 부대시설을 제공하면서도 객실이용료는 호텔에 비해 저렴하기 때문에, 외국인은 물론 내국인들에게도 큰 인기를 끌고 있다. 국내에서는 1988년 그랜드힐튼 호텔이 88서울올림픽을 겨냥해 일부 객실을 아파트형으로 개조해 운영한 것이 시작이다. 투숙객은 대부분 가족 단위의 외국인이며, 거의 장기 이용자들이다.

126 **로렌츠곡선** *
Lorenz Curve

소득분포의 불평등도(不平等度)를 측정하는 방법

로렌츠곡선상의 대각선은 완전평등선이고, 수평선은 완전불평등선에 해당되므로 로렌츠곡선이 수평선에 가까울수록 다시 말해, 아래쪽으로 굽을수록 소득분포의 불평등도는 커지게 된다.

127 리츠 *
REITs :
Real Estate
Investment Trusts

부동산 투자신탁으로 부동산이나 관련된 대출에 투자 후, 그 z수익을 배당하는 부동산 증권화 상품의 일종

투자의 대상이 부동산의 개발·임대·주택저당증권(MBS) 등 부동산에만 집중된다는 것이 여타 뮤추얼펀드와 차이점이다. 리츠에는 부동산에 직접 투자하는 지분형(Equity) 리츠, 부동산담보대출에 투자하는 부채형(Mortgage) 리츠 그리고 양쪽을 조합한 혼합형(Hybrid) 리츠가 있다. 리츠는 세법이 정한 요건을 갖추기 위해 투자자에게 안정적으로 배분해야 하기 때문에 대개 임대수입이 있는 상업용 부동산을 투자대상으로 삼는다.

128 마케팅믹스 (4P) *
Marketing Mix

기업이 추구하는 목적을 효과적으로 달성하기 위하여 통제 가능한 마케팅 제반요소들을 적절히 배합하는 일련의 과정

부동산 마케팅 믹스는 표적시장에 도달하고, 또 시장표적을 만족시키는 과정에 영향을 주는 통제 불가능한 환경변수에 적합하게 하기 위한 마케팅 제반요소를 조합하는 것이다.

PlusTip 마케팅 믹스(4P 전략)의 구성요소

제품(Product), 가격(Price), 입지선정·부지확보·공급장소(Place), 광고·홍보 등의 판매촉진 및 커뮤니케이션(Promotion)

129 매립 *
埋立

땅을 메워서 올리는 것

일반적으로 물에 흙 등을 넣어 수면보다 높여서 육지로 이용하기 위하여 이루어진다.

130 마찰비용 이론 *
摩擦費用理論

지대가 교통비와 반비례 한다는 헤이그(R.haig)의 지 가이론

중심지에서 멀어지면 교통비는 증가하지만 지대는 감 소한다는 것을 이용한다. 교통비를 절약할수록 공간 에 마찰이 줄어든다고 주장하였다. 도시의 토지에 지 가는 마찰비용에 따라서 달라지는 것을 의미한다. 교 통수단이 편리할수록 마찰비용이 줄어든다. 마찰비용 으로 교통비와 지대로 구성된다.

131 매입 임대주택 *
買入賃貸住宅

임대주택 중 하나

임대사업자가 주택의 소유권을 취득하여 임대하는 주 택이다. 여기서 임대사업자란 국가, 지방자치단체, 한 국토지주택공사, 지방공사, 주택임대사업을 하기 위하 여 등록한 자 및 임대주택조합을 말한다. 근거법은 임 대주택법이다.

132 매수인 **
買受人

매매계약에 있어서 사는 쪽의 당사자

민법상으로 상대방인 매도인에 대하여 재산권이전청 구권을 가지며 스스로는 대금지급의무를 부담한다. 상법상으로 상인간의 매매에 있어서는 매수인은 목적 물을 수령할 때에는 하자나 수량의 부족을 검사하여 매도인에게 통지할 의무가 있으며, 만약 통지하지 않 은 경우에는 계약의 해제, 대금감액 또는 손해배상을 청구하지 못한다. 이와 같은 경우에 매매계약을 매수 인이 해제한 경우에는 매도인의 비용으로 매매의 목 적물을 보관 또는 공탁하여야 한다.

133 맹지 ✱
盲地

타인의 토지에 둘러싸여 도로에 어떤 접속면도 가지지 못하는 토지

건축법상 허가를 받을 수 없기 때문에 맹지 위에는 건물을 지을 수 없다. 다만, 이 맹지의 소유자는 공도(公道)에 이르기 위해 사도(私道) 등을 통해 그 주위의 토지를 사용할 수는 있다.

PlusTip 대지(袋地)
대지(垈地)와 전혀 다른 개념인 자루형 대지를 의미하는 것으로 어떤 택지가 다른 택지에 둘러싸여 있어 공도에 연접되지 않고 좁은 통로에 의한 접속면을 가짐으로써 자루형의 모양을 가지게 되는 토지이다.

134 명의대여 ✱✱
名義貸與

자기의 성명이나 상호를 사용하여 영업할 것을 타인에게 허락하는 것

사업에서 면허를 가진 자가 없는 자에게 명의를 대여하거나 영업의 임대차 또는 경영위임 등에서 명의대여가 이용되고 있다. 이 경우, 명문으로 이를 금지하는 경우가 있으며 특히 면허에 대한 엄격한 자격을 요하는 경우에는 그 대여계약은 강행법규위반으로 무효된다.

135 명의수탁자 ✱✱
名義受託者

소유관계 공시 재산에 대해 소유자 명의를 실소유자가 아닌 다른 사람 이름으로 해놓는 것

명의신탁약정에 의하여 실권리자의 부동산에 관한 물권을 자신의 명의로 등기하는 자를 말한다.

136 모기지론 ✲
Mortgage Loan

금융기관에서 부동산을 담보로 대출을 해주는 제도

주택담보대출로 주택저당채권 유동화제도라고도 한다. 부동산이나 주택으로 담보로 주택저당증권(MBS)을 발행한다. MBS를 투자자에게 판매하고 판매대금을 금융기관이 지급하는 것이다. 부동산을 저당권 설정하여 장기 대출을 해주는 제도이다.

① 저당이체증권(MPTS) : 차입자가 지불한 금액이 증권발행자를 경유해 투자자에게 전달되는 증권이다.

② 주택저당담보부채권(MBB) : 주택저당채권을 담보자산으로 하는 자산담보부증권의 일환이다.

③ 주택저당채권원리금이체채권(MPTB) : 저당이체증권을 담보로 발행하는 채권이다. 저당권은 발행기관에서 보유하고 원리금 수취권은 투자자가 가지는 증권이다.

④ 주택저당담보부 다계층채권(CMO) : 주택담보 대출증권의 일종으로 저축대부조합이나 상업은행에서 이자율이 같은 담보물의 일정액 이상을 모아 발행하는 증권이다.

137 무임승차자의 문제 *
Free Rider Problem

공공재와 같이 정당한 대가를 지불하지 않고 재화나 서비스를 소비하여 야기되는 시장실패

공공재의 특성 중 비배제성으로 인해 대가에 대한 지불 없이 재화의 소비가 가능한 경우 비용은 지불하지 않으면서 이익 및 혜택만 누리고자 하는 사람 때문에 문제가 발생하는 것을 나타내는 표현이다.

138 민간임대 주택에 관한 특별법 *
民間賃貸住宅 特別法

민간임대주택의 건설·공급·관리와 민간주택 임대사업자의 육성 등에 관한 사항을 정한 법

민간임대주택의 공급을 촉진하고 국민의 주거생활을 안정시키는 것을 목적으로 민간임대주택의 건설·공급·관리, 민간주택 임대사업자의 육성 등에 관한 사항을 정한 법이다. '민간임대주택'이란 임대 목적으로 제공하는 주택으로 임대사업자(기업형·일반형 임대사업자)가 등록한 주택을 말한다.

139 민간
투자사업 *
民間投資事業

정부의 공급 영역으로 간주되던 사회간접자본(SOC) 시설에 민간이 투자하도록 정부가 지원하는 사업

사회간접시설에 대한 외국자본 등 민간의 투자를 촉진하고 효율적인 사회간접자본시설의 확충·운영을 위함이다.

PlusTip 사업추진 방식에 따른 유형

① BTO(Build Transfer Operate) : 민간투자회사가 SOC 시설을 건설하여 소유권을 국가, 지방자치단체에 양도하고 일정 기간 시설관리운영권을 부여받아 운영하는 방식이다.

② BOT(Build Own Transfer) : 수익형 민간 투자사업, 민간투자회사가 SOC 시설을 건설·소유 및 운영하고 계약기간 종료 시에 시설 소유권을 정부에 양도하는 방식이다.

③ BOO(Build Own Operate) : 민간투자회사가 SOC 시설을 건설·소유하여 운영하는 방식이다.

④ BTL(Build Transfer Lease) : 임대형 민간 투자사업, 시설을 건설하여 소유권을 정부에게 이전하고, 대신 일정 기간 동안 시설관리운영권을 받아 투자비를 회수하는 방식이다.

140 바나나현상 *
BANANA

자신이 거주하는 지역의 이익만을 고집하는 지역 이기주의의 한 현상

'어디에든 아무것도 짓지 마라(Build Absolutely Nothing Anywhere Near Anybody)'는 뜻으로, 각종 환경오염 시설물을 필요함에도 불구하고 자기가 사는 지역권 내에는 절대 설치하지 못하게 하는 것으로 공동체 의식의 결여와 지역 이기주의의 대표적인 현상이다.

141 배분법 *
配分法

부동산감정평가에 있어서 대지와 건물로 된 복합부동산의 거래사례를 거래사례비교법의 사례자료로 하는 수법

대지나 건물 중 한 가지의 가격만 알면 다른 것의 가격을 구할 수 있다. 배분법에는 공제방식과 비율방식의 두 가지가 있다.

142 버블형 도산

버블 경제의 후유증으로 부동산 및 주식 가치가 하락하면서 발생하는 도산

부동산이나 주식에 대한 투자 실패로 인해 발생한다. 버블 경제가 붕괴되면 부동산경기 침체는 물론이고, 주식가격이 큰 폭으로 하락한다.

143 법지 *
法地

택지의 유효지표면 경계와 인접지 또는 도로면과의 경사진 토지부분으로, 토지의 붕괴를 막기 위하여 경사를 이루어 놓은 것

측량면적에는 포함되나 실제 사용할 수 없는 면적이다. 법으로만 소유할 뿐 실익이 없는 토지이다.

144 베드타운 *
Bed Town

주거도시인 소도시

거대도시나 대도시의 중심업무지구와 떨어진 근로자들의 주택군을 형성하는 구역 또는 대도시 주변의 주거도시로 건설된 소도시를 말한다.

PlusTip 중심업무지구
상업·금융·관공서·전문직업·위락 및 서비스 활동들이 집중되어 있는 도시의 핵심지역이다.

145 **병합 · 분할**
감정평가 *
併合 · 分割
鑑定評價

병합 또는 분할을 전제하여 이루어지는 감정평가

토지의 병합·분할을 전제조건으로 하여 병합·분할 후에 단독의 것으로 평가하는 것이다.

146 **보수적 예측** *
Conservative
Prediction

투자수익을 가능한 한 낮게 예측하며 이를 기준으로 하여 투자결정을 하는 방법

이러한 방법은 가급적 장래의 기대수익을 낮게 평가하여 좋지 않은 결과를 가져올 가능성을 최소화함으로써 안전하게 투자하려는 방법이다.

147 **보완재** **
補完財

두 재화를 동시에 소비할 때 효용이 증가하는 재화

두 재화를 각각 소비했을 때의 효용을 합한 것보다 함께 소비했을 때의 효용이 증가하는 재화를 말하며, 협동재라고도 부른다.

148 **복성가격** *
複成價格

복성식평가법으로 구해진 가격

가격시점에서 감정평가 대상 부동산의 재조달원가를 구한 다음 감가수정하여 얻은 가격이다.

149 **복성식**
평가법 *
復成式
評價法

부동산 감정평가를 하는 원가방식의 한 방법

가격시점에 있어서 대상 물건의 재조달원가에 감가수정을 하여 대상 물건이 가지는 현재의 가격을 산정하는 방법을 말한다.

150 **복합개념의
부동산 ✳**

複合概念 不動産

부동산학의 3대 측면인 기술적 측면, 경제적 측면,
법률적 측면 모두를 고려하여 다양한 측면에서 부동
산을 설명하는 원리

① 기술적 측면(물리적 측면) : 자연, 위치, 공간, 환경
과 같이 부동산의 공간 이용기법과 관련된 측면
② 경제적 측면 : 자산, 자본, 생산요소, 소비재(상품)
등 부동산 가격 등과 관련된 측면
③ 법률적 측면 : 부동산의 권리, 제도, 법 등과 관련
된 측면

151 **복합건물 ✳**

複合建物

다양한 기능을 가지는 건물

주거와 근린생활시설 등이 합쳐져 복합적인 기능을
수행하며 주상복합건물 등이 대표적이라 할 수 있다.

PlusTip 주상복합건물

상업지역 또는 준주거지역 안에서 주택과 상업시설을 동일
건축물로 건축한 건물을 말한다.

152 **복합부동산 ✳**

複合不動産

부동산 활동 측면으로 볼 때 토지와 건물 및 그 부대
시설이 결합되어 구성된 부동산

토지와 그 토지위의 정착물이 각각 독립된 거래의 객체
나 마치 하나의 결합된 형태로 다루어지므로 이를 부동
산 활동의 대상으로 삼는다. 부동산 활동 중 부동산매
매에서 주로 나타나는 개념이다. 토지와 건물은 법률상
독립된 부동산이나, 감정평가의 경우 일괄평가하거나
매매 시에는 하나의 부동산으로 거래된다.

153 **복합적 개발** *
複合的 開發

유형·무형의 개발이 동시에 이루어지는 경우

용도지역·지구의 지정 또는 변경 등 이용상태의 변경을 수반하고 건축행위가 이루어지는 경우이다. 광의의 개발은 유형·무형의 개발이 동시에 이루어지는 복합적 개발을 말한다.

154 **비배제성** *
非排除性

한 재화를 소비함에 있어서 특별한 가격을 지불하지 않더라도 해당 재화의 소비로부터 배제되지 않는 성질

대가를 지불하지 않음에도 불구하고 해당 재화의 소비가 가능하다는 특성이다. 비배제성으로 민간 기업에 공공재의 생산을 위임하는 경우 사회적 적정수준보다 적게 생산되는 과소생산의 문제와 더불어 공공재 사용의 대가는 지불하지 않으면서도 해당 효용만을 향유하고자 하는 무임승차자의 문제가 발생하게 된다.

155 **부동산 가격의 이중성** *
不動産價格
二重星

재화의 가격은 수요와 공급에 의해 결정되고, 결정된 가격은 다시 수요와 공급에 영향을 미쳐 수요와 공급을 균형을 이루는 과정이 반복되는 것

부동산 가격도 그 부동산 가격의 발생 요인인 부동산의 상대적 희소성·유용성·유효수요의 상호결합에 의해 형성되고, 가격이 형성되면 그 가격은 다시 이들에 영향을 미쳐 부동산의 수급을 조절하게 된다.

부동산 가격의 원칙 ⚹⚹

不動産價格 原則

부동산 가격 형성과 유지의 법칙성을 추출하여 부동산평가활동의 지침으로 삼으려는 행위의 기준

① 수요 및 공급의 원칙 : 수요와 공급이 일치하는 점에서 균형가격과 균형수급량이 결정되는 것이다. 오직 완전경쟁시장에서만 달성되며, 완전경쟁시장에서는 초과공급이나 초과수요가 존재하지 않고, 자원이 효율적으로 배분되고(균형수급량), 한 종류의 재화에는 오직 하나의 가격만이 존재하는 일물일가의 법칙(균형가격)이 성립한다.

② 대체의 원칙 : 부동산 가격은 대체가 가능한 다른 부동산이나 재화의 가격과 상호영향을 주고받으며 형성된다는 원칙이다. 즉, 같은 효용이면 낮은 가격으로, 같은 값이면 보다 높은 효용을 선택하며, 대체 가능한 두 개 이상의 재화 간에는 서로 영향을 미쳐서 가격이 형성된다는 원리이다. 관련원칙으로는 경쟁의 원칙, 수요·공급의 원칙, 기회비용의 원칙이 있으며 감정평가활동과의 관계에서는 감정평가 3방식의 이론적 근거가 된다.

③ 변동의 원칙 : 부동산 가격형성 요인의 변화, 부동산의 개별적인 요인의 변화, 지역요인의 변화로 인해 부동산 가격도 변동과정에서 형성된다는 원칙이다. 따라서 부동산 가격형성 요인의 분석, 지역요인의 분석, 개별요인의 분석이 동태적으로 이루어져야 한다는 것을 나타내고 있다.

④ 예측의 원칙 : 부동산 가격은 해당 부동산의 수익성과 쾌적성에 대한 예측의 영향을 받아 결정된다는 원칙이다.

⑤ 균형의 원칙 : 부동산의 수익성(유용성, 쾌적성)이 최고로 발휘되기 위해서는 그 내부의 구성요소의 결합 형태가 균형을 이루어야 한다는 원칙이다.

⑥ 기여의 원칙 : 부동산의 각 구성요소의 가격에 대한 공헌도에 따라 부동산 가격은 영향을 받는다는 원칙으로 추가투자 적부성의 기준이 되며, 병합·분할 가능성과 관련이 있다.

⑦ **수익체증 및 체감의 원칙** : 부동산의 단위투자액을 증가시키면, 총수익 또한 증가(수익체증의 법칙)하지만 증가되는 단위투자액에 대응하는 수익은 점차 증가하다가 일정한 수준에 도달한 이후부터는 점차 감소(수익체감의 법칙)한다는 원칙이다.

⑧ **수익배분의 원칙** : 토지, 자본, 노동 및 경영의 생산요소에 의하여 발생되는 수익은 이들 제요소에 배분되며, 자본, 노동 및 경영에 배분된 몫 이외의 잔여액은 그 배분이 정당하게 이루어지는 한 토지에 귀속된다는 원칙으로 감정평가활동과의 관계에서는 추가투자의 적부성, 수익방식과 토지잔여법, 건물잔여법에 유용하다.

⑨ **적합의 원칙** : 부동산의 수익성(유용성, 쾌적성)이 최대로 발휘되기 위해서는 부동산이 속한 지역의 환경에 적합하여야 한다는 원칙이다.

⑩ **경쟁의 원칙** : 초과이윤이 경쟁을 초래하며, 경쟁은 결국 초과이윤을 감소 내지 소멸시킨다는 원칙이다.

⑪ **외부성의 원칙** : 부동산의 가치는 외부적 요인에 영향을 받는다는 원칙이다.

⑫ **기회비용의 원칙** : 투자대상의 가치평가는 그 투자대상의 기회비용에 의해 평가된다는 원칙이다.

⑬ **최유효 이용의 원칙** : 최유효 이용을 전제로 파악되는 가격을 표준으로 부동산 가격이 형성된다는 원칙이다.

157 **부동산 가격 형성 요인** *
不動産價格形成要因

가격발생 요인에 영향을 주는 제반 요인

부동산의 가격은 부동산의 가격발생 요인인 상대적 희소성·유용성·유효수요의 상호작용에 의하여 발생·유지·수정·파괴된다. 또 부동산의 가격발생 요인은 가격형성 요인의 영향을 받아 변화한다.

158 부동산 개발 *
不動産開發

인간에게 생활, 작업 및 쇼핑·레저공간을 제공함을 목적으로 토지를 개량하여 토지의 이용가치를 높이려는 활동

토지를 인간이 사용하기에 가장 편리하게 개량하는 것, 동일성이 바뀌지 않는 범위 내에서 재산의 가치를 높이는 것을 말한다.

> **PlusTip** 부동산 개발단계
>
> 구상단계(원안의 계통적 계획단계, 아이디어단계) → 전(前)실행가능성 분석단계(발상의 검토, 예비적 타당성 분석단계) → 부지매입단계(토지의 수배(手配), 부지모색과 확보단계) → 실행가능성 분석 및 디자인단계(타당성 분석단계) → 금융단계 → 건설단계(택지조성) → 마케팅단계(분양) → 프로젝트 완료 및 부동산 관리자의 선정

159 부동산 개발업 등록제 *
不動産開發業

부동산 개발업체가 난립하면서 사기 분양이나 허위·과장 광고 등으로 인한 소비자의 피해를 미연에 방지하기 위해 2007년에 도입한 제도

건축물의 연면적 2천㎡(연간 5천㎡) 이상, 토지의 면적이 3천㎡(연간 1만㎡) 이상 부동산 개발을 하기 위해서는 등록해야 한다. 등록요건으로는 자본금 5억 원 이상(개인은 10억 원 이상), 사무실 전용 면적 33㎡ 이상, 상근 부동산 개발 전문 인력 2명 이상을 확보해야 한다.

160 부동산 개발위험 **
不動産開發危險

부동산 개발 과정에 있는 불확실성으로 인한 위험요소

위험부담으로 인플레이션, 자금부족, 인간관계를 들 수 있으며 내용상의 위험으로 법률위험, 시장위험, 비용위험으로 구분한다.

워포드(L.Wofford)의 부동산 개발위험

① **법률위험** : 부동산 개발을 하기위해서는 행정기관의 인·허가가 있어야 한다.

② **비용위험** : 부동산 개발 사업은 장기간 행해지므로 이 과정에서 사업이 늦어지거나 인플레이션이 발생하고 금리가 오르는 예상치 못한 비용이 생길 수 있다.

③ **시장위험** : 부동산 경기는 끊임없이 변동하여 부동산시장의 불확실성으로 발생하는 위험을 말한다.

---

161 **부동산
거래신고제 ‡**
不動産去來申告制

주택의 투기를 억제하고 부동산 거래를 투명하게 하여 주택시장의 안정화를 위해 도입한 제도

2006년 1월 시행되었다가 2015년 7월 폐지되었던 제도이다. 문재인 정부에 이르러 투기 과열이 보이는 주택시장을 안정시키기 위해서 투기과열지구를 지정하고 부동산 거래신고제를 다시 시행하였다. 거래자의 인적사항, 계약 체결일, 중도금 지급일, 잔금 지급일, 부동산 소재지, 부동산의 종류, 실제 거래가, 입주일, 거주자, 입주 예정일 등 상세하게 기재하여 신고하는 것이다. 위장 전입이나 탈루 등을 방지하기 위해 활용된다.

---

162 **부동산
경기순환 ***
不動産景氣循環

부동산시장에서 나타나는 경기변동

부동산 경기순환은 부동산 경기가 어떠한 요인으로 인해 확장과 수축을 반복하면서 순환하는 것이다. 부동산 경기변동의 형태로는 순환(Cyclical), 추세(Trend), 계절(Seasonal), 무작위(Random) 변동이 있다.

PlusTip 부동산 경기변동

부동산의 경기는 지역, 부문, 국지적으로 나타나서 전국적·광역적으로 확대되는 경제활동 상태를 의미한다. 부동산 경기는 일반경기보다 주기가 긴 편이다. 경기변동은 부동산시장이 일반적인 경기 변동과 같이 상승과 하강이 반복되는 현상이다. 일반경기변동에 비해서 저점이 깊고 정점이 높은 경향이 있다.

163 **부동산경영** *
不動産經營

부동산에 대한 투자, 개발, 관리, 임대, 분양 등에 의해 수익 활동을 하는 것

부동산을 경영대상으로 하는 중개업·개발업·입지선정업·투자업 등 제(諸)부동산업을 계획적이고 능동적이며, 지속적으로 운영하는 과정·기술 또는 과학의 분야를 말한다.

164 **부동산 관리** *
不動産管理

부동산의 취득·유지·보존·개량과 그 운용에 관한 일체의 행위

부동산의 처분에 대응하는 개념으로서 부동산의 보존 및 성질이 변하지 않는 범위 내에서 그 유용성(편리성, 쾌적성, 수익성, 생산성)을 증대시키기 위하여 이용·개량하는 것을 말한다.

165 **부동산 관련 서비스업** *
Real Estate Services

한국표준산업분류에서 부동산과 관련 서비스업을 분류해 놓은 것

부동산 관리업으로 주거용 부동산 관리업과 비주거용 부동산 관리업이 포함된다. 부동산 중개, 자문, 감정평가업으로 부동산 중개, 대리업, 투자 자문업, 감정평가업이 있다.

166 **부동산 광고**
不動産廣告

광고주의 의도에 따라 대중이 행동하도록 부동산의 의사결정을 도와주는 유료활동

비대인적 설득 및 정보전달·판매촉진을 꾀하는 활동을 말한다.

PlusTip 부동산 광고의 단계

① **주목단계**(Attention) : 소비자의 주의를 끄는 단계
② **흥미단계**(Interest) : 소비자의 흥미를 유발시키는 단계
③ **욕구단계**(Desire) : 사고자 하는 욕망을 갖는 단계
④ **행동단계**(Action) : 실제로 구매행위를 하는 단계

167 부동산 금융 *
不動産金融

부동산을 담보로 하는 금융

주택건설의 촉진을 목적으로 주택건설업자의 건설활동에 수반하는 자금의 필요성에 대응하여 지원해 주는 주택개발금융(건축대부)과 주택의 거래를 원활하게 하고 유효수요를 높이기 위해 주택을 구입하거나 개량하고자 하는 사람에게 주택을 담보로 하여 자금을 융자해 주는 주택소비금융(저당대부)이 있다.

168 부동산 마케팅 *
不動産 Marketing

부동산 활동주체가 소비자나 이용자의 욕구를 파악하고 창출하여 자신의 목적을 달성시키기 위해 시장을 정의하고 관리하는 과정

부동산에 대한 필요를 고객에게 만족시켜 주기 위해서 물적(物的) 부동산(소유권, 임대차공간 등), 부동산 서비스(부동산 관리, 부동산 중개, 부동산감정평가 등), 부동산 증권(지분증권 및 부채증권)의 세 가지 유형의 부동산 제품을 사고 팔고 임대차하는 일련의 체계적 시장활동을 의미한다.

169 부동산 문제 *
不動産問題

부동산과 인간의 관계악화현상

토지의 부증성으로 인한 토지수급의 불균형과 지가상승, 부동산투기, 국토이용의 문란, 국토개발, 이용계획의 문제, 환경파괴, 질적·양적 차원에서의 주택공급의 문제, 부동산 거래 질서의 문란, 부동산 활동의 낙후성 등이 있다.

170 부동산 수요 *
不動産需要

소비자나 사용자의 욕구나 기호에 바탕을 두는 것

일정 기간 동안에 이용자가 부동산인 토지나 건물 등을 임차하거나 매입하고자 하는 욕구를 말한다.

171 부동산시장 *
不動産市場

부동산이 유통되는 국지화된 추상적 범위

부동산시장은 일반시장과는 달리 지리적 위치·공간을 중심으로 형성되어 부동산권리의 교환, 상호 유리한 교환으로서의 가액 결정, 경쟁적 이용에 따른 공간배분, 토지와 공간이용의 패턴 결정 및 수급조절을 돕기 위해 의도된 상업활동을 하는 곳이다.

PlusTip 부동산시장의 특성

시장의 국지성, 거래의 비공개성(은밀성), 상품의 비표준화성, 시장의 비조직성, 수급조절의 곤란성, 매매 기간의 장기성(환금성의 곤란성), 과다한 공공개입과 소수의 구매자와 소수의 판매자, 외부성 등

172 부동산 신탁 *
不動産 信託

토지 및 정착물의 소유권을 신탁재산으로 이루어지는 것

수탁자(신탁회사)가 위탁자(부동산소유자)로부터 유언 또는 신탁계약에 의해 부동산소유권을 이전받아 신탁목적에 따라 효율적으로 개발·관리·처분해 주고, 개발비와 일정액의 수수료를 제한 뒤 성과(신탁수익)를 수익자(위탁자인 소유자 또는 위탁자가 지정한 사람이나 단체)에게 돌려주는 재산신탁의 일종이다.

PlusTip 부동산 신탁의 유형

① **등기이행 유무에 의한 분류** : 은닉한 토지신탁, 공연한 토지신탁
② **방식에 의한 분류** : 토지신탁, 부동산처분신탁, 부동산관리신탁
③ **목적에 따른 분류** : 관리신탁, 담보신탁, 처분신탁, 개발신탁, 명의신탁
④ **소유권의 귀속에 따른 분류** : 주식형 토지신탁, 임대형 토지신탁, 분양형 토지신탁

173 **부동산
실권리자 명의
등기제도** *

부동산에 관한 소유권과 실체적 권리관계와 일치하
도록 실권리자 명의(名義)로 등기하는 제도

부동산에 관한 소유권을 보유한 자 또는 실권리자가
타인과의 사이에서 대내적으로는 실권리자가 부동산
에 관한 물권을 보유하거나 보유하기로 하고 등기를
타인의 명의로 하기로 하는 명의신탁약정의 효력을 무
효로 하는 것이다. 부동산등기제도를 악용한 투기·탈
세·탈법행위 등 반사회적 행위를 방지하기 위한 제도
이다. 부동산에 관한 물권을 명의신탁약정에 따라 명
의수탁자의 명의로 등기하여서는 아니 된다는 것이다.

174 **부동산
실명제** *
不動産
實名制

부동산에 관한 소유권 및 기타물권을 실체적 권리관
계에 부합하도록 실제권리자의 명의로 등기하게 하
는 것

금융실명제의 보완적 성격이 강한 제도이다. 현재 부
동산 등기제도를 악용한 탈세·투기·탈법행위 등 반사
회적 행위의 방지와 부동산 거래의 정상화, 부동산의
가격안정을 위하여 현재 부동산 실권리자명의 등기에
관한 법률이 시행되고 있다.

175 **부동산
유동화** *
不動産
流動化

대출채권을 금전화하고 증권 또는 채권으로 바꾸고
투자가에게 매각하여 자금을 조성하는 것

부동산의 고정적이고, 불가분적인 특성을 채권발행을
통해 지분으로 나눔으로써 현금처럼 유동성을 높이는
제도이다.

176 **부동산의
유용성** *
不動産
有用性

부동산을 사용·수익함으로써 얻게 되는 만족도

부동산의 가격은 당해 부동산의 유용성의 크기에 의
해 결정된다. 유용성은 유효수요와 함께 시장기능에
서 수요의 기능을 수행한다.

**177 부동산
입지선정 ***

不動産立地選定

입지주체가 추구하는 조건을 갖춘 토지를 발견하는
것, 부동산의 적절한 용도를 결정하는 역할

어떤 부동산이 차지하고 있는 장소 혹은 그 장소를 정
하는 행위, 또는 장소를 차지하고 있는 상태 등을 통
틀어서 말하는 입지의 위치를 선정하는 작업과정이다.

**178 부동산
정책 ***

不動産政策

부동산 문제를 해결하기 위한 국가작용

부동산을 둘러싼 제반문제를 해결 또는 개선함으로
써 부동산과 인간과의 관계를 합리적으로 조절하려는
공적인 노력으로 공익추구를 위한 국가의 부동산 활
동이다.

179 부동산 중개 *

不動産仲介

계약 체결을 위해 노력하는 행위

시장의 시세, 상대방의 신용상태를 알아보고 대상 물
건의 감정·성질 등 전문적 자료를 준비하여 중개의뢰
인 간의 거래를 원활하게 하는 것이다.

**180 부동산
증권화 ***

不動産證券化

특정 부동산의 재산권을 소액의 증권이나 채권으로
만드는 작업

기존의 대출채권이나 미래의 현금흐름을 발생시킬 수
있는 자산을 특수목적회사와 같은 도관체(導管體)에
양도하고, 특수목적회사는 이를 담보로 투자자에게
유가증권을 발행하여 자금을 조달하는 금융방식을
말한다.

181 **부동산 투자** *
不動産
投資

생산활동을 통하여 이윤을 획득할 것을 목적으로 합리적인 안전성

원금의 궁극적인 회수를 전제로 하여 상당히 오랜 기간용도(생산성 및 사용가치)를 갖는 자산에 자본을 투입하는 것을 말한다. 인간이 부동산을 대상으로 연구하여 그 부동산 활동이 바람직하게 전개되어 부동산과 인간과의 관계가 밀접하고 유리하게 하고자 하는 학문이라 할 수 있다.

182 **부동산 투자기법 분석** ⁑
不動産
投資技法
分析

부동산 투자안을 분석하고 평가하여 투자안의 경제적 타당성을 검토하고, 투자로 예상되는 수입과 지출을 정확하게 추계하는 일

① 회수기간법 : 초기에 투자금액을 할인하지 않은 미래의 금액으로 회수하는 데 걸리는 기간을 기준으로 투자안을 선택하는 방법
② 회계적 수익률법 : 장부에 기입된 수입과 지출을 근거로 수익률을 계산하는 방법
③ 할인현금수지분석법 : 장래 예상되는 현금 수입과 현금 지출의 흐름을 현재가치로 할인·비교하여 결정하는 방법
④ 내부수익률법 : 투자에 대한 내부수익률과 요구수익률을 서로 비교하여 투자결정을 하는 방법

183 **부동산 투자의 위험분석** *
不動産投資
危險分析

기대 소득에 대한 위험(변동가능성)을 분석하기 위하여 계량적 기법을 사용하여 위험과 수익을 측정하는 방법

위험분석에서는 통계적 기법을 사용하여 위험과 수익을 측정한다. 수익성을 나타내는 지표로는 소득의 기대치를, 위험을 나타내는 지표로는 표준편차를 사용하고 있다.

부동산학 ✶✶
184 不動産學

인간이 부동산을 대상으로 연구하는 것

부동산 활동이 바람직하게 전개되어 부동산과 인간과의 관계가 밀접하고 유리하게 하고자 하는 학문이다.

PlusTip 부동산학의 3대 측면

① **법률적 측면** : 부동산 관련의 법과 제도적인 측면인 공·사법상의 여러 제도가 부동산 활동 등에 영향을 미치는 것을 말한다.

② **경제적 측면** : 부동산의 소유와 활용에 따라 발생하는 수익성을 분석하는 것을 뜻한다.

③ **기술적 측면** : 토목, 건축, 측량, 설계, 지질, 지형 등과 관련된 부동산공간을 이용하는 기법을 말한다.

부동산 현상 ✶
185 不動産現象

부동산에서 비롯되는 모든 사회·경제·행정·기술 등의 모든 사상으로, 부동산 활동을 에워싼 모든 현상

인간의 부동산 활동으로부터 발생하기도 하지만, 부동산의 본질로부터 생기는 경우도 있어서 구체적인 부동산 현상은 부동산의 본질적인 요소와 부동산에서의 인간활동의 총화로써 존재한다고 볼 수 있다.

부동산 활동 ✶✶
186 不動産活動

인간이 부동산을 대상으로 전개하는 관리적 측면에서의 여러 가지 행위

부동산학의 목적은 부동산 활동을 능률화하는 데에 있다. 따라서 부동산 활동이란 인간이 부동산을 상대하는 활동을 의미하므로 자연현상과 구별되며, 이는 사회현상으로서의 부동산 현상으로 나타난다.

PlusTip 부동산 활동의 주체

① **사적주체** : 민간부문(개인, 기업, 조합)

② **공적주체** : 공공부문(국가, 지방자치단체, 토지공사 등)

③ **제3섹터** : 민간부문과 공공부문의 혼합적 주체

187 **부동성** ✱✱
不動性

인간의 힘에 의해 토지를 이동시킬 수 없는 자연적 특성

물리적 위치의 고정성 또는 비이동성이라 불리는데, 이는 토지의 가장 큰 물리적 특성이며, 모든 부동산 활동은 부동성을 전제로 한다. 이는 부동산과 동산을 구별짓는 근거가 되며, 법률상 공시방법 등을 달리하는 이유가 된다.

188 **부정형지보정** ✱
不整形地補正

지형보정·지형감가

부정형지가 소재하는 위치에 있어서의 표준획지 또는 당해 부정형지에 근사한 정형지의 가격을 기준으로 하고, 이에 비하여 부정형으로 인한 효용저하분에 알맞는 감가보정을 하는 것을 말한다.

189 **부정형 획지** ✱
不整形劃地

이용하기 좋은 모양으로 된 땅이 아닌 땅의 총칭

부정형지라고도 한다. 부정형지를 감정평가할 때에는 그와 근사한 획지의 면적을 상정하되, 부정형의 정도에 따라서 감가하여 실제의 이용도에 따라 타당성 있게 평가한다.

190 **부증성** ✱✱
不增性

비생산성, 면적의 유한성

토지는 인간의 힘에 의하여 절대량(물리적인 면적)을 증가시킬 수 없으며, 생산 및 재생산해낼 수 없다는 특성으로 토지의 개별성을 성립시키는 요인이 된다. 부증성은 부동산 문제(지가상승)의 가장 근본적인 원인으로 토지 이용의 사회성·공공성이 요청되고, 토지 공개념의 도입 및 확대가 요구되고 있다.

191 부지 **
敷地

구획된 일단의 획지 혹은 하나의 건축물

건축용지 외에도 하천부지, 철도용 부지, 수도용 부지
등의 바닥토지에도 상용되는 포괄적인 용어이다.

192 부채감당률 *
DCR :
Debt service
Coverage Ratio

순 영업 소득이 부채 서비스 액의 몇 배가 되는가를
나타내는 비율

비율이 1에 가깝거나 작아지면 대출자나 차입자 모두
부채를 감당하기가 힘들어 지는 것을 말한다. 다시 말
해, 1보다 작아지면 이자를 내지 못하는 것이다.

> 부채감당률＝순영업소득 ÷ 부채서비스액

193 부채금융 *
Debt Financing

저당금융(Mortgage Financing), 신탁금융(Trust
Deed Financing) 등

저당설정 또는 채권발행을 통하여 타인자본을 조달하
는 것이다.

194 분기점
모형 **
分岐點
模型

레일리의 소매인력법칙을 응용하여 두 도시에 각각
입지해 있는 소매시설 간의 상권 경계지점을 확인할
수 있도록 한 모형

두 도시의 중심지 사이에 위치하는 소비자에 대하여
두 도시의 상권이 미치는 범위와 그 경계를 매장의 면
적과 거리로 설명한다. 1946년에 레일리의 소매인력법
칙을 수정하여 대상점포와 경쟁점포의 영향력이 균등
해지는 분기점을 계산할 수 있는 다음과 같은 공식을
발견했다.

$$\text{A도시로부터의 분기점} = \frac{A\text{도시와}\,B\text{도시 간의 거리}(x+y)}{1 + \sqrt{\dfrac{B\text{도시 점포의 면적}(b)}{A\text{도시 점포의 면적}(a)}}}$$

A 도시
점포
면적 : a

거리 : x 거리 : y
분기점

B 도시
점포
면적 : b

**분양가
상한제 ★★**
分讓價
上限制

주택분양가격을 원가에 연동시켜 책정하는 제도

정부가 사적시장에서 공급하는 신규 주택가격을 시장 평균가격 이하로 분양가를 규제하여 주택가격을 안정시키기 위해 시행되고 있다.

① 분양가격과 시장가격의 차이로 투기수요가 증대하고, 장기적으로 주택산업의 생산성을 저하시켜 신규 주택공급을 감소시킨다.
② 공급과 수요의 가격탄력성이 탄력적일수록 초과수요량이 커진다.
③ 분양주택의 질이 저하된다.
④ 주택의 과소비가 초래될 수 있으며, 분양주택의 프리미엄이 형성되면 분양권을 불법으로 전매하는 등의 부작용이 발생할 수 있다.
⑤ 가격기능의 왜곡으로 인한 자원의 효율성을 저해한다.
⑥ 도심지역보다 외곽지역의 고밀도 개발을 촉진하여 토지 이용이 비효율적일 수 있다.
⑦ 공급자의 채산성이 악화되어 민간주택공급이 줄어들고 이로 인해 중고주택의 가격이 상승하여 결과적으로 저소득층의 주택난을 심화시킬 가능성이 있다.
⑧ 장기적으로는 여과과정을 통한 저소득층의 주거안정을 저해한다.
⑨ 분양가상한제가 소형주택에만 적용될 경우 소형주택의 공급은 감소하고, 적용되지 않는 대형주택의 공급은 증가한다.

**196 분양권
전매제한 ✻✻**
分讓權轉賣制限

주택건설 사업승인을 받아 분양하는 주택을 분양받은
후 일정 기간 다른 사람에게 팔지 못하게 하는 제한

분양가 규제(원가연동제 등)로 분양가가 시세보다 낮
으면 분양받은 사람이 시세차익을 노리고 팔기 때문
에 이것을 차단하기 위해 도입한 제도다. 투기과열지
구로 지정한 지역의 아파트 분양권의 전매가 제한되고
있다.

197 비교방식 ✻
比較方式

시장성에 근거를 둔 이론

단기적으로 한계효용인 수요측면과 장기적으로 생산
비의 공급측면이 가치에 영향을 주어 시장균형이 성
립된다는 신고전학파의 가치이론을 중심으로 발전된
평가이론이다. 이 방식은 원가방식에 대해 가격을 구
하는 방법으로 거래(매매)사례비교법과 임료를 구하
는 방법인 임대사례비교법으로 구분할 수 있다.

**198 비용위험
부담 ✻**
費用危險負擔

개발비용으로부터 발생하는 위험

개발업자가 시장성 연구를 통하여 시장수요, 임대료
수준, 개발부동산의 시장 가치를 정확히 평가했어도
개발사업으로부터 이윤을 낼 수 있느냐는 건설에 투
입되는 생산비에 달려 있다.

199 비율임대차 ✻
比率賃貸借

고정된 임대료에 임차자의 매상고나 생산성에 대한
일정비율을 더하여 지급하는 것

보통 매장용 부동산의 임대료 산정에 이용되는데, 비
율임대차가 발생한다는 것은 그만큼 부동산의 사용이
많고 이에 따라 훼손이 심해지기 때문이다.

200 비체계적 위험 *
Unsystematic Risk

전체적인 경기동향과 관계없이 개별적 영향을 주는 위험요인

개별적인 부동산의 특성으로부터 야기되는 위험으로 투자대상을 다양화하여 분산투자를 함으로써 회피할 수 있는 위험이다.

201 비탄력적 *
非彈力的

가격변화에 따른 수요변화가 적은 경우

특정 재화의 가격이 변화하는 정도에 비해 해당 재화의 수요량 또는 공급량 등이 변화하는 정도가 작을 경우에 탄력성이 작다 또는 비탄력적이라고 말한다. 또한, 탄력성 값은 1보다 작다.

**202 빈지 **
濱地

일반적으로 바다와 육지 사이의 해변에 있는 토지

공유 수면관리법에서는 만조수위선으로부터 지적공부에 등록된 지역까지의 사이를 말하고 활용실익은 있지만 소유권은 인정되지 않는다.

203 사용권 *
使用權

토지 등의 재산이나 발명 등 무체의 재산을 그 성질에 따라 사용할 수 있는 권리

소유권에 법적 하자가 없고, 그 용도가 사회질서를 해치지 않는 범위 내에서 타인의 간섭이 없이 수익할 수 있는 권리이다.

**204 산재성 점포 **
散在性 店鋪

한 곳에 집재하면 서로 불리해지므로 분산입지를 하는 점포

소매점포가 입지하는 상권의 크기가 한정되어 있기 때문에 서로 분산 입지해야하며, 한 곳에 집재(集在)하면 서로가 불리한 점포로서 잡화점, 과자점, 어물점, 양화점, 주방용품점, 이발소, 공중목욕탕, 세탁소 기타 일용품 점포 등으로 동업종의 소매점포가 해당된다.

205 **상권** *
商圈

배후지 또는 시장지역

상권은 점포와 고객을 흡인하는 지리적 영역으로 고객이 존재하는 지역을 말한다. 상권은 상업지의 입지조건에 있어 매우 중요한 위치를 차지하는 요인이며, 고객의 사회적·경제적 수준이 높을수록 양호하고, 인구밀도와 유동인구(고객밀도)가 높을수록 좋은 상권을 형성한다.

PlusTip 배후지(背後地)

상업지역에서는 상업경영에서 얻을 수 있는 수익은 고객의 질과 양에 따라 좌우되는데, 이때 그 상업지역이 흡인할 수 있는 고객이 존재하는 지역적 범위를 말한다. 상업지역은 배후지 주민의 구매력의 변동에 따라 그 유용성에 영향을 받는다. 따라서 배후지의 인구밀도와 지역면적이 크고, 고객의 소득수준이 높은 것은 가장 좋은 배후지의 조건이다.

206 **상향시장** *
上向市場

하향시장의 반대시장으로 일반경기의 확장시장에 해당하는 국면

상향시장에 있어서의 부동산 가격은 상승일로에 있고 거래도 활발하다. 하향시장이 회복시장의 전 국면의 시장으로 회복의 가능성을 내포하는 것과는 대조적으로, 상향시장은 후퇴시장의 전 국면의 시장으로 경기가 후퇴할 가능성을 내포한다.

PlusTip 후퇴시장

상향시장이 일정 기간 계속되면 정상에 이르러 가격의 상승이 중단·반전하여 가격의 하락이 시작된다. 거래도 점차 한산해지며 전반적인 부동산 활동은 침체되기 시작한다. 후퇴시장의 초기는 비전문가가 파악하기 어렵다. 후퇴시장에 있어서의 과거의 사례가격은 새로운 거래의 기준가액이 되거나 상한선이 된다. 부동산 전문활동에서는 매방(賣方)중시화 현상이 점차 증가하다가 반전되어 매방(買方)중시화 현상이 커지게 된다.

207 상환기금법 ✳
償還基金法

감채기금법, 기금적립법

감가액에 해당하는 금액을 내부에 유보하지 않고, 예금 등의 방식으로 외부에 투자운용한다고 가정하고, 건물 등의 내용연수가 만료한 때의 감가누계상당액과 그에 대한 복리계산의 이자상당액분을 포함하여 당해 내용연수로 상환하는 방법으로 감가액은 정액법의 경우보다 적고 복성가격은 정액법의 경우보다 많아진다.

208 선하지 ✳
線下地

고압선 아래의 토지

상공에 고압전선이 가설되어 있는 토지로 그 목적을 위해 지상권 또는 임차권이 설정되는 경우가 많으며 보통은 선하지 감가(減價)를 행한다.

209 선형이론 ✳
扇形理論

도시발달의 일반적 경향을 공식화한 H.호이트의 이론

호이트(H. Hoyt)가 주장한 이론으로 교통노선을 따라 개발축이 형성된다고 보았으며, 고급주거지는 교통노선 중 제일 빠른 노선을 따라 발전하는 경향이 있다.

210 소득이득 ✳
Income Gains

보유 기간 동안 생산활동을 통해 얻는 이득으로 부동산 임대소득, 토지에 대한 사용이득

부동산에서는 지대나 임대료 등이 이에 속하는데, 부동산을 자신이 이용할 때는 서비스 자기소비로 보아 소득이득에서 제외되는데, 이를 귀속지대(歸屬地代) 또는 귀속임료라고 한다.

211 소득효과 ✳
所得效果

가격 하락이 실질 소득 증가를 가져와 해당 재화의 소비량이 늘어나는 효과

소득이 줄어들면 소비도 줄어드는 현상을 소득효과라 한다.

212 소매인력
법칙 *
小賣引力
法則

두 도시의 중심지 사이에 위치하는 소비자에 대하여 두 도시의 상권이 미치는 범위와 그 경계를 설명하기 위한 이론

레일리(W.J. Reily)의 소매인력법칙은 뉴턴의 만유인력법칙을 원용(援用)한 것으로 인력(引力)이 두 물체 질량의 제곱에 비례하고, 거리의 제곱에 반비례하는 것처럼, 두 도시의 중간에 위치하는 지역에 대하여 두 도시의 상권이 미치는 범위는 두 도시의 인구의 비에 비례하고, 두 도시로부터 거리의 제곱에 반비례한다는 이론이다. 이는 허프(D.L. Huff)의 확률모델의 기반이 된다.

PlusTip 허프의 확률모델 p.144

213 소지 *
素地

원지(原地)

택지 개발 전 자연적인 상태 그대로의 토지를 말한다.

214 수목의
집단 ‡
樹木 集團

토지에 부착된 수목의 집단

소유자가 입목에 관한 법률에 의해 소유권보존등기를 받은 입목은 그 생육하고 있는 토지로부터 독립된 부동산으로 인정되며, 토지와 분리되어 양도하거나 저당권의 목적으로 할 수 있다. 다만, 현행법상 입목이 될 수 있는 수목의 집단의 종류를 제한하고 있다. 입목에 관한 법률의 적용받지 않는 수목의 집단은 토지의 정착물로 토지의 일부분임이 원칙이나, 명인방법을 갖춘 수목의 집단은 토지와 독립적인 부동산으로 인정되어 소유권의 객체가 될 수 있다. 그러나 입목과 달리 명인방법은 완전한 공시방법이라고 할 수 없다. 따라서 명인방법에 의한 수목의 집단은 저당권의 객체가 될 수 없다.

215 **수요의**
법칙 ✱
需要 法則

가격과 수요량 사이에 성립하는 역 관계

다른 변수에 변함이 없다고 가정할 때 가격(임대료)이 상승하면 수요량은 감소하고, 가격(임대료)이 하락하면 수요량이 증가한다는 것을 말한다.

216 **수익방식** ✱
收益方式

감정평가의 방식 중 하나

대상 부동산이 장래 생산할 것으로 기대되는 순수익을 환원이율로 환원하며, 가격시점에 있어서의 대상 부동산의 감정가격을 산정하는 것을 말한다.

PlusTip 수익의 종류

① **가능조소득** : 영업경비를 공제하기 전 완전점유상태의 부동산에서 실현되는 모든 잠재적 소득으로 이에는 대상 부동산(모든 면적 임료, 물가연동조항에서 나온 임료 등)의 모든 소득이 포함된다.

② **유효조소득** : 공실이나 임대료 수집에 따른 손실 등을 제외한 부동산 운영으로 얻을 수 있는 소득으로 이때 공제대상은 미점유공간, 임차인의 전출입으로 인한 손실, 대손 등을 포함한다.

③ **순영업소득** : 유효조소득에서 영업경비를 제한 후에 남은 실제 또는 예상소득으로 저당지불액(부채서비스액)과 장부상의 감가상각비를 공제하기 전의 순소득이다.

④ **세(공제)전 현금소득** : 저당지불액을 지불하고 운영함에 있어서 일상적인 영업소득세를 공제하기 전의 순영업소득의 일부분을 말한다.

⑤ **세(공제)후 현금소득** : 세전 현금수지에서 운영함에 있어 일상적인 소득세를 공제하고 남은 부분을 일컫는다.

⑥ **지분복귀액** : 투자자가 부동산에 대한 투자를 마칠 때 대상 부동산을 매각함에 있어서 발생하는 기대소득을 말한다.

217 수익분석법 *
收益分析法

수익방식 중 임료를 구하는 방법

대상 부동산의 전 기간 중에서 일정한 기간(임료산정 기간으로 건물, 택지의 경우는 통상 1개월 간 또는 1년간)에 기대되는 순수익을 기초로 대상 부동산의 임료를 구하는 방법이다.

**218 수익성
지수** *
PI :
Profitability
Index

투자금 대비 회수할 수 있는 금액의 비율로 투자가치를 판단하는 지표

미래에 회수할 수 있는 금액의 현재 가치를 초기에 투자한 금액의 현재가치로 나누면 수익성 지수를 구할 수 있다. 경제성이 있는 투자안을 채택하기 위해 사용한다. 지수가 1을 초과하면 투자가치가 있고 1 이하이면 경제성이 없는 것으로 판단한다.

219 수익환원법 **
收益還元法

대상 부동산이 장래 생산할 것으로 기대되는 순수익을 환원이율로 환원하여 가격시점에 있어서의 대상 부동산의 감정가격을 산정하는 것

수익환원법에 의하여 산정된 감정가격을 수익가격이라고 하는데, 수익가격은 직접법·직선법·연금법 또는 상환기금법 중 대상 물건에 가장 적정한 방법을 선택하여 순수익을 환원이율로 환원하여 결정한다.

> 수익가격＝순수익 ÷ 환원이율
> ＝(총수익－총비용) ÷ 환원이율
> ∴ 총수익＝(수익가격 × 환원이율) + 총비용

220 순영업소득 *
NOI

유효총소득에서 영업경비를 뺀 나머지 소득

영업경비에는 사업 운영에 필요한 모든 비용과 재산세가 포함되어 있다. 단, 감가상각 또는 부채서비스액은 포함되지 않는다. 순영업소득은 다음과 같이 계산할 수 있다. 순영업소득＝세전현금수지＋부채서비스액 즉, 순영업소득＝유효총소득－영업경비다.

221 **순현가법 ✲✲**
純現價法

주어진 할인율인 요구수익률로 할인하여 구한 현금유입의 현가와 현금유출의 현가 차액

순현재가치법은 투자의 결과로 미래에 발생이 예상되는 편익을 할인율로 할인하여 얻은 편익의 현가합과 처음 투자비용으로 지출된 비용을 서로 비교하는 것을 말한다. 즉, 독립적인 투자안일 때 순현재가치가 0보다 크면 경제성이 있는 것으로 보아 투자를 채택하고, 순현재가치가 0보다 작으면 투자를 기각하는 투자의사결정방법이다.

222 **슈바베지수 ✲**
Schwabe Index

가구의 생계비 중 주거비가 차지하는 비율

가계소득이 증가할수록 생계비 중에서 주거비의 지출비율이 감소한다. 따라서 소득이 낮은 계층일수록 슈바베지수는 높고, 슈바베지수가 높을수록 가구의 주택부담능력은 줄어든다.

223 **스프롤 현상 ✲✲**
Sprawl

도시의 성장·개발현상이 불충분한 도시계획 등으로 불규칙적이고 무질서하게 평면적으로 확대되는 현상

다른 말로 비지적개발 또는 개구리 뜀뛰기 현상이라고도 한다. 도시의 중심지보다는 외곽지역에서 발생하며, 주거지역뿐만 아니라 상업·공업지역에서도 발생한다.

224 **시산가격 ✲**
試算價格

감정평가의 원가방식, 비교방식 및 수익방식을 적용하여 구한 가격

원가방식에 의해 정해진 시산가격을 적산가격, 비교방식에 의해 정해진 시산가격을 비준가격, 수익방식에 의해 정해진 시산가격을 수익가격이라고 하며, 이 세 가지 시산가격은 일치해야 하나 각각의 작업단계에서 실행 가능한 범위의 한계와 자료의 채택과 각종 판단이 달라 시산가격 간에 격차가 생긴다.

**225 시장성
연구** ∗
Marketability
Study

해당 사업을 통해 개발된 부동산이 어느 정도 시장
수요에 반영되고 있는지를 분석하는 것

시장성 연구결과를 토대로 사업규모가 결정되고 시장
규모가 확정된다.

226 시장연구 ∗
Market Study

특정 부동산에 대한 시장의 수요와 공급 상황을 분
석하는 것

시장연구는 개발사업에 대한 시장성 연구의 기초적인
단계이다. 시장연구의 구체적인 방법으로 흡수율 분
석이 있다.

PlusTip 흡수율 분석
시장에 공급된 부동산이 1년 동안 시장에서 얼마만큼의
비율로 흡수되었는가를 분석하는 것이다.

**227 시장의
실패** ∗
Market Failure

시장이 여러 가지 요인으로 인하여 자원을 적정하게
분배하는 것을 자율적으로 조정하지 못하는 것

독과점, 외부효과, 공공재의 존재, 정보의 불확실성
및 비대칭성 등이 시장의 가격기구가 자원의 최적배
분을 달성하지 못하는 원인이 된다. 이 경우 시장실패
가 나타나며, 또한 정부의 경제적 개입이 정당화의 요
인이 되기도 하며, 오히려 정부의 개입이 정부실패를
야기하기도 한다.

**228 시장지향형
입지** ∗
市場指向型
立地

제품을 시장까지 수송하는 교통비가 차지하는 비중
이 큰 기업이 선호하는 입지형태

중량증가산업, 제품수송비가 원료수송비보다 큰 산
업, 제품중량이 원료중량보다 큰 산업, 부패하기 쉬운
완제품을 생산하는 사업, 보편원료를 많이 사용하는
공장 등이 입지요건을 가진다.

원료지향형 입지

원재료의 수송비가 교통비에서 차지하는 비중이 큰 기업이 선호하는 입지형태이다.

229 **시장침투율** *
Market
Penetration

기존 지역상권의 신규상가 점유율

기존의 지역상권에서 신규상가가 시장점유율이 얼마나 되는지 또는 어느 정도 범위의 소비까지 지역독점 상권에서 해당 점포를 이용하게 될 것인가를 나타내는 척도이다.

230 **시장포획률** *
Market
Capture

특정수요계층에 대한 전체 매상고 중 해당 부동산이 차지하는 비율

소매점, 서비스업, 레저시설 개발에 유용하다.

231 **시장흡수율** *
Market
Adsorption

일정 기간에 일정한 지역에서 새로운 부동산의 매매·임대를 나타내는 것

흡수율은 단위시간당 분양된 면적 또는 호수이며, 흡수시간이란 준공 후에 전량 또는 일정량이 분양되는 데 걸린 시간이다.

흡수율 분석

일정 기간 동안 특정한 지역에 부동산이 얼마의 비율로 흡수되었는가를 분석하는 것이다.

232 **시점수정** *
時點修正

사례물건의 거래시점과 대상 물건의 가격시점이 불일치할 경우 사례가격을 거래시점의 가격수준에서 가격시점의 가격수준으로 정상화하는 작업

재화의 가격은 시간에 따라 변동하기 때문에 사례자료는 가격시점에 가까울수록 유용하다. 즉, 너무 길면 시점수정의 한계가 있으며, 또한 너무 짧으면 매매사례의 수가 적게 되어 통계치의 신뢰성이 문제가 된다.

233 신생아 특례 대출 ⁎

신생아를 출산한 무주택 가구에게 저금리로 주택구입비용을 대출해 주는 국토부 정책

국토교통부에서 발표한 저출산 극복을 위한 주거 지원 방안으로, 대출 신청일을 기준으로 3년 이내 출산한 무주택 가구를 대상으로 하며 혼인 신고 여부는 관계없이 출산만을 기준으로 한다. 단, 2023년 출생아부터 적용된다. 공공·민간 분양 특별공급 분양은 2024년 3월부터 시행될 예정이며 매입·전세·임대 특례대출은 2023년 12월부터 시행된다.

234 실현수익률 ⁎
實現收益率

이자 등의 현금이 실제로 지급됨으로써 투자가 이루어지고 난 후에 현실적으로 달성된 수익률

실제수익률·역사적 수익률이라고도 한다. 발행기업이 발행 당시에 약속한 약정수익률과는 '실현수익률 ≤ 약정수익률'의 관계가 형성된다. 현금지급에 대한 채무불이행이 있을 경우에는 실현수익률이 약정수익률보다 작게 되고 실현수익률은 투자 결정 시에 판단의 준거와는 관련이 없다.

235 생애주기 비용 ⁑
生涯週期費用

건물의 기획, 설계, 건축, 유지관리, 폐기 등에 소요되는 총액

건축 초기에 들어가는 건축비용과 이후 운용에 필요한 운용비용으로 구분할 수 있다. 운용비용에는 관리비, 수선비, 광열비, 폐기비 등이 포함되며 건설비용의 70%가량이 운용비용에 해당한다.

236 에스크로 우업 ⁑
Escrow Business

타인의 의뢰를 받고 타인의 부동산 거래계약을 정해진 대로 일을 대신 해 주는 서비스 신탁업의 일종

소유권 이전이나 대금수수에 중개업무가 한정되지 않고, 교환·매매예약·세금·보험관계·금융관계·권리조사·등기증서의 기록 등 부동산 거래와 관련된 제반 업무를 대행한다.

237 **에스크로우 제도** ‡
Escrow

부동산 거래의 이행행위(履行行爲)를 대행하는 부동산 활동의 한 분야

부동산 거래에서 거래개시시점과 종결시점 사이에서 발생할 수 있는 사고를 미연에 방지할 수 있는 제도로 이용되고 있다.

238 **에이지 싸이클** *
Age Cycle

지역의 성쇠현상을 생태학적 측면에서 파악하여, 각 국면의 여러 가지 현상의 특징을 나타낸 것

인근지역의 연령성이라고도 한다. 서구에서는 전 단계가 약 100년을 1주기로 변화한다는 것이 일반적이다. 단위지역의 물리·사회·경제적 기능이 전체적으로 마치 유한한 생명이 있는 유기체처럼 성쇠한다는 현상이다.

239 **엘우드법** ‡
Ellwood法

저당지분환원법

부동산감정평가방식인 수익방식(소득접근법)의 자본환원율결정방법 중 부동산 보유 기간 동안에 예상되는 현금수입, 부동산가치의 상승 또는 하락, 그 동안의 지분형성분을 토대로 종합자본환원이율을 계산하는 방법이다. 엘우드법은 순수입에서 부채를 차감한 세전 현금수지를 대상으로 하므로, 소득세가 부동산의 가치에 미치는 영향은 고려하지 않는다.

240 **역저당** ‡
Reverse Mortagage

차입자로부터 대출자가 일정 기간 정기적으로 일정액을 지불하고, 지불한 원금과 누적이자를 일시불로 지불받는 것

역저당의 종류로는 역연금저당(주택연금), 매후환대차, 생애권거래 등이 있다.

241 **연간소득 대비 주택 가격비율** *
PIR :
Price to Income
Ratio

가구당 연간소득에서 주택가격이 차지하는 비율

주택가격을 가구당 연간소득으로 나누어 계산한다. 일반적으로 소득에 비해 주택가격의 상승률이 크면 PIR은 증가하는데, 이는 가구의 주택구입 능력이 낮아지는 것을 의미하고, 자가점유율이 저하된다. 또한 개별가구의 주택마련기간이 길어지는 것이다.

242 **연면적** **
延面積

하나의 건축물에서 각층 바닥면적의 합계

용적률 산정 시 다음에 해당하는 면적은 제외한다.
① 지하층의 면적
② 지상층의 주차용(해당 건축물의 부속용도인 경우만 해당)으로 쓰는 면적
③ 초고층 건축물과 준초고층 건축물에 설치하는 피난안전구역의 면적
④ 건축물의 경사지붕 아래에 설치하는 대피공간의 면적

PlusTip 용적률 p.436

243 **연와조** *
煉瓦造

불에 구운 벽돌로 쌓아 축조한 구조

단독주택이나 연립주택에 많이 이용하며 외벽치장에 쓴다. 과거에는 벽돌조라 하면 연와조를 말했으나, 시멘트 벽돌이 생산되면서 벽돌조는 연와조와 시멘트벽돌조로 구분하게 되었다. 블록조와 다르다.

244 **영구 임대주택** *
永久
賃貸住宅

영구적인 임대의 목적으로 건설된 주택

국민기초생활 수급자, 국가유공자 또는 그 유족, 일제하일본군위안부, 북한이탈주민 등이 입주할 수 있는 자격이 있다. 관련법은 국민기초생활 보장법, 국가유공자 등 예우 및 지원에 관한 법률, 일제하 일본군위안부 피해자에 대한 생활안정지원 및 기념사업 등에 관한 법률, 한부모가족지원법, 장애인복지법 등이다.

245 영토고권 *
領土高權

영토 안의 모든 사람과 물건에 대한 지배권

영토에만 미치는 것이 아니라 영해·영공을 포함하는 모든 국가 영역에 걸치는 것이므로 영역고권(領域高權)이라고도 한다. 따라서 조차지(租借地)나 국제연합 신탁통치령과 같은 영토에 대해서도 영속적이고, 일반적인 국가권력을 발동할 수 있다.

246 오피스텔 ‡
Officetel

낮에는 업무를 주로 하되 저녁에는 개별실에 일부 숙식을 할 수 있는 공간을 만들어 호텔 분위기가 나도록 설계한 형태의 건축물

오피스(Office)와 호텔(Hotel)의 합성어로 오피스텔은 주 용도가 업무시설이며 업무공간이 50% 이상이고 주거공간이 50% 미만인 건축물을 말한다. 건축법에서는 이를 업무시설에 분류하고 있어서 주택에 포함되지 아니하기 때문에 주택 이외에 오피스텔을 소유하더라도 1가구 2주택에 해당되지 않는다. 실정법상 오피스텔은 건축물 분양에 관한 법률에 따라 업무용으로 사용하는 경우, 주택법의 적용을 받는 일반 주택과 달리 업무시설을 기준으로 하여 세금을 부과한다. 다만, 업무용이 아닌 주거용으로 오피스텔을 사용하는 경우 종합부동산세의 대상이 될 수 있으며, 오피스텔 이외에 다른 주택을 소유하고 있으면 다주택자로 인정되어 처분할 때 양도소득세가 중과될 수 있다. 사실상 주거용 오피스텔인지 여부는 공부상 용도구분 또는 사업자 등록 여부와 관계없이 주민등록 전입 여부와 그해 오피스텔의 내부 구조·형태, 취사시설 등 거주시설의 구비 여부 및 사실상 사용하는 용도 등을 종합해 판단한다.

247 예측의 원칙 *
豫測 原則

부동산 가격을 결정짓는 원칙

부동산 가격은 과거와 현재의 이용 상태에 의해서 결정되는 것이 아니라 앞으로 어떻게 이용될 것인가에 대한 예상을 근거로 결정된다는 원칙이다.

248 요구수익률 ＊＊
要求收益率

투자에 대한 위험이 주어졌을 때, 투자자가 대상 부동산에 투자하기 위하여 충족되어야 할 최소한의 수익률

기회비용으로서의 요구수익률은 투자액의 시간의 경과에 따른 대가로서 시간비용과 투자에 따른 위험에 대한 보상으로서 위험비용이 포함되어 있다.

> 요구수익률 = 시간비용(무위험률) + 위험비용(위험할증률) + 예상 인플레이션

249 용재림지역 *
用材林地域

연료 이외의 건축, 가구 등의 용도로 쓰이는 임지지역

가구나 건축물 등에 사용되는 나무들을 재배하는 산림지역이다.

250 용적이양제 *
容積移讓制

경관·고도지구, 문화재 주변 지역 등과 같은 과도한 규제로 인해 사용할 수 없는 용적률을 개발 여력이 있는 지역으로 옮겨 재산상 손실을 경감해주는 도시계획 수단

도시계획규제로 사용하지 못하는 용적률을 역세권 등 개발 잉여지에 판매하여 수익을 얻거나, 반대로 이를 구매하여 개발에 활용할 수 있을 것이라는 기대로 이에 대한 관심이 높아졌다. 뿐만 아니라 용적이양제는 기반시설 수용 용량이 충분히 마련되어 있는 지역에 추가 개발을 허용하여 합리적으로 도시 밀도를 관리할 수 있도록 해준다.

251 **원가연동제** *
原價連動制

아파트 분양가격의 상승억제, 분양가의 투명성 확보, 건설업체의 비자금조성방지, 무주택 서민을 위한 주택공급기회 확대 등의 목적으로 도입된 제도

아파트의 분양가격을 택지비와 건축비 등 원가에 연동하여 책정한다.

252 **원금균등 상환방식** * *
元金 均等償還方式

주택자금의 대출원금을 융자기간으로 나눈 할부 상환금에 월별잔고 이자를 합산하여 상환하는 방식

원금 상환금은 일정하나 이자는 시간이 지남에 따라 적어지게 되는데, 이는 갚아나가면서 융자잔고 금액이 줄어들기 때문이다. 따라서 원금균등상환방식은 초기에 월부금이 많이 지급되고 후기에는 점차 줄어들게 된다.

253 **원료지수** *
原料指數

베버(A. Weber)가 산업입지의 요건을 설명하고자 도입한 개념

베버는 원료를 보편원료와 국지원료로 구분하여 원료지수를 도출하였다. 보편원료는 어느 곳에서나 쉽게 구할 수 있어 운송비가 발생하지 않는 원료를 말하고, 국지(편재)원료는 특정 지역에만 존재하기 때문에 운송비가 발생하는 원료를 말한다.

254 **위험 조정 할인율** *
危險 調定割引率

장래의 기대소득을 현재가치로 환원할 때, 위험한 투자일수록 높은 할인율을 적용하는 것

투자에 대한 요구수익률을 결정하는 데 있어서 감수해야 하는 위험의 정도에 따라 위험할증률을 더해가는 것이다.

255 유사지역 ＊
類似地域

대상 부동산의 부동산 활동이나 용도가 동일한 인근 지역의 지역특성과 유사한 지역특성을 갖는 다른 지역

지리적 위치는 다르나 용도적(用途的)·기능적(機能的)으로 유사한 지역을 말한다.

256 유형적 개발 ＊
類型的開發

건축·토목사업·공공사업 등과 같이 직접적으로 토지의 물리적 변형을 가져오는 개발

협의의 개발을 의미하며 현장에서 공사와 땅을 평평하고 고르게 하는 정지작업이 그 예이다.

PlusTip 무형적 개발

토지의 물리적 변형은 초래하지 않으나 용도지역·지구의 지정 또는 변경 등으로 이용상태의 변경을 초래하는 행위를 말한다.

257 유휴지 ＊＊
遊休地

쓰지 않고 묵히는 땅

사용하지 않아 수익이 발생되지 않는 휴경지(休耕地)를 말한다.

PlusTip 유휴농지 p.320

258 이전수입 ＊
Transformation Income

생산요소의 소유자가 어떤 생산요소를 제공하도록 유도하는 최소한도의 수입

이전수입이 보장되지 아니하면 그 수입을 보장받을 수 있는 타 용도로 전환하는 최소한도의 수입을 이전수입(移轉收入) 또는 전용수입(轉用收入)이라 한다.

259 이행지 ＊
移行地

용도지역의 분류 중 각각 세분된 지역 내에서 그 용도에 따라 전환이 진행 중인 토지

택지지역은 주거지역, 상업지역, 공업지역으로 구분되며, 이들 상호 간에 전환이 진행 중인 토지를 말한다.

**인구집중
유발시설** *
人口集中誘發施設

학교, 공장, 공공 청사, 업무용 건축물, 판매용 건축물, 연수 시설 등 인구 집중을 유발하는 시설

수도권정비계획법에서는 수도권의 인구 및 산업의 집중을 억제하고 적정하게 배치하기 위하여 수도권정비계획 수립 시에 인구집중유발시설의 관리에 관한 사항을 포함하도록 하고 있으며, 원칙적으로 관계 행정기관은 과밀억제권역 및 성장관리권역, 자연보전권역 내에서 인구집중유발시설의 신설 또는 증설 행위나 그 허가·인가·승인 또는 협의를 할 수 없게 되어있다.

261 **인근 지역** **
隣近地域

대상 부동산이 속한 지역의 하나

도시 또는 농촌 등의 내부에 있고, 지역사회에 비하여 훨씬 작은 생활권에 속하며, 주거활동·상업활동·공업활동 등의 특정 용도에 제공될 것을 중심으로 형성된 지역을 말한다. 또한 경직적·고정적인 것이 아니라 유동적·가변적이며 이러한 유동성·가변성은 가격형성에 직접적인 영향을 주는 지역이기도 하다. 인근 지역의 경계는 자연적·인문적으로 구분될 수 있으며, 클 수도 적을 수도 있고, 국토의 계획 및 이용에 관한 법률상의 용도지역, 용도지구의 경계, 행정구획과 일치하지 않을 수도 있다. 인근 지역은 용도상·기능상 개념이 상호 간에 경쟁·대체관계를 이룬다.

PlusTip 표준적 이용

지역적 특성에 가장 적합하고, 합리적인 이용방법으로 인근 지역의 특성에 의한 일반적이고, 평균적인 이용방법이다.

262 인근 지역의
생애주기 *
隣近地域
生涯週期

지역의 성쇠현상을 생태학적 과정에서 파악하여 각 국면에서 나타나는 여러 가지 현상의 특징을 설명하는 이론

동질적 부동산으로 구성된 부동산의 집합체를 지역이라 하며, 이러한 부동산은 경제적·물리적 내용연수를 갖는다. 따라서 개개 부동산의 내용연수가 경과함에 따라 그 지역은 마치 유기체와도 같은 쇠퇴현상을 나타내는데, 성장기·성숙기·쇠퇴기·천이기·악화기의 5개 국면이 있다.

PlusTip 인근 지역의 사이클 패턴
① **성장기**(신개발, 재개발) : 지역기능형성, 입지경쟁치열, 지가상승활발(지가상승률 최고), 상향여과
② **성숙기**(안정단계의 시기) : 지가는 안정, 가벼운 상승(지가는 최고), 입지경쟁 안정, 지역기능 정상
③ **쇠퇴기**(노후화) : 주택의 하향여과현상(시작), 지가하락, 재개발 여부결정
④ **천이기**(과도기) : 주택의 하향여과현상(활발), 지가하락(가벼운 상승, 지가반등)
⑤ **악화기**(소생기) : 슬럼화 직전, 지가는 최저

263 인접성 *

토지가 물리적으로 인접하게 연결되어 있다는 토지의 자연적 특성

옆에 붙어 있는 토지가 인접하다는 특성이다. 연결성이라고도 한다. 긴밀하게 연결되면서 인접하게 붙어있는 토지는 공간관계를 가진다. 인근의 토지가 개발하면 외부성에 의해서 가격이 형성될 때에 영향을 받는다.

PlusTip 부동산의 특성
① **토지의 자연적 특성** : 부동성(위치의 고정성), 부증성(비생산성), 영속성(비소모성, 내구성, 불변성), 개별성(이질성), 인접성(연결성)
② **토지의 인문적 특성** : 다양한 용도, 병합과 분할이 가능함, 위치의 가변성, 희소성, 투자의 고정성, 거래의 순환성, 가치보존성 등

264 인플레이션 헤지 *
Inflation Hedge

인플레이션으로 인하여 화폐자산의 구매력(화폐가치)이 하락하는 것에 대한 방어수단

화폐자산 대신 비화폐자산인 부동산, 주식, 상품 등의 실물자산을 보유하려는 심리로 투기의 요인이 된다.

265 임대료 규제정책 *
賃貸料規制政策

임대료 규제는 저소득층의 주택문제를 해결하기 위한 간접적인 시장개입정책

균형가격보다 낮은 가격으로 상한가격(최고가격)을 설정하여 그 이하로 가격을 책정하도록 하는 가격통제정책(정부의 아파트분양가 통제정책)이다. 상한가격은 반드시 균형가격보다 낮게 설정되어야 정책적 효과를 발휘할 수 있다.

266 임대료 보조정책 *
賃貸料補助政策

임대료 규제정책과 함께 저소득층의 주택문제를 해결하기 위한 간접적인 시장개입정책

정부가 무상으로 임대료의 일부를 보조해 주는 정책이다. 임대료 보조정책은 소비자의 실질소득을 증가시켜 수요곡선을 우측으로 이동시킨다.

① 가격보조(집세보조)방식 : 주택을 구입할 때만 보조해 주는 방식으로 주택의 상대가격을 낮추어 저소득임차가구의 주택소비를 증가시킨다.

② 소득보조(현금보조)방식 : 보조금을 현금으로 지급하는 방식으로 저소득임차가구의 실질소득이 증가하여 주택임차가구의 주택부담능력이 높아진다. 또한 보조받은 임차가구는 주택이나 다른 재화 중 자신에게 효용가치가 높은 용도로 지출할 수 있다.

③ 공급측 보조금 : 주택 생산자에게 낮은 금리로 건설자금을 지원해 주는 방식으로 생산비를 낮추는 효과가 있어 민간부분의 주택공급을 증대시킨다. 그러나 주택의 생산기간으로 인하여 단기적으로는 공급곡선이 수직에 가까워 공급측 보조금은 효과가 없으나 장기적으로 주택의 생산비를 낮추어 주택공급이 늘어나고 임대료가 하락하여 주택소비가 증가한다.

267 **임대료
비율** *
RIR :
Rent to Income
Ratio

월소득에서 주택임대료가 나가는 비율을 나타낸 수치

무주택자가 주거를 하기 위해서 지불하는 임대료를
월소득로 나눠서 나타낸 수치이다. 세입자의 임대료
부담을 확인할 수 있는 지표로 사용한다. 임대료 비
율이 높은 경우 주거비에 부담이 높은 것이다. 임대료
비율은 월 임대료에서 월소득을 나눈 후 100을 곱하
여 산출할 수 있다.

268 **임대사례
비교법** *
賃貸事例比較法

부동산평가 중 비교방식에서 임료를 구하는 방법

대상 부동산과 동일성 또는 유사성이 있는 다른 물건
의 임대사례와 비교하여 대상 물건의 현황에 맞게 사
정보정 및 시점수정 등을 가하여 임료를 산정한다. 이
렇게 구한 임료를 비준임료 또는 유추임료라고 한다.

269 **임대주택** **
賃貸住宅

**임대 또는 임대한 후 분양전환을 할 목적으로 공급
하는 주택**

공공주택 특별법에 따른 공공임대주택과 민간임대주
택에 관한 특별법에 따른 민간임대주택으로 구분된
다. 1972년 제정된 주택건설촉진법과 1984년에 제정
된 임대주택건설 촉진법에 의해 생활보호 대상자를
위한 임대주택을 건설하기 시작하였으며, 1993년의
임대주택법전면 개정 이후 임대주택 건설이 크게 확대
되었다.

270 **임장활동** **
臨場活動

현장에 직접 가보는 부동산 활동

현장에 임한다는 것으로 부동산 활동(권리분석)을 효
과적이고, 정확하게 수행하기 위해서 부동산이 있는 현
장에 대한 확인·분석·조사활동을 하는 것을 말한다.

PlusTip 부동산 활동의 성격을 임장활동으로 규정하는 근거

① 부동산 결정의 근거를 직접 확인·분석하여야 한다.
② 부동산 결정의 합리성 및 책임문제가 생길 수도 있다.
③ 부동산에는 부동성이라는 특성이 있으며 부동산 활동
은 대물활동이다.
④ 부동산 활동의 노력효과를 높이기 위해서 적시(摘示)의
기능을 잘 발휘해야 한다.

271 **입주자**
대표회의 *
入住者代表會議

공동주택이 전체 입주예정자의 과반수가 입주를 완
료한 경우 입주자들 스스로 동세대별 수에 비례하여
선출된 인원으로 구성하는 비법인사단

입주자 대표회의는 공동주택관리규약 개정안의 제안,
아파트관리방법의 제안, 공용시설물의 사용료 부과기
준의 결정, 단지안의 주차장·승강기 등의 유지 및 운
영기준, 행위허가 또는 신고행위의 제안 등 중요한 사
항에 대한 의결권을 가지고 있다.

272 **입지결정** *
立地決定

입지결정의 3요소 입지주체, 입지조건, 입지인자

입지주체는 입지결정의 주체를 말하고, 입지조건은 입
지결정에 있어 입지주체에게 여건으로 주어진 객관적
인 환경조건을 말한다. 그리고 입지인자는 입지주체
가 입지결정을 함에 있어 결정변수를 말한다. 따라서
입지주체는 주어진 입지조건에서 입지인자의 양부(良
否)에 따라 입지결정을 하게 된다.

273 **입찰지대**
이론 *

토지의 높은 지대를 지불할 의사가 있는 사람에게
토지가 할당되어 용도가 결정된다는 이론

미국의 경제학자인 윌리엄 알론소(William Alonso)
가 튀넨의 이론을 발전시킨 것이다. 토지이용자가 지
대를 지불할 때 제시하는 최대 금액으로 초과이윤이
0이 되는 수준의 지대가 입찰지대이다. 도심으로부터
상업용, 주거용, 공업용으로 나타난다.

PlusTip 입찰지대곡선

도심에서 외곽으로 나감으로 가장 높은 지대를 지불할 수 있는 산업의 지대곡선을 연결한 것을 의미한다. 지대곡선은 단위토지당 생산성과 수송비로 결정된다.

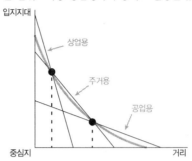

274 **입지경쟁 ***
立地競爭

토지 이용의 다양성으로 인해 동일한 토지에 대해 유사한 업종의 입지주체 사이에서 보다 유리한 입장에서 토지를 이용·확보하려는 경쟁

토지 이용의 집약도가 클수록 입지경쟁은 커지고 입지경쟁이 커질수록 지가(地價)는 상승한다. 입지경쟁에 있어서 지불능력과 입지잉여가 가장 우수한 자가 입지주체가 된다.

275 **입지인자 ***
立地因子

특정장소의 입지조건과 입지주체와의 작용에서 오는 비용절약의 개념

생산과정에 소요되는 비용을 항목별로 세분한 각각의 비용항목을 입지단위라 하며, 입지단위로 보아서 다른 장소 이상으로 이익을 가져오기 때문에 특정 장소에 견인함으로써 얻게 되는 비용절약상의 이익을 입지인자라 한다.

PlusTip 입지단위

생산과정에서 발생하는 비용을 항목별로 세분한 단위비용이다.

276 **입지잉여** *
立地剩餘

동일한 산업 내에서 토지 이용의 집약도가 같더라도 입지조건이 양호한 경우에 발생하는 특별한 이익

토지 이용의 집약도와 입지조건이 같더라도 토지를 이용하는 입지주체에 따라 입지잉여의 크기는 다르게 나타난다. 따라서 입지잉여는 토지 이용이 조방한계 이상이며, 입지주체가 그 위치를 최유효 이용할 수 있는 경우에 발생하고, 입지잉여가 영(零)인 입지를 '한계입지'라고 한다.

277 **자본이득** *
Capital Gains

자산가치의 상승으로 인한 소득을 말하며 당해 기간 말(처분할 때)에 발생하는 소득

자산의 매각으로 이루어지며, 자산의 가치가 상승하더라도 자산의 매각이 이루어지지 않았을 때는 미실현 자산소득이라고 한다.

278 **자본환원율** *
Capitalization
Rate

미래추정이익을 현재가치로 전환하기 위해 적용하는 할인율

수익환원율이라고도 한다. 미래 현금흐름을 할인하여 현재의 실질적 자산 가치를 파악하기 위해 사용되는데, 시장추출법, 조성법, 투자결합법 등으로 계산할 수 있다. 자본환원율은 자본의 기회비용을 반영하며 금리 상승은 자본환원율을 높이는 요인이 된다.

279 **자산담보부
기업어음** *
ABCP :
Asset Backed
Commercial
Paper

자산을 담보로 하여 유동화전문회사에서 발행하는 기업어음

매출채권, 리스채권, 회사채, 부동산 등의 자산을 근거로 하여 발행한다. 일반적으로 90일이 만기이며 자산유동화증권(ABS)와 달리 별도의 절차가 없어 자금조달비용 절약에 도움이 된다.

280 **자산담보부 증권** *

ABS :
Asset Backed
Securities

보유부동산을 직접 매각하는 대신 이를 담보로 발행한 증권을 나누어 매각하는 제도

저당대출 담보부증권인 MBS와 구분하여 주로 은행의 대출채권이나 할부금융사들의 할부금융채권 또는 기업의 외상매출금채권 등을 담보로 하는 것을 지칭하는 경우가 많다. 이러한 ABS는 이미 상품화된 지가 상당 기간이 지났음에도 불구하고 주로 기관투자가들 사이에서만 거래된 이유로 일반인들에게는 잘 알려지지 않았으며, 또한 MBS와는 달리 상품의 안정성을 점검하는 데 다소 복잡한 측면이 있어 활성화되는 데 다소의 시간이 필요한 것으로 보인다. 자산담보부증권은 일반적으로 자산담보부채권으로 불리어 왔는데 1998년 9월 30일 자산유동화에 관한 법률이 제정되면서 유동화증권이라는 용어를 사용하게 되었다.

281 **잔여법** *

殘餘法

수익방식에서 대상 부동산에 귀속되는 순수익 산정방법

순수익의 환원방법으로도 사용한다.

PlusTip 잔여법의 구분

① **토지잔여법** : 복합부동산의 총수익에서 토지귀속분을 구하고, 이를 토지환원이율로 환원하여 토지가격을 구하는 방법이다.

② **건물잔여법** : 복합부동산의 총수익에서 건물귀속분을 구하고, 이를 건물환원이율로 환원하여 건물의 가격을 구하는 방법이다.

③ **부동산잔여법** : 토지잔여법과 건물잔여법이 갖고 있는 결함을 시정할 수 있는 개량된 방법으로, 부동산의 전체 순수익을 특정 기간(통산잔존기간)에 대한 환원이율(연금현가계수)로 수익환원하는 방법이다. 이때, 특정기간 종기(終期)에 남는 부동산은 복귀가격으로 이를 수익가격에 가산한다.

282 **장기전세주택**
Shift

서울시와 SH주택공사가 무주택자를 위해 마련한 전세주택

주변 전세시세에서 80%, 주변 매매 시세의 30% 이하에서 최장 20년까지 내 집처럼 살 수 있도록 마련한 전세주택이다.

283 **재조달원가 ✸**
再調達原價

현존하는 대상 부동산을 가격시점에서 재생산 또는 재취득할 경우의 총원가

도급건설일 경우 수급인에게 지불되는 표준 건설비와 도급인이 별도로 지불하는 통상의 부대비용을 합한 것으로 복제원가와 대치원가가 있다. 재조달원가는 재생산비용이라고도 한다.

① 복제원가 : 가격시점 현재 대상 부동산과 동일 또는 유사한 자재를 사용하여 복제부동산을 재생산하는 데 소요되는 물리적 측면의 원가

② 대치원가 : 가격시점 현재 대상 부동산과 자재, 공법, 설계 등을 유사하게 하여 기능과 효용에서 동일성을 갖는 부동산을 신규로 대치하는 데 소요되는 효용측면의 원가

284 **저당 ✸**
Mortgage

부동산을 담보로 하여 필요한 자금을 융통하는 부동산 금융

차입자(借入者)를 피저당권자 또는 저당권설정자라 하며, 대출자를 저당권자라 한다.

PlusTip 저당의 방법

① 원금균등상환저당(CAM) : 할부상환금과 그때의 잔고에 대한 이자를 합하여 납부하는 방식으로 원금상환금은 일정하지만 이자는 융자잔고가 적어짐에 따라 이자 또한 적어진다.

② 원리금균등상환저당(CPM) : 매달 일정액을 지불하여 융자기간 중 원금과 이자를 전액 상환하는 방식으로 초

기에는 월부금 중 이자가 차지하는 부분이 크지만, 후
기에는 원금상환의 비중이 커진다. 부동산 금융에 있어
서 원리금균등상환이 원금균등상환보다 적절한데, 부
동산 구입초기의 차입자는 월부금 부담이 원금균등상
환이 너무 높고, 대출자는 원리금균등상환이 차입자의
소득증대나 자산가치의 증대로 채무의 감당능력이 향
상될 가능성이 높기 때문이다.

③ 체증식융자금상환저당(GPM) : 초기에는 지불금이 낮은
수준이나 차주의 수입이 증가함에 따라 지불금도 증가
하는 방식으로 초기에는 상환액이 적어 이자도 상환하
지 못하는 부(負)의 상환이 나타날 수 있으며, 미래의
소득이 증대되는 젊은 저소득자와 주택보유예정기간이
짧은 경우 인플레이션기에 유리하며, 경기의 안정기에
는 채무불이행 가능성이 크다.

④ 가변이자율저당(VRM) : 고정이자율(FRM)이 이자율
변동의 위험을 대출자에게 부담시키는 약점을 보완하기
위한 제도로서 이자율 변동의 위험을 차입자에게 전가
시키는 융자제도이다. 시장의 이자율이 하락하면 차입
자의 조기상환이 나타날 수 있다. 이자율의 상승 시 이
자율변동 위험의 비대칭성 때문에 이 제도가 만들어졌
다고 할 수 있다.

⑤ 조정이자율저당(ARM) : 이자율을 변화시켜 가변이자율
저당과 같은 성격을 가지므로 인플레이션의 위험에 대
처할 수 있으며 대출자에게 많은 재량권을 부여한다.

⑥ 재협정률저당(RRM) : 일정 기간 이자율이 대출자와 차
입자 간의 협상으로 결정하는 제도이다.

⑦ 가격수준조정저당(PLAM) : 인플레이션의 위험에 대처
하는 방식이 이자율의 변동을 통해서가 아니라 저당잔
금액이나 대출잔액 등의 저당가격수준을 예상된 인플
레이션의 따라 정기적으로 조정하는 제도이다.

⑧ 부분원리금상환저당 : 변제 만기일이 되어도 완전히 상
환되지 않음을 차주와 대주 간 합의하는 특별금융제도
이다.

⑨ 수요금융으로서 이자매월상환 : 이자만 매월 지불하고
원금은 만기일에 일시불로 상환하는 제도이다.

**저당대출
담보부증권** ❋❋
MBS :
Mortgage
Backed
Securities

토지 건물 등의 부동산을 담보로 자금수요자에게 자금을 일반적으로 저당대출업무를 취급하는 금융기관이 대출해준 뒤 갖게 되는 모기지를 근거로 발행된 증권

금융사들이 주택을 담보로 20 ~ 30년 만기의 대출을 해준 뒤 이를 기초로 주택저당채권을 보유하는데, 채무자들로부터 장기간에 걸쳐 상환받아야 할 대출금을 한 번에 회수하기 위해 유동화중개회사(SPC)에 주택저당채권을 판매한다. SPC가 이를 담보로 파생상품을 발행하는데 이것이 '모기지 담보부증권'이다. 중앙은행에서 이 모기지 담보부증권을 사들이면 금융사들은 주택저당채권을 팔아 생긴 현금을 다시 대출재원으로 사용해 경기를 부양한다. 이러한 모기지 담보부증권은 모기지의 현금흐름 연결 형태와 담보의 소유권 귀속 여하에 따라 CMO, MBB, 페이스로 본드 등으로 구분된다.

PlusTip 원리금이체채권(Pay – Through Bond)
낮은 수준의 초과담보로 발행이 가능한 채권을 말하는데, 발행 시 원리금이체빈도나 만기구조를 투자자의 요구에 맞게 발행기관에서 조정이 가능하다는 장점을 지녔다.

저당상수 ❋❋
抵當常數

연금의 현재가치를 기준으로 매 기간 지불 또는 수령할 금액을 결정할 때 사용되는 비율

주택자금을 융자받고 그 상환을 원금과 이자를 포함하여 매기 일정액씩 상환하기로 약정하였다면 원금과 이자를 포함하여 매기 불입되는 일정액을 저당지불액(Mortgage Payment) 또는 부채서비스액(Debt Service)이라 하고 1원의 융자금액을 기준으로 매기 불입되는 저당지불액의 비율을 저당상수라 한다. 따라서 저당상수는 저당지불액을 융자액으로 나눈 값이다.

287 저당유동화 *
抵當流動化

부동산저당의 결과 발생한 저당담보채권을 증권화하여 이를 타인에게 양도할 수 있도록 하는 제도적 장치

저당담보채권을 증권화하여 유통시킴으로써 금융기관은 부동산 금융의 재원마련에 큰 활성화를 기대할 수 있다.

**288 저당지분
환산법** *
抵當持分換算法

부동산 가격을 구하는 방식

투자자의 관심이 지분수익의 극대화에 있다고 보고 부동산 가격을 지분가치와 저당가치로 구분하여 매 기간의 지분소득의 현가와 기간 말 지분복귀액의 현가 및 저당가치의 합으로 부동산 가격을 구하는 방식이다.

289 적산법 *
積算法

원가방식에 의한 임료 산출 방법

산출되는 임료를 적산임료(積算賃料)라 하며 적산법에 의해 실질임료를 구하는 식은 다음과 같다.

> 적산임료 = (기초가격 × 기대이율) + 필요제경비

PlusTip 적산법에서의 필요 제경비
① 공실 등에 의한 손실상당액
② 감가상각비, 유지관리비, 손해보험료, 결손준비금
③ 조세공과 : 재산세, 종합부동산세, 도시계획세, 공동시설세, 수익자부담금

290 적재성 *
積載性

지지력(支持力)

토지가 건물이나 농작물 등을 지탱하여 그 기능을 발휘할 수 있도록 하는 성질을 말한다.

291 전용률 *
專用率

공동주택의 분양면적(또는 계약면적) 대비 전용면적이 차지하는 비율

예를 들어, 분양면적이 50평이고, 전용면적이 25평이라면 전용률은 50%다. 서비스 면적은 분양면적이나 전용면적과 별개로 덧붙여 붙은 면적으로 전용률과 상관없다. 그러나 서비스 면적은 세대 내부 면적으로 전용면적으로 사용할 수 있으므로 이 면적이 클수록 실내 이용면적이 늘어나는 효과가 있다.

292 전용면적 *
專用面積

아파트 등 공동주택에서 소유자가 독점하여 사용하는 부분의 면적

각 세대가 독립적으로 사용하는 전용부분으로 공용공간(거실, 주방, 욕실, 화장실)과 독점공간(침실)으로 구분할 수 있다. 전용면적 측정하는 방법은 벽심법과 내법의 두 가지 방법이 있는데, 벽심법(壁心法)은 외벽의 중심선으로 둘러싸인 부분의 수평투영면적으로 계산하고, 내법은 전용부분 벽의 내부에 둘러싸인 선으로 계산한다. 우리나라는 벽심법을 이용한다. 단독주택은 바닥면적에서 지하실, 본 건축물과 분리된 창고, 차고 및 화장실의 면적을 제외한 면적을 말한다.

293 정률법 **
定率法

감가형태가 매년 일정률로 감가된다는 가정하에 매년 말의 미상각잔액을 감가율(일정률)로 곱하여 감가수정액을 산정하는 방법

감가액은 첫 해가 가장 크고 부동산의 가치가 매년 체감함에 따라서 감가액도 체감한다. 임대용 부동산이나 기타 수익성 부동산에 유용하며, 기계와 동산평가에 적용된다. 체감상각법, 잔고점감법이라고도 한다.

294 **정부의
실패** *
Government
Failure

정부의 개입으로 인하여 자원배분이 그 이전보다 비효율적이거나 소득분배의 불평등이 심화되는 현상

원인으로는 부족한 정보로 인한 정부의 개입이 의도되지 않는 결과를 가져오거나, 정부정책을 집행하는 관료의 부적절한 정책집행, 정부정책을 민간부문이 사전 예견하고 행동을 변화시켜 의도되지 않는 결과를 초래하는 경우, 규제수단의 불완전 및 경직성, 관료조직의 비효율성을 들 수 있다.

295 **정상가격** *
正常價格

시장 가치, 적정가격, 사정보정된 가치, 구축적 가치

평가 대상토지 등이 통상적인 시장에서 충분한 기간 거래된 후, 그 대상 물건의 내용에 정통한 거래당사자 간에 통상적으로 성립한다고 인정되는 적정가격으로 출품기간의 합리성, 거래의 자연성, 시장의 통상성, 시장(당사자)의 정통성이 있는 가격을 의미한다.

296 **정상임료** *
正常賃料

감정평가 시 인정되는 적정 임료

감정평가 할 때 감정평가사가 구하는 임료로 대상 물건이 통상적인 시장에서 임대차될 때 그 대상 물건의 내용에 정통한 임대차당사자 간에 통상 성립한다고 인정되는 적정 임료를 말한다.

297 정액법 **
定額法

부동산의 감가수정방법 중 내용연수를 기준으로 하는 방법의 하나

감가형태가 매년 일정액씩 감가된다는 가정하에 부동산의 감가총액을 내용연수로 나누어 매년 감가액으로 하는 방법이다. 이 경우 매년의 감가액은 일정하고 감가누계액이 경과연수에 정비례하여 증가하기 때문에 직선법이라고 한다. 계산이 간단하고 용이하지만, 실제 감가와 일치하지 못하고 또한 초기에는 과대상각이 되며, 말기에는 과소상각이 된다는 단점이 있다(건물의 감가상각속도가 시간의 경과에 따라 많으나 감가액은 일정하기 때문이다). 주로 건물과 구축물 등의 평가에 적용된다. 균등상각법, 직선법이라고도 부른다.

298 정착물 *
定着物

토지에 부착한 상태로 사용되는 건물

토지 및 그 정착물은 부동산이다. 계속적으로 토지와 결합하여 사용되고 토지와 분리하는 것이 사회·경제적으로 불능이라고 인정되는 독립된 물건으로, 토지의 정착물은 부동산으로 본다. 정착물 중에서는 토지와는 독립의 부동산으로 취급되는 것도 있고 그렇지 아니한 것도 있다. 예컨대 수목은 정착물이라고 할 것이나 가식중의 것은 정착물이라고 할 수 없다. 그렇기에 가식중의 수목·석탑 등은 동산이 된다.

299 제1차 저당시장 *
第1次 抵當市場

저당대부를 원하는 수요자와 저당대부를 제공하는 금융기관으로 이루어지는 시장

1차 저당대출자들은 주택을 구입하고자 하는 일반수요자와 새로이 부동산을 공급하고자 하는 건설업자에게 저당을 설정하고 자금을 대여하고 있다.

300 **제2차
저당시장** *
第2次
抵當市場

저당대출기관과 다른 투자자들 사이에 저당을 사고
파는 시장

2차 저당시장에서는 1차 대출기관들이 그들이 설정
한 저당을 팔고 자금을 조달하며, 원래의 저당 차입
자와는 직접적인 관계가 없다. 2차 저당시장은 저당이
유동화되는 데 결정적인 역할을 하고 있다. 즉, 은행
은 자금이 고갈되면 다른 투자자들에게 저당을 팔아
새로운 자금을 조달할 수 있다. 만약 저당을 살 사람
이 얼마든지 있다면 이론적으로는 무한정으로 대출이
가능하다.

301 **조방농업** **
粗放農業

자본과 노동력을 적게 들이고 자연에 의존하는 농업

일정한 토이 면적에 투하하는 자본 또는 노동력이 적
고, 자연의 의존하여 수확량과 판매액이 대체로 적은
농업이다.

PlusTip 집약농업 p.127

302 **종합
환원이율** *
綜合
還元利率

토지·건물의 복합부동산에 적용되는 환원이율

토지와 건물의 환원이율을 토지가격과 건물가격과의
구성비율에 따라 가중평균하여 구한다.

종합환원이율 = (토지가치비율 × 토지환원율) + (건물환
원율 × 건물가치비율)

---

303 **주거
공용면적** *
住居共用面積

전용공용면적 + 지상공용면적

공동주택에서 주거공용면적은 전용공용면적(벽체공
용부분)에 지상공용면적(계단, 엘리베이터, 복도)을
합한 면적을 말한다.

304 **주거분리** *
住居分離

도시에서 고소득층의 주거지역과 저소득층의 주거지역이 서로 분리되고 있는 현상

주거분리현상은 도시 전체 및 도시와 인접한 근린지역에서도 발생하며 주로 하향여과와 상향여과과정을 통하여 이루어진다.

305 **주거지역의 변화** *
住居地域 變化

산업화·도시화에 따른 도시 인구집중은 도심지역을 공간적으로 확장시키고 그곳에 새로운 기능이 추가적으로 부가되는 것

도심지역의 공간적 확대로 과거 도심외곽에 위치했던 주택들 중에 주변 부동산환경의 변화로 새로운 기능을 수용하여 다른 용도로 전환되거나 또는 하향으로 여과되어 현재와 같은 저소득층 밀집주거지역으로 변화하게 되는 것을 의미한다.

306 **주택가치** *
住宅價値

주택이 제공하는 주택서비스를 현재가치로 환원한 값

주택가치의 크기가 주택시장에서의 주택가격을 결정한다. 즉, 주택가치에 의하여 주택가격이 결정된다.

307 **주택거래 신고제** *
住宅去來申告制

주택 투기를 억제하고 투명하게 주택거래를 할 수 있도록 도입한 제도

부동산 계약을 체결한 경우 그 실제 거래가격, 거래 당사자의 인적사항, 계약일, 중도금이나 잔금 지급일, 실거래가 등을 거래계약의 체결일부터 30일 이내에 그 권리의 대상인 부동산의 소재지를 관할하는 시장·군수·구청장에게 공동으로 신고하는 제도이다.

308 **주택경기
실사지수** *
HBSI :
Housing
Business
Survey Index

주택산업연구원이 한국주택협회·대한주택건설협회 회원 업체를 상대로 사업 현황과 전망 등을 조사해 집계한 것

100포인트를 기준으로 하는 수치를 말한다. 만약 100포인트를 초과하면 주택경기가 좋아질 것으로 답한 업체가 많다는 의미고, 100포인트 미만이면 나빠질 것이라고 응답한 업체가 많다는 의미다. 예를 들어 주택시장에 대한 기대감이 높아지면서 기업의 분양계획과 분양실적이 상승하고 미분양 지수는 감소하면 주택경기실사지수는 상승세를 보인다. 반면 주택경기에 대한 기대감이 크게 꺾이고 미분양에 대한 우려가 커지면 신규 분양시장에 대한 기대감이 큰 폭으로 하락하고 분양실적 전망치 지수와 분양계획 전망치 지수는 하락하게 되고 주택경기실사지수도 떨어지게 된다.

309 **주택
관리업자** *
住宅管理業者

주택관리를 전문업으로 하는 자

입주자 대표회의는 자치관리 기구를 두어 관리하지 않으면 전문 관리업자인 주택관리업자에게 관리를 위탁해야 한다. 주택관리업자는 시장·군수·구청장에게 등록하여야 하며, 자본금과 기술 인력의 확보 등을 조건으로 하고 있다. 공동주택단지가 관리업무를 위탁하고자 할 때에는 입주자 등의 과반수가 서면으로 동의하여야 한다. 관리업자 선정도 또한 마찬가지다.

310 **주택금융** *
住宅金融

주택 관련사업에 대한 자금대여와 관리 등을 포괄한 특수금융

자금을 최대한 동원하고, 이를 효율적으로 배분하여 무주택서민과 주택건설업자에게 장기저리로 대출해 줌으로써 주택공급을 확대하려는 제도이다.

① 주택소비금융 : 가계에 대한 금융으로 주택을 구입 또는 개량하고자 하는 소비자에게 주택을 담보로 자금을 대출해 주는 금융이다.

② 주택개발금융 : 주택건설업자에 대한 금융으로 주택건설을 촉진하려는 목적에서 건설활동에 필요한 자금을 주택건설업자에게 대출해 주는 금융이다.

311 **주택담보
노후연금제 ·
주택연금 ***
住宅擔保
老後年金制
· 住宅年金

주택소유자가 주택에 저당권을 설정하고 연금방식으로 노후에 필요한 생활자금을 대출받는 제도

수령기간이 경과할수록 대출 잔액이 누적되며 노후생활자금을 매월 지급받는 방식으로 연금으로 받을 수 있다. 고령이고 주택이 고가이고 금리가 낮으면 연금이 높아진다. 주택법상 단독주택이나 공동주택으로 분류되지 않은 오피스텔, 상가, 압류·가압류 등이 설정된 집은 대상에서 제외된다.

312 **주택도시
기금 ***
住宅都市
基金

주거복지 증진과 도시재생 활성화를 지원하는 자금을 확보·공급하기 위하여 설치한 기금

국토교통부장관이 운용·관리하며, 주택도시보증공사에 위탁할 수 있다. 주택도시기금은 주택계정과 도시계정으로 구분하여 운용·관리한다.

① 주택계정 : 국민주택채권 조성자금, 입주자저축 조성자금, 복권수익금, 일반회계로부터의 출연금·예수금, 공공자금관리기금으로부터의 예수금, 재건축부담금 중 국가귀속분 등의 재원으로 조성한다.

② 도시계정 : 주로 일반회계로부터의 출연금 또는 예수금, 지역발전특별회계로부터의 출연금 또는 예수금, 공공자금관리기금으로부터의 예수금, 주택계정으로부터의 전입금 또는 차입금 등의 재원으로 조성한다.

313 **주택 바우처 제도** ‡
住宅 Voucher
制度

저소득층의 임대료가 소득의 일정 수준을 넘을 경우, 임대료의 일부를 쿠폰 형태의 교환권으로 지원하는 방식

주거급여제도라고도 하며 정부가 저소득층의 전·월세 임대료를 일부 보조해주는 주택제도를 말한다. 정부가 현금을 지급할 경우 수혜자가 당초 정부의 지원 목적과는 다른 용도로 사용할 것을 방지하고자 이 같은 수단을 도입했다. 현재 정부에서는 소득인정액이 중위소득의 43% 이하이면서 부양의무자가 없거나 부양의무자가 있어도 부양능력이 없거나 부양을 받을 수 없는 경우인 가구에 주거급여를 지원하고 있다.

① **임차가구 지원** : 타인의 주택 등에 거주하는 임차가구에는 기준임대료를 상한으로 수급자의 실제임차료를 지원한다. 기준임대료와 실제임차료 중 적은 금액을 지급한다.

② **자가가구 지원** : 주택 등을 소유하고 그 집에 거주하는 자가가구에는 구조안전·설비·마감 등 주택의 노후도를 평가(경·중·대보수로 구분)하여 종합적인 주택개량을 지원한다. 또한, 장애인에 대해서는 주거약자용 편의시설을 추가로 설치해 준다.

314 **주택보급률** *
住宅普及率

특정국가 또는 특정지역에 있어서 주택이 그곳에 거주하고 있는 가구들의 수에 비하여 얼마나 부족한지 또는 여유가 있는지를 총괄적으로 보여주는 양적지표

주택보급률은 일반가구수에 대한 주택수의 백분율로 산정한다. 여기서 주택수는 인구주택총조사결과를 기준으로 빈집을 포함하여 산정한 수이고, 일반가구수는 가족을 구성하여 거주하는 혈연가구수로서 1인가구를 포함한 가구수이다.

> 주택보급률 = (주택수 ÷ 일반가구수) × 100

315 **주택**
여과과정 *
Housing
Filtering

주택 순환과정으로 제한 된 소득(예산)에서 효용을 극대화하는 과정에서 주택 이용 주체가 변화하는 현상

중·고소득층에게 주택취득의 분위기를 조성하여 주택금융(住宅金融)을 지원하고, 이 층이 새 주택에 이사하여 생기는 공가를 더 낮은 소득층에게 제공하여 나타나는 현상이다.

PlusTip 주택의 상향여과

고소득층이 저가 주택 매입 후 개량하여 고소득층의 이용으로 전환되는 현상으로 재개발, 리모델링, 뉴타운 개발 등이 속한다.

PlusTip 주택의 하향여과

고소득층 사용주택의 노후로 저소득층에게 이전된 주택으로 저소득층의 이용으로 대체되는 현상이다.

316 **주택후분양**
제도 *
住宅後分讓制度

일정 규모 이상의 건설공사가 이루어진 후에 소비자가 주택을 직접 확인하고 분양을 받는 제도

건설업체의 부도 위험으로부터 소비자를 보호할 수 있고, 공사비용에 대해서도 비교적 정확한 산출이 가능하다는 장점을 가진다.

317 **준부동산** *
準不動産

의제부동산

민법이 규정하는 부동산은 '토지 및 그 정착물'이지만 부동산의 평가활동 등에서는 특정의 동산이나 동산과 일체로 된 부동산 집단을 부동산에 준하여 금융활동 등의 요청에 응하고 있으며 이를 준부동산이라 한다.

① **공장재단(工場財團)** : 공장에 속하는 일정한 기업용 재산으로 구성되는 일단의 기업재산으로서 공장저당법에 의하여 소유권과 저당권의 설정이 인정되는 재단을 말한다.

② **광업재단**(鑛業財團) : 광업권과 그 광업권에 기하여 광물을 채굴·취득하기 위한 제설비 및 이에 부속되는 사업의 제설비로서 광물의 채굴권자가 저당권의 목적으로 광업권과 물건의 전부 또는 일부를 하나의 부동산으로 하는 재단을 의미한다.

③ **입목**(立木) : 토지에 부착된 수목의 집단으로 그 소유자가 '입목에 관한 법률'에 의하여 소유권보존등기를 받은 것을 말한다. 입목은 부동산으로 보며 토지와 분리하여 양도하거나 저당권의 목적이다.

④ **어업권**(漁業權) : 수산업법에 의해 면허 또는 허가를 받아 공유수면에서 수산동·식물을 배타적, 독점적으로 채취, 포획 및 양식할 수 있는 권리로 이에는 허가어업·면허어업·신고어업 등이 있다.

⑤ **선박**(船泊) : 선박등기법에 의해 등기를 하는 20t 이상의 선박은 준부동산에 포함시킨다.

⑥ **자동차, 항공기, 건설기계** : 등기나 등록 등의 공시방법을 갖춘 자동차, 항공기, 건설기계 등도 부동산으로 취급된다.

---

318 **중심지
이론 ***
中心地
理論

도시의 수·규모·분포와 기능에 대한 이론

크리스탈러(W. Christaller)가 그의 저서 「남독일의 중심지」에서 최초로 제기하였다. 크리스탈러는 중심성의 크고 작음에 따라 도시를 상·하계층으로 나누고 이들 중심지의 기능 및 중심성의 문제에 대하여 이론적 체계를 세웠다.

① **중심지** : 중심지를 둘러싸고 있는 주변 지역에 재화나 서비스를 공급하는 중심기능을 갖는 지역이나 도시를 말하고, 중심지가 재화나 서비스를 공급하는 기능을 중심기능이라 한다.

② **중심성** : 중심지기능의 보유 정도를 중심성(중심지의 재화나 서비스의 공급능력)이라 하며, 중심성의 보유 정도에 따라 중심지는 고차위중심지와 저차위중심지로 구분된다. 고차위중심지는 저차위중심지를 포섭하고 지배하는 특징을 가진다.

319 **중정** *
中庭

안이나 안채와 바깥채 사이의 뜰

한옥의 경우 안채와 바깥채 사이에 마련된 작은 뜰을 '중정'이라고 부른다. 요즘은 높은 건축물을 설계할 때 내부에 자연광이 고루 닿을 수 있게 중앙부에 설치하는 곳이 많다.

320 **지가** *
地價

토지의 영구소유권에 대한 가격

매 기간마다의 지대를 현재가치로 환원한 값이다.

321 **지가구배
현상** *
地價勾配現象

도시의 지가패턴은 도심에서 가장 높고 도심지의 지가가 가장 높은 곳을 중심으로 거리가 멀어질수록 점점 지가수준이 낮아지는 현상

도심지의 지가수준이 가장 높은 곳을 100% 입지라 표현한다. 미국의 노스교수(D.S. Knos)에 의해 토페카시의 지가조사를 통해 발견되었는데, 도시의 규모 등의 차이가 있기 때문에 일률적이지는 않다.

322 **지가변동률** *
地價變動率

전국 땅값의 일정 기간 변화된 상태를 비율로 나타낸 수치

매년 1월 1일이 기준시점인 공시지가를 표준으로 하여 전국에 있는 모든 시·군·구를 대상으로 매분기별로 지역별·용도지역별 지가총액(공시지가 표준시의 지역별·용도지역별 평균가격 × 면적)을 기준으로 한 가중치를 구하여 지가지수를 산정한 후 전분기, 전년 말의 지가지수와 당해 분기의 지가지수를 비교하여 작성된다.

323 **지대** *
Rent

일정 기간 동안의 토지사용 대가

토지소유자가 타인에게 일정 기간 동안 임대하고 받는 임료이다. 신고전학파에 의하면 토지에 대한 임차수요량과 임대공급량이 일치되는 상태에서 토지의 임대차시장은 균형을 이루게 되고, 이때 형성되는 임차료가 균형지대가 된다.

PlusTip 지대이론(Theory of Rent)

① **차액지대설 – 리카도**(D.Ricardo) : 지대 차이의 핵심을 토지의 비옥도로 보는 것이다. 비옥도가 높은 토지와 낮은 토지 간에 발생하는 생산량 차이에 따라 그 차액을 토지 소유자에게 지불되어야 한다.

② **위치지대설 – 튀넨**(J.H.Thünen) : 비옥도가 같은 지역 내에서 지대 차이가 발생하며, 중심 소비시장으로부터의 거리에 따라 지대가 달라진다.

③ **절대지대설 – 마르크스**(K.Marx) : 지대는 토지의 우열, 위치와는 관계없이 자본주의의 토지 사유화로 인해 발생한다.

324 **지렛대 효과** ⚹
Leverage Effect

차입금에 대한 산출이익을 말하는 것

순자본금에 비해 가능한 많은 돈을 빌려서 적은 경비·재산세·이자를 내고 높은 수익을 올리는 것을 뜻한다. 즉, '부채의 사용이 지분수익률에 미치는 영향'을 의미하며 차입금 등 타인자본을 밑거름 삼아 자기자본이익률(지분수익률)을 높이고자 하는 방법으로 레버리지효과라고도 한다.

325 **지목** ⚹
地目

토지 사용 목적에 따라 종류를 구분하는 명칭

지목은 28개로 전, 답, 과수원, 목장용지, 임야, 광천지, 염전, 대(垈), 공장용지, 학교용지, 주차장, 주유소용지, 창고용지, 도로, 철도용지, 제방(堤防), 하천, 구거(溝渠), 유지(溜池), 양어장, 수도용지, 공원, 체육용지, 유원지, 종교용지, 사적지, 묘지, 잡종지로 구분하여 정한다.

326 **지분권** ＊
Equity Interest

대상 부동산에 대하여 지분투자자가 가지는 권한

지분권은 공유라고 하는 공동소유관계에서 제한된 소유권이므로 권리의 성질이나 효력은 모두 소유권과 같다고 해도 좋다. 예를 들어 공유자가 있는 토지의 경우 이 토지의 지분권을 매매 할 수도 있고 이 지분권을 상속할 수도 있다.

327 **지분금융** ⁑
Equity Financing

부동산 투자회사나 개발회사가 지분권을 팔아 자기 자본을 조달하는 일

① 부동산 신디케이션(Syndication) : 여러 명의 투자자가 부동산 전문가의 경험을 바탕으로 공동의 프로젝트를 수행하는 것이다. 신디케이션(Syndication)이 부동산을 취득, 개발, 관리, 판매 업무를 수행하기 위해 법인형태로 조직한 것을 신디케이션회사 또는 신디케이트(Syndicate)라고 하며, 신디케이션에서의 사업주를 신디케이터(Syndicator)라고 한다. 이들은 부동산을 취득, 관리, 판매 업무를 수행함으로써 수수료를 얻으며, 또한 부동산을 개발할 때도 투자자 모집의 역할을 하는데, 이때는 개발업자 자신이 신디케이터가 된다.

② 조인트 벤처(Joint Venture) : 특정 목적을 달성하기 위해 공동으로 사업을 전개하는 조직체로써의 공동벤처회사로 소수의 개인이나 기관투자자로 구성된다. 조인트 벤처는 주로 부동산 개발업자와 대출기관 사이에 형성되며, 대출기관은 지분파트너(Equity Partner)로 참여하기 때문에 지분금융방식이 된다. 또한 부동산 개발업자가 대출기관과 조인트 벤처를 구성하여 사업자금을 조달하는 방식을 프로젝트 파이낸싱(Project Financing)이라고 한다.

③ 부동산 투자회사(REITs) : 자산을 부동산에 투자해서 설립한 회사로 자기관리부동산 투자회사, 위탁

관리부동산 투자회사, 기업구조조정부동산 투자회사로 업무범위, 자산의 운용범위, 차입 등으로 구분되며, 매년 얻은 이익을 배당하도록 의무화하고 있다. 부동산 투자회사는 부동산에 대한 간접투자 상품으로 투자자가 부동산 투자회사의 주식에 투자하여 배당에 따른 이익과 주식의 매매차익을 얻을 수 있다. 우리나라의 경우 리츠는 회사형으로만 설립되어서 투자자가 금전을 투자한다는 점에서 부동산을 위탁하는 부동산 신탁과는 구별되며, 또한 부동산 투자회사 주식에 투자한다는 점에서는 수익증권을 구입하는 은행부동산 투자신탁과는 구별된다.

328 **지식산업센터** *
知識産業中心

동일 건축물에 제조업, 지식산업 및 정보통신사업을 영위하는 자가와 지원시설이 복합적으로 입주할 수 있는 다층형(3층 이상) 집합건축물

여섯 개 이상의 공장이 입주할 수 있는 건축물을 말한다. 아파트형 공장이라고도 한다. 지식산업센터에 입주할 수 있는 시설은 제조업, 지식기반산업, 정보통신산업, 그 밖에 특정 산업의 집단화와 지역경제의 발전을 위하여 산업단지관리기관 또는 시장, 군수, 구청장이 인정하는 사업을 운영하기 위한 시설 등이 있다.

329 **지역 분석** *
地域分析

지역의 장래의 역할에 대한 분석

대상 부동산이 속한 지역을 파악하고, 그 지역 내의 부동산의 가격형성에 전반적인 영향을 미치는 지역요인의 분석을 통해, 그 지역 내의 부동산에 대한 표준적 이용과 가격수준 및 그 변동추이를 판정하는 것을 말한다.

지역지구제 *
地域地區制

도시의 토지용도를 구분하여 이용목적에 부합되지 않는 토지 이용이나 건축 등의 행위를 토지의 효율적, 합리적 이용을 추구하게 하는 규제제도

도시 및 그 인접지역의 토지를 자연적 조건과 토지 이용상황을 고려하여 주거, 상업, 공업 등의 용도에 맞도록 구별하여 도시기능을 유지, 증진, 주거환경보호, 상공업편의의 증진, 미관풍치유지, 안전성확보 등의 도시공동생활을 양호하게 확보하기 위해 공권력에 의하여 각 지역 내의 토지 이용이나 건축을 규제하는 제도이다.

PlusTip 지역지구제의 보완제도

① **성과주의 지역지구제**(Performance Zoning) : 지역의 환경여건과 수용력을 고려하여 공해물질을 발생시키는 업소에 대한 총량을 규제하는 방식으로, 환경오염기준 또는 소음공해기준 등의 기준에 부합되는지를 조사하여 규제한다. 그러나 이 제도는 오염물질의 배출량을 정확히 결정하기 어려워 오염물질의 총량과는 관계없이 도시 간의 협상으로 정해지는 경우가 많다. 우리나라 수도권정비계획법에도 총량규제개념이 도입되어 공장과 대학의 입지 등에 적용하고 있다.

② **계획단위 개발**(PUD : Planned Unit Development) : 미국의 교외지역개발에 사용되는 방법으로 개발업자가 전체적인 개발계획을 수립하고, 공공은 전체적인 밀도와 기반시설 여건을 확인한 후, 개발을 허가하는 제도이다. 개발허가를 받을 때 적용되는 개별필지의 개발규제는 개발 후의 필지를 분양할 때도 유효하게 적용된다. 우리나라에서도 지구단위 개발계획 등에 응용하고 있다.

③ **재정적 지역지구제**(Contractual Zoning) : 민간이 공공에 토지 등의 현물을 기부하게 하거나 공공시설을 준공하여 기부, 혹은 현금으로 부담하게 하는 등의 다양한 방법으로 기반시설에 대한 부담을 지우는 제도로 기반시설의 공급에 역점을 두고 있다.

④ **개발권양도제도**(TDR : Transferable Development

Rights) : 문화재 등의 경관보호를 위해 그 주변지역의 높이나 용적률을 과도하게 규제할 경우 유사한 지역의 이용보다 추가로 규제하는 부분에 대해 보상 차원으로 개발권을 발행하여 개발권 소유자가 다른 지역의 소유자에게 판매하도록 하여 보상이 이루어지게 하는 제도이다. 또한 개발권만큼의 용도를 초과하여 개발권을 구입한 개발자는 개발할 수 있다. 그러나 그것은 개발권을 판매할 수 있는 지역이 한정되어 있고, 남용될 경우 개발이 남발하여 용도지역 규제의 틀이 와해 될 수 있기 때문에 실제로는 폭 넓게 활용되고 있지 않다.

331 **지장물** *
支障物

공공사업시행지구 안의 토지에 정착한 건물, 공작물·시설

입죽목, 농작물 기타 물건 중에서 당해 공공사업의 수행을 위하여 직접 필요로 하지 않는 물건을 말한다. 지장물은 이전비를 지급하고 이전시키는 것이 원칙이나 이전이 현저히 곤란한 경우, 이전하여서는 당해 물건의 효용을 제대로 발휘할 수 없는 경우 또는 이전비가 취득비보다 많은 경우에는 취득비로 보상하여야 한다.

332 **지표권** *
地表權

타인의 토지에 건물이나 수목을 소유하기 위하여 그 토지를 사용할 수 있는 물권

토지소유자가 토지지표를 배타적으로 이용하여 작물을 재배하거나 건물을 건축할 수 있는 등의 권리이다.

333 지하권 ✳✳
地下權

토지소유자가 지하공간의 이익을 향유 및 사용할 수 있는 권리

우리나라에서는 토지에 대한 소유권은 금속, 비금속, 유전 등의 광업권이나 항공권에 의한 항공로에 대해서 그 영향을 미치지 않는 것으로 규정하고 있다. 최근 지하철이나 지하상가 등의 지하공간의 이용이 증대되고, 고층빌딩이 들어서면서 토지소유권의 범위에 대하여서는 법원의 판단에 의존하고 있으며, 토지의 용도와 이용 상태에 따라 한계심도 이내의 토지에 대해서는 지하공간 이용깊이에 따라 이용저해율을 적용하여 보상하고 있다.

334 직·주분리 ✳✳
職·住分離

직장과 주거가 멀어지는 현상

도시인들이 직장은 도심에 두고 주거지는 도심을 벗어난 외곽에 두는 현상으로 직장과 주거지가 다른 것을 말한다.

PlusTip 공동화 현상(도넛 현상)

야간이 되면 도시중심부에는 상주인구가 없고, 주변 지역에는 현저하게 인구가 증가하여 마치 인구증감의 분포가 마치 도넛과 같이 되는 현상이 되는 것을 말한다. 즉, 도심의 환경악화, 높은 지가, 도심의 재개발(주택의 철거), 공적 규제, 교통의 발달 등으로 인한 직·주분리의 결과적 현상이라고 할 수 있다.

335 직·주접근 ✳✳
職·住接近

도시 근교에서 도시 내로 돌아오는 현상

회귀현상(Return)이라고도 하며 직장과 주거지를 가까운 곳에 두려는 현상을 말한다.

PlusTip 도시회춘화(都市回春化) 현상

도심의 오래된 건물이 재건축되어 도심에 주거하는 소득계층이 저소득층에서 중·고소득계층으로 유입되거나 대체되는 현상으로 직·주접근과 밀접한 관계가 있다.

336 **집단취락**
지구 ✽
集團聚落地區

개발제한구역안의 취락을 정비하기 위하여 필요한 지구

녹지지역 또는 개발제한구역안의 취락을 정비하기 위해 필요한 지구로 집단취락지구 안에서의 건축제한에 대하여는 개발제한구역의지정및관리에관한특별조치법령이 정하는 바에 의한다. 한편 취락지구는 집단취락지구와 자연취락지구로 나뉘는데 자연취락지구는 녹지지역, 관리지역, 농림지역, 자연환경보전지역 내 지정하며,「국토의 계획 및 이용에 관한 법률」에 따라 용도 제한한다.

337 **집약농업 ✽**
集約農業

일정한 토지 면적에 자본 또는 노동력을 많이 투입하는 농업

노는 땅의 비율을 줄이고 단위 면적당 많은 자본이나 노동력을 들여 수확량을 최대로 높이려는 농업이다.

PlusTip 조방농업 p.113

338 **집합건물 ✽**
集合建物

일반적으로 집합건물의 소유 및 관리에 관한 법률의 적용대상인 건물

집합건물은 동법률의 적용대상인 한 동의 건물 중 구조상 구분된 수 개의 부분이 독립한 건물로서 사용될 수 있는 건물을 말한다. 오피스, 아파트형공장, 오피스텔, 아파트, 연립주택, 다세대주택 등 다양하다.

339 **채권입찰제 ✽**
債券入札制

아파트를 분양 신청할 때 매입할 채권액수를 미리 정해놓고, 채권액이 많은 순서대로 당첨자를 결정하는 것

아파트 분양 후에 프리미엄이 붙어 투기가 발생하는 것을 막기 위해 시행한 제도이다. 조달자금은 무주택 서민을 위한 임대주택자금으로 지원한다.

340 **채무불이행율** *
債務不履行率

전체 대출 건수 가운데에서 채무를 이행하지 않은 대출 건수의 비율

유효총소득이 영업경비와 부채서비스액을 감당할 수 있는 능력이 있는지를 측정하는 비율이며, 이 값이 클수록 채무불이행의 가능성은 커지게 된다. 이는 손익분기율이라고도 한다.

> 채무불이행율 = (영업경비+부채서비스액) ÷ 유효총소득

341 **처분권** *
處分權

부동산의 전부나 일부를 처분하여 부동산이 가지는 교환가치를 실현할 수 있는 권리

부동산의 소유권자는 부동산을 양도하거나 담보권을 설정하여 소유권을 처분할 수 있다.

342 **체계적 위험** *
體系的 危險

포트폴리오를 구성한다고 하더라도 회피할 수 없는 위험

체계적 위험은 시장 전체의 힘에 의하여 야기되는 위험으로 모든 부동산에 영향을 주므로 개인이 피할 수 없는 위험이다. 체계적 위험의 예로는 경기변동, 인플레이션의 심화, 이자율의 변동 등이 있다.

343 **총부채 상환비율** *
DTI :
Debt To Income ratio

금융부채를 상환할 수 있는 능력을 소득으로 계산하여 대출한도를 정하는 것

총소득에서 연간 원리금 상환액이 차지하는 비율을 의미한다. 은행에서 대출상환능력 검증을 하기 위해 활용하는 것이다. 연간소득이 6,000만 원이고 DTI를 30% 설정한다면 총부채 상환액이 1,800만 원을 초과하지 않도록 대출금을 제한하기 위해 사용하는 비율이다.

344 총부채원리금 상환비율 **

DSR :
Debt Service
Ratio

대출을 받는 사람의 연간소득에 대비한 금융부채 원리금 상환액 비율

신용대출의 원리금을 포함하여 대출 총 상환액이 연간 소득액에서 차지하는 비율을 의미한다. 대출 상환 부담을 판단하기 위한 대출심사 지표이다. 주택담보대출의 원리금, 신용대출, 자동차 할부, 학자금 대출 등 모든 대출금과 이자를 합하여 심사하므로 더욱 까다로운 기준이다.

DSR = (주택대출원리금상환액) + 기타 대출원리금상환액
     ÷ 연간소득

345 총위험 *

總危險

체계적 위험과 비체계적 위험의 합

총위험 = 체계적 위험 + 비체계적 위험이 성립한다.

총위험 = 체계적 위험 + 비체계적 위험
비체계적 위험 = 총위험 − 체계적 위험

346 최대가격 보증계약 *

Guaranteed
Maximum Price
Contract

개발업자가 개발사업에 드는 비용이 계약금을 초과하더라도 추가비용을 부담하지 않기로 계약하는 것

위험을 감안하여 시공자는 계약금을 가능한 한 높게 계약할 가능성이 높다. 개발업자 측면에서는 비용위험을 최소화할 수 있으나, 낮은 금액으로는 개발사업을 할 수 없는 단점이 있다.

347 최대수요 이론 *

최대수요가 나오는 곳이 공업 최적의 입지라는 뢰슈(A. L'sche)의 공업입지론

공업의 생산품이 거리에 따라 가격이 변동된다. 이윤을 높이기 위해서 공장은 시장으로 확대가능성이 높은 곳에 있어야 한다는 주장이다. 수요가 최대로 만드는 지점이 공장 최적의 위치라는 이론이다.

348 최대수용이론 *
最大收用理論

이윤을 극대화하는 공장입지는 최대의 수요를 창출할 수 있는 곳이어야 한다는 수요측면에서 접근한 공장입지론

뢰쉬(A. Lsch)의 최대수요이론은 공급측면의 생산비를 최소화함으로써 이윤을 극대화할 수 있다는 베버(A. Weber)의 최소비용이론을 비판하는 과정에서 성립하였다.

349 최소마찰 비용이론 *
最少摩擦 費用理論

미국의 50여 개의 도시를 연구하여 튀넨의 이론에 도시성장의 현실적인 장애물을 고려한 것

도시의 성장은 매력이 높은(저항이 적은) 방향으로 이루어진다는 이론이다.

350 최소비용 이론 **
最小比容 理論

생산과 판매에 있어 최소 운송비가 드는 지점에서 공업입지가 결정된다는 베버(A. Weber)가 주장한 이론

운송비는 원료와 제품의 무게와 원료와 제품이 수송되는 거리에 비례한다.

① 운송지향 : 공장입지의 선정과정에서 최소의 운송비가 드는 지점을 선호하는 것을 말한다.

② 노동지향 : 공장입지의 선정과정에서 최소의 노동비가 드는 지점을 선호하는 것을 말한다.

351 최유효 이용 **
Highest And Best Use

부동산의 유용성이 최고로 발휘될 수 있도록 하는 일

객관적으로 보아 양심과 통상의 이용능력을 가진 사람의 합리적·합법적인 최선·최고의 이용(일본감정평가기준)이라 정의된다.

352 출구전략 ∗∗
出口戰略

경제에 부작용을 남기지 않도록 서서히 완화정책을 거두어들이는 전략

1970년대 미국이 베트남전에서 큰 성과를 거두지 못하고 희생만 늘어가자, 전쟁에서 빠져나오면서 희생을 최소화하기 위해 사용했던 전략의 이름에서 출구전략이라는 용어가 사용되었다. 경기침체나 위기가 끝나가는 시점에는 입구전략을 끝내고, 물가의 급격한 상승을 동반한 인플레이션과 같은 부작용을 막기 위해 금리를 올리며 세제감면 혜택을 줄이고, 시장에 공급된 통화를 거둬들이고, 정부의 적자 예산을 흑자 예산으로 바꾸는 등의 조치를 출구전략이라고 부른다. 너무 늦은 출구전략은 거품 경제나 인플레이션과 같은 부작용을 낳을 수 있고 너무 빠른 출구전략은 더블딥과 같은 경기침체를 다시 불러올 수 있기 때문에 출구전략은 적당한 시기를 잘 잡아서 실행하는 것이 매우 중요하다.

353 침입적 토지 이용 ∗
侵入的 土地利用

일정 지역의 이용주체가 새로운 이질적인 인자(因子)의 침입으로 인하여 새로운 이용주체로 변화되는 것

변해 가는 과정을 천이(遷移)과정이라 한다. 천이과정은 침입(侵入)과 계승(繼承) 두 가지로 나뉜다.

① **침입(侵入)** : 어떤 인구집단 또는 토지 이용의 형태에 새로이 이질적인 것이 개입하는 현상을 말한다.
② **계승(繼承)** : 침입의 결과로 새로운 인구집단 또는 토지 이용이 종래의 것으로 교체하는 결과를 말한다.

354 타당성 분석 *
妥當性 分析

주로 공법상 규제분석 등의 법적 타당성, 물리적 타당성, 경제적 타당성(부지분석·시장분석 등)

가장 중요한 것은 경제적 타당성에 대한 분석이며 순현가법과 내부수익률법에 의하여 그 채산성을 판단하여야 한다. 즉, 예비적 타당성 분석은 개괄적으로 이루어졌지만 실행가능성 분석은 그 분석이 구체적이고 세부적으로 이루어져야 한다. 타당성 분석으로부터 나온 결과가 동일한 경우 개발업자에 따라 그 채택 여부가 다르게 나타난다. 그 이유는 개발업자에 따라 요구수익률이 다르기 때문이다. 따라서 각개의 개발업자는 순현가법이나 내부수익률법에 의해 그 타당성 여부를 결정하여야 할 것이다.

355 타성기간 *
惰性其間

부동산 경기 운동이 일반경기 진퇴에 비해 뒤지는 시간차

일반경기가 회복했는데도 부동산 경기는 타성에 빠져 계속 침체상태가 되거나 일반경기가 후퇴하기 시작하였는데도 부동산 경기는 민첩하게 반응하지 못하여 주택공급을 계속하는 호황기의 경제행태를 답습하여 후일의 경기회복을 지연하거나 경기의 침체를 더하게 하는 경우이다. 따라서 부동산 경기의 타성으로 인하여 부동산 경기의 진폭은 일반경기에 비해 크게 나타난다. 그러나 미국·일본 등에서는 회복 시 부동산 경기가 선행하는 현상도 나타나, 종래의 타성이론은 후퇴기에만 적용해야 한다는 논란이 있다.

356 탑상형 아파트 *
塔狀形 Apartment

몇 세대를 묶어 탑을 쌓듯이 'ㅁ'자 모양으로 위로 쭉 뻗은 아파트를 탑상형 아파트

탑상형 아파트는 판상형의 단점을 보완할 수 있다는 점에서 장점이 있다. 용적률 이용이 좋고, 조망이나 녹지 공원 확보가 용이하다. 그러나 전세대가 남향만이 아닌 여러 향으로 나기 때문에 남향을 선호하는 우리나라 국민 성향상 분양에서 불리하다는 단점이 있다.

PlusTip 판상형 아파트 p.139

357 **택지 ✲✲**
宅地

건축물을 건축할 수 있는 토지

주거용·상업용·공업용으로 이용 중이거나 이용 가능한 토지이다. 감정평가상의 용어로는 건축부지로 이용되거나 이용되는 것이 사회적·행정적으로 합리적이라고 인정되는 토지를 말한다.

① **성숙지** : 시간낭비 없이 즉시 건축 등의 토지 이용을 할 수 있는 토지이다.

② **미성숙지** : 택지가 성숙되기까지의 기간과 비용이 소요되거나 택지소유비용을 부담해야 하는 경우의 토지이다.

358 **토지공개념 ✲**
土地公槪念

토지는 자연적 소산이라는 개념

공급이 유한하므로 수요증대로 인해 지가가 상승하고, 사회적 경제잉여를 토지소유자에게만 귀속시키는 결과를 가져온다. 따라서 토지는 사회적 소산이 아니므로 이에 대하여 근본적으로 사적 권리를 주장하는 것은 정당하지 못하며 만인을 위해 이용되어야 한다는 주장이다. 또한 개인 소유의 과정 자체가 통념적 사회가치관과 합치되어야 하며, 이용도 사회적 필요를 충족하고, 공공복리에 적합해야 한다. 토지공개념은 토지의 소유권과 개발권을 적절히 조절하여 제한된 자원은 토지를 공공의 이익에 최대한 이용한다는 뜻이다. 따라서 토지 이용에 있어서 공익성과 사회성을 강조한다.

PlusTip 토지공개념 3대 제도

① **토지초과이득세** : 개인 소유의 유휴토지나 비업무용 토지의 가격이 상승할 때 발생하는 이득의 일부를 납부하는 세금이다.

② **택지소유상한제** : 서울, 부산, 대구, 광주, 대전, 인천 등 6대도시에 한하여 200평이 넘는 택지를 1가구가 신규 취득이 불가능한 제도이다.

③ **개발이익환수** : 국가나 지자체가 토지의 개발이익을 환수하는 것이다.

359 토지거래 허가제 *
土地去來 許可制

부동산 투기를 억제하기 위해 특정 지역을 거래규제 지역으로 지정하여 토지 거래 전에 시·도지사의 허가를 받아야하는 제도

토지거래의 규제를 강화하기 위해 시행된 제도로 1978년 도입되었다. 토지이용계획이 새로 수립 또는 변경되는 지역이거나 토지이용 행위제한이 완화·해제 되는 지역, 개발사업이 예정된 지역 등은 5년 이내의 기간 동안 토지거래계약에 허가구역으로 지정할 수 있다. 하지만 주거지역 180m², 상업지역 200m², 공업지역 660m², 녹지지역 100m², 도시지역 내에 용도지역 지정이 없는 구역 90m², 도시지역 이외의 지역은 250m² 이하의 면적은 허가 없이 토지거래가 가능하다.

360 토지선매제도 *
土地先買制度

토지거래계약의 허가신청이 있을 때 공익사업에 필요한 용지를 사전에 확보하기 위하여 국가·지방자치단체·정부투자기관이 토지를 매수하는 제도

공익사업을 위해 필요한 토지를 우선취득 하여 사적거래에 공공이 직접개입 하는 방식이며, 선매자를 지정하여 매입한다. 전형적인 선매는 토지소유자와 선매자간의 협의로 하는 것이 기본이나 공익사업용지를 수용 이전에 협의로 취득하는 것과 다르다.

361 토지은행제 *
土地銀行制

공공개발에 필요한 토지를 낮은 가격으로 매수하고 이를 비축해 두기 위해 도입한 제도

미래의 용도를 위해 정부가 미리 저렴한 값에 미개발 토지를 대량 매입하여 공공자산보유 또는 공공임대보유형태로 비축하였다가 토지수요 증가에 대응하여 이 비축된 토지를 수요자에게 판매하거나 대여하는 제도로 토지비축제도라고도 한다.

**362 토지이용
전환 ＊**
土地利用
轉換

현재 특정 용도로 이용되는 토지를 다른 용도로 변화하고 있는 현상

토지 이용의 전환은 최유효 이용이 아닌 상태에서 최유효 이용인 상태로의 전환이어야 하며, 광의의 토지 이용 전환과 협의의 토지 이용 전환으로 구분된다.
① 협의의 토지 이용 : 획지의 이용을 전환하는 것으로 나지와 복합부동산이 있다.
② 광의의 토지 이용 : 택지지역, 농업지역, 임업지역 등의 대분류지역 상호 간 전환하는 경우와 대분류지역 내에서의 토지 이용이 전환되는 것을 말한다.

363 토지이용활동 ＊
土地利用活動

한정된 토지를 현실적으로 주어진 여건 하에서 용도와 이용목적에 따라 활용함으로써 토지의 유용성을 추구하는 토지활동

특히 토지자원의 효율적 이용을 통해 토지의 경제적 유용성을 증대하는 행위를 의미한다.

**364 토지이용
활동의
기준 ＊**
土地利用
活動 基準

부동산 가치를 평가하는 데 전제가 되는 가장 중요한 평가원리

토지의 가치는 그것이 무엇으로 이용될 수 있는가에 따라서 달라진다. 토지자원을 효율적으로 이용하기 위해서는 '최유효 이용의 원칙(최고·최선의 이용)'이 그 기준이 되어야 한다. 또한 부동산 가치를 평가하는 데 전제가 되는 가장 중요한 평가원리이다.

PlusTip 토지구획 정리사업
대지로서의 효용증진과 공공시설의 정비를 위하여 토지의 교환·분합, 기타의 구획변경, 지목 또는 형질의 변경이나 공공시설의 설치·변경에 관해 구 토지구획 정리사업법에 근거하여 시행되었던 사업을 말한다.

365 토지적성평가 *
土地適性平價

도시관리계획 입안권자가 도시관리계획을 입안하기 위하여 실시하는 기초조사의 하나

토지의 환경생태·물리·공간적 특성을 종합적으로 고려하여 개별 토지가 갖는 환경·사회적 가치를 과학적으로 평가함으로써 도시·군 기본계획을 수립·변경하거나 도시·군 관리계획을 입안하는 경우 정량적·체계적인 판단 근거를 제공하기 위하여 실시하는 기초조사이다. 평가목적에 따라 '관리지역 세분을 위한 평가' 및 '기타 도시관리계획 입안을 위한 평가'로 구분한다.

PlusTip 도시·군기본계획

기반시설 중 국토의 계획 및 이용에 관한 법률에 따라 도시·군관리계획으로 결정·고시된 시설을 말한다.

366 투기 *
投機

부동산투기란 단기간의 양도차익(매매차익·환매차익)을 얻는 것을 목적으로 토지를 보유하는 것

부동산을 생산활동에 이용하여 이윤을 추구하는 것을 목적으로 하지 않고, 단지 가격상승에 의한 양도차익만을 목적으로 스스로 이용·개발할 수 있는 규모 이상의 토지를 보유하는 것이다.

367 투기과열지구 *
投機過熱地區

해당 지역의 주택가격상승률이 물가상승률보다 현저히 높은 지역으로서 그 지역의 청약경쟁률·주택가격·주택보급률 및 주택공급계획 등과 지역 주택시장 여건 등을 고려하였을 때 주택에 대한 투기가 성행하고 있거나 성행할 우려가 있는 지역

국토교통부장관 또는 시·도지사는 주택가격의 안정을 위하여 필요한 경우에는 주거정책심의위원회의 심의를 거쳐 일정한 지역을 투기과열지구로 지정 또는 해제할 수 있다. 투기과열지구는 그 지정 목적을 달성할 수 있는 최소한의 범위에서 시·군·구 또는 읍·면·동의 지역 단위로 지정하되, 택지개발지구 등의 해당 지역 여건을 고려하여 지정 단위를 조정할 수 있다.

368 **투자가치** *
投資價値

대상 부동산이 투자자에게 부여하는 주관적 가치

대상 부동산이 투자자에게 부여하는 주관적 가치로
서 부동산 소유로부터 기대되는 미래의 편익이 특정
한 의사결정자에게 주는 현재의 값어치이다.

369 **투자결합법** *
投資結合法

저당투자자의 요구수익률과 지분투자자의 요구수익
률을 결합시켜 자본환원율을 결정하는 방법

물리적 투자결합법과 금융적 투자결합법으로 구분할
수 있다. 물리적 투자결합법은 소득을 산출하는 부동
산의 능력이 토지와 건물이 서로 다르며 분리할 수 있
다는 가정에 근거하고 있으며, 금융적 투자결합법은
저당투자자의 요구수익률과 지분투자자의 요구수익률
이 서로 다르다는 것에 착안한 방법으로 지분투자자
의 요구수익률과 저당대출자의 요구수익률의 가중 평
균치로서 구한다.

370 **투자의
수익성** *
投者
收益性

자산이 주기적으로 수익(소득)을 산출하는 능력을
갖는 것

자산가치의 추가적 증가로 투자가에게 만족스러운 수
익을 획득하게 하거나, 부동산 가격은 대상 부동산이
산출하는 수익의 다과(多寡) 및 확실성, 지속기간에
영향을 받는 데, 때로는 화폐가치의 하락으로 회수한
금액이 명목상의 것에 불과한 경우도 있다. 이와 같이
자산 가치가 감소하는 것을 '경제가치의 위험부담' 이
라고도 하며, 이것 역시 부동산 투자의 3대 위험부담
중의 하나이다.

371	**투자의 안정성** * 投者 安定性	투자결과 획득한 자산을 후일에 처분할 수 있고, 그러한 처분을 통하여 원금을 합리적으로 회수할 수 있는 것

안정성이 항상 보장되는 것이 아니고, 불가능한 경우도 있는데 이를 '원금의 위험부담'이라 표현한다. 부동산은 일반적으로 거래사고만 없으면 투자의 안전성이 높다.

372	**투자의 환금성** * 投者 換金性	부동산 투자 결과 획득한 자산을 처분을 통하여 현금화시킬 수 있는 빠르기 정도

환금성이 나쁘거나 환금결과 손해를 보는 것을 '환금의 위험부담'이라 표현하고, 이것 역시 부동산 투자의 3대 위험부담 중의 하나로 분류된다.

373	**트러스구조** * Truss構造	강재(鋼材)나 목재를 삼각형 그물 모양으로 짜서 하중을 지탱시키는 구조

교량이나 지붕처럼 넓은 공간에 걸치는 구조물로 많이 쓰인다. 트러스가 삼각형 단위공간으로 구성되는 이유는, 삼각형 구성은 연결점이 회전단이라 하더라도 사각형 공간일 때 보다 쉽게 변형이 일어나지 않고 안정된 형태를 유지할 수 있기 때문이다.

374	**특정가격** * 特定價格	재산 감정평가 시 특수하게 매겨지는 가격

평가목적이나 대상 물건의 성격상 정상가격으로 평가함이 부적당할 경우, 또는 평가에 있어서 특수한 조건이 수반되는 경우에 그 물건의 성격 또는 조건에 부응하는 가격을 말한다.

**375 파인애플
기법** *
Pineapple技法

부동산소유권으로부터 경제적 가치가 있는 권리를
새로 창출하여 분할하는 것

하나의 소유권으로부터 여러 개의 권리가 분할되
는 것이 마치 파인애플을 얇게 썰어서 여러 개의 조
각으로 만드는 것과 같다고 해서 붙여진 이름이다.
'Zeckendorf'라는 부동산 개발업자가 하와이 휴가
중에 처음으로 명명했다 하여, 'Zeckendorf' 기법 또
는 하와이기법이라고도 한다.

376 판독 *
判讀

임장활동의 전 단계 활동

여러 가지 물적 증거를 수집하여 탁상 위에서 검토함
으로써 1차적으로 하자의 유무를 발견하려는 작업이
다. 물적증거가 되는 자료를 기초로 증거주의 원칙에
따라 권리관계의 연쇄성을 추적하는 것으로서 판독의
과정은 각종의 위험사례를 미리 발견하기 위한 노력이
나 기초작업이라 할 수 있다.

**377 판상형
아파트** *
板狀形
Apartment

한 동 주호의 아파트가 한 곳을 바라보며 일자형으
로 배치된 형식을 판상형 아파트

보통 남쪽 방향을 향해 일자로 배치하기 때문에, 발코
니에 햇볕이 잘 드는 장점이 있다. 그러나 한 쪽 방향으
로만 배치하다 보니, 용적률을 다 쓰기 어려워 불리할
뿐만 아니라, 한 쪽만 바라봐야 하기 때문에 조망이 무
시되기 쉽다. 또한 배치가 자유롭지 않다보니, 단지가
단조롭고 녹지공원 확보가 어려운 단점이 있다.

PlusTip 탑상형 아파트 p.132

378 **포락지 ⁑**
浦落地

지적공부에 등록된 토지가 침식되어 수면 밑으로 잠긴 땅

개인의 사유지로서 지반이 무너져 내려 전답 등이 하천으로 변한 토지를 말한다.

379 **포트폴리오 이론 ⁑**
Theory of
Portfolio Selection

수익은 극대화하면서 위험은 최소화하는 포트폴리오를 선택하는 과정을 설명하는 이론

투자자에게 위험과 기대수익을 파악할 수 있도록 하는 투자결정 접근방법이다.

380 **표준건축비 ＊**
標準建築費

건축 평가나 건축비에 대한 보조·융자 등의 기준을 정하기 위하여 표준으로 삼는 건축비

표준건축비는 보통 공사비와 설계감리비, 부대비용 등을 감안하여 산정된다. 그 분류는 철근콘크리트 벽식구조 외 라멘구조(철근콘크리트로 골조를 설치한 후 벽을 쌓는 방식), 철골조(라멘구조 형식에 골조를 철강재로 사용하는 방식)의 3가지 유형으로 층별 세분화되어 고시된다. 임대아파트에는 표준건축비라는 용어로 쓰이고, 일반 아파트는 기본형 건축비라고 쓰인다.

381 **표준지 공시지가 ⁑**
標準地公示地價

부동산 가격 공시 및 감정평가에 관한 법률에 의하여 공시된 표준지의 가격

지가공시제도는 매년 1월 1일을 기준으로 표준지를 선정하고, 그 지가를 공시함으로써 일반토지의 거래가격에 대한 지표를 제공하고, 국가 및 지방자치단체 등의 기관이 그 업무와 관련하여 지가를 산정하거나 감정평가업자가 개별적으로 토지를 감정평가하는 경우 그 기준이 되게 함으로써 적정 지가형성에 기여함을 목적으로 한다.

PlusTip 개별공시지가

표준공시지가를 기준으로 하여 산정한 개별토지에 대한 단위면적당(원/㎡) 가격이다.

382 **프리미엄** *
Premium

분양권과 매도가격 사이의 차액

프리미엄의 본래 의미는 특정 물건을 얻기 위해 지불하는 정가 이외의 비용을 의미하는 것이지만, 부동산 시장에서 프리미엄은 분양권 혹은 분양가격과 매도가격의 차액을 의미한다. 과거에는 아파트 수요자가 많고 공급이 적어 경쟁으로 인해 프리미엄이 형성되거나, 낮은 분양가격과 높은 시장가격 간 괴리가 커서 프리미엄이 형성되어 재산증식의 수단으로 악용되었다.

383 **프로젝트
파이낸싱** *
Project Financing

프로젝트에 대한 금융조달방식

자금을 대는 측과 일종의 공동사업형태라 할 수 있으며, 이는 프로젝트로부터 미래에 발생할 수 있는 현금을 담보로 하여 프로젝트를 수행하는 데 필요한 자금을 조달한다.

384 **플롯테이지
현상** *
Plottage

주변의 토지를 구입하여 병합함으로써 토지의 유용성을 증가시키고, 가치를 상승하게 하는 현상

어셈블리지(Assemblage)라고도 한다. 즉, 여러 개의 획지가 일체로 이용될 때 개개로 이용될 때보다 토지의 유용성이 증대되는 현상이다.

385 **플리핑** *
Flipping

낮은 가격에 집을 사서 리모델링을 거친 뒤 되파는 단기간의 시세차익을 목적으로 하는 투자방식

낚시에서 유래한 용어로 'Flip'은 '확 뒤집다'는 뜻이며, 플리핑은 가까운 포인트를 빠른 템포로 공략할 때 쓰는 낚시기술이다. 플리핑 투자는 가격이 상승했다가 떨어졌어도 수요층이 살아있어 상승가치가 있는 경우를 말한다.

386 **피셔수익률** **
Fisher

두 투자안의 순현가를 같게 하는 할인율

요구수익률이 피셔수익률보다 작을 경우에는 순현가법과 내부수익률법에 의한 투자안의 평가결과는 서로 다르게 된다. 요구수익률이 피셔수익률보다 크면 순현가법과 내부수익률법에 의한 평가결과는 일치하게 된다.

387 **필요공가율** *
必要空家率

주택의 원활한 유통을 위해 필요한 공가율

주거 이동 등을 감안한 실제거주가구 이외에 필요로 하는 주택의 수가 가구 총수에서 차지하는 비율을 말한다.

388 **핌피현상** *
PIMFY :
Please In My
Front Yard

수익성 있는 사업을 유치하겠다는 지역이기주의 현상

자신이 거주하는 지역에 사회기반시설이나 행정기관, 고용효과가 많은 대기업을 유치하려는 지역이기주의를 말한다.

389 **한계심도** *
限界深度

일반적인 토지 이용에 지장이 없는 것으로 판단되는 깊이

토지 소유자의 이용이 예상되지 않으며 지하 시설물 설치로 인하여 일반적인 토지 이용에 지장이 없을 것으로 판단되는 깊이를 말한다. 고층시가지는 40m 이하로 인정한다.

390 **한계지** *
限界地

특정의 시점과 특정의 장소를 기준으로 하여, 택지 이용의 최원방권(最遠方圈)

대중교통수단의 발달 및 교통체계의 정비는 한계지의 연장을 가져온다. 따라서 한계지는 대중교통수단을 주축으로 하여 점점 연장된다. 급격한 한계지의 연장은 초기 한계지의 지가를 급상승시킨다.

택지 이용의 한계지

한계지 외곽의 농경지 등이 용도가 전환되어 한계지로 편입되나, 한계지의 지가수준은 농경지의 지가수준과는 무관하게 형성되는 것이 일반적이다.

391 **한정가격** *
限定價格

부동산의 병합·분할 등으로 부동산 가격이 정상가격과 괴리됨으로써 시장이 상대적으로 한정될 때 형성되는 가격

정상가격과 한정가격은 모두 시장을 전제로 정한 가격인데, 전자는 통상적 시장에서 형성되는 시장 가치를 표시하고, 후자는 취득부분의 해당 시장에 기초한 시장이 상대적으로 한정될 때 형성되는 가격을 말한다.

392 할당효율적 시장 *
割當效率的市場

효율적인 자원의 배분이 이루어지는 시장

임대차시장에서 임대료수익률이 다른 투자대상의 수익률보다 높으면 시중의 자금이 임대차시장에 유입되고, 유입된 자금은 부동산 가격을 상승시키고, 임대수익률은 하락시킨다. 결국 다른 투자대상수익률과 같아지는 것이다. 즉, 자원이 효율적으로 배분되었다는 것은 자원이 부동산 투자의 수익률과 다른 투자대상의 수익률이 같도록 배분되었다는 것이다.

393 할인현금 흐름기법 *
DCF :
Discount Cash
Flow Analysis

예상되는 미래의 현금 수입과 현금 지출을 현재 가치로 할인하여 비교한 후 투자 여부를 결정하는 방법

매 기간 기대되는 현금수지를 현재가치로 환산해서 대상 부동산의 가치를 구하는 방법으로 세전 현금수지모형과 세후현금수지모형이 있다. 세부분석 기준에는 이자회수시간법, 내부수익률법(IRR), 순현가법(NPV) 등이 있다.

394 허프의 확률모델 *
確率 Model

중력이론을 토대로 대도시에서 쇼핑패턴을 결정하는 확률을 제시한 모델

허프(D.L. Huff)의 확률모델은 대도시 소비자의 구매패턴에 의한 확률이론으로, 고밀도 지역의 소비자는 여러 만족 가능한 중심 중 가장 큰 만족을 주는 특정 중심을 선택하는 구매성향을 보인다. 따라서 대도시 내부의 구매중심점은 소비자의 기호와 소득정도, 교통의 편의관계 등을 고려하여 선택된 상품을 판매하여야 상권이 형성된다는 경험적인 확률이론이며, 어떤 지점에 입지하고 있는 소비자가 특정 지역의 쇼핑센터에 갈 확률을 소비자와 행선지의 거리, 경쟁하고 있는 쇼핑센터의 수, 쇼핑센터의 크기로 결정한다고 가정한다.

PlusTip 소매인력법칙 p.85

395 홈에쿼티론 *
Home Equity
Loan

주택을 담보로 한 2차 주택담보대출

주택을 대상으로 금융기관의 산정가격, 즉 금융기관이 선정한 감정평가기관의 감정가격과 담보대출금과의 차이를 말한다. 이때 주택담보대출금 중 이미 상환한 부분만큼을 한도로 재설정화해주고 새롭게 대출을 해주는데, 이때의 금리는 새로운 대출계약 약정 시의 금리를 적용한다.

**396 화폐의
시간 가치 ***
Time Value of
Money

어떤 한 단위의 화폐단위가 시간적 요인에 따라 다른 가치를 가지게 되는 것

화폐의 시간적 가치는 고정부채, 할부매매, 사채, 영업권, 감가상각방법, 유효이자율, 기업가치평가 및 의사결정 등에 유용하게 활용된다.

PlusTip 현재가치와 미래가치 그리고 이자율

현재시점에서의 가치를 현재가치, 미래 일정시점에서의 가치를 미래가치라고 한다. 현재가치와 미래가치를 같도록 만들어 주는 비율을 이자율이라고 하며, 화폐의 시간 가치를 활용한 미래가치나 현재가치를 계산할 때에는 복리방식의 이자율을 적용한다.

397 환매 **
換買

넓은 의미로 매도인이 한 번 매도한 물건을 대가를 지급하고 다시 매수하는 계약

환매에는 법률적으로 두 가지의 수단이 있는데, 하나는 최초의 매매계약을 할 때에 매도인이 환매할 권리를 유보하고 그 목적물을 환매할 수 있다고 약속하는 것이고, 다른 하나는 한 번 보통의 매매계약을 체결하고 나서 다시 매도인이 장래의 일정 기간 내에 매수인으로부터 매수할 수 있다고 하는 예약을 하는 것이다.

환원이율 *
還元利率

수익환원법의 평가 방법

대상 부동산의 장래에 기대되는 순수익과 그 부동산의 원본가격과의 비율로서 부동산의 수익성을 나타내며, 순이익을 자본화하여 수익가격을 구하는 데 적용된다.

PlusTip 환원이율을 구하는 방법

① 시장추출법 : 시장으로부터 직접 자본환원율을 추출하는 방법으로 대상 부동산과 유사한 최근의 매매사례로부터 이 비율을 추출하는 것이다.

② 조성법(요소구성법) : 대상 부동산에 관한 위험을 여러 가지 구성요소로 분해하고, 개별적인 위험에 따라 위험할증률을 더하여 자본환원율을 구하는 것이다.

③ 투자결합법 : 저당투자자의 요구수익률과 지분투자자의 요구수익률을 결합시켜 자본환원율을 결정하는 방법으로 물리적 투자결합법과 금융적 투자결합법으로 구분한다.

　㉠ 물리적 투자결합법 : 소득을 산출하는 부동산의 능력이 토지와 건물이 서로 다르며 분리할 수 있다는 가정에 근거한다.

　㉡ 금융적 투자결합법 : 저당투자자의 요구수익률과 지분투자자의 요구수익률이 서로 다르다는 것에 착안한 방법으로 지분투자자의 요구수익률과 저당대출자의 요구수익률의 가중 평균치로서 구하는 것이다.

④ Ellwood법 : 보유 기간 동안에 예상되는 현금수입, 부동산의 가치상승분 또는 하락분, 그동안의 지분형성분을 토대로 종합환원율을 계산하는 방법이다.

399 **회귀 분석** *
回歸分析

어떤 조작이나 활동의 결과를 예측하거나 그 결과의 변동을 제어하기 위한 수법

관련 자료를 회귀 분석하여 지가에 영향을 주는 주요 변수들 간의 관계를 결합하여 지가와 주요 변수들 간의 일반적인 지가모형(함수식)을 만들어 이를 근거로 평가하는 방법이다.

PlusTip 회귀 분석의 모형

① 선형회귀 분석(직선형 회귀 분석, 단순회귀 분석, 직선 회귀 분석, 단회귀 분석) : 선형계획이라고도 하며 부동산 가격에 영향을 미치는 변수가 오직 하나만 존재한다고 가정하여 대상 부동산의 시장 가치를 추계하는 회귀 분석이다. 독립변수가 오직 하나만 존재하므로 단순회귀 분석의 함수식은 일차함수의 관계가 성립한다. (y : 종속변수, x : 독립변수, a : 회귀상수, b : 회귀계수, ε : 오차) 즉, $y = a + bx + \varepsilon$ 이다.

② 다중회귀 분석 : 부동산의 가격에 영향을 주는 변수가 여럿 존재한다는 전제 하에 컴퓨터를 이용하여 시장 가치를 추계하는 회귀 분석이다. (y : 종속변수, x : 독립변수, a : 회귀상수, b : 회귀계수, ε : 오차) 즉, $y = a + b_1 x_1 + b_2 x_2 + b_3 x_3 + \cdots\cdots + b_n x_n + \varepsilon$ 이다.

---

400 **회복시장**
回復市場

하향시장이 저점에 이르러 상승하는 국면

각종 시장 중 가장 빠른 반응을 보이는 순서는 증권시장, 금융시장, 실물시장(부동산시장)순이다. 이 기간은 금리가 낮고 자금의 여유가 있기 때문에 부동산 거래가 활기를 띠기 시작하며 부동산투기가 고개를 들기 시작한다.

---

401 **획지** *
劃地

이용 등의 부동산 활동 또는 부동산 현상의 단위면적이 되는 일획의 토지

경제적 개념으로 인위적·행정적·자연적·물리적 기준에 의해 다른 토지와 구별되는 가격수준이 비슷한 수준을 갖는 일단의 토지이다.

402 효율적 시장 이론 **
效率的 市場理論

부동산시장의 새로운 정보가 얼마나 지체 없이 가치 반영을 하는가에 대한 이론

반영되는 정보의 내용에 따라 약성 효율적 시장, 준강성 효율적 시장, 강성 효율적 시장으로 구분된다.

① 약성 효율적 시장 : 현재의 시장 가치가 과거의 추세를 충분히 반영하고 있으므로 가치에 대한 과거정보를 분석함으로써 정상수익 이상(초과수익, 비정상적 수익)을 획득할 수 없는 시장이다. 그러나 약성효율적 시장에서도 공표되는 현재정보나, 공표되지 않은 미래정보로 인해 초과수익이 발생할 수도 있다.

② 준강성 효율적 시장 : 새로운 정보가 공식적으로 즉시 신속하고 정확하게 시장 가치에 반영되는 시장이다. 즉, 과거의 정보는 물론이고 현재의 공식적인 정보가 현재의 시장 가치에 충분히 반영되는 시장으로 외부에 공개되지 않은 정보는 부동산 가격에 반영되지 않는다.

③ 강성 효율적 시장 : '정보는 완전하며 모든 과거·현재·미래정보는 공개되어 있고 정보비용은 없다'는 가정으로 성립되는 완전경쟁시장에 부합하는 시장으로 가장 이상적인 시장효율성을 나타내는 경우이다. 누군가 어떠한 정보를 이용한다 하더라도 초과이윤을 획득할 수 없는 진정한 의미의 효율적 시장이다.

403 효율적 할당 *
效率的 割當

유한자원을 효율적으로 배분·사용·이용하는 것

자원이 효율적으로 할당(배분)되는 것은 완전경쟁시장을 통해 달성된다.

404 후보지 *
候補地

가망지 또는 예정지라고도 하며 용도적·지역종별·대분류·상호 간 어떤 지역에서 다른 지역으로 전환되어 가는 지역

일반적으로 토지는 '임지 → 농지 → 택지'로 용도가 전환된다. 예컨대, 농지지역 내에서 농지로서 사용·수익되고 있으나, 머지않아 그 지역의 택지화가 객관적으로 예측되고 합리적으로 인정되는 경우 그 지역 내에 있는 토지를 택지가망지라 한다.

405 휴한지 *
休閑地

지력 증대를 위해 놀리는 땅

농지 등을 일정 기간 동안 쉬게 하는 토지이다.

406 흠결**
欠缺

일정한 일이나 수량에 하자가 있는 일

부동산 거래에서는 매도인이 거래 목적이 된 권리가
자기 것이 아닌 것을 알지 못하고 그 권리를 취득하
여, 매수인에게 이전할 수 없을 때를 가리킨다. 이때
매도인은 손해를 배상하고 계약을 해제할 수 있다. 또
한 매수인이 계약 당시 그 권리가 매도인에게 없는 것
을 알게 된 때에 매도인은 매수인에게 그 권리를 이전
할 수 없음을 통지하고 계약을 해제할 수 있다.

407 BOT 방식 *
Build-Operate
-Transfer

시공사에서 건설한 시설을 통상 20 ~ 30년가량 운
영하여 투자금을 회수하고 난 뒤에 국가나 지자체에
돌려주는 방식

건설하고 운영하고 난 뒤에 넘겨주는 방식을 의미한다.
사회간접자본(SOC) 건설사업에 일반적으로 사용하는
방식이다. 개발도상국의 경우 거액의 금액 지불이 어
렵기 때문에 이 방식을 사용하는 것에 장점이 있다.

PlusTip
① BTO 방식(Build Transfer Operate) : 민간 사업자가
   소유권을 국가나 지자체에 넘겨준 뒤에 직접 시설운영
   을 하여 투자금을 회수하는 방식이다.
② BLT 방식(Build Lease Transfer) : 일정 기간 동안 운영
   권을 정부에 임대하여 투자비를 회수하고 임대 기간이
   종료하면 시설물을 정부나 지자체에 이전하는 방식이다.
③ BTL 방식(Build Transfer Lease) : 민간사업자가 건설
   한 시설물의 소유물을 국가나 지자체에 넘겨주고 소정의
   기간 동안 임차를 하여 투자금을 회수하는 방식이다.
④ BOO 방식(Build Own Operate) : 준공함과 동시에 민
   간사업자에게 당해 시설 소유권이나 운영권을 인정하
   는 방식이다.

CROSS WORD

Across

① 법원의 재판으로 부동산을 처분하지 못하도록 금지시키는 처분행위

② 당사자 합의에 의하여 동산이나 부동산 점유를 이전하는 것

③ 타인의 행위를 개입하지 않고 일정한 객체에 대하여 직접 지배력을 발휘하는 권리

④ 본인의 부탁과 관계없이 일정사실발생에 성립되는 대리

Down

① 채무자가 사실 발생으로 곤란한 상황을 피하기 위해 강제집행으로 재산을 확보하는 것

② 분묘를 소유하기 위해 분묘기지부분인 토지를 사용할 수 있는 지상권에 유사한 일종의 물권

③ 채권자가 채권의 담보로 받은 담보물권

④ 어떠한 행위의 이후의 행위를 동의하는 것

⑤ 물건을 배타적으로 지배하여 사용·수익·처분 등의 행위를 할 수 있는 법률상의 능력

Across | ① 가처분 ② 인도 ③ 지배권 ④ 법정대리
Down | ① 가압류 ② 분묘기지권 ③ 질권 ④ 추인 ⑤ 권리

민법 및
민사특별법

*check**point***

- ✔ 가처분
- ✔ 물권적 청구권
- ✔ 비진의 표시
- ✔ 추인
- ✔ 과잉경매
- ✔ 무상계약
- ✔ 선의취득
- ✔ 통정허위 표시
- ✔ 낙성계약
- ✔ 법정질권
- ✔ 요물계약
- ✔ 행위능력

408 **가등기담보** *
假登記擔保

채권 담보의 목적으로 임시로 하는 등기

채권담보를 위하여 채권자와 채무자(또는 제3자) 사이에서 채무자(또는 제3자)소유의 부동산을 목적물로 하는 대물변제예약 또는 매매예약을 하고, 동시에 채무자의 채무불이행이 있는 경우에 발생할 장래의 소유권이전청구권을 보전하기 위하여 가등기를 하는 변칙담보를 말한다.

409 **가등기담보 등에 관한 법률** *
假登記擔保 法律

채권 담보의 목적으로 경료 된 가등기 또는 소유권 이전등기의 효력을 정하기 위한 법률

비전형담보의 대표적인 가등기담보와 양도담보의 경우에 채권자가 피담보채권액보다 월등히 많은 담보부동산을 채무자에게 그의 채무불이행시에 청산금을 돌려주지 않고 소유권을 취득하는 사례가 많아 채권자의 폭리를 막고 채무자를 보호하기 위해 제정된 법률이다.

410 **가압류** *
假押留

민사소송법상 인정되는 약식절차의 하나

금전채권이나 금전으로 환산할 수 있는 채권에 대하여 동산 또는 부동산에 대한 장래의 강제집행을 가능하게 하기 위한 제도이다. 채무명의 취득 후 강제집행을 착수할 때까지 채무자의 재산은닉, 도망 등의 사실발생으로 판결의 집행이 불능하거나 현저히 곤란하게 될 염려가 있는 경우 일시 채무의 재산을 확보하여 강제집행을 보전하려는 것이다. 따라서 가압류가 되는 재산에 대해 채무자는 그 처분권을 상실한다.

411 **가압류 명령** ＊
假押留命令

채권자의 가압류 신청이 타당하다고 인정해 가압류를 허용하는 것을 가압류 명령

가압류 명령에는 가압류 판결과 가압류 결정이 있는데 가압류 판결은 가압류에 대한 당사자나 변호인의 주장 등 변론이 있어야 하고 가압류 결정은 이러한 변론 없이 재판장이 결정한다.

412 **가장조건** ＊
假裝條件

실질적으로는 조건으로서의 효력이 인정되지 않는 조건이나 외관상으로 조건처럼 보이는 조건

① **법정조건** : 법률행위가 효력을 발생하기 위해서는 법률이 명문으로 요구하는 조건을 말한다.

② **불법조건** : 조건이 선량한 풍속 및 사회질서에 반하는 조건이다. 불법행위를 하지 않을 것을 조건으로 하는 조건도 불법조건이며, 불법조건이 붙은 법률행위는 당연 무효이며 그 조건 역시 무효가 된다.

③ **기성조건** : 법률행위 당시에 이미 성립되어 있는 조건으로 기성조건이 정지조건이면 조건이 없는 법률행위가 되고, 해지조건이면 무효가 된다.

④ **불능조건** : 객관적으로 실현 불가능한 사실을 조건으로 하는 조건으로 불능조건이 정지조건이면 법률행위는 무효가 되고, 해지조건이면 조건이 없는 법률행위가 된다.

413 **가집행선고** ＊
假執行宣告

가집행(假執行)은 미확정의 종국판결(終局判決)에 관하여 집행력이 주어지는 형식적 재판

수소법원(受訴法院)이 가집행선고를 할 수 있게 하는 목적은 강제집행의 지연을 위한 패소자의 고의적 상소를 막고, 제1심에서 피고의 집중적 변론을 유도하며 판결이 상소심에서 취소 또는 변경되는 경우에는 피고가 집행을 받지 아니한 상태로 회복시킬 무과실책임에 대해 원고가 지는 것을 전제로 인정된 제도이다.

414 **가처분** ✻
假處分

법원의 재판으로 어떤 행위를 임시적으로 요구하는 것

금전채권 이외의 특정물의 급부인도를 보전하기 위하여 또는 소송 중에 있는 권리관계에 관하여 임시적 지위를 유지하기 위하여 법원의 결정에 따라 동산 또는 부동산을 상대방이 처분하지 못하도록 금지시키는 처분행위이며, 소송법상 약식절차이다.

415 **감액청구권** ✻
減額請求權

부동산 임차인이 임대인에 대하여 지대(地代)나 가임(家賃)의 감액을 청구할 수 있는 권리

임차물의 일부가 임차인과는 아무런 관련없이 사용할 수 없게 되거나 기능적 또는 경제적 감가요인에 의하여 사용가치가 저하되는 등의 경우에 발생되는데, 대금을 감액하는 것이므로 흔히 대금감액청구권이라고도 한다. 일반거래에서 매수인이 매도인에 대해 일정액의 미지불대금의 감면 또는 일부반환을 청구하는 권리를 말하기도 하고, 보험계약에서 보험기간 중 보험계약자가 보험자에 대하여 보험료감액을 청구할 수 있는 권리를 말하기도 한다.

416 **강제경매** ✻
强制競賣

민사집행법상의 부동산에 대한 강제집행절차

채무명의를 가지고 있는 채권자가 그 채무명의에 표시된 이행청구권의 실현을 위하여 채무자의 소유부동산을 압류한 후 매각시켜서 그 매각 대금으로 금전채권의 만족을 위한 강제집행방법으로 채무자의 일반재산에 대한 집행(인접 책임)으로서 예견되지 않은 경매이다.

417 **강행규정** ✻
强行規定

당사자 의사 여하에 불구하고 강제적으로 적용되는 규정

선량한 풍속 기타 사회질서와 관계있는 규정으로서 그 적용을 당사자의 의사로 배제할 수 없는 규정을 말한다.

418 **갱신청구권** *
更新請求權

일정한 요건하에서 지상권자가 토지임차인에게 일방적으로 갱신의 청구를 할 수 있는 권리

민법이 지상권과 토지임대차에 관하여 갱신청구권을 인정하고 있는 취지는 토지와 토지시설의 이용관계·유지와 지상시설의 사회경제적 효용을 될 수 있으면 안전하게 발휘시키기 위함이다.

PlusTip 지상물매수청구권(地上物買收請求權)

건물이나 공작물의 소유를 목적으로 하는 토지임대차에 있어서 임차인이 임대차 계약기간 만료 후에 지상권 설정자가 계약의 갱신을 거절할 경우에 지상물 매수청구권을 행사할 수 있다. 즉, 임차인이 임대인의 동의를 얻어 임차한 토지에 건물을 지었을 때 임대차계약기간 만료 후 그냥 명도할 경우 손해를 볼 수 있으므로 임차인이 지은 건물을 임대인에게 매수하도록 청구하는 것이다.

419 **경과실** *
輕過失

법률행위를 하면서 거래계의 일반인에게 요구되는 주의의무에 위반한 일

비교개념으로 중과실이 있는데 이는 일반인에게 요구되는 주의의무를 현저하게 위반한 것이다. 주의의무의 종류에 따라 추상적 일반인을 전제로 하는 선량한 관리자의 주의의무를 결한 추상적 과실과 구체적 개인을 전제로 하는 자기재산과 동일한 주의의무를 결한 구체적 과실로 나누고, 정도에 따라 주의의무를 다소라도 결한 경과실과 주의의무를 현저하게 결한 중과실(重過失)로 나눈다.

계약 ✳✳
契約

서로 대립하는 2인 이상의 합의로 성립하는 법률 행위

두 개 이상의 의사표시의 합치로 이루어지는 계약은 한 개의 의사표시로 이루어지는 단독행위(유언이나 채무면제 등)와 구별되며, 의사표시의 방향이 대립적·교환적인 계약은 의사표시의 방향이 평행적·구심적인 합동행위(사단법인의 설립행위)와 구별된다. 광의의 계약은 채권의 발생을 목적으로 하는 합의(채권계약), 물권의 변동을 목적으로 하는 합의(물권계약), 채권양도와 같은 물권 이외의 변동을 목적으로 하는 합의(준물권계약), 혼인과 같은 가족관계의 변동을 목적으로 합의(신분계약)까지도 포함하는 넓은 개념이다.

PlusTip 협의의 계약(채권계약)

광의의 계약 중에서 채권의 발생을 목적으로 하는 채권계약(매매, 교환, 임대차 등)만을 의미한다. 채권계약은 채권(채무)의 발생을 목적으로 하는 당사자 간의 합의로서 물권변동을 목적으로 하는 물권계약이나 혼인 등과 같은 가족법상의 계약과 다르다.

PlusTip 계약의 종류

① **쌍무계약**(雙務契約) : 계약 당사자 간에 대가적인 의미를 가지는 채무를 서로 부담하는 계약으로 민법에서는 임대차·도급·화해·조합·고용 등을 전형계약으로 지정한다. 유상계약에서 위임·임치를 진행하면 포함된다.

② **유상계약**(有償契約) : 계약 당사자 간에 대금이나 차임 등의 재산성의 출연을 대가적인 의미로 하는 계약으로 민법상에서 전형계약 중 매매·교환·임대차·고용·도급·조합·화해·현상광고가 포함된다.

③ **편무계약**(片務契約) : 계약 당사자 중에 한 쪽만이 채무를 부담하는 계약이다.

④ **무상계약**(無償契約) : 계약 당사자 중에 한 쪽이 의무를 행하고 대가를 받지 않는 것을 의미하는 계약으로 민법상에서 전형계약 중 증여·사용대차·무이자소비대차·무상위임·무상임치가 포함된다.

⑤ 현상광고계약(懸賞廣告約) : 광고자가 어느 행위를 한 자에게 일정한 보수를 지급할 의사를 표시하고 이에 응한 자가 그 광고에 정한 행위를 완료하여 성립하는 계약이다.

⑥ 낙성계약(諾成契約) : 계약 당사자 간에 의사표시 합치만으로 성립이 가능한 계약이다. 형성광고를 제외한 모든 전형계약은 낙성계약에 속한다.

⑦ 요물계약 : 당사자의 의사가 일치하는 것 외에 당사자 일방이 물건의 인도와 기타 급부를 하여야 성립하는 계약을 말함. 천성계약 또는 실천계약이라고도 한다.

421 **계약금** *
契約金

계약 체결 시 당사자 한쪽이 상대방에게 지급하는 금전

계약 체결의 당사자가 계약을 체결한 증거로서 교부하거나, 계약을 위반한 경우를 대비하거나, 해제권을 보유하기 위해 지급하는 금전 기타의 유가물을 계약금이라고 한다.

422 **계약면적** *
契約面積

공동주택을 분양할 때 주택공급 면적

주거전용면적, 주거공용면적 및 그 밖의 공용면적(경비실, 기계실, 노인정, 관리실, 주민공동시설, 보육시설 등)과 지하주차장면적을 합한 면적을 말한다. 공동주택의 분양계약서에는 이것을 구분해서 표시해야 한다. 분양계약 당시의 면적보다 부족한 경우에는 분양계약자는 그 부분의 비율로 대금의 감액을 청구할 수 있다.

423 **공동소유** *
共同所有

다수인이 하나의 물건을 공동으로 소유하는 것

공동소유의 형태는 당사자의 약정(約定)에 따라 여러 가지가 있을 수 있겠으나, 보통 공유(共有)·합유(合有)·총유(總有)로 분류하고 있다.

공동소유의 종류

① **공유**(共有) : 하나의 물건이 지분(공유에 있어서 각각의 공유자가 가지는 권리)에 의해 수인의 소유가 되는 것으로 하나의 소유권이 분량적으로 분할되어 여러 사람에게 속하는 것으로 고유지분의 처분은 각각의 공유자가 다른 공유자의 동의 없이 처분할 수 있다.

② **합유**(合有) : 수인의 조합체가 물건을 소유하는 관계로 합유자의 권리 즉 지분은 합유물 전부에 영향을 주고 있으며, 합유에 있어서 합유지분은 공동의 목적을 위한 단체적 구속을 받기 때문에 합유 관계가 지속되는 한 이를 자유로이 처분할 수 없으며, 합유물을 분할청구도 할 수 없다.

③ **총유**(總有) : 법인(法人)이 아닌 사단(社團)의 사원(社員)이 집합체로서 물건을 소유한 관계로 총유는 지분이 존재하지 않으며, 소유권의 관리·처분과 사용·수익으로 양분되어 있어서 소유권의 관리와 처분은 구성원의 총체(사단)에 귀속되고, 소유권의 사용과 수익은 사단의 사원에 귀속된다.

---

424 **공동저당** ✱✱
共同抵當

동일한 채권을 담보하기 위하여 여러 개의 부동산 위에 설정된 특수한 저당권

甲이 乙에 대하여 5,000만 원의 채권을 가지고 있고, 그 담보를 위하여 乙의 토지 A, 乙의 토지 B, B 위의 乙의 건물 C 위에 각각 저당권을 설정하였다고 할 때, 이들 세 저당권이 바로 공동저당인 것이다. 공동저당은 반드시 동시에 설정되어야 하는 것은 아니고, 이른바 추가담보로서 서로 다른 때에 설정될 수도 있다. 공동저당이라고 해서 특별한 공시방법이 있는 것은 아니며, 각 목적물 위의 저당권마다 일반원칙에 따른 등기를 하면 된다. 공동저당의 경우 채권자는 임의로 어느 목적물로부터도 채권의 전부나 일부의 우선변제를 요구할 수 있다. 공동저당의 배당방법에는 동시배당과 이시배당이 있다.

PlusTip 배당방법의 종류

① 동시배당(부담의 안분) : 동일한 채권의 담보로 수 개의 부동산에 저당권을 설정한 경우에 그 부동산의 경매대가를 동시에 배당이 이루어지는 경우 각 부동산의 경매대금에 비례하여 피담보채권의 분담을 정하는 것이다.

② 이시배당(후순위저당권자의 대위) : 저당부동산 중 일부의 경매대가를 먼저 배당하는 경우에는 그 대가에서 그 채권전부의 변제를 받을 수 있다. 그러나 이 경우에 경매한 부동산의 차순위 저당권자는 선순위의 공동 저당권자가 동시에 배당을 하였다면 다른 부동산의 경매대금에서 변제받을 수 있는 금액의 한도에서 선순위자를 대위하여 저당권을 실행하는 것이다.

425 **공시송달** *
公示送達

상대방 있는 의사표시를 하는 자가 상대방을 모르거나 상대방의 주소를 알 수 없는 경우에 유효한 의사표시를 하는 방법으로 민법이 인정한 제도

의사표시는 도달에 의한 효력이 발생하므로 표의자가 상대방을 알 수 없거나 상대방의 소재를 알 수 없을 경우에는 의사표시의 효력이 발생할 수 없다. 이러한 불편을 제거하기 위하여 공시의 방법에 의한 의사표시, 즉 공시송달의 방법이 인정된다. 공시의 방법은 법원사무관 등이 송달할 서류를 보관하고, 그 사유를 법원게시판에 게시함으로써 한다. 법원은 공시송달의 사유를 신문지상에 공고할 것을 명할 수 있다. 그러나 외국에서 하는 송달에 관하여는 공시송달의 사유를 일정한 자에게 등기우편으로 통지하여야 한다. 공시송달에 의한 의사표시는 게시한 날로부터 이주일이 경과한 때에 상대방에게 도달한 것으로 간주한다.

PlusTip 송달

소송상의 서류내용을 법정의 방식에 따라서 당사자 기타의 이해관계인에게 완료시킬 것을 목적으로 하여 재판권의 한 작용으로서 행하여지는 명령적·공증적 행위를 말한다. 법정(法定) 절차에 따른 송달은 지정인의 승낙·불승낙을 불문하고 효력이 생긴다.

공시의 원칙 **∗

公示
原則

물권의 설정이나 이전을 하였을 때에는 그 사정을 외부에서 인식할 수 있도록 반드시 일정한 공시방법을 수반하여야 한다는 원칙

물권은 배타성을 가지는 독점적 지배권이기 때문에 그 내용은 제3자가 식별할 수 있는 수단을 강구하지 않으면 일반인에게 불측의 손해를 주어 거래안전을 해치게 된다. 이를 예방하기 위한 조치가 공시제도이다.

① 성립요건주의(형식주의) : 등기나 인도가 없으면 대내적인 당사자 상호 간의 관계는 물론 대외적인 제3자에 대한 관계에서도 물권변동의 효력이 생기지 않는다는 것이다.

② 대항요건주의(의사주의) : 대내적인 당사자 상호 간의 관계에서는 공시방법을 갖추지 않아도 물권변동의 효력이 생기나 대외적인 제3자에 대한 관계에서는 대항할 수 없다는 것이다.

PlusTip 공신의 원칙 p.34

공신력 ∗

公信力

외형적 사실을 믿고 거래한 사람을 보호하는 공적인 신용의 힘

등기의 공신력이라고도 한다. 실제로는 아무런 권리 관계가 없으나, 있는 것으로 보이는 외형적 사실을 믿고 거래한 사람을 보호하기 위하여 권리 관계가 있는 것과 같은 법률효과를 부여하는 효력이다. 우리나라의 등기제도는 등기의 형식적 성립요건만 갖추면 다른 조사 없이 서류심사만으로 등기할 수 있도록 되어 있다. 그러므로 등기내용이 사실과 달라서 피해를 입었을 경우, 등기 공무원이 등기에 관한 실질적인 심사권이 없다는 이유 등으로 공신력을 인정하고 있지 않으므로, 구제받기 어렵다. 반면에 지적제도에서는 지적국정주의를 원칙으로 하여 지적부에 기록되는 사항을 국가가 직접 또는 간접으로 확인, 조사한 뒤 기재하므로 공신력을 인정받을 수 있다.

428 공용부분 *
共用部分

전유부분 이외의 건물부분, 전유부분에 속하지 아니한 건물의 부속물

공용부분은 구분소유의 성립과 동시에 법률상 당연히 공용부분으로 되는 구조상 공용부분과 구분소유권의 목적으로 할 수 있는 건물부분이 규약에 의해 공용부분으로 되는 규약상 공용부분으로 구분할 수 있다.

429 공유지분 *
共有持分

각 공유자가 공유물에 대해 지니는 권리를 표상하는 비율

토지공유자의 권리는 해당 토지의 각 부분 및 전부에 미친다 할지라도 여러 사람이 공동하여 소유권을 보유하는 결과로서 그 소유권행사의 비율을 정할 필요가 있고, 이 비율을 가리켜서 지분이라고 의미한다.

430 공탁 **
供託

공탁자와 법률이 정하는 공탁기관과의 사이에 체결되는 임치계약

채무자가 변제일에 변제를 하려고 하는데, 채권자가 변제를 받지 않거나 받지 못하는 상황에 있을 때 또는 채무자의 과실 없이 채권자가 누구인지 알 수 없을 때 금전·유가증권 기타의 물건을 공탁소에 임치하는 것이다. 공탁으로 인하여 채무는 소멸되고, 채권자는 공탁물인도청구권을 취득한다.

431 과실 **
過失

일정한 결과가 발생한다는 것을 알고 있음에도 부주의하여 그것을 인식하지 못하는 심리상태

과실의 결과는 어떤 상황하에서는 일정한 행위(작위 또는 부작위)를 하여야 함에도 이를 하지 않았다고 하는 일종의 행위의무위반의 형태로 나타난다. 과실은 부주의의 정도에 따라 중과실(重過失)과 경과실(輕過失)로 나누어지는데 민법이나 상법 등에서 과실이라 하면 경과실을 말하고, 중과실을 의미하는 경우에는 '중대한 과실'이라 한다.

432 **과실책임의 원칙** ✳
過失責任 原則

자기의 고의·과실에 의한 행위에 대하여만 책임을 진다는 원칙

손해를 발생시킨 자가 그 손해의 배상책임을 지기 위해서는 행위의 고의·과실이 있어야 하고, 만일 고의·과실이 없다면 배상책임을 지지 않는 경우를 과실책임 또는 자기책임의 원칙이라 한다.

433 **과잉경매** ✳✳
過剩競賣

채권액을 충족시키는 이상으로 과잉된 경매

여러 개의 부동산에 경매를 신청한 경우 먼저 경매를 시행한 부동산의 경락가액이 각 채권자의 채권액과 강제집행비용을 초과할 경우, 경매를 실시하지 않은 나머지 부동산에 대한 경매결정은 과잉경매로 판단한다. 과잉경매 대상 부동산에 대해서는 경락을 허가하지 않으며, 대상 부동산이 확정되지 않은 경우 채무자는 그 부동산 중 매각할 것을 지정할 수 있다.

434 **관념의 통지** ✳
觀念 通知

일정한 객관적 사실의 통지에 대해 법률이 일정한 법률효과를 인정하는 것

사실의 통지라고도 한다. 사원총회 또는 주주총회의 소집통지, 승낙연착의 통지 등이 그 예이다. 이들 행위에서 생기는 법률효과는 행위자가 바란 것은 아니므로 의사표시가 아니고 일종의 준법률행위이다.

PlusTip 의사의 통지

의사를 외부에 표시하는 점에서는 의사표시와 같으나, 그 의사가 직접 법률효과를 일으키지 않고 단지 법률이 부여한 법률효과를 생기게 하는 것이다. 각종의 최고, 각종의 거절 등이 그 예이다.

435 **관습법** ✳✳
慣習法

사회의 거듭된 관행으로 인해 생성된 사회생활규범이 사회의 법적 확신 및 인식 등에 의해 법적인 규범으로 승인 및 강행되기에 이른 것

관습법이 성립하기 위해서는 관습이 존재하고, 관습이 선량한 풍속 기타 사회질서에 위반되지 않고, 법적 확신에 의하여 지지되어야 한다. 다만 법적 확신의 존재는 불분명한 것이므로 관습법의 존재는 결국 법원의 판결에 의하여 확인된다.

436 **관습법상
법정지상권** ✳✳
慣習法上
法定地上權

매매 등의 원인으로 건물 소유자와 토지 소유자가 달라진 경우에 판례상 인정되고 있는 법정지상권

동일인의 소유이던 토지와 그 지상건물이 매매 기타 원인으로 인해 각각 소유자를 달리하게 된 경우 해당 건물을 철거한다는 합의 등의 특별한 사정이 없으면 건물소유자가 관습상 당연히 취득하는 법정지상권을 의미한다.

PlusTip 대법원 판례

토지 또는 건물이 동일한 소유자에게 속하였다가 건물 또는 토지가 매매 기타의 원인으로 인하여 양자의 소유자가 다르게 된 때에 그 건물을 철거하기로 하는 합의가 있었다는 등 특별한 사정이 없는 한 건물소유자는 토지소유자에 대하여 그 건물을 위한 관습상의 지상권을 취득하게 된다.

437 **광업권** ✳✳
鑛業權

탐사권과 채굴권을 통칭하는 용어

탐사권은 등록된 토지구역에서 등록된 광물을 탐사하는 권리이고 채굴권은 등록된 광물을 채굴 및 취득하는 권리이다.

438 **구분경매** *
區分競賣

한 개의 경매사건에 포함된 여러 개의 부동산을 각각 경매하는 것

구분경매 대상 부동산은 경매번호 이외에 물건별로 물건번호가 부여된다. 통상 경매는 한 개의 경매사건 별로 경락되나 구분경매의 경우에는 물건번호가 부여된 부동산별로 경락된다. 구분경매는 일괄경매에 대비되는 개념이다.

439 **구분지상권** ‡‡
區分地上權

건축물 기타 공작물을 소유하기 위하여 지하 또는 공간에 상하의 범위를 정하여 설정된 지상권

구분지상권가격은 일반적으로 구분지상권설정에 관계된 토지의 경제 가치를 기초로 하여 권리설정범위의 권리이익의 내용에 따라 정하고, 그 경제가치는 구분지상권 설정지 전체의 경제가치 중에서 평면적·입체적 공간의 분할에 의한 당해 권리의 설정부분의 경제가치 및 설정부분의 효용을 유지하기 위하여 다른 공간부분의 이용을 제한하는 것에 따른 경제가치를 화폐액으로 표시한 것이다.

440 **구상권** ‡‡
求償權

타인을 위하여 변제를 한 사람이 그 타인에 대하여 가지는 반환청구권리

연대채무자의 한 사람이 채무를 변제한 경우에 다른 연대채무자에게, 보증인·물상보증인이 채무를 변제한 경우에 주 채무자에게, 저당부동산의 제3취득자가 저당권자에게 변제한 경우에 채무자에게 반환을 청구할 수 있다.

441 **권능** *
權能

권리의 내용을 이루는 개개의 법률상의 힘

소유권은 권리이지만, 그 내용인 사용·수익·처분권 등은 권능이다.

PlusTip 권리 · 권한 · 권능 · 권원의 예

① 권리 : 물건을 배타적으로 지배하여 사용·수익·처분 등
   의 행위를 할 수 있도록 하는 소유권의 경우
② 권한 : 타인을 위하여 그에 대하여 일정한 법률효과를
   발생케 하는 행위를 할 수 있는 법률상의 지위(자격)인
   대리권의 경우
③ 권능 : 권리(소유권)의 내용을 이루는 개개의 법률상의
   힘인 사용·수익·처분권의 경우
④ 권원 : 토지에 대한 소유권은 없으나 그 토지에 건물을
   축조할 수 있도록 해 주는 지상권, 임차권의 경우

442 **권리** *
權利

**물건을 배타적으로 지배하여 사용·수익·처분 등의
행위를 할 수 있는 법률상의 능력**

공법과 사법의 구별에 따라 공권과 사권으로 나누어
지며, 사권은 다시 그 내용이 되는 사회적 생활이익을
기준으로 하여 재산권·인격권·신분권 및 사원권으로
분류된다. 권리는 그 법률상의 효력에 따라 지배권·
청구권·형성권·항변권으로 나누어지고, 의무자의 범
위를 표준으로 하여 절대권과 상대권으로, 권리주체
와의 긴밀도에 따라 일신전속권과 비전속권으로 나누
어진다.

443 **권리객체** *
權利客體

**권리에 의해 보호되는 이익(권리의 내용 또는 목적)
이 발생하기 위하여 필요한 대상**

물권은 물건을 직접 지배하는 것이 그의 목적 또는 내
용이며 물건은 물권의 객체이다.

444 권리남용 금지의 원칙 *
權利濫用禁止 原則

민법의 대원칙으로 다른 사람에게 손해 또는 고통을 주기 위하여 행사하는 권리는 인정하지 않는 것

권리의 공공성·사회성이 인정됨에 따라 권리행사 자유에 대한 수정원칙으로서 권리남용금지의 원칙이 확립되기 시작했다. 현행 민법 제2조 제1항에서 '권리는 남용하지 못한다'라고 규정하여 권리의 사회성·공공성을 나타내고 있다.

PlusTip 권리남용의 기준과 판례

① 권리남용의 일반적 기준 : 신의성실의 원칙 위반, 사회질서 위반, 정당한 이익의 흠결, 권리의 경제적·사회적 목적에 대한 위반, 사회적 이익의 균형의 파괴에 해당하여야 한다.

② 권리남용의 판례
  ㉠ 권리의 행사가 사회적 한계를 초과한 경우
  ㉡ 권리의 행사가 사회생활상 도저히 인용할 수 없을 때
  ㉢ 외형상은 권리행사이나 실질적으로는 상대방의 이용을 방해하고 괴롭힐 목적인 경우
  ㉣ 권리행사가 형식에 그치고 실질적으로 부당한 이익을 얻기 위한 방편에 지나지 않을 때

445 권리능력 **
權利能力

권리능력이라 함은 권리 또는 의무의 주체가 될 수 있는 추상적, 잠재적인 법률상의 지위 또는 자격

법학에서는 인격 또는 법인격이라고 한다. 자연인은 출생으로부터 사망까지, 법인은 설립등기 시부터 해산등기 시까지 권리능력을 가진다. 민법에서 무능력자란 권리능력이 없는 자는 아니며, 행위능력이 제한되는 자에 불과하다. 권리능력은 자격을 의미하므로 현실적으로 권리의무를 취득하기 위한 활동을 함에 필요한 행위능력과 다르다.

446 권리질권 *
權利質權

물건 이외의 채권이나 주식과 같은 재산권을 목적으로 하는 질권

권리질권의 목적이 될 수 있는 권리는 양도를 할 수 있는 재산권이다. 그러나 재산권일지라도 사용·수익을 목적으로 하는 권리는 아니다. 예를 들어 지상권이나 전세권, 부동산임차권 등은 목적으로 할 수 없다.

447 귀책사유 *
歸責事由

일정한 결과를 발생케 한 데 대하여 법률상 책임의 원인이 되는 행위

보통 고의나 과실이어야 하나 자기의 지배하에 있는 자의 과실이나 신의칙상 이와 유사한 원인행위도 포함하는 경우가 있다.

448 근저당 **
根抵當

계속되는 거래관계로부터 생기는 불특정 다수의 채권을 장래 결산기에 일정한 한도액까지 담보로 하기 위해 설정하는 저당권

근저당은 장래에 확정되는 채권을 담보하는 것으로서 저당권의 부종성 완화에 의해 인정된 제도이다.

PlusTip 부종성(附從性)

담보물권의 공통되는 성질 중의 하나로서 담보물권은 피담보채권의 존재를 선행조건으로 하여서만 존재할 수 있게 되는 성질을 말한다.

**449 금반언의
법리** *
禁反言
法理

모순행위 금지의 원칙

상대에게 일정한 신뢰를 부여한 자가 그 신뢰에 반하여 행위를 하는 경우에 법률이 보호하지 않는다는 법원리를 금반언의 법리라고 한다.

450 **급부** *
給付

채권관계에 있어 채권자의 청구에 의해 행해지는 채무자의 행위

채권의 목적이 되는 것으로 급부는 적법하고 사회적 타당성을 가지며, 가능하고 확정할 수 있는 것이어야 한다.

PlusTip 급부의 종류

① 일시적 급부 : 현실매매 등에서 나타나는 급부를 말한다.
② 회귀적 급부 : 넓은 의미의 계속적 급부의 하나로, 우유 배달·신문배달 등과 같이 일정한 기간의 간격을 두고 일정한 행위를 계속적으로 반복하여 행하는 급부를 말한다.
③ 계속적 급부
④ 주는 급부·하는 급부
⑤ 대체적 급부 : 하는 급부 중 제3자가 채무자에 갈음하여 이행하여도 채권의 목적을 달성할 수 있는 급부를 말하며(가옥을 인도하거나 도로를 수선하는 것 등), 대체집행으로 강제집행이 가능하다.
⑥ 부대체적 급부(전속적 급부) : 특정 채무자만이 할 수 있는 급부(노래를 부른다든가, 그림을 그린다든가 하는 것)를 말한다. 이런 급부는 상속의 목적이 될 수 없으며, 제3자의 변제가 허용되지 않고, 또 강제집행도 할 수 없다.

451 **기여분제도**
寄與分制度

공동상속인 중에서 피상속인 재산의 유지 또는 증가에 관하여 특별히 기여하였거나 피상속인을 특별히 부양한 자가 있을 경우에는 이를 상속분의 산정에 관하여 고려하는 제도

피상속인이 상속개시 당시에 가지고 있던 재산의 가액에서 기여상속분의 기여분을 공제한 것을 상속재산으로 보고 상속분을 산정하여, 이 산정된 상속분에다 기여분을 더한 금액을 기여상속인의 상속분으로 하는 것이다. 이것은 공동상속인 사이의 실질적 공평을 꾀하려는 제도이다.

452 **기한** *
期限

법률행위의 당사자가 그 효력의 발생·소멸 또는 채무의 이행을 장래에 발생할 것이 객관적으로 확실한 사실에 의존하게 하는 법률 행위의 부관

기한이 붙은 법률행위를 기한이 있는 행위 또는 기한부 법률행위라 한다.

> **PlusTip** 기한의 종류
> ① 시기(始期) : 법률행위 효력의 발생을 장래의 확실한 사실에 의존하는 기한이다.
> ② 종기(終期) : 법률행위 효력의 소멸이 장래 발생이 확실한 사실에 의존하는 기한이다.
> ③ 확정기한 : 도래(到來)의 시기가 확정되어 있는 기한이다.
> ④ 불확정기한 : 도래(到來)의 시기가 확정되어 있지 않는 기한이다.

453 **낙성계약** **
諾成契約

당사자의 의사표시의 합치만으로 성립하는 계약

당사자의 합의만이 있으면 성립되는 계약으로 민법상 전형계약 중 현상광고를 제외한 모든 계약을 말한다.

> **PlusTip** 전형계약
> 규정을 둔 계약유형을 말한다. 전형계약의 종류로는 증여, 매매, 교환, 소비대차, 사용대차, 임대차, 고용, 도급, 현상광고, 위임, 조합, 종신정기금, 화해 등이 있다.

454 **낙찰** *
落札

입찰을 통한 매매에서 거래가 결정되는 것

많은 희망자 중에서 팔 경우에는 제일 비싼 가격, 사들일 경우에는 제일 싼 가격으로 결정된다. 일정 시간에 완성한다는 조건으로 맡는 도급 공사 때에는 예정가격에 가까운 값을 말하는 사람에게 낙찰된다. 법원 경매나 관청, 공기업 등의 입찰 매매에서 많이 쓰이는 방법이다.

경매 입찰에서 응찰자가 없어 낙찰되지 못하고 무효가 선언되어 다음 경매에 넘어가게 되는 것을 말한다. 유찰의 경우에는 최저경매가격을 통상 20%씩 낮추어 신경매를 실시한다.

455 **내용증명우편** *
内容證明郵便

특정한 내용의 우편물을 수신인에게 틀림없이 전달하였다는 것을 기관인 우체국에서 공적으로 증명받을 수 있는 등기취급 우편제도

개인 상호 간의 채권. 채무관계나 권리의무를 더욱 명확하게 할 필요가 있을 때 주로 이용되며, 거래계약을 해제할 때나 해제의 통지를 할 때 또는 계약의 이행을 청구할 때 등에 이용될 수 있다. 내용증명우편은 일방 당사자의 특정한 의사를 상대방에게 표시하고, 사후 문제가 발생했을 경우 그 의사표시를 했다는 증거를 남긴다는 의미가 있을 뿐 어떤 특별한 법률상의 효력을 갖는 것은 아니다. 따라서 정해진 법정기간 안에 권리를 행사하지 않으면 그 권리가 소멸되는 소멸시효의 중단은 법원의 판결이 있어야 가능할 것이다.

456 **농작물** **
農作物

토지에서 경작, 재배되는 농작물은 토지의 정착물이지만 토지의 일부인 독립된 부동산으로 취급되지 않는 것

토지에 정착되어 있고 경작의 노력을 요하지 않는 나무, 자연식생, 다년생 식물 등은 부동산의 정착물로 간주되어 부동산 매매 시 함께 양도된다. 다만, 민법에서는 정당한 권원(權原)에 의해 타인의 토지에서 경작, 재배된 농작물은 토지와 독립된 부동산으로 간주한다. 그러나 판례는 정당한 권원(權原)이 없더라도 타인의 토지에서 재배, 경작된 농산물은 경작자의 소유로 보고 있다. 또한 농작물에 대한 특별한 명인방법을 갖출 것을 요구하지 않으며, 농작물은 토지와 독립된 부동산으로 보고 있다. 이때의 농작물에는 약초, 마늘, 파, 고추, 보리 벼와 같은 1년생 초본으로 한정된다.

457 능동대리 · 수동대리 ✽
能動代理 · 受動代理

의사표시의 주체에 따른 대리의 구별

대리인이 본인을 대신하여 제3자(상대방)에게 의사표시를 하는 것을 능동대리라 하며, 대리인이 본인을 대신하여 제3자(상대방)로부터 의사표시를 수령하는 것을 수동대리라 한다. 예를 들어, 원료를 구매하기 위한 행위는 능동대리에 속하지만, 고객으로부터 구매 의사를 받는 것은 수동대리라고 볼 수 있다.

458 단기임대차 ✽
短期賃貸借

처분의 능력 또는 권한 등은 없지만 관리권을 지니고 있는 자가 하는 임대차

한정치산자와 같이 재산관리능력은 있으나 처분능력이 없는 자나 권한을 정하지 않은 대리인과 같이 타인의 재산 관리의 권한만 있고 처분할 권한이 없는 자가 임대차를 하는 경우 그 임대차는 다음의 기간을 넘지 못하도록 되어 있다. 식목, 채염 또는 석조, 석회조, 연와조 및 이와 유사한 건축을 목적으로 한 토지의 임대차는 10년, 기타 토지의 임대차는 5년, 건물 기타 공작물의 임대차는 3년, 동산의 임대차는 6개월이다. 이 기간은 갱신할 수 있으나, 기간 만료 전 토지는 1년, 건물 기타 공작물은 3개월, 동산은 1개월 내에 갱신해야 한다. 근거법은 민법이다.

459 단독행위 ✽
單獨行爲

표의자의 일방적인 의사표시에 의해 법률행위가 성립되는 경우

단독행위는 채무면제처럼 상대방이 있는 경우도 있고 소유권 포기처럼 상대방이 없는 경우도 있다.

460 단서유추 적용설 ✽
但書流出適用說

비진의표시설

대리인이 자신의 이익을 위해 한 대리행위도 원칙적으로 유효하다. 다만 상대방이 대리권의 남용을 알았거나 알 수 있었을 경우는 유추적용하여 무효로 한다.

461 담보물권 ✱✱
擔保物權

채권의 담보를 위해 물건의 교환가치의 전부 또는 일부를 지배하는 제한물권

일정한 요건이 충족되면 민법상 당연히 성립하는 유치권과 당사자의 약정에 의해 성립하는 질권과 저당권이 있다. 유치권은 유치를 통해 채권의 변제를 담보하는 것인데 비해, 질권과 저당권은 우선변제권을 가진다. 같은 제한물권이지만 물건의 물질적인 이용을 목적으로 하는 용익물권과 달리, 물건의 교환가치를 파악하여 거기에서 우선하여 채권의 변제를 확보함을 사명으로 한다.

462 담보물 보충청구권 ✱✱
擔保物補充請求權

저당권설정자의 고의나 과실로 인하여 저당목적물이 저당권의 가액이 감소한 경우에 저당권자는 저당권설정자에게 원상회복이나 담보제공을 청구할 수 있는 권리

담보물보충청구권을 행사할 경우 저당권자는 채무자에게 손해배상청구나 기한의 이익의 상실로 인한 즉시 변제청구를 할 수 없다.

463 담보책임 ✱✱
擔保責任

계약 당사자가 급부한 목적물에 하자가 있는 경우, 부담하는 손해배상과 책임

일정한 거래관계에서 거래목적물인 권리 및 물건 자체에 하자가 있는 경우 급부자의 고의·과실을 불문하고 급부자가 그 하자에 대한 책임을 질 경우를 말한다.

464 담합입찰 ✱
談合入札

입찰에 참여한 사람들이 일정한 가격 이상으로는 매수하지 않을 것을 사전에 협의하고 행해지는 입찰

입찰은 공개된 매매절차로서 입찰에 참여한 사람 중 상호 간의 경쟁에 의해 높은 가격으로 매수할 사람에게 낙찰된다. 종전의 법원경매와 같이 구두로 호가하는 방식에서 많이 나타났으며, 담합입찰을 방지하기 위해 법원경매방식을 입찰방식으로 변경했으며, 담합입찰을 한 사람은 입찰장소에 출입할 수 없다.

465 **대리** ✽✽
代理

어떤 사람이 본인(원래 주인을 의미)을 대신하여 스스로 의사표시를 하거나 또는 제3자로부터 의사표시를 받아 이에 의하여 직접 본인에 관해서 **법률효과**를 발생시키는 일

대리의 일을 맡은 자를 대리인이라고 하며, 대리인의 그 행위를 대리행위(代理行爲)라 한다.

PlusTip 대리의 종류

① **임의대리** : 본인의 수권행위에 의한 대리권에 기한 대리로 사적가치를 확정하는 기능을 갖는다.
② **법정대리** : 본인의 수권행위와는 관계없이 법률의 규정에 의해 발생하는 대리권에 의한 대리로 사적가치를 보충하는 기능을 갖는다.
③ **능동대리** : 대리인이 제3자인 상대방에게 의사표시를 하는 경우로 대리인이 적극적으로 상대방에게 의사표시를 하는 경우이다.
④ **수동대리** : 대리인이 제3자인 상대방에게 의사표시를 받는 경우의 대리이다.
⑤ **유권대리** : 정당한 대리권이 있는 대리로 대리효과가 본인에게 귀속된다.
⑥ **무권대리** : 정당한 대리권이 없는 대리로 본인이 이를 추인하지 않으면 대리의 효력이 없다. 그러나 무권대리인의 법률행위는 확정적 무효가 아니다.

466 **대리권** ✽✽
代理權

대리행위를 할 수 있는 법률상의 지위 또는 자격

대리권은 행위능력과 같이 법률상 일정한 효과를 발생하게 하는 능력 또는 자격이다. 즉, 권리가 아닌 대리권한으로, 대리권은 법률의 규정에 의해서 본인의 의사와는 관계없이 대리관계가 발생하는 법정대리와 본인의 수권행위에 의하여 대리권이 발생하는 임의대리가 있다.

① **자기계약** : 대리인이 한편으로는 본인을 대리하면서 다른 한편으로는 대리인 자신이 상대방이 되어 계약을 하는 것으로 본인의 이익을 해(害)하고 대리인 자신의 이익을 도모할 수 있으므로 민법에서는 원칙적으로 금지하고 있다.

② **쌍방대리** : 대리인이 한편으로는 본인을 대리하면서 동시에 상대방을 대리하여 자기 혼자서 계약을 하는 것으로 어느 한쪽의 계약 당사자만을 유리하게 할 염려가 있기 때문에 민법에서는 원칙적으로 금지하고 있다.

③ 자기계약이나 쌍방대리를 원칙적으로는 금지하고 있지만 예외적으로 허용하는 경우가 있다. 즉, 본인이 허락을 한 경우, 다툼이 없는 채무의 이행, 그와 동일시 할 수 있는 주식의 명의개서, 부동산소유권의 이전등기신청 등은 허용된다.

---

467 **대리권의 남용** ✱
代理權 濫用

유권 대리인이 자신의 대리 권한 내에서 대리 행위를 했음에도 불구하고, 대리인 자신을 위하여 그런 행위를 한 경우

대리인이 외형적으로는 대리권의 범위 내에서 대리행위를 하는 것으로 보이나, 실질적으로는 본인의 이익을 위해서가 아니라 대리인 자신이나 제3자의 이익을 도모하기 위한 대리행위를 하는 것이다.

---

468 **대리권부정설** ✱
代理權不定說

무권대리설

대리권의 남용은 대리에 관한 규정 및 대리제도의 목적으로부터 도출된다. 그러므로 대리인의 배임적 대리행위는 상대방이 대리인의 배임행위를 알았거나 정당한 이유없이 알지 못한 경우 대리권은 부정되고, 대리인의 대리행위는 무권대리가 된다.

469 대리상 *
代理商

업주의 기업조직 안에 들어가 종속관계에 있는 상업
사용인과는 다른 독립된 상인

일정한 상인을 위하여 상업사용인이 아니면서 상시
그 영업의 부류에 속하는 거래의 대리 또는 중개를 영
업으로 하는 독립된 상인을 의미한다. 대리상은 일정
한 상인을 위하여 그 영업을 보조하는 자이므로 본인
이 1인일 필요는 없으나 특정하고 있어야 하는데, 이
점에서 중개업이나 위탁판매업과는 다르다.

470 대물변제 **
代物辨濟

채무자가 부담하고 있는 본래의 급부에 갈음하여 다
른 급여를 현실적으로 함으로써 채권을 소멸시키는
채권자와 변제자 사이의 유상·요물계약

대물변제는 변제와 같은 효력이 있다고 민법에 규정되
어 있으나 변제가 준법률행위임에 비해 대물변제는 계
약이므로 변제의 일종으로 볼 수 없다.

**471 대물변제의
예약 ***
代物辨濟 豫約

차입금이나 외상 매입금을 기한 내에 갚지 못할 경
우 대물 변제를 한다고 미리 약속하는 일

대물변제의 예약에는 정기조건부 대물변제 예약과 협
의의 대물변제 예약이 있다. 전자는 변제기에 변제를
하지 못하면 목적물의 소유권이 채권자에게 이전하는
것이며 후자는 채권자가 예약 완결권을 행사하여 목
적물을 소유하게 된다. 어느 경우에나 채무자의 궁박
(窮迫)·경솔 또는 무경험을 이용한 현저한 불균형이
있는 때에는 불공정한 법률행위 또는 폭리행위로서
무효가 된다. 따라서 대물변제 예약의 목적물인 재산
권의 가액은 차용액(본래의 채권액)과 그 이자의 합산
액을 넘지 않는 범위 내에서만 유효하다. 또한, 민법
은 유질계약(질물에 의한 대물변제의 예약)을 금지하
고 있다.

472 대위변제 *
代位辨濟

대위변제란 제3자 또는 공동채무자 등이 채무자를 위하여 변제를 함으로써 구상권을 취득한 경우에, 변제자가 그 구상권의 범위 내에서 채권자의 채권 및 그 담보에 관한 권리를 행사할 수 있는 제도

경매 시 제3자나 공동의 채권자가 채무자의 빚을 갚는 대신 채무자에게 구상권을 행사할 수 있다. 예를 들어 은행에 1순위 1천만 원의 소액 저당권이 있는 경우 2순위 세입자가 은행에 대신 빚을 갚고 1순위가 될 수 있다.

473 대표 *
代表

법인이나 단체의 기관이 기관으로서 행위하였을 때 법률상 법인이나 단체가 행한 것과 동일한 효과를 발생시키는 경우에 그 기관을 의미

이사나 대표이사의 행위는 대외적으로 비영리법인이나 회사의 행위로서 인정된다. 대리와 유사하지만, 대리가 서로 대등한 두 인격자 간의 관계인데 반하여 기관은 법인과 대립되는 지위에 있는 것이 아니고 기관의 행위 자체를 법인의 행위로 간주하는 점에서 대리와 구별된다.

474 도급 *
都給

당사자의 일방(수급인)이 어떤 일을 완성할 것을 약정하고, 상대방(도급인)이 그 일의 결과에 대하여 보수를 지급할 것을 약정함으로써 성립하는 계약

타인의 노무 이용에 관한 노무공급계약의 일종이나, 일의 완성을 목적으로 한다는 점에서 일반적인 고용계약과 구별된다. 수급인의 목적물인도와 도급인의 보수지급은 동시이행의 관계에 있는 것이 원칙이다.

475 **동산저당** **∗∗**
動産抵當

동산을 목적으로 하는 저당권

원칙적으로 동산은 저당권의 목적물이 될 수 없다. 다만 등록에 의한 저당권은 인정되고 있으며, 자동차저당, 항공기저당, 선박저당, 중기저당 등이 있다.

476 **동시이행
항변권** **∗∗**
同時履行
抗辯權

쌍무계약에서 당사자 일방은 상대방이 그 채무이행을 제공할 때까지 자기의 채무를 이행하지 않은 채 반대급부만을 청구해 올 경우 급부를 거절할 수 있는 제도로 일종의 연기적 항변권

쌍무계약에 있어서 각각의 당사자가 부담하는 채무는 서로가 대가(對價)적인 의미를 가지고 서로 관련성이 있어 그 채무의 이행에 있어서 자신의 채무는 이행하지 않고 상대방의 채무의 이행만을 청구하는 것은 공평의 원칙에 어긋나는 것으로 동시이행항변권은 유치권과 같이 공평의 원칙에 입각한 제도이다.

477 **등기청구권** **∗∗**
登記請求權

특정 상대에 대하여 등기절차에 협력할 것을 청구할 수 있는 권리

등기는 등기권리자와 등기의무자가 공동으로 신청하는 것이기 때문에 등기권리자가 단독으로 신청할 수 없다. 등기권리자는 등기의무자에게 등기신청에 협력할 것을 청구할 수 있는데 이 권리를 등기청구권이라 한다.

478 **매각물건 명세서 ‡***
賣却物件明細書

부동산의 표시, 점유자의 권원, 점유할 수 있는 기간, 차임 또는 보증금에 관한 관계인의 진술 등을 작성해 놓은 서류

등기된 부동산에 대한 권리나 가처분 등 매각으로 효력을 잃지 않는 것과 지상권의 개요, 토지별도등기, 특별매각조건 등의 내용이 작성되며 매각기일 일주일 전까지 법원에 비치하여 누구든지 볼 수 있도록 하고 있다.

479 **매도담보 ***
賣渡擔保

융자를 받으려는 자가 어떤 담보물을 융자자에게 팔고 대금을 받되, 일정 기한 내에 그것을 되살 수 있는 특약을 하는 담보 방법

매매의 형식에 의하여 신용을 주고받을 때 신용을 준 자는 대금의 반환을 청구할 권리를 가지지 않으며, 다만 신용을 받은 자가 신용을 반환하여 목적물을 회수할 수 있는 담보제도이다.

480 **매매 ‡***
賣買

매매는 당사자 일방이 재산권을 상대방에게 이전할 것을 약정하고, 상대방은 그 대금을 지급할 것을 약정함으로써 성립하는 계약

매도인은 목적물을 완전히 매수인에게 인도할 의무를 부담한다. 매수인은 대금을 지급하고 그 대금의 지급이 지체되었을 경우에는 이자를 지급하여야 한다. 단, 대금의 지급에 기한이 있을 때에는 그러하지 아니한다.

PlusTip 매도인이 매수인에게 의무적으로 인도할 사항

① 소유권 자체를 이전해야 한다.
② 권리변동의 효력발생요건으로서의 등기를 하여야 한다.
③ 모든 권리증서와 그 밖에 이에 속한 서류를 인도하여야 한다.

481 **매장물발견** *
埋藏物發見

토지나 그 밖의 물건(포장물(包藏物)) 속에 매장되어 있어 누구에게 속하는지 식별할 수 없는 물건을 발견하는 것

매장물은 법률에 정한 바에 의해 공고한 후 1년 이내에 그 매장물의 소유자가 권리를 주장하지 않으면 발견자가 매장물의 소유권을 취득한다. 그러나 타인의 토지나 기타 물건으로부터 발견한 매장물은 그 토지, 기타 물건의 소유자와 발견자가 절반씩의 소유권을 취득한다. 만약 매장물이 문화재인 경우에는 발견자가 소유권을 취득하지 못하고 국유가 된다. 이때 발견자 및 매장물이 발견된 토지나 기타 물건의 소유자는 국가에 대하여 적당한 보상을 청구할 수 있다. 매장물의 발굴을 위해 인부를 고용한 경우에는 인부가 매장물을 발견하였더라도 그 사용자가 발견자가 되지만, 다른 일로 고용된 인부가 작업 중에 우연히 매장물을 발견한 때에는 그 인부가 발견자가 된다.

482 **명도소송** **
明渡訴訟

부동산 경매에서 부동산 인도명령 신청기간(매각대금을 낸 뒤 여섯 개월 이내)이 지나거나 채무자·소유자 또는 점유자 등 인도명령을 받는 사람 이외의 사람이 해당부동산을 점유하고 있는 경우에 매수인이 그 부동산을 점유하기 위해 넘겨달라는 소송을 제기하는 것

명도소송의 제기권자는 매수인, 매수인의 상속인이나 합병회사와 같은 매수인의 일반승계인이며 명도소송의 제기기간은 인도명령과 달리 그 기간에 제한이 없다. 명도소송판결이 나고 집행문이 발효되면 강제집행하여 해당 부동산을 점유할 수 있다.

483 명의신탁 ✱
名義信託

소유관계를 공시하도록 되어 있는 재산에 대해 소유자 명의를 실소유자가 아닌 다른 사람 이름으로 해 놓는 것

대내적 관계에서는 신탁자가 소유권을 보유하여 목적물을 관리·수익하면서 공부상 소유명의만을 타인, 즉 수탁자로 두는 것으로 외부적으로만 소유권이 수탁자에게 이전되는 것을 말한다. 따라서 명의신탁은 진정한 권리자가 아닌 자를 대외적으로 마치 진정한 권리처럼 표시하는 것이므로 권리관계를 외부에 표시할 수 있는 등록·등기 등의 형식으로 표시할 수 있어야 한다.

484 명인방법 ✱
明認方法

관습법상 인정되는 공시방법으로 수목집단에 대하여 그 수목집단이 누구의 소유인지를 제3자가 명확히 인식할 수 있도록 일정한 표시를 하는 것

명인방법으로는 임야의 여러 곳에 소유자의 성명을 써 두거나, 소유자의 경계에 일정한 간격을 두고 소유자의 성명을 부착 또는 전답(田畓)의 주위를 둘러치고, 소유자의 표찰을 세우는 등의 방법 등이 있다.

485 무과실책임 ✱
無過失責任

가해자에게 과실이 없더라도 그 가해자의 행위에 의하여 손해가 발생하였다는 관계가 있으면, 그것만으로도 손해배상책임이 발생하는 것으로 하자는 주의

무과실책임주의는 위험성 있는 기업의 근로자 및 일반대중에 대한 책임문제가 과실책임주의에 의해서는 공정한 결론을 얻지 못한다는 비판에 따라 주장하게 되었다. 무과실책임론의 근거에 대해서는 보상책임설·위험책임설·원인책임설 및 구체적 공평성 등의 여러 학설이 있는데, 위험한 시설의 관리자는 그것으로부터 생긴 손해에 대하여 책임을 져야 한다는 위험책임설이 가장 유력하다.

486 무능력자 ✱✱
無能力者

단독으로 권리나 의무를 가지기 위한 법률행위를 완전하게 할 수 있는 능력을 행위능력이라 하며 그러한 행위능력을 가지지 않는 자

민법상으로 미성년자와 금치산자, 한정치산자의 세 가지이다.

487 무주물 선점 ✱✱
無主物 先占

주인 없는 동산을 소유의 의사로 먼저 점유한 자가 소유권을 취득하는 것

선점의 객체는 동산인 무주물에 한하며, 무주의 부동산은 국유가 되므로 선점의 목적이 되지 않는다. 사실과 소유의 의사가 존재하므로 혼합사실 행위이다.

488 무효 ✱
無效

외형상 법률행위의 성립요건은 갖춘 상태이나 법률행위의 효력요건의 결여로 처음부터 법률상 당연히 그 효력이 발생하지 않는 것으로 확정되어 있는 것

민법상 규정되어 있는 무효인 법률행위로서는 의사무능력자의 법률행위, 불능(원시적 불능)인 법률행위, 강행규정에 위반하는 법률 행위, 반사회질서에 위반하는 법률 행위, 불공정한 법률행위, 비진의표시의 예외, 통정허위표시 등이다.

**489 무효행위의
전환** ✱
無效行爲 轉換

어떤 법률행위가 그 자체로서는 무효이지만, 그 행위가 다른 법률효과를 발생시킬 요건을 갖추고 있고 당사자가 무효를 알았더라면 그 다른 법률행위를 할 것으로 인정될 때에 후자의 효과를 발생시키는 것

이미 발행한 어음에 법정의 요건이 흠결되어 있거나 비밀증서유언으로써 무효인 유언을 각각 내용이나 방식을 보충하여 차용증서나 자필증서유언으로 효력을 인정하려는 것이다. 무효행위의 전환은 가급적 당사자의 의도를 달성시키려는 사적 자치의 원칙에 입각하고 있는 것이므로 공서양속에 반하여 무효인 경우와 같이, 사인의 의사가 제약되는 행위에 이르기까지 전환을 인정하는 것은 아니다.

묵시적
의사표시 **
默示的
意思表示

적극적이고 명백한 말이나 글자에 의하지 않고, 주위의 사정을 해석하여 비로소 알 수 있는 의사표시

적극적인 표시행위에 의하지 않은 의사표시로 간접적 의사표시라고도 한다. 의사표시의 뜻은 그것이 이루어졌을 때의 모든 객관적 사정을 종합하여 판단해야 되기 때문에 묵시의 의사표시도 원칙으로는 명시의 의사표시와 동일한 효력을 가진다. 그러나 요식행위는 일정한 방식을 갖춘 명시된 의사표시에 의하지 않으면 효력을 발생하지 못한다.

PlusTip 요식행위

법률행위에 일정한 형식(방식)을 필요로 하는 법률 행위이다.

물권 *
物權

특정의 물건을 직접 지배하여 이익을 얻는 배타적인 권리

재산권이고 지배권이며 절대권이다. 일정한 재화를 직접적·배타적으로 지배할 수 있는 권리이며, 채권과 밀접한 관계를 갖는 재산권이다. 그러나 채권과 달리 물권법(실질적 의미)에 의하여 법정된 것에 한한다.

PlusTip 물권의 종류

① 민법이 인정하는 물권 : 점유권, 소유권, 지상권, 지역권, 전세권, 유치권, 질권, 저당권
② 상법이 인정하는 물권 : 상사유치권, 주식질권, 선박저당권, 선박채권자의 우선특권
③ 특별법이 인정하는 물권 : 가등기담보권, 입목저당권, 항공기저당권
④ 관습법이 인정하는 물권 : 분묘기지권, 관습법상의 법정지상권

492 **물권
법정주의** ✴
物權
法定主義

물권의 종류 및 그 내용을 법률 또는 관습법에 의하는 것 외에는 당사자가 임의로 창설하지 못한다는 것

관습법에 의해서도 물권을 창설할 수 있도록 한 것은 외국의 법제에서 찾아볼 수 없는 우리 민법만의 특색이다. 채권법이 사적자유의 원칙에 입각하여 대부분의 규정이 임의규정인 것에 반해 물권법은 대부분이 강행규정이다. 물권은 법률 또는 관습법에 의하는 것 외에는 임의로 창설하지 못한다. 여기에서의 법률은 형식적 의미의 법률만을 말하며, 창설하지 못한다는 것은 물권의 종류뿐만 아니라 내용에까지 해당한다. 물권법정주의는 물권법의 강행규정성의 근거가 되며, 물권법정주의에 위반되는 법률행위는 당사자 사이에서 채권적 효력을 가지는 경우를 제외하고는 무효가 된다.

493 **물권변동** ✴
物權變動

물권의 발생, 변경, 소멸

물권의 동일성을 해하지 않는 범위 내에서 물권의 주체나 객체, 내용 및 작용에 대하여 생기는 변화를 말한다. 권리의 주체적인 측면에서는 취득과 변경, 상실을 포함한다.

494 **물권적
청구권** ✴
物權的
請求權

물권의 지배가 외부로부터 침해를 받거나 또는 침해될 염려가 있는 경우에 물권자가 그 침해자에 대해 그 침해의 배제 또는 예방에 필요한 행위(작위 또는 부작위)를 청구할 수 있는 권리

물권적 청구권을 인정하는 것은 물권자에게 물권으로서의 실효성을 주기 위해서이다. 물권적 청구권의 종류로는 물권적 반환청구권, 물권적 방해제거청구권, 물권적 방해예방청구권이 있고, 기초가 되는 물권의 종류에 따라 점유권에 기한 물권적 청구권과 본권에 기한 물권적 청구권이 있다.

495 물권행위 *
物權行爲

물권변동을 일으키는 법률행위

직접 물권의 변동을 목적으로 하는 의사표시를 요소로 하는 법률 행위로서 이행이라는 문제가 생기지 않는다.

PlusTip 물권행위의 무인성 · 유인성

① 무인성 : 채권행위와 물권행위는 법률상 단절되어 있어서 물권행위가 해당 원인행위인 채권행위의 효력에 영향을 받지 않는 성질을 물권행위의 무인성이라 한다. 즉, 독자성을 가지며 물권행위는 별개의 행위로 보는 것이다.

② 유인성 : 채권행위가 불성립 · 무효이거나 취소 · 해제된 경우에 물권행위도 그와 같이 되어 물권변동은 없었던 것으로 되는 성질을 물권행위의 유인성이라 한다. 즉, 독자성을 가지지 않으며 물권행위는 채권행위를 원인으로 발생하는 것으로 본다.

496 물상대위 **
物上代位

담보물권의 유통성의 하나

목적물의 멸실 · 훼손 · 공용징수 등으로 인하여 그 목적물에 갈음하는 금전 기타의 물건이 목적물 소유자에게 귀속하게 된 경우에 담보물권이 그 목적물에 갈음하는 것에 관하여 존속하는 성질을 담보물권의 물상대위성이라 한다. 이러한 물상대위성은 담보물권이 목적물의 실체를 목적으로 하는 권리가 아니라 주로 그의 교환가치를 취득하는 것을 목적으로 하기 때문에 교환가치 취득을 목적으로 하지 않는, 즉 우선변제효력이 없는 유치권에는 이러한 성질이 없다는 것이 일반적이다.

497 물상보증인 ⁑
物上保證人

타인의 채무를 담보하기 위하여 자기의 재산을 질권 또는 저당권의 목적물로 제공한 자

물상보증인제도에 의해 담보용 재산이 없는 자도 금융을 받을 수 있다. 물상보증인은 채무자에 대하여 채무를 부담하지 않고, 담보권 설정에 의해 물적 유한 책임을 부담할 뿐이다. 즉, 물상보증인의 경우에는 채무와 책임이 분리되어 있으며, 담보로 제공한 물건의 한도 내에서만 책임을 부담한다. 물상보증인은 채무를 부담하지 않으므로 채권자는 물상보증인을 상대로 이행의 소를 제기할 수 없다.

498 미분리과실 ✱
未分離果實

수목으로부터 분리되지 않은 과실

명인방법을 갖출 때에는 토지와는 독립된 부동산으로써 소유권의 객체가 되며, 수목으로부터 과실이 분리가 된 경우 원물인 수목과 독립된 동산이 된다.

PlusTip 수목과 입목

① 수목(樹木) : 토지에 뿌리를 내리고 살아있는 목본식물을 말하며, 원칙적으로 토지의 구성부분에 해당되나, 입목등기 또는 명인방법의 대상이 될 때에는 부동산으로 인정된다.
② 입목(立木) : 토지에 부착된 수목의 집단으로 그 소유자가 입목에 관한 법률에 의하여 소유권보존등기를 받은 것을 말한다. 입목은 부동산으로 보며 토지와 분리하여 양도하거나 저당권의 목적으로 할 수 있다. 또 토지소유권 또는 지상권의 처분의 효력은 입목에 미치지 않는다.

499 미성년자 ⁑
未成年者

성년(成年)이 되지 않은 자, 만 20세에 달하지 아니한 자

미성년자는 판단능력(判斷能力)이 불완전하므로 무능력자로 되어 행위능력(行爲能力)을 제한 받는다.

배타성 ✱✱
排他性

하나의 물건 위에 서로 양립할 수 없는 내용의 권리가 두 개 이상 동시에 성립할 수 없다는 것

하나의 물건을 어떤 자가 지배하면, 다른 자의 지배를 인정할 수 없는 물권의 특성을 말한다. 즉, 이 배타성은 물권과 채권을 구별하는 중요한 기준인데 물권은 물건을 직접 지배하는 권리로, 특정의 상대방이라는 것이 없고 일반인을 의무자로 하여 모든 자에게 주장할 수 있는 절대권이므로 배타성을 인정하지 않는다면 그 실효를 거둘 수 없다. 그러나 채권은 특정인 채무자를 의무자로 하여 그 자에게만 주장할 수 있는 상대권이고, 그 채권 내용의 실현여부는 채무자의 자유의사에 달려있으므로 배타성이 인정되지 않는다. 이와 같은 물권의 배타성을 인정하려면 거래의 안전을 위하여 그 물권의 존재를 외부에서 알 수 있도록 하는 공시방법을 강구해야 하는데 이것을 공시의 원칙이라고 한다. 공시방법은 부동산의 경우 등기, 동산의 경우 인도가 있고 그 밖에 수목의 집단에 인정되는 명인방법이 있다.

법률사실 ✱
法律事實

법률효과를 발생하게 하는 원인으로서 필요하고 충분한 사실의 총체인 법률요건을 구성하는 개개의 사실

법률사실은 사람의 의식이나 정신작용에 의한 법률사실과 사람의 정신작용에 의하지 않은 법률사실로 분류되는데 전자를 용태, 후자를 사건이라 한다.

502 법률행위 ✻
法律行爲

일정한 법률효과의 발생을 목적으로 하나 또는 다수의 의사표시 및 기타 요건으로 성립된 것

법률요건의 가장 중요한 예이다. 의사표시는 법률행위를 이루는 본질적인 요소이나 유일한 것은 아니며, 법률행위의 성립을 위해서는 의사표시뿐만 아니라 물건의 인도, 관청의 허가 등과 같은 법률사실을 필요로 하는 경우가 많다. 법률행위는 표의자가 목적한 사법상의 효과를 발생시킨다는 점에서 행위자가 원한 것과는 다른 법률효과가 생기는 법률적 행위와는 구별된다.

503 법정
담보물권 ✻✻
法定
擔保物權

일정한 요건하에서 법률상 당연히 성립하여 채권을 담보하는 제한물권

민법상 법정담보물권으로는 유치권·법정질권·법정저당권이 인정된다.

504 법정대리 ✻✻
法定代理

대리권이 발생하는 모습에 따른 분류

본인의 부탁과는 관계없이 법령의 규정에 의하여 일정한 사실의 발생에 따라 당연히 또는 일정한 자의 지정에 의하여 성립되는 대리를 말한다. 대리인의 행위에 대한 책임은 대리인 자신이 지게 된다.

505 법정지상권 ✻✻
法定地上權

법률의 규정에 의하여 발생하는 지상권

토지의 그 지상건물이 동일소유자에 속하는 경우 토지 또는 건물의 어느 하나에만 제한물권(전세권 또는 저당권)을 설정하였는데, 그 후에 토지와 건물이 소유자를 달리하게 된 때에 건물소유자를 위하여 법률상 당연히 지상권이 설정된 것으로 간주하는 제도를 말한다.

506 **법정질권** ✱✱
法定質權

법률의 규정에 의하여 성립하는 질권

임대인이 임차인에 대하여 가지는 차임 기타 임대차관계로부터 발생한 채권의 보호를 목적으로 법률의 규정에 의해 성립하는 질권이다.

507 **법정추인** ✱✱
法定追認

객관적으로 보아 추인이라고 인정할 만한 일정 사실이 있는 때에 취소권자의 추인의사 유무를 묻지 않고 법률상 추인한 것으로 보는 것

취소할 수 있는 법률행위로 상대방의 불안정한 지위를 보호하기 위한 제도이다. 법정추인은 취소할 수 있는 법률행위에 관해 취소의 원인이 종료한 후에 하며, 법정추인의 효과는 추인한 것으로 간주되므로 추인에 있어서와 같은 효과가 생긴다.

PlusTip 법정추인사유

① **전부나 일부이행** : 이행의 수령을 포함한다.
② **강제집행** : 집행을 받는 경우도 포함된다(통설).
③ **경개** : 채무의 중요부분을 변경해서 계약한 경우이다.
④ **담보의 제공** : 담보를 제공받는 경우도 포함되고, 인적·물적 담보를 불문한다.
⑤ **이행의 청구** : 이행의 청구를 받은 경우는 포함되지 않는다.
⑥ **취소할 수 있는 행위로 취득한 권리의 전부나 일부의 양도** : 취소권자가 양도한 것만을 말한다.

508 **변제** ✱
辨濟

채권자가 목적을 달성하게 되어 채권을 소멸시키는 채무자 또는 제3자의 행위

변제가 유효하기 위해서는 그 채무의 이행이 채무의 내용에 좇은 것이어야 한다.

509 **보존행위** *
保存行爲

재산의 가치를 현상 그대로 유지하는 행위

무제한으로 할 수 있다. 예를 들어 물건의 수선, 소멸시효의 중단, 미등기 부동산의 등기, 부패하기 쉬운 물건의 처분 등이 있다.

510 **보증금** **
保證金

일정 채무의 담보로 채권자에게 미리 주는 것

부동산임대차계약에서 보증금은 임대차와 분리하여 양도될 수 없고, 보증금계약은 임대차계약의 유효한 성립을 전제로 하여 성립한다. 보증금을 정지조건부 반환채무를 수반하는 금전소유권의 이전으로 보는 것이 통설이며, 보증금계약에 의하여 임차인은 보증금 지급의무를 지며, 보증금의 지급은 임대인의 임차물 인도와 동시에 이행하는 것이 보편적 관행이다. 따라서 임대인은 보증금 지급의 불이행을 이유로 임차물 인도를 거절하거나 상당 기간을 두고 최고(催告)한 후 임대차를 해제할 수 있다.

511 **복대리인** **
復代理人

대리인이 그의 권한 내의 행위를 행하기 위하여 대리인 자신의 이름으로 선임한 본인의 대리인

복대리인의 대리권은 대리인의 대리권에 의존하므로 대리인의 대리권을 초과하지 못한다.
① 복대리인은 대리인 자신의 이름으로 선임하므로 대리인의 복대리인의 선임행위(복임행위)는 대리행위가 아니다.
② 복대리인은 대리인의 대리가 아니라 본인의 대리인이다.
③ 대리인의 대리권이 소멸하면 복대리인의 대리권 또한 소멸한다.
④ 대리인이 복대리인을 선임한 후에도 대리인의 대리권은 소멸하지 않는다.

512 **복임권** *
復任權

대리인이 복대리인을 선임(복임행위)할 수 있는 권리

법정대리의 경우 복임권은 언제나 인정되나 임의대리의 경우 원칙적으로 인정되지는 않으며 승낙이 있거나 부득이한 사유가 있을 경우에 한하여 인정한다.

513 **본안판결** *
本案判決

원고의 청구(請求)가 실질적인 이유가 있는지의 여부 또는 상소에 의한 불복의 주장이 실질적인 이유가 있는지의 여부를 판단하는 종국판결

소송이 계속 중 소송요건을 구비하고, 제기된 상소가 상소의 적법요건을 구비하면 법원은 반드시 본안판결을 하여야 한다. 이에는 원고승소의 청구인용판결, 원고패소의 청구기각판결 또는 상소인승소의 상소인용판결과 상소인패소의 상소기각판결이 있다. 청구인용판결은 이행판결, 확인판결, 형성판결 등 그 청구의 유형에 따라 분류할 수 있다.

514 **부당이득
반환청구권** *
不當利得
返還請求權

부당이득자에 대하여 손실을 받은 자가 그 반환을 요구하는 권리

부당이득 반환의 범위는 이득자가 법률상의 원인이 없음을 몰랐었느냐(善意) 알고 있었었느냐(惡意)에 따라서 달라진다. 선의의 경우, 현재 이익이 있는 한도에서 반환하면 되나, 악의의 경우, 불법행위자와 마찬가지로 현존하느냐 않느냐를 불문하고 이득 전부에 이자를 붙이고 그 위에 손해가 있으면 그것도 배상하지 않으면 아니 된다.

515 **부담부증여** **
負擔附贈與

수증자가 증여를 받는 동시에 일정한 급부를 해야 할 의무를 부담하는 것

부담은 증여와 대가관계에 서는 것이 아니며, 증여계약의 부관이므로 증여가 무효이면 부담도 당연히 무효이다.

516 부동산의 공적제한 *
不動産
公的制限

국가가 개인의 부동산소유권에 공공의 복리나 필요에 의해 일정한 제한을 가하는 것

제한은 주로 부동산 공법을 통해 이루어진다.

① 경찰권 : 공익의 보호(안전·복리·건강)를 위해 개인의 사적인 활동을 제한하는 국가의 권한을 말한다.

② 수용권 : 국가가 공익을 달성하기 위해 개인의 재산을 수용할 수 있는 권리를 말한다.

③ 과세권 : 국가가 개인이나 기업소유의 부동산에 조세를 부과할 수 있는 권한을 말한다.

④ 귀속권 : 소유자가 생전에 누구에게도 부동산을 양도하지 않았고, 상속인이 존재하지 않을 경우에 이를 국가에 귀속시킬 수 있는 권한을 말한다.

517 분묘기지권 **
墳墓基地權

판례상 인정되는 법정지상권의 일종

타인의 토지 위에 있는 분묘라는 특수한 공작물을 설치한 자가 그 분묘를 소유하기 위하여 분묘의 기지부분인 토지를 사용할 수 있는 관습법상 인정되는 지상권에 유사한 일종의 물권을 말한다. 분묘기지권은 분묘를 수호하고 봉비(棒肥)하는 목적을 달할 수 있는 범위에 미친다.

518 불가분성 *
不可分性

담보물권자가 피담보물권의 전부를 변제나 상계받을 때까지 목적물의 전부에 걸쳐 담보물권자의 권리를 행사할 수 있는 것

피담보채권의 일부가 변제, 상계, 혼동, 경개, 면제 등으로 소멸하더라도 잔액이 있는 한 담보물의 전부에 담보물권의 효력이 미친다는 원칙이다. 담보물권의 효력을 강화하기 위하여 인정되는 것으로 모든 담보물권에 인정된다.

519 **불공정한 법률행위** *
不公正
法律行爲

당사자의 궁박·경솔 또는 무경험 등으로 인해 현저하게 공정을 잃은 법률행위

폭리행위라고도 한다. 불공정한 법률행위는 사적 자치의 한계를 벗어나고 법질서와 상치되는 것으로 무효며, 이 행위를 통해 이루어진 '부당한 이익'이란 사회통념상 정당한 이익을 현저히 초과하여 사회적 공정성을 잃은 이익을 말한다. 이 불공정한 법률행위는 절대적 무효이므로 이행하지 않은 채무는 소멸되고, 추인해도 효력이 없다. 이는 선의의 제3자에게도 무효로 대항할 수 있다.

PlusTip 법률요건

① 사무관리(事務管理) : 법률상 의무없이 타인을 위하여 그의 사무를 처리하는 행위이다. 민법은 이러한 사무관리자의 행위를 일정한 요건하에 적법행위로 다루고, 관리자와 본인 간에 일정한 권리·의무 관계의 발생을 인정하고 있다.
② 부당이득(不當利得) : 법률상의 원인없이 타인의 재산 또는 노무로 인하여 부당하게 재산적 이득을 얻은 자이다.
③ 불법행위(不法行爲) : 고의 또는 과실로 인하여 타인에게 손해를 끼치는 행위이다.

520 **불법행위 능력** *
不法行爲能力

불법행위로 인한 손해배상의 책임을 질 수 있는 능력

자연인에 대하여는 책임능력이라는 용어가 일반적으로 사용되고 불법행위능력이란 말은 주로 법인에 대하여 사용한다.

521 **비진의표시** ✲✲
非眞意表示

표의자가 의사(효과의사)와 표시(표시행위)의 불일치를 스스로 알면서 하는 의사표시

진의 아닌 의사표시(심리유보)라고도 한다. 표의자가 단독으로 행하고 상대방이 있더라도 그와 통정하지 않는다는 점에서 통정허위표시와 구별되고, 이러한 의미에서 진의 아닌 의사표시를 단독허위표시라고도 한다. 사교적인 명백한 농담이나 배우의 무대 위에서의 대사 등은 법률관계의 발생을 원하는 의사표시가 없음이 명백하므로 비진의표시의 문제가 생기지 않으나, 상대방이나 제3자가 표의자의 진의 아님을 이해하리라는 기대하에서 행하는 허언(虛言)은 비진의표시가 된다. 비진의표시는 원칙적으로 의사표시의 효력에 영향을 미치지 않아 표시된 대로 법률행위의 효력이 발생하나, 상대방이 표의자의 진의 아님을 알았거나 이를 알 수 있었을 경우에는 무효이다. 그러나 비진의표시가 무효로 되는 때에도 선의의 제3자에 대해서는 그 무효로써 대항하지 못한다.

522 **사실인 관습** ✲
事實 慣習

사회적으로 사실상 존재하는 관습이기는 하지만, 아직 법으로서 인정되지 않고 있는 것

사회의 관행에 의해 발생한 사회생활규범으로 사회의 법적 확신이나 또는 인식 등에 의해 법적인 규범으로 승인될 정도에 이르지 않은 것을 의미한다. 민사상의 법원으로 인정되어 있는 관습법(민법 제1조)은 아니며, 다만 법률행위의 내용을 확정함에 있어서 참고자료로 되는 업계나 각지의 관습을 사실인 관습이라고 한다.

523 사용대차 *
使用貸借

당사자 가운데 한쪽은 상대방에게 무상으로 사용·수익하게 하는 목적물을 인도할 것을 약정하고 상대편은 이를 사용·수익한 후 그 물건을 반환할 것을 약정하는 계약

당사자 일방이 상대방에게 무상으로 사용(使用)·수익(收益)하게 하기 위하여 목적물을 인도할 것을 약정하고 상대방은 이를 사용·수익한 후에 반환할 것을 약정하는 계약으로 사용대차는 물건의 소비·처분을 목적으로 하지 않으며, 무상·편무계약이다. 사용대차의 목적물은 사용·수익으로 소비되지 않는 것이어야 하고, 종류에는 제한이 없으며, 물건의 일부에 대하여도 성립한다. 사용대차의 차주는 대가를 지급하지 않으나 일정한 부담을 질수는 있다.

PlusTip 소비대차 p.198

524 사인증여 *
死因贈與

증여자의 사망으로 인하여 효력이 발생하는 증여

증여자의 생전(生前)에 증여계약이 되지만, 효력발생은 증여자의 사망을 법정조건(法定條件)으로 하는 사인행위(死因行爲)이다. 무상계약(無償契約)이라는 점에서는 증여와 같으나, 실제에서는 증여자 자신이 아닌 상속인의 재산이 감소된다는 점에서 유증(遺贈)과 비슷하여 민법에서는 유증의 규정을 준용한다. 그러나 유증은 단독행위(單獨行爲)이며, 유증의 규정 중에서 유증의 효력에 관한 규정은 사인증여에 준용될 수 있으나, 단독행위임을 전제로 한 능력(能力), 방식(方式), 승인(承認)과 포기(抛棄) 등의 규정은 사인증여에 준용되지 않는다.

525 **사자** *
使者

본인의 의사표시를 그대로 전달하는 전달기관

사자와 본인의 의사를 상대방에게 표시하여 그 의사표시를 완성하는 표시기관으로서의 사자가 있다. 사자는 행위능력을 가져야 하고, 효과의사 또한 본인이 결정하며 대리가 인정되지 않는 사실행위도 인정된다.

526 **사정변경의
원칙** *
事情變更 原則

계약체결 당시 사회사정이 계약체결 후 현저히 변경되면, 계약은 그 구속력을 잃는다는 원칙

법률행위 특히 계약의 성립 당시에 있었던 환경 또는 그 행위를 하게 된 기초가 그 후 현저히 변경되어, 당초 정해졌던 행위의 효과 내지 계약의 내용을 그대로 유지하고 강제하는 것이 신의칙과 공평의 원칙에 반하는 부당한 결과를 가져오는 경우에는 당사자가 그 법률행위의 효과를 신의·공평에 맞도록 변경하거나 또는 폐기할 수 있다는 원칙을 말한다. 현행 민법은 사정변경의 원칙에 기한 규정이 흩어져 있으나 이 원칙을 직접 규정하는 일반규정은 없으며, 판례의 경우에는 사정변경의 원칙을 적용함에 있어 비계속적 계약의 해제권의 발생은 부인하나 계속적 계약관계에 있어서는 사정변경의 원칙에 따른 해지권 등을 인정하면서 비교적 소극적인 입장을 취하고 있다.

527 **사해행위** *
詐害行爲

채권자를 해하는 채무자의 재산권을 목적으로 하는 법률 행위

재산권을 목적으로 하는 법률 행위로 채무자의 책임재산(責任財産)을 보전하기 위한 수단의 하나인 채권자취소권(債權者取消權)의 대상이 되며, 직접적으로 채무자의 일반재산을 이루는 권리에 관한 것이어야 한다. 매매(賣買), 증여(贈與), 대물변제(代物辨濟), 저당권(抵當權)설정 등이 있으며, 채무자의 일반재산에 간접적으로 영향을 미치는 행위나 재산권 자체를 목적으로 하지 않는 행위인 유증(遺贈)의 거절, 상속의 포기 등은 해당되지 않는다.

528 **상계** *
相計

채권자와 채무자가 서로 동종의 채권·채무를 가지고 있는 경우, 그 채권과 채무의 대등액에 있어서 소멸케 하는 일방적 의사표시

상계를 목적으로 한 상계계약과 구별되는 것으로 채권·채무자 당사자 일방에 의해 행하여지므로 상계의 의사표시를 한 자의 채권을 자동채권이라 하고 그 상대방의 채권을 수동채권이라 한다.

529 **상린관계** **
相隣關係

인접한 부동산의 소유자 혹은 용익권자 사이의 이용을 조절하기 위한 법률관계

서로 인접하고 있는 토지나 건물의 소유자 혹은 이용자 상호 간의 이용을 조절하기 위하여 각 소유자나 이용자가 가지는 권리관계를 제한함과 동시에 협력할 것을 규정한 법률관계이다. 이러한 관계로부터 발생하는 권리를 상린권(相隣權)이라고 한다.

530 **선관주의의무** **
善管注意義務

일반적·객관적 기준에 의해 요구되는 정도의 주의

그 사람의 직업 및 사회적 지위에 따라 거래상 보통 일반적으로 요구되는 정도의 주의로 선량한 관리자의 주의라고도 한다.

531 **선의 · 악의** ✱✱
善意 · 惡意

도덕적 평가와는 관계없이 단지 특정한 사실에 대한 부지(不知)·지(知)를 기준으로 한 구별

선의는 어떤 사실을 알지 못하는 용태이고, 악의는 어떤 사실을 알고 있는 용태를 말한다. 악의의 자는 특정한 사실을 알고 있으므로 불측(不測)의 손해를 입을 염려가 없고 따라서 그를 보호할 필요가 없다. 그러나 선의의 자는 특정한 사실을 모르고 있으므로 불측의 손해를 입을 염려 있기 때문에 그를 보호할 필요가 있다는 데에 있다. 그리하여 특정한 법률관계를 선의로 한 행위의 효력에는 영향이 없도록 하거나, 선의의 자만 주장할 수 있도록 하거나, 선의의 제3자에게는 대항할 수 없도록 하는 등의 규정이 마련되어 있다.

PlusTip 용태(容態)

사람의 정신작용에 기한한 법률사실을 말한다.

532 **선의점유 ·
악의점유** ✱✱
善意占有 ·
惡意占有

점유할 수 있는 권리

본권이 없음에도 불구하고 있다고 오신하는 점유를 선의점유라고 하고, 본권이 없음을 알면서 또는 본권의 유무에 관하여 의심을 품으면서 하는 점유를 악의점유라고 한다. 정당한 권원이 없다는 사실을 확신하지 않는 경우, 즉 의심을 하면서도 이를 점유하고 있는 경우에는 악의의 점유로 된다.

PlusTip 본권

사실상의 지배를 법적으로 정당화할 수 있는 권리이다.

533 **선의취득** ✱
善意取得

거래의 안전을 위하여 소유권과 질권의 취득에 한정되는 특유의 물권변동원인으로서 동산의 점유에 공신력을 인정하는 제도

타인 소유의 동산을 점유하고 있는 자를 소유자라고 믿고 매매 등의 거래행위를 통해 동산을 취득한 경우에 양도인이 비록 무권리자일지라도 그 동산에 대한 양수인의 권리취득을 인정하는 것이다.

534 **소비대차** *
消費貸借

당사자 일방이 금전 및 기타 대체물의 소유권을 상대방에게 이전할 것을 약정하고, 상대방은 그와 동종·동질·동량의 물건을 반환할 것을 약정하는 계약

전형(典型)·편무(片務)·무상(無償)·불요식(不要式)·낙성계약(諾成契約)이지만, 이자가 있는 소비대차는 쌍무(雙務)·유상계약(有償契約)이 된다. 따라서 소비대차의 목적물은 금전(金錢) 기타의 대체물(代替物)인 것이다. 대주(貸主)는 목적물의 소유권을 차주(借主)에게 이전할 의무가 있으며, 대주는 이자가 있는 소비대차의 경우에는 매도인(賣渡人)과 같은 하자담보 책임(瑕疵擔保責任)이 있다.

PlusTip 사용대차 p.194

535 **소유권** **
所有權

물건을 전면적으로 지배할 수 있는 물권

법률의 범위 내에서 그 소유물을 사용·수익·처분할 수 있는 권리이다. 소유권은 본질적으로 물건이 갖는 가치를 전면적으로 지배할 수 있는 완전물권이라는 점에서 물건이 갖는 가치의 일부만을 지배할 수 있는 제한물권과 구별된다.

PlusTip 소유권의 특성
① **전면성** : 전면적으로 지배할 수 있는 성질을 말한다.
② **항구성** : 존속기간의 제한이 없으며, 소멸시효에도 걸리지 않는 성질을 말한다.
③ **탄력성** : 제한물권이 설정되었다가 해제되면 완전물권으로 돌아가는 성질을 말한다.
④ **혼일성** : 사용·수익·처분의 권능이 합쳐져 있으며, 이들의 근원이 된다는 성질을 말한다.

536 **소유권
이전등기** ✽
所有權
移轉登記

해당 부동산의 소유권에 대한 이전등기를 신청하는
내용

부동산 소유자가 변동되는 경우에 이를 부동산등기부
에 등기하는 것을 말한다. 부동산매매계약이 체결되
면 매도인은 매수인에게 부동산 소유권을 이전할 의
무를 지게 되고, 이에 따라 매도인과 매도인은 함께
등기소에 부동산소유권이전등기신청을 한다.

537 **소유권의
취득** ✽
所有權 取得

물권변동의 한 상태로 독점적, 배타적으로 지배할 권
리를 얻는 것

다른 물권과 마찬가지로 그 취득 원인은 법률행위(물
권행위)와 법률의 규정으로 양분된다. 민법은 법률의
규정에 의한 소유권의 취득 원인으로 취득시효·선의
취득·무주물 선점·유실물 습득·매장물 발견·부합·
혼화·가공 등에 관하여 규정하고 있다.

PlusTip 무주물 선점 p.181

538 **소유물
반환청구권** ✽
所有物
返還請求權

소유자가 자신의 소유에 속하는 물건을 점유한 자에
대해 반환을 청구할 수 있는 권리

소유자는 타인이 정당한 이유 없이 소유물에 대한 점
유를 빼앗아 이용을 방해하고 있는 경우 그 방해자에
대해 물건의 반환을 청구하며 소유권의 완전한 지배
상태를 회복하는 권리를 말한다. 그러나 점유자가 지
상권, 전세권, 유치권, 질권, 동시이행항변권 등 소유
물에 대해 정당한 권리가 있는 때에는 반환을 거부할
수 있다.

539 소유물 방해예방 청구권 *
所有物
妨害豫防
請求權

소유자의 소유권을 방해할 염려가 있는 자에 대하여 예방 및 손해배상의 담보를 청구할 수 있는 권리

현재 방해상태가 발생하고 있지는 않지만 장래 생길 가능성이 큰 경우에 이 청구권을 행사할 수 있다. 청구권 내용으로는 방해를 미연에 방지하는 조치를 청구하거나 손해배상의 담보를 청구하는 것이다. 소유자는 두 가지 중 한 가지만을 선택하여 청구할 수 있다.

540 소유물 방해제거 청구권 *
所有物
妨害除去
請求權

소유자가 소유권을 방해하는 자에 대하여 그 방해의 제거를 청구할 수 있는 권리

소유권 내용의 실현이 점유의 상실 이외의 방법으로 방해되고 있는 자가 현재 방해하는 사정을 지배하는 지위에 있는 자에게 그 방해의 제거를 청구하는 권리를 말한다. 그러나 물권의 행사가 제한되어 있는 경우에는 그 제한의 범위 내에서 방해제거청구권은 인정되지 않는다.

PlusTip 물권의 행사가 제한되어 있는 경우
① 소유물이 이미 멸실한 경우
② 상린규정(相隣規定)이나 특별법의 제한으로 소유자가 인용하여야 되는 경우
③ 방해제거(妨害除去)를 청구하는 것이 소유권의 남용이 되는 경우

541 손해배상 청구권 **
損害賠償
請求權

채무의 불이행이나 불법 행위로 인한 손해를 메우고 원래와 동일한 상태로 복귀되도록 요구하는 권리

배상해야 하는 손해는 재산적·정신적 손해이며, 재산 감소와 같은 적극적 손해뿐만 아니라 증가할 재산이 증가하지 못한 소극적 손해도 포함된다. 손해의 범위는 상당인과관계(相當因果關係)에 있는 것에 한한다.

PlusTip 손해배상청구권의 발생 원인

① **이행지체** : 이행이 가능함에도 불구하고 이행기간에 이
   행하지 않는 것을 말한다.
② **이행불능** : 후발적 불능이라고도 하며, 채권이 성립한
   후에 채무를 이행할 수 없게 된 경우를 말한다.
③ **불완전이행** : 채무의 이행으로서 어떤 급부를 하기는 했
   으나 그것이 채무의 내용에 합당한 것이라고 인정할 수
   없는 경우를 말한다.

PlusTip 채무불이행 p.231

542 **승계취득 ✲**
   承繼取得

타인의 권리를 기초로 하여 그 권리를 취득하는 것

승계취득은 타인의 권리를 전제로 하는 것이기 때문
에 타인의 권리에 제한이나 하자가 있으면 그러한 것
도 그대로 승계될 뿐만 아니라 타인이 무권리자라면
결국 권리를 취득할 수 없다. 이러한 승계취득에는 이
전적 승계와 설정적 승계가 있다.

PlusTip 승계취득의 분류

① **이전적 승계** : 타인의 권리가 그 동일성을 유지하면서 그
   대로 특정인에게 승계되는 것이다.
   ㉠ **특정승계** : 개개의 권리가 개개의 취득원인에 의해
      승계되는 것으로 매매, 증여, 사인증여, 교환, 임대
      차 등이 있다.
   ㉡ **포괄승계** : 다수의 권리가 하나의 취득원인에 의해
      일괄적으로 승계되는 것으로 상속, 포괄유증, 회사
      합병 등이 있다.
② **설정적 승계** : 타인의 권리가 소멸되지 않고 그대로 존
   속하면서 그 권리가 가지는 권능 중 일부를 취득하는
   것을 말한다. 설정적 승계가 있으면 타인의 권리는 새로
   운 권리자가 취득한 권리에 의하여 일정한 제한을 받게
   된다.

543 **승역지 · 요역지** ✲
承役地 · 承役地

다른 토지의 편익에 제공되는 토지와 다른 토지로부터 편익을 얻는 토지

지역권은 요역지와 승역지의 이용상의 조절을 위하여 인정되는 권리이다. 지역권이 성립하려면 요역지와 승역지는 반드시 별개의 토지이어야 하고, 하나의 토지가 요역지와 승역지를 겸할 수는 없으며, 두 개의 토지가 어느 정도 지리적으로 가까우면 되고, 인접되어 있어야 하는 것은 아니다. 요역지는 1필의 토지이어야 하지만, 승역지는 1필의 토지가 아니고 1필의 토지의 일부이어도 된다. 지역권은 요역지와 승역지의 소유자 사이에서만의 권리가 아니고, 요역지와 승역지의 지상권자 또는 전세권자 등의 용익권자도 그 권리의 범위 내에서 지역권을 설정할 수 있다. 요역지가 승역지로부터 받는 편익의 내용은 지역권의 설정계약에 의하여 정하여지며, 주로 통행·인수·관망 등이다.

PlusTip 위기(委棄)

승역지를 지역권자의 처분에 맡기기 위하여 승역지의 소유권을 포기하는 것이다. 그리고 위기(委棄)는 지역권자에 대한 일방적인 의사표시에 의해 이루어지며, 지역권자의 승낙이 필요 없는 단독행위이다.

544 **시효** ✲
時效

일정한 사실상태가 장기간 계속된 경우에 그 사실상태가 진실한 권리관계에 합치되느냐의 여부를 불문하고, 현실적인 사실 상태를 그대로 존중하여 정당한 권리관계로 인정하려는 법적인 제도

일정한 사실상태의 일정 기간 계속성을 존중하여 권리의 취득 또는 권리의 소멸이라는 효과를 생기게 하는 법률요건이다.

① 기간의 계속을 필요로 한다. 따라서 동산의 선의취득을 즉시시효 혹은 순간시효라고도 하지만 본래의 시효는 아니다.

② 법률요건이다. 따라서 시효가 완성되면 권리를 취득하거나 권리가 소멸한다(취득시효·소멸시효).

③ 재산권에 관한 것이다. 신분관계에서는 진실에 기하여 판단되어야 하므로 신분관계는 시효에 친하지 않는 법률관계이다.

④ 시효는 사회적·공익적 이유에 기한 것이므로 그에 관한 규정은 강행규정이다.

⑤ 시효는 제척기간과는 구별된다.

⑥ 소멸시효는 민법총칙편에서 규정되고, 취득시효는 물권편(소유권)에서 규정하고 있다.

545 **시효정지** ✳
時效停止

시효기간이 마무리될 무렵 권리자가 중단하기 곤란할 시 일정 기간을 미루는 것

제한 능력자가 자신의 권리를 행사하려 하여도 법정대리인이 없는 때와 같이, 권리를 행사하지 않는 것이 권리자의 태만에 기인하는 것이 아니라 부득이한 경우에 권리자를 보호하려는 취지이다. 권리자의 권리행사를 곤란하게 하거나 불가능하게 하는 일정한 사유가 있는 때에는 일정 기간 동안 시효를 정지시키는 제도이다.

546 **시효중단** ✳
時效中斷

시효를 인정할 수 없는 사실이 생겼을 때 시효의 진행을 중단시키는 것

시효에 기초되는 사실과 모순되는 사실이 발생할 경우 시효진행의 효력이 소멸되고 다시 새로이 시효가 진행되는 것이다.

① **취득시효의 중단** : 점유자가 점유상실, 점유자의 승인 등이 있으면 시효진행의 효력이 소멸되고, 다시 점유를 취득하거나 승인한 때부터 다시 시효는 진행하게 된다.

② **소멸시효의 중단** : 채권자가 채무자에게 대금을 청구하는 등의 일정한 행위(청구, 압류, 가압류, 가처분, 승인)가 있으면 더 이상 채권의 소멸시효는 진행시키지 않는, 즉 지금까지 진행한 시효기간은 모두 무효화하는 제도로서 중단사유가 종료한 때부터 시효는 다시 진행된다.

547 쌍방대리 **
雙方代理

대리인이 한편으로는 본인을 대리하면서 동시에 상대방을 대리하여 계약을 혼자서 하는 경우

본인 甲의 대리인 乙이 丙의 대리인도 겸하여 한사람이 甲과 丙 간의 계약을 체결하는 경우이다. 원칙적으로 자기계약·쌍방대리는 금지되지만, 예외적으로 본인이 미리 허락한 경우나 다툼이 없는 채무의 이행 또는 그와 동일시 할 수 있는 경우에는 허용된다. 즉, 부동산소유권의 이전등기신청(쌍방대리)이나 주식의 명의개서(자기계약) 등은 인정된다.

PlusTip 자기계약

대리인이 한편으로는 본인을 대리하면서 다른 한편으로는 자기 자신이 상대방이 되어 계약을 맺는 것으로 본인(甲)으로부터 토지를 팔아달라는 대리인(乙)이 자기 스스로가 토지의 매수인이 되는 경우이다.

548 약관 *
約款

계약 당사자 일방이 정형적인 계약내용을 미리 정하여 놓은 계약 조항

계약의 형식은 취하고 있지만 당사자 일방이 그 내용을 결정하고 상대방은 이에 따를 수밖에 없다는 점에서 부합계약(附合契約) 또는 부종계약(附從契約)의 형태에 속한다. 따라서 소비자 보호를 위해 1987년부터 시행된 약관규제법은 사업자가 약관의 내용을 고객에게 설명하도록 의무화하고 면책조항·손해배상·계약해제·채무이행 등에서 불공정한 조항을 넣지 못하도록 하고 있다.

549 **약정담보물권** *
約定擔保物權

당사자의 약정에 의하여 성립하는 담보물권

당사자 사이의 계약에 의해 성립되며, 재화의 자금화를 목적으로 하는 담보물권으로 민법상의 약정담보물권으로는 질권과 저당권이 있다. 또한 전세권의 경우 우선변제적 효력이 인정되기 때문에 이를 용익물권인 동시에 일종의 담보물권으로 보아 약정담보물권의 범주에 포함시켜도 무방하다. 약정담보물권은 법정담보물권에 대립되는 개념이다.

PlusTip 법정저당권(法定抵當權)

약정담보물권의 유일한 예외로서 법률의 규정에 의해 당연히 성립되는 저당권이다.

550 **약정해제권** *
約定解除權

법정해제권에 상대되는 개념으로, 계약당사자 사이의 계약에 의하여 발생하는 해제권

약정해제권은 당사자의 일방을 위하여 보유할 수도 있고 쌍방을 위하여 보유할 수도 있는데, 반드시 당초의 계약으로써만 할 수 있는 것은 아니고 후일 별개의 계약으로써도 할 수 있다.

PlusTip 법정해제권(法定解除權)

법률규정에 의해 발생하며, 채무불이행의 형태에 따른 그 발행요건이 각각 다르다. 채무불이행에는 이행지체, 이행불능, 불완전이행, 수령지체(채권자지체)가 있다.

551 **양도담보** **
讓渡擔保

담보목적물을 채권자에게 양도하는 형식의 물적담보제도 중 하나

채무자가 채무변제를 담보하기 위해 담보로 제공된 물품의 소유권을 채무자에게 이전하고, 채무를 변제한 후에 다시 소유권을 회복하는 채무자가 채무를 이행할 때 이전등기의 말소등기를 청구하는 방식의 비전형담보를 말한다.

552 **오표시무해의** 표의자가 표시를 잘못했으나 당사자 간에 의사가 일
원칙 * 치한 경우 법률행위는 표의자 및 상대방이 실제로
誤表示無害 原則 이해한 의미대로 법률행위가 성립한다는 이론

'잘못된 표시는 해(害)가 되지 않는다' 또는 '거짓표시
는 아무런 효력이 없다'는 오표시무해의 원칙은 전형
적인 자연적 해석이라고 할 수 있다.

553 **용수지역권** * 타인이 소유한 토지에서 솟은 물을 자기 소유지에서
用水地役權 사용할 수 있는 권리

요역지 및 승역지의 수요에 용수승역지의 수량이 부족
할 경우 그 수요정도에 의하여 먼저 가용에 공급하고
다른 용도에 공급하여야 한다. 그러나 설정행위에 다
른 약정이 있는 때에는 그 약정에 의하며, 승역지에 수
개의 용수지역권이 설정된 때에는 후순위의 지역권자
는 선순위의 지역권자의 용수를 방해하지 못한다.

554 **용익권** ⁑ 타인의 소유물 또는 권리의 본체를 변경하지 않고 일
用益權 정 기간 사용·수익할 수 있는 물권

타인의 토지에 대하여 용익권을 가지는 자는 토지를
사용하고, 경작하여 천연과실(天然果實)을 수취하거
나, 다른 사람에게 임대하여 법정과실(法定果實)인 차
임(借賃)을 수취할 수 있다. 이자부채권(利子附債權)
에 대한 용익권자의 경우 이자를 수취할 수 있으며 이
는 권리에 대한 용익권이라고 한다. 그 성질상 용익권
의 목적물로 할 수 없는 소비물이나 금전에 관하여는
준용익권(準用益權)을 인정하는 것이 보통이다.

PlusTip 용익권의 종류

① **지상권** : 지상권자는 타인의 토지에 건물 기타 공작물
이나 수목을 소유하기 위하여 그 토지를 사용하는 권
리가 있다.
② **지역권** : 지역권자는 일정한 목적을 위하여 타인의 토지
를 자기토지의 편익에 이용하는 권리가 있다.

③ 전세권 : 전세권자는 전세금을 지급하고 타인의 부동산을 점유하여 그 부동산의 용도에 좇아 사용·수익하며, 그 부동산 전부에 대하여 후순위권리자 기타 채권자보다 전세금의 우선변제를 받을 권리가 있다. 농경지는 전세권의 목적으로 하지 못한다.

555 **용익물권 ****
用益物權

타인의 토지나 건물을 일정한 목적을 위하여 사용·수익할 수 있는 물권으로 타인의 물건위에 성립하는 권리

타물권(他物權)이라고도 하며, 소유권의 권능을 일부 제한하는 권리이므로 담보물권과 함께 제한물권이다. 그러나 용익물권은 사용·수익을 목적으로 사용가치를 지배하는 권리이다. 또한 원칙적으로 당사자 간의 계약설정에 의해 성립되며, 상속·판결·경매·공용징수·취득시효 및 기타 법률의 규정에 의하여 지상권을 취득하는 경우도 있고, 관습법에 의해 성립하는 경우도 있다. 소유권이 강조되던 시대에는 용익물권은 약했으나, 소유권의 사회성이 강조되는 현대에는 소유권이 제한되는 반면, 이용권확보를 위한 제한물권에 대한 권리가 강화되고 있다. 민법상의 용익물권은 지상권·지역권·전세권이 있고. 특별법상의 채석권(採石權)·광업권·어업권·입어권(入漁權) 등도 민법상의 용익물권과 유사하다.

556 **우선변제권 ***
優先辨濟權

주택임대차보호법상 임차인이 보증금을 우선 변제받을 수 있는 권리

대항요건과 임대차계약증서상의 확정일자를 갖춘 임차인은 경매 또는 공매 시에 임대주택의 환가대금에서 후순위권자나 그 밖의 채권자보다 우선하여 보증금을 변제받을 권리(우선변제권)를 가진다. 임대주택의 소유권은 경매, 공매에 의해 변경된 경우에만 적용되며, 매매, 증여 등의 법률행위에 의해 양도된 경우에는 인정되지 않는다.

임대차계약을 체결한 그 날짜에 그 문서가 존재한다는 사실을 증명하기 위해 임대차계약서의 여백에 기부번호를 부여하고 확정일자를 찍어 주는 것이다.

557 **우선매수신고** *
優先買收申告

최고매수신고가격과 같은 가격으로 채무자의 지분을 우선매수하는 것

공유자는 경매기일까지 매수가격의 10분의 1에 해당한 현금이나 법원이 인정한 유가증권에 해당하는 보증을 제공하고 최고매수신고가격과 동일한 가격으로 채무자의 지분을 우선매수할 것을 신고할 수 있다. 법원은 최고가매수신고에 불구하고 그 공유자에게 경락을 허가하여야 한다. 수인의 공유자가 우선매수할 것을 신고하고 절차를 완료한 때에는 특별한 협의가 없는 한 공유지분의 비율에 의하여 채무자의 지분을 매수하게 한다. 공유자가 우선매수신고를 한 경우에는 최고가매수신고인을 차순위매수신고인으로 본다. 또한, 압류한 유체동산을 경매하는 경우에 배우자는 경매기일에 출석하여 우선매수할 것을 신고할 수 있으며, 신고를 받은 법원은 최고가매수신고에 불구하고 그 공유자에게 경락을 허가하여야 한다.

558 **원상회복의무** *
原狀回復義務

계약이 해제되면 각 당사자는 상대방에 대하여 계약이 행하여지지 않았던 것과 같은 상태로 복귀시켜 줄 의무를 부담하는 것

아파트, 오피스 등의 임차계약 시 맺으며, 계약개시에서 종료에 이르기까지 그 공간에 부가된 물건을 제거하여 원상으로 회복하는 것을 말한다. 아주 똑같은 상태로 되돌리는 것을 요구하는 것이 아니라 사용 범위 내에 경년열화하는 부분은 그대로 반환해도 좋다는 것이 통설이다.

559 원시적 불능 *
原始的 不能

채권에 관한 이행이 처음부터 불능한 경우

매매계약의 목적물이 소실한 가옥의 경우 그 계약에 의거한 채권은 성립되지 않는 것처럼 원시적 불능(原始的不能)은 처음부터 이행이 불능한 것을 말하며, 원시적 불능의 경우에는 당연히 채권이 성립하지 않는다.

560 위약금 *
違約金

계약을 위반하여 지급하는 약정된 금액

계약의 의무를 이행하지 못할 경우 지불하는 금액이다. 손해를 입증이 어려워서 손해배상이 곤란하게 되는 상황 방지를 위해 설정한다. 위약금 약정은 손해배상액의 예정으로 추정한다.

561 위험부담 *
危險負擔

쌍무계약의 일방의 채무가 채무자의 책임 없는 사유로 후발적 불능이 되어 소멸한 경우 다른 일방의 채무는 존속하는 것인지, 아니면 같이 소멸하게 되는 것인지의 문제

예를 들면, 선박(船舶) 매매계약을 체결한 뒤에 그 선박이 태풍으로 침몰하여 매도인의 선박인도채무가 소멸한 경우, 매수인의 대금지급채무가 소멸하는지 여부에 따른 문제이다. 이 경우 매수인의 채무도 소멸하게 된다면 손실은 선박인도채무자인 매도인이 지게 되므로, 이를 채무자주의라고 한다. 반대로 매수인이 대금을 지급하여야 한다면 그 손실은 채권자인 매수인이 지게 되므로, 이를 채권자주의라고 한다.

562 유권대리 · 무권대리 **
有權代理 · 無權代理

대리권의 유무에 따른 구별

정당한 대리권이 있는 자의 대리를 유권대리라 하고, 정당한 대리권이 없는 자의 대리를 무권대리라 한다. 대리인으로서 행위를 하는 사람이 정당한 대리권을 가진 경우(유권대리)와 무권대리는 다른 요건은 다 갖추고 있으나 대리권만 없는 경우이기 때문에 대리권이 없어 법률효과가 본인에게 귀속할 수 없지만, 상대방은 불측의 손해를 입을 염려가 있다.

563 유류분제도 *
遺留分制度

일정한 상속인을 위하여 상속재산의 일정 부분을 법률상 반드시 남겨놓게 하는 제도

사유재산제도에서는 원칙적으로 사람은 자기가 소유하는 재산을 자유로이 처분할 수 있다. 이 원칙은 생전처분의 자유뿐만 아니라, 유언에 의한 사후처분의 자유에까지 미친다. 사망자의 상속인 생계는 고려하지 않고 사망 직전에 모두 타인에게 유증하는 처분 행위는 바람직하지 못하므로 일정비율의 재산을 근친자(상속인)를 위하여 남기도록 하는 것이 이 제도의 취지이다.

564 유실물 습득 *
遺失物 拾得

유실물법 규정에 따라 공고 후 1년 내에 소유자가 나타나지 않으면 습득자가 소유권을 원시취득하게 되는 것

유실물은 점유자의 의사에 의하지 않고 그의 점유를 떠난 물건으로, 유실물을 습득한 자가 이를 경찰관서에 제출하면 규정에 따라 공고한다. 공고 후 1년 내에 소유권자가 나타나지 않으면 습득자가 그 소유권을 원시취득하게 된다.

PlusTip 원시취득(原始取得)
독자적으로 권리를 취득하는 일로 전주의 권리는 소멸한다.

565 **유익비** *
有益費

물건의 개량·이용을 위하여 지출되는 비용

유익비는 목적물의 객관적 가치를 증가하는 것이어야 하나, 목적물 자체의 가치를 증가하여야 하는 것은 아니다. 예컨대, 가옥의 임차인이 집 앞 통로의 포장비용을 지출한 때에도 그것이 가옥의 가치를 증가시킨 한도에서 유익비가 될 수 있다. 타인의 물건에 관하여 지출한 유익비는 그것을 지출함으로써 생긴 가액의 증가가 현존하는 경우에 한하여 상환을 청구할 수 있다. 이는 유익비를 지출하여 목적물의 가치가 증가한 때에는 부당이득이 되므로 상환케 하는 것이다.

PlusTip 필요비 p.236

566 **유저당** *
流抵當

저당 직류

저당채무의 변제기 전의 특약에 의하여 채무불이행의 경우에 저당목적물을 저당권자가 취득하거나 이를 임의로 매각하는 방법으로 우선변제에 충당하는 것을 말한다.

567 **유추해석** *
類推解釋

법률에 명시되어 있지 않지만 그와 유사한 성질을 가지는 사항에 관한 법률을 적용하는 것

민법에 규정은 없지만 민법에 규정된 것과 비슷한 사항에 대한 학설이나 또는 판례가 민법의 규정을 활용하여 적용하는 해석방법을 의미한다. 유추해석은 법의 적용을 탄력적으로 하여 입법의 불비(不備)를 보충하고, 법을 상황마다 곧바로 대응할 수 있는 장점이 있다. 그러나 유사한지 아닌지의 판단이 자의(恣意)로 되어버리는 것을 막을 수 없기 때문에, 법적 안정성을 해할 염려가 있다.

568 유치권 ✱
留置權

물건에 관해서 생기게 된 채권에 대해서 법률상 당연히 생기는 법정담보물권

타인의 물건 또는 유가증권을 점유하는 자가 그 물건이나 유가증권에 관하여 생기는 채권을 가지는 경우, 그 채권의 변제를 받을 때까지 그 물건 또는 유가증권을 유치(맡아둠)할 수 있는 권리로 유치의 효력을 발생시킨다. 예를 들면, 고장난 시계를 맡겼을 경우에 시계방 주인이 수리비를 받을 때까지 시계를 돌려주지 않고 가지고 있을 수 있으며(동산유치권), 부동산 임대차에서 임차인이 필요비를 상환 받을 때까지 그 목적부동산을 유치할 수 있고(부동산유치권), 유가증권의 수치인은 그 보수를 받을 때까지 임치물인 유가증권을 유치할 수 있다(유가증권유치권).

PlusTip 유치권의 소멸

유치권은 다른 물권과 마찬가지로 포기·혼동·목적물의 멸실 등에 의하여 소멸하지만, 소멸시효에는 걸리지 않는다. 유치권 특유의 소멸 원인으로는 유치권자의 의무위반, 채무자의 다른 담보의 제공에 의한 채무자의 소멸청구, 점유의 상실이 있다. 유치권의 행사는 채권의 소멸시효 진행에 영향을 미치지 않는다.

569 의사능력 ✱
意思能力

의사능력이라 함은 의사표시를 하는 자가 이성적으로 의사를 결정할 수 있는 능력

정상적인 인식력과 예기력으로 자기행위의 의미나 결과에 대하여 의사결정을 할 수 있는 능력을 말한다. 불법행위나 범죄를 범하는 경우에는 책임능력을 가리킨다. 술에 몹시 취한 자나 미친 사람 또는 유아 등은 이러한 능력이 없기 때문에 법률행위를 해도 그것은 의사에 의한 행위라고 할 수 없으므로 무효이다. 의사무능력자(책임무능력자) 등이 행한 의사표시는 무효이고 불법행위책임이나 형사책임도 생기지 않는다.

의사표시 ✲
意思表示

일정한 사법상의 법률효과 발생을 의욕하는 의사표시

법률행위를 이루는 필수불가결의 구성요소인 법률사실이다. 예컨대, 계약에 있어서는 청약과 승낙이라는 두 개의 의사표시의 합치로 법률행위가 이루어지며, 단독행위는 한 개의 의사표시로도 법률행위가 성립하게 된다. 따라서 법률행위에 있어 그 법률효과를 불러 일으키는 종극적인 구성요소는 의사표시인 것이다.

① **효과의사** : 일정한 법률효과를 원하는 내심의 의사를 효과의사라 한다. 예컨대, 매매에 있어서 대금을 지급하는 대신에 목적물의 소유권을 취득하겠다는 의사가 효과의사이다.

② **표시의사** : 내심적 효과의사(표의자가 가지고 있던 실제의 의사)를 외부에 발표하려는 의사로 효과의사와 표시행위를 심리적으로 매개시키는 의사이다. 다수설은 의사표시의 요소로 보지 않는다.

③ **행위의사** : 표의자가 어떤 행위를 한다는 인식을 하고 있는 상태를 행위의사라고 하며, 이는 행위자의 의식있는 거동을 뜻한다. 따라서 표의자의 수면상태의 행위, 항거불능상태의 행위, 최면상태의 행위, 의식불명상태의 행위 등은 표의자의 행위의사가 없기 때문에 의사표시가 아니다. 그러나 다수설은 행위의사를 의사표시의 별도의 구성요소로 보지 않는다.

④ **표시행위** : 의사표시로서의 가치를 가진 적극·소극의 모든 외형적 행위(언어·문자·거동, 때로는 침묵 등)를 말한다.

⑤ **이용행위** : 대리의 목적인 물건이나 권리의 성질을 변하지 않게 하는 범위 내에서 물건이나 권리를 사용 및 수익하는 행위로 물건의 임대, 금전의 이자부대여 등이 있다.

02

민법 및 민사특별법

571 **이해관계인 ✳**
利害關係人

특정한 사실에 대하여 법률상의 이해를 가진 자

그 사실의 여하에 따라 이미 보유하고 있는 자기의 권리·의무에 직접적인 영향을 미칠 위기에 있는 자를 말한다(민법 제22조, 제44조, 제63조 등).

572 **이행불능 ✳**
履行不能

채권관계가 성립한 후에 채무자의 귀책사유(고의 또는 과실)로 그 이행이 불가능하게 된 경우

이행불능이 된 경우에는 채권자는 채무자에 대하여 손해배상(전보배상)을 청구할 수 있다. 그리고 이 채무가 계약에 근거하고 있을 때에는 채권자는 계약을 해제할 수 있다.

573 **인도 ✳**
引渡

당사자 합의에 의하여 동산 또는 부동산의 점유를 이전하는 것

인도가 있으면 그 효과로서 점유권이 이전되므로 인도를 점유권의 양도라 부르기도 한다.

① 현실의 인도 : 동산에 대한 현실 또는 직접지배를 상대방에게 이전하는 것을 말한다.

② 간이인도(簡易引渡) : 소유권 양도에 있어서 양수인이 이미 물건을 점유하고 있는 경우에는 소유권 양도의 합의만으로 소유권은 양도되어 그 물건을 인도한 것이 된다. 예컨대 B가 지금까지 A로부터 임차하고 있었던 물건을 A로부터 매수하는 경우처럼, 양수인 B가 이미 목적물을 점유하고 있는 때에는, A와 B가 물권적 합의를 하는 것만으로 양수인 B는 인도를 받은 것이 된다.

③ 점유개정(占有改定) : 의사표시만으로 이루어지는 점유의 이전방법의 하나이다. 목적물을 양도한 후에도 그 목적물을 양도인이 계속해서 점유하는 경우, 점유이전의 합의만으로써 점유는 이전되고, 양수인은 양도인을 직접점유자로 하여 스스로는 간접점유를 취득하게 된다.

④ 목적물반환청구권의 양도 : 의사표시만으로 점유이전을 하는 방법 중 하나로, 양수인이 점유매개자를 통하여 간접점유를 하고 있는 경우에 그 양도인이 점유매개자

에 대해 가지는 반환청구권을 양수인에게 양도함에 의해 양수인은 양도를 받은 것으로 되는 것을 말한다. 예컨대, A가 C에게 보관시키고 있는 물건을 그 상태에서 (보관시키고 있는 상태에서) B에게 매도한 경우에는, 양도인 A가 점유자 C에 대해 가지는 반환청구권을 양수인 B에게 양도하면, B는 인도를 받은 것이 되는 것이다.

574 인수주의 ✽
引受主義

부동산 매각 시 압류채권자의 채권에 우선하는 부동산의 부담을 매수인에게 인수시키는 주의

낙찰에 의해 부담이 소멸되지 않고 매수인이 부담해야 하는 것이다. 저당권, 담보가등기, 가압류는 순위 관계없이 말소되며 이후의 후순위 모든 권리는 소멸한다. 그러나 유치권, 지상권, 지역권, 전세권 등의 권리와 임차권은 소멸되지 않아 매수인이 부담해야 한다. 인수주의를 취할 경우 매수인이 인수할 부담에 관해 경매 신청 시 신청가격을 결정한다.

575 인역권 ✽
人役權

특정인의 편익을 위하여 다른 사람의 동산이나 부동산을 이용하는 물권

역권에는 특정인의 편익을 위하여 다른 사람의 물건을 이용하는 인역권과 특정의 토지의 편익을 위하여 다른 사람의 토지를 이용하는 지역권이 있는데, 현행 민법에서는 지역권만을 인정하고 있다. 예를 들면, 다른 사람이 소유한 토지에서 낚시를 하거나 사냥을 하는 행위는 인역권에 속하지만, 이를 물권의 형태로 설정할 수는 없기 때문이다. 다른 사람의 소유물이나 권리에 대하여 그 본체를 변경하지 않고 사용하고 수익하는 용역권, 상린관계에 있는 사람의 공용수용수권 등은 인역권의 성질을 가지고 있으며, 특수지역권 또한 편익을 받는 쪽이 지역주민이라는 점에서 인역권의 일종이라고 할 수 있다.

인지 *
認知

혼인 외의 출생자에 대하여 생부 또는 생모가 자신의 자(子)라고 인정함으로써 법률상의 친자관계(親子關係)를 확인하는 것

혼인 외의 관계에서 태어난 자는 이 인지가 있어야 비로소 친자의 관계가 확인된다. 부모의 편에서 임의(任意)로 행하는 인지를 임의인지라 하며, 자(子)가 재판을 청구하여 심판에 의하여 인지의 효력이 발생하는 경우를 강제인지라 한다. 임의인지는 호적법의 규정에 따라 신고함으로써 효력이 발생하므로 단독의 요식행위이며, 강제인지는 가정법원의 심판에 의하며, 청구의 상대방은 부모이며, 부모가 사망한 때에는 그 사망을 안 날부터 2년 이내에 검사를 상대로 하여 인지청구의 소를 제기하여야 한다.

일물일권주의 *
一物一權主義

한 개의 물권의 객체는 한 개의 독립된 물권이어야 한다는 원칙

물건의 구성부분이나 일부는 물권이 성립하지 않으며, 한 개의 물건 위에 서로 양립할 수 없는 물권은 두 개 이상 존재할 수 없으며, 여러 개의 물건 전체에 한 개의 물권이 성립하지 않는다.

일신전속권 ✽
一身專屬權

한 사람에게만 전속되는 권리

법률행위의 당사자 이외에는 행사될 수 없는 권리를 말한다.

PlusTip 일신전속권의 두 가지

① 향유전속권 : 양도·상속에 제한을 받는 데, 친권 및 부부 상호의 권리 등과 같이 양도·상속이 모두 불능한 것과, 양도금지의 특약이 있는 채권(민법 제449조 2항)처럼 양도만이 불가능하고 상속은 가능한 것이 있다.
② 행사전속권 : 권리를 행사함에 있어서 권리자의 개인적 의사나 감정을 무시할 수 없는 권리이다.

579 **임대차** ✳✳
賃貸借

당사자의 일방(임대인)이 상대방(임차인)에게 목적물을 사용·수익할 수 있게 약정하고, 상대방이 이에 대한 대가로 차임을 지급하기로 약정함으로써 성립하는 낙성·유상·쌍무·불요식 계약

임대차는 동산이나 부동산 어느 것이나 그 목적물로 할 수 있다. 특히 생산시설이나 부동산(농지는 제외)의 임대차는 사회경제적으로 매우 중요한 작용을 한다. 한국의 현실은 가옥 또는 그 일부의 임대차가 임차인의 생활과 직결되는 주거제공의 역할을 하고 있다. 이에 민법은 전세권(傳貰權)이라는 새로운 물권을 창설하여 물건 이용자의 보호를 꾀하는 한편, 임대차를 많이 규제하여 부동산 이용자의 보호를 도모한 바 있다.

580 **임의대리** ✳✳
任意代理

대리권이 발생하는 모습에 따른 분류로서 본인(위임인)의 부탁(선임)에 의하여 성립된 대리

수권대리 또는 위임대리라고도 한다. 이는 본인의 권한의 일부에 대해서만 인정될 수 있으며, 본인의 권한의 포괄적인 대리는 아니다. 임의대리의 대리인은 그 대리권의 행사에 있어서 본인의 지휘·감독을 받으며, 본인(위임인)은 대리인의 행위에 관하여 그 선임·감독에 대한 책임을 지게 된다.

581 **임치** ✳
任置

당사자 일방(임치인)이 상대방(수치인)에 대하여 금전이나 유가증권, 기타 물건의 보관을 위탁하고 상대방이 이를 승낙함으로써 성립하는 계약

보관료를 지급하는 임치는 유상(有償)·쌍무(雙務) 외 계약이고, 그렇지 않은 경우는 무상(無償)·편무(片務)의 계약이다. 임치물은 동산(動産) 또는 부동산(不動産)일 수도 있으며, 반드시 임치인의 소유물이 아니더라도 상관없다.

582 임차권 등기명령 제도 *
賃借權 登記命令 制度

임대차가 종료된 뒤 보증금을 반환받지 못한 임차인이 법원에 임차권등기명령을 신청하여 임차권등기가 경료되면, 등기와 동시에 대항력 또는 우선변제권을 취득하도록 하는 것

만일 임차인이 이미 대항력과 우선변제권을 유지하여, 임차권 등기 이후에는 주택의 점유와 주민등록의 요건을 갖추지 아니하더라도 임차인이 종전에 가지고 있던 대항력과 우선변제권이 유지되도록 함으로써 임차권등기의 효력을 강화하고 임차인이 자유롭게 주거를 이전할 수 있도록 하는 제도이다.

583 입목저당 *
立木抵當

입목을 목적으로 하는 저당권

입목에 관한 법률에 따라 수목의 집단에 대하여 소유자가 소유권보존등기를 하면 토지로부터 독립된 부동산이 되고, 토지와 분리하여 입목에 대한 소유권을 양도 및 저당권을 설정할 수 있다.

584 입찰기일 *
入札期日

경매대상물에 대한 입찰을 실행하는 날짜

최초의 낙찰(경매)기일은 공고일부터 14일 이후로 정하여야 하며, 경매입찰은 법원 내에서 하여야 한다. 다만, 집행관은 법원의 허가를 얻어 다른 장소에서 할 수 있다.

585 자주점유 · 타주점유 **
自主占有 · 他主占有

자주점유는 소유의 의사로써 하는 물건의 점유, 타주점유는 그러하지 아니한 점유

소유의 의사란 소유자와 같은 배타적 지배를 사실상 행사하려는 의사를 말하는 것으로, 소유권을 가지고 있거나 소유권이 있다고 믿어야 하는 것은 아니다. 사실상 소유할 의사가 있으면 족하므로 무효인 매매에서의 매수인이나 매도인도 자주점유자이다. 한편 타주점유는 자주점유 이외의 점유를 말하는 것으로, 타인이 소유권을 가지고 있다는 것을 전제로 하는 점유이다.

586 자력구제권 *
自力救濟權

자신의 권리를 보전하기 위하여 국가기관의 구제를 기다릴 여유가 없는 경우에 권리자가 자력으로써 구제하는 행위

정당방위·긴급피난이 현재의 침해에 대한 방위행위인 데 대하여, 자력구제는 주로 과거의 침해에 대한 회복인 점에서 다르다. 직접점유자는 물론 점유보조자도 자력구제권이 있다. 그러나 간접점유자에게는 자력구제권이 없다는 것이 통설이다. 왜냐하면, 민법이 간접점유자에게는 점유보호청구권만을 인정하고, 자력구제권에 관하여는 명문의 규정을 두고 있지 않으며, 간접점유자는 직접 물건을 지배하고 있지 않으므로 자력구제권을 인정할 실익이 없기 때문이다. 또한 자력구제는 예외적인 것이므로 그 인정 범위를 될 수 있는 한 좁게 해석해야 하기 때문이기도 하다.
① **자력방위권** : 점유자가 점유를 부정히 침탈하거나 방해하는 것에 대하여 자력으로 방위할 수 있는 권리를 말한다.
② **자력탈환권** : 점유물을 침탈되었을 때 부동산일 경우는 가해자를 배제하여 이를 탈환하고, 동산일 경우에는 가해자를 현장에서 추적하여 탈환할 수 있는 권리를 말한다.

587 재단저당 *
財團抵當

기업의 공업소유권과 토지, 건물 기계 등의 물적 설비 등을 일괄하여 하나의 재단으로 구성하여 그 위에 저당권을 설정하는 것

공장저당법에 의한 공장재단저당과 광업저당법에 의한 광업재단저당이 있다.

588 재매매의 예약 *
再賣買 豫約

매도인이 매수인에게 매도한 후 다시 그 물건을 매수할 것을 예약하는 경우

그 예약이 환매의 요건을 갖추지 않은 때 재매매의 예약이라 한다. 재매매의 예약은 환매와 같이 원매매계약과 동시에 이행할 것을 요하지 않는다. 또 환매와 같은 환매 기간의 제한도 없다.

589 저당권 ✲
抵當權

채무자 또는 제3자(물상보증인)가 채무의 담보로 제공한 부동산에 대하여 채권자가 그 목적물을 관념상으로만 지배하여 채무의 변제가 없는 경우에 그 목적물로부터 우선변제를 받을 수 있는 담보물권

예를 들어, 돈이 급하게 필요한 사람이 가지고 있던 부동산을 담보로 하고 채권자로부터 돈을 빌릴 경우, 채권자는 제공된 담보 물건에 저당권을 설정한다. 저당권 설정자는 채무자가 돈을 갚지 못할 경우 부동산 경매를 신청할 수 있으며, 다른 사건으로 인해 부동산 경매 절차가 시작되더라도 가장 먼저 돈을 받을 수 있는 권리(우선변제권)을 갖게 된다.

PlusTip 근저당권 p.42

590 전대차 ✲
轉貸借

임차인이 해당 임대차 목적물의 전부 또는 일부를 다시 제3자에게 임대하는 것

임대인의 동의가 있는 경우에만 허용되며〈민법 629조 1항〉, 임대인의 동의없이 무단으로 임차물을 전대한 때에는 임대인이 임대차계약을 해지할 수 있다〈민법 629조 2항〉.

591 전득자 ✲
轉得者

타인이 취득한 물건이나 권리를 다시 넘겨 받는 자

권리의 양수인으로부터 다시 양도받은 자를 포함하여 전득자라고 한다. 민법에서는 채무자의 악의적인 재산 감소 행위에 의해 이익을 얻은 사람에게서 다시 목적물을 넘겨 받는 사람을 일컫는다.

592 전유부분 *
專有部分

구분소유권의 객체(목적)인 건물부분

구조상의 독립성과 이용상의 독립성을 갖춘 건물부분이 구분소유권의 객체가 된 경우 그 건물부분이 전유부분이다. 따라서 구분소유권은 전유부분을 객체로 하는 소유권이고, 구분소유자는 전유부분의 소유자이다.

593 **전세권 ****
傳貰權

전세금을 지급하고 타인의 부동산을 점유하여 그 부동산의 용도에 따라 사용·수익하며, 그 부동산 전부에 대하여 후순위권리자 기타 채권자보다 전세금의 우선변제를 받을 권리가 있는 용익물권

부동산임차권은 채권에 속하는 데 반해, 전세권은 물권에 해당한다.

PlusTip 전세권자의 권리

전세권을 타인에게 양도하거나 담보로 제공할 수 있고, 그 존속기간 내에서 그 목적물을 타인에게 전전세 또는 임대할 수 있다.

594 **점유권 ****
占有權

물건에 대한 사실적 지배를 법률요건으로 하여 생기는 물권

물건을 소지하게 된 원인을 일일이 따지지 않고, 단지 물건을 현재 소지하고 있다는 그 자체만으로 권리를 보장하여 생기는 것을 말한다. 점유권은 점유의 취득에 의하여 원시적으로 취득될 뿐만 아니라 승계취득도 인정된다. 또한, 정당한 소유주는 자신이 정당한 소유주라는 것을 입증한 후에야 반환을 청구할 수 있을 뿐이다. 이러한 점유권은 관념적 성격을 가지고 있어 혼동에 의한 소멸이나 소멸시효에도 걸리지 않는다.

595 **점유보호
청구권 ***
占有保護請求權

본권의 유무와는 상관없이 점유 그 자체를 보호하기 위하여 인정되는 일종의 물권적 청구권

점유보호청구권은 현존의 물적 지배 상태를, 그것이 있어야 할 상태에 합치하느냐를 묻지 않고, 그대로 보호하는 것을 목적으로 한다. 점유보호청구권의 주체는 점유자(직접점유자와 간접점유자)이며, 점유보조자는 이에 포함되지 않는다.

① **점유물반환청구권(점유회수청구권)** : 점유자가 점유물을 침탈당한 경우 물건의 반환과 손해 배상을 청구할 수 있는 권리이다.

② **점유물방해예방청구권(점유보전청구권)** : 점유자가 점유의 침탈 이외의 방법으로 점유의 방해를 받을 염려가 있는 경우에 그 방해의 예방 또는 손해배상을 청구할 수 있는 권리이다.

③ **점유물방해제거청구권(점유보유청구권)** : 점유자가 점유의 방해를 받은 경우 그 방해 제거 및 손해배상을 청구할 수 있는 권리로 방해가 현존하는 동안 행사할 수 있다.

596 **점유보조자 ✻**
占有補助者

점유자의 지시에 따라 물건을 소지하는 자, 점유기관

민법은 가사상·영업상 기타 유사한 관계에 의하여 타인의 지시를 받아 물건에 대한 사실상의 지배를 하는 때에는 그 타인만을 점유자로 한다고 규정함으로써 점유보조자의 점유를 인정하지 않고 있다. 상점의 점원, 은행의 출납원, 공장근로자 등이 이에 해당한다.

597 **점유의 소 ✻**

점유보호 청구권에 의거하는 소(訴)

소유권·지상권·전세권 등의 점유할 수 있는 권리를 기초로 하는 본권의 소(訴)에 상대되는 소(訴)다.

598 **점유취득시효 ✻**
占有取得時效

만 20년 동안 자신의 땅으로 알고 사용, 관리하여 땅의 소유권을 취득하는 것

20년간의 점유가 소유의 의사로 평온, 공연하게 부동산을 점유하는 자는 등기함으로써 그 소유권을 취득한다.

PlusTip 등기부취득시효

부동산에 대해 10년간 소유자로 등기되어 있으며 점유하고 있을 경우 무조건 소유권을 취득하는 경우를 말한다.

599 **제척기간** ✲

除斥期間

어떤 권리에 대하여 해당 권리관계를 신속히 확정하기 위하여 법률이 정해놓은 권리행사의 예정기간 또는 존속기간

권리의 존속기간인 제척기간이 만료하게 되면 그 권리는 당연히 소멸하는 것이 된다. 소멸시효와 유사하지만 중단이라는 것이 없는 고정기간이라는 점, 당사자의 원용이 없어도 법원은 권리가 소멸한 것으로서 재판하지 않으면 안된다는 점에서 구별된다.

600 **조건** ✲

條件

법률행위의 효력의 발생·소멸을 장래의 불확실한 사실의 성부(成否)에 의존하게 하는 법률 행위의 부관

법률행위의 법률효과의 발생 또는 소멸에 관한 것으로 법률행위의 성립에 관한 것이 아니며, 법률행위의 내용이므로 당사자가 임의로 정한다. 조건이 붙은 법률행위를 조건이 있는 법률행위 또는 조건부 법률행위라 한다.

PlusTip 조건의 종류

① **정지조건** : 법률행위의 효력의 발생이 정지되어 있다가 조건이 성취되면 효력이 발생하는 조건이다.

② **해제조건** : 법률행위의 효력이 발생하였다가 조건이 성취되면 효력이 소멸(해제)되는 조건이다.

③ **적극조건** : 불확실한 사실이 현상의 변경을 내용으로 하는 조건이다.

④ **소극조건** : 불확실한 사실이 현상의 유지를 내용으로 하는 조건이다.

⑤ **수의조건** : 조건의 성부가 당사자의 일방적인 의사에만 의존(순수수의조건)하는 조건이나, 조건의 성부가 당사자의 의사뿐만 아니라 어떤 사실상태의 성립도 있어야 하는 조건(단순수의조건)이다.

⑥ **비수의조건** : 조건의 성부가 당사자의 의사와는 관계없이 자연사실 또는 제3자의 행위나 의사에 의해 결정되는 조건(우성조건)이나, 조건의 성부가 당사자의 의사와 제3자의 의사가 필요한 조건(혼성조건)이다.

⑦ **가장조건** : 외관상으로 조건처럼 보이지만 실질적으로는 조건으로서의 효력이 인정되지 않는 조건이다.

601 **조정 ＊**
調整

이해관계를 달리하는 상태나 행위 사이에 객관적 입장에서 타당한 해결을 모색하는 것

자유로운 여러 행위에 대하여 규제를 가하여 일정한 목적을 이룩하기 위한 것을 뜻하기도 한다. 이러한 제3자의 조정에 대해 당사자는 구속력이 없다.

602 **주택임대차
보호법 ＊**
準共同所有

주거용 건물의 임대차(賃貸借)에 관하여 「민법」에 대한 특례를 규정하여 국민 주거생활의 안정을 보장함을 목적으로 하는 법

주택의 전부 또는 일부의 임대차에 관하여 적용한다. 임차주택(賃借住宅)의 일부가 주거 외의 목적으로 사용되는 경우에도 포함된다. 임대차 기간은 기간을 정하지 아니하거나 2년 미만으로 정한 임대차는 그 기간을 2년으로 본다. 다만, 임차인은 2년 미만으로 정한 기간이 유효함을 주장할 수 있다. 임대차기간이 끝난 경우에도 임차인이 보증금을 반환받을 때까지는 임대차관계가 존속되는 것으로 본다. 임대인이 임대차 기간이 끝나기 6개월 전부터 2개월 전까지의 기간에 임차인에게 갱신거절(更新拒絕)의 통지를 하지 아니하거나 계약조건을 변경하지 아니하면 갱신하지 아니한다는 뜻의 통지를 하지 아니한 경우에는 그 기간이 끝난 때에 전 임대차와 동일한 조건으로 다시 임대차한 것으로 본다. 약정한 차임이나 보증금이 임차주택에 관한 조세, 공과금, 그 밖의 부담의 증감이나 경제사정의 변동으로 인하여 적절하지 아니하게 된 때에는 장래에 대하여 그 증감을 청구할 수 있다. 이 경우 증액청구는 임대차계약 또는 약정한 차임이나 보증금의 증액이 있은 후 1년 이내에는 하지 못한다.

PlusTip 계약갱신 요구권 거절 요건 「주택임대차보호법 제6조의3」
① 임차인이 2기의 차임액에 해당하는 금액에 이르도록 차임을 연체한 사실이 있는 경우이다.
② 임차인이 거짓이나 그 밖의 부정한 방법으로 임차한 경우이다.

③ 서로 합의하여 임대인이 임차인에게 상당한 보상을 제공한 경우이다.

④ 임차인이 임대인의 동의 없이 목적 주택의 전부 또는 일부를 전대(轉貸)한 경우이다.

⑤ 임차인이 임차한 주택의 전부 또는 일부를 고의나 중대한 과실로 파손한 경우이다.

⑥ 임차한 주택의 전부 또는 일부가 멸실되어 임대차의 목적을 달성하지 못할 경우이다.

⑦ 임대인이 소정의 목적으로 주택의 전부 또는 대부분을 철거하거나 재건축하기 위하여 목적 주택의 점유를 회복할 필요가 있는 경우이다.

⑧ 임대인(임대인의 직계존속·직계비속을 포함한다)이 목적 주택에 실제 거주하려는 경우이다.

⑨ 임차인이 임차인으로서의 의무를 현저히 위반하거나 임대차를 계속하기 어려운 중대한 사유가 있는 경우이다.

603 **준공동소유** *
準共同所有

여러 사람이 소유권 외의 재산권을 공동으로 소유하는 것

본절의 규정은 소유권 이외의 재산권에 준용한다. 그러나 다른 법률에 특별한 규정이 있으면 그에 의한다.

604 **준법률행위** *
準法律行爲

법률관계에서 행위자의 의사와는 관계없이 법률에 의하여 일정한 법률효과가 부여되는 행위

법률행위는 행위자가 원하는 효과의사에 따라 법률효과가 발생하는 데 비해, 준법률행위는 행위자의 목적적 지향에 의하지 않고, 법률이 어떠한 행위나 행위의 결과에 대하여 독자적으로 일정한 법률효과를 부여하는 점에서 구별되고 있다.

PlusTip 준법률행위 종류

① **표현행위** : 의식내용 그 자체가 외부에 표현되지만 법률효과는 법률규정에 따라서 발생하는 것이다.

② **비표현행위**(사실행위) : 사람의 정신작용이 표현될 필요 없이 일정한 사실만으로 법률효과를 발생시키는 것이다.

준점유 *
準占有

물건 이외의 이익에 대한 사실상의 지배를 보호하려는 제도

재산권을 사실상 행사하는 것을 권리점유라고도 한다. 준점유의 객체는 재산권이다. 점유를 수반하는 재산권(소유권·지상권·전세권·질권·임차권 등)에 관하여는 성립할 여지가 없고 점유를 수반하지 않는 권리(채권·지역권·저당권·무체재산권)에 한한다. 준점유의 성립 요건으로는 재산권이 있어야 하며, 재산권을 사실상 행사하여야 한다.

PlusTip 준점유가 인정되는 재산권

① **물권** : 지역권, 저당권

② **형성권** : 취소권, 해제권, 추인권

③ **물권에 준하는 권리** : 광업권, 어업권, 환매권 등

④ **채권** : 채권증서, 예금증서와 인장을 소지하고 있는 경우

⑤ **무체재산권** : 발명특허권, 의장권, 실용신안권, 상표권, 저작권 등

중재 *
仲裁

당사자 간의 합의로 사법상의 분쟁을 법원의 판결에 의하지 아니하고, 중재인의 판정에 의하여 신속하게 해결하는 절차

중재계약은 사법상의 법률관계에 관하여 당사자 간에 발생하고 있거나 장래에 발생할 분쟁의 전부 또는 일부를 중재에 의하여 해결하도록 합의함으로써 효력이 생긴다. 다만, 당사자가 처분할 수 없는 법률관계에 관하여는 그러하지 아니한다. 이러한 제3자의 중재에 대해 당사자는 구속력이 있다.

607 **지배권** *
支配權

타인의 행위를 개입시키지 않고서 일정한 객체에 대하여 직접 지배력을 발휘할 수 있는 권리

물권이 가장 전형적인 지배권이며, 무체재산권·인격권도 이에 속한다. 친권·후견권 등도 비록 사람을 대상으로 하지만, 상대방의 의의를 억누르고 권리내용을 직접 실현하는 점에서 지배권이라고 하는 것이 보통이다. 지배권의 효력으로서는 객체에 대한 직접적 지배력을 나타내는 내부적 효력과 제3자가 권리자의 지배를 침해해서는 안 되는 배타적 효력, 즉 권리불가침의 효력을 의미하는 대외적 효력이 있다. 따라서 지배권에 대한 제3자의 위법한 침해는 당연히 불법행위를 성립시킨다. 그 밖에 지배권에는 지배 상태에 대한 방해를 제거할 수 있는 효력이 있다.

608 **지상권** **
地上權

타인의 토지에 건물 등 기타의 공작물이나 수목을 소유하기 위하여 그 토지를 사용할 수 있는 권리

지상권의 존속기간은 최단존속기간(30년, 15년, 5년 이상) 제한이 있다. 타인의 토지를 사지 않아도 그 토지의 지상권을 사면 토지의 일변적을 지배하는 용익물권이므로 양도성과 임대성이 있고 담보로 제공할 수 있다. 지상권이 소멸한 때에 지상권자는 일정 조건 하에 상대방에게 지상물매수청구권을 행사하여 지상물을 유지하거나, 투하자본을 회수할 수 있다.

609 **지역권** **
地役權

일정한 목적을 위하여 타인의 토지를 자기 토지의 편익에 이용하는 용익물권

예를 들면, 내 집에 들어오는 도로를 만들기 위해 남의 땅에 도로를 내는 것 등이 해당된다. 편익을 받는 토지(자기 토지)를 요역지, 편익을 주는 토지를 승역지(타인의 토지)라고 한다.

지역권의 성질

① 수반성 : 요역지가 이전하면 지역권도 이전한다.

② 요역지와 분리하여 양도나 이전·담보설정 등을 할 수 없다.

③ 부종성 : 지역권은 독립한 권리이나 요역지의 편익을 위하여 존재하므로 요역지 위에 종속된 권리이다.

610 직접대리 *
直接代理

대리인이 본인의 이름으로 법률행위를 하고 그 법률행위의 효과가 직접 본인에게 발생하는 민법상의 대리

직접대리는 대리인이 본인의 이름으로 법률행위를 하고, 그 법률행위의 효과가 직접 본인에게 발생하는 민법상의 대리이다.

간접대리(間接代理)

법률행위의 효과가 행위자에게 귀속된 후에 다시 그 효과가 본인에게 이전되는 것으로 상법상의 위탁매매업과 운송주선업이 있다.

611 직접점유 · 간접점유 **
直接占有 · 間接占有

간접점유와 직접점유는 서로 대립하는 개념

직접점유는 물건을 직접 지배하거나 점유보조자를 통하여 물건을 점유하는 경우에 성립하는 보통의 점유이다. 간접점유는 물건에 대한 사실상 지배가 없는데도 점유가 인정되는 것으로 타인의 점유를 매개로 하는 점유를 말한다. 예를 들어, 甲이 乙과의 일정한 법률관계에 기하여 乙에게 점유를 이전한 경우에 甲에게 인정되는 점유이다. 그러한 법률관계로서 민법은 지상권·전세권·질권·사용대차·임대차·임치 기타의 관계를 들고 있다.

612 진의 아닌 의사표시 *
眞意 意思表示

표의자가 진의 아님을 알고 한 의사표시

이 경우에도 그 효력을 가진다. 그러나 상대방이 표의자의 진의아님을 알았거나 이를 알 수 있었을 경우에는 무효로 하며 의사표시의 무효는 선의의 제3자에게 대항하지 못한다.

613 **질권** ✲✲
質權

채권자가 채권의 담보로서 채무자 또는 제3자로부터
받은 담보물권

채권자가 채권의 담보로서 채무자 혹은 제3자(물상보
증인)가 제공한 물건 또는 재산권을 채무가 변제될 때
까지 점유하고, 만약 변제기에 채무자가 갚지 않을 경
우 담보물을 팔아 우선적으로 변제를 받을 수 있는 담
보물권을 말한다. 즉, 돈을 빌려주고 그에 대한 담보
로 자동차를 잡았다면, 만약 그 돈을 변제기에 받지
못했을 때에는 그 자동차를 팔아 빚을 받을 수 있다.

614 **착오** ✲✲
錯誤

객관적 사실과 주관적 인식의 불일치

관념과 실재 사이의 괴리를 말한다. 착오가 법이 일정
한 의사에 근거한 행위를 필요로 할 때 발생했다면,
그 행위자는 법이 요구하는 의사를 가지지 못하게 되
어 그 행위의 법률적 효과에 영향을 미치게 된다.

615 **채권자대위권** ✲
債權者代位權

대위소권(代位訴權) 또는 간접소권(間接訴權)

채권자가 자기 채권을 보전하기 위해 필요한 경우 채
무자가 행사를 게을리 하고 있는 권리를 채권자 자신
의 이름으로 대신하여 채무자 권리를 행사하는 것을
말한다. 채권자가 자기의 채권을 보전하기 위하여 자
기 채무자에게 속하는 권리를 대신 행사할 수 있는 권
리이다.

PlusTip 대위권 행사 요건
① 채권보전의 필요성과 채무자가 무자력이어야 한다.
② 채권자의 채권이 이행기에 있어야 한다.
③ 채무자 스스로 그 권리를 행사하지 않는 경우이어야
한다.
④ 그 권리가 채무자의 일신전속권이 아니어야 한다.

616 채권자취소권 *
債權者取消權

채권자를 해함을 알면서 행한 채무자의 법률행위를 취소하여 채무자의 재산 회복을 재판상에서 청구할 수 있는 채권자의 권리

민법상 이 행위로 인하여 이익을 받은 자나 전득한 자가 그 행위 또는 전득당시에 채권자를 해함을 알지 못한 경우에는 그러하지 아니하며, 채권자가 취소원인을 안 날로부터 1년, 법률행위있은 날로부터 5년 내에 제기해야 한다. 그리고 채권자취소권의 효력과 원상회복은 모든 채권자의 이익을 위하여 그 효력이 있다.

PlusTip 취소권 행사 요건

① 채무자의 사해행위가 있어야 한다.
② 채무자와 수익자, 전득자에 악의가 있어야 한다(민법 제406조 1항).

617 채권 행위 *
債權行爲

당사자 간에 채권·채무의 관계를 발생시킬 목적으로 하는 법률 행위

직접으로 물권변동을 발생시키는 법률행위인 '물권행위(物權行爲)'와 구별하는 뜻으로 쓰이며 채권행위에서 발생한 채무의 이행으로서 물권행위가 행해지는 수가 많다. 예를 들면, 매매에 의해서 발생한 소유권을 이전할 채무의 이행으로서 소유권 양도행위가 행해지는 경우 등이 있다. 채권행위는 매매·임대차·고용·위임 등과 같이 계약인 채권행위가 대부분이며, 계약이 아닌 채권행위는 거의 없다.

618 철회 *
撤回

법률상 의사표시를 한 자가 장차 그 효력이 발생하기 전에 소멸시키는 일방적 행위의 의사표시

민법상 취소와 구별되지 않고 사용되기도 하지만 취소는 이미 효력이 발생하고 있는 의사표시를 소멸시키는 행위이고, 철회는 발생하지 않은 효력의 발생 가능성을 소멸시키는 행위라는 차이점을 가진다.

619 채무불이행 *
債務不履行

채무자가 채무의 내용에 따른 이행을 하지 않는 일

불법행위 및 위법행위가 되는 것이다. 채무의 내용에 따른 이행이라고 볼 수 없는 것은 법률의 규정, 계약의 취지, 거래의 관행, 신의성실의 원칙 등에 비추어 적당한 이행을 하지 않은 것을 말한다. 채무불이행이 성립한 경우, 채무 본래의 이행이 가능하면 강제이행을 할 수 있고, 담보권을 실행할 수 있으며 계약을 해제할 수 있는 등의 효과가 발생하지만, 가장 중요한 효과는 손해배상을 청구할 수 있다는 점이다.

PlusTip 손해배상청구권 p.201

620 첨부 *
添附

민법상 소유권의 원시적 취득 원인으로 규정된 부합(附合), 혼화(混和), 가공(加工)의 세 가지를 함께 총칭

어떤 물건에 타인의 물건이 결합하거나 타인의 노력이 가하여진 것을 말한다. 첨부가 소유권 취득의 원인으로 인정되는 근거는 소유자가 다른 두 개 이상의 물건이 결합되어 사회관념상 한 개의 물건으로 보이게 되거나(부합·혼화), 또는 소유자 이외의 다른 이에 의하여 가공되어 새로운 물건이 생긴 때에(가공) 그것을 원상으로 돌리는 것이 물리적으로 가능하다 하더라도 사회경제적으로는 매우 불이익하므로 복구를 허용하는 것보다는 한 개의 물건으로서 어느 한편의 소유에 귀속시키는 것이 합리적이라는 점에 있다.

621 청약 *
請約

청약에 대응하는 승낙과 함께 일정한 계약을 성립시키는 것을 목적으로 하는 일방적·확정적 의사표시

청약만으로는 계약이 성립하지 않으므로 법률 행위가 아니라 법률사실이다. 승낙으로써 계약은 곧 성립하므로 청약자를 유인하는 청약의 유인(誘引)과는 다르다. 청약은 일반 불특정인에 대하여서도 행할 수 있다. 청약의 효력발생시기는 의사표시의 효력발생시기에 관한 일반원칙에 의한다.

622 청약의 유인 *
請約 誘引

상대방이 청약해 오도록 유인하는 의사의 통지·표명

계약의 준비행위이다. 청약자는 상대방의 청약을 기다려 승낙여부를 결정할 자유를 유보하고 있다. 그러므로 상대방이 청약의 유인에 의해 의사표시를 한다고 하더라도 계약은 바로 성립하지 않으며, 이에 대한 유인자의 승낙이 있어야 성립한다.

PlusTip 청약의 유인과 청약의 구별

① **청약** : 그에 대한 승낙이 있으면 계약을 성립시킬 것을 목적으로 하는 구체적·확정적 내용을 지닌 구속력 있는 의사표시

② **청약의 유인** : 청약을 구하는 의사의 표명에 불과하다는 데 근본적인 차이점이 있다. 예를 들면, 선전용 팜플렛·흥행광고·신문광고·차림표(메뉴)·진열장에 진열된 상품, 가격목록이나 카탈로그의 송부, 기차의 시간표와 운임표의 게시, 셋방 있음·하숙구함 등의 첩찰 등이 청약의 유인이다.

623 청구권 *
請求權

특정인이 다른 특정인에 대하여 일정한 행위, 즉 작위 또는 부작위를 요구하는 권리

물권·채권·무체재산권·친족권·상속권 등 모든 권리의 내용 또는 효력으로서 이 권리에 포함되어 있으나 이로부터 생기는 것이다. 채권에 있어서 청구권은 채권의 본질적 내용을 이루며, 채권이 발생하면 언제나 청구권은 존재한다. 그러나 그 밖에도 점유(소유)물반환청구권, 점유(소유)물방해제거청구권 등의 물권적 청구권도 있으며, 친족법상에서는 유아의 인도청구권, 부부의 동거청구권이 있으며, 상속법상의 청구권으로서는 상속회복청구권 등이 있다.

624 최고 *
催告

채권자가 채무자에 대하여 채무의 이행을 청구하는 재판외의 행위를 말하는 것

타인에게 일정한 행위를 할 것을 요구하는 통지를 말한다. 최고는 상대방 있는 일방적 의사표시이고, 최고가 규정되어 있는 경우에는 법률규정에 따라 직접적으로 일정한 법률 효과가 발생한다.

625 추인 **
追認

어떤 행위에 그 이후 행위를 동의하는 일

민법상의 추인에는 취소할 수 있는 행위의 추인(취소권의 포기의 의사표시), 무효행위의 추인(새로운 법률행위를 한 것으로 간주), 무권대리행위의 추인(본인에게 대리효과를 발생) 등 세 가지로 규정되어 있다. 불완전한 법률행위를 사후에 이르러 보충하여 완전하게 하는 일방적인 의사표시이다.

PlusTip 추인의 세 가지 경우

① **취소할 수 있는 행위의 추인**(민법 제143조) : 취소할 수 있는 행위로 발생한 불확정한 효력을 취소할 수 없는 것으로 확정하는 단독행위이다.

② **무권대리행위의 추인**(민법 제130·133조) : 대리권 없이 행한 행위에 관하여 대리권 있는 행위와 같은 효력을 발생시키도록 하는 단독행위이다. 무효인 행위를 유효하게 하는 성질을 가지며 소급효가 있다.

③ **무효행위의 추인**(민법 제139조) : 무효행위는 추인하여도 유효하게 되지 않는다. 그러나 무효원인이 없어진 후에 당사자가 그 법률행위가 무효인 것을 알고 이를 추인한 경우에 민법은 당사자의 의사를 추측하여 비소급적 추인을 인정하고 있다.

626 축소해석의
원칙 *
縮小解釋 原理

법률의 문언(文言)을 문리(文理)보다 좁고 엄격히 해석하는 일

임의규정과 다른 약관 조항이 삽입되어 있는 경우에는 그 조항이 상대방에게 불이익한 것인 경우에 약관 조항을 좁게 해석해야 한다는 원칙을 말한다.

627 출연 행위 ✱
出捐行爲

자기의 재산을 감소시키고, 타인의 재산을 증가시키게 하는 효과를 발생시키는 행위

매매, 소유권 양도, 제한물권의 설정 등이다.

PlusTip 비출연행위

소유권의 포기나 대리권 수여행위 등과 같이 타인의 재산을 증가시키지 않고 행위자만의 재산을 감소하게 하거나 직접재산의 증감이 일어나지 않게 하는 법률행위를 말한다.

628 취소 ✱
取消

법률행위의 효력을 소멸시키는 일

일정한 원인(행위무능력자의 의사표시, 착오, 사기·강박에 의한 의사표시)을 이유로 일단 유효하게 성립한 법률행위의 효력을 행위 시에 소급하여 소멸시키는 취소권자의 의사표시를 말한다.

PlusTip 취소와 철회 · 해제와의 구별

① 취소와 철회

　㉠ 취소 : 일단 효력이 발생한 법률행위를 일정한 사유에 의하여 소급적으로 효력을 소멸시키는 것이다.

　㉡ 철회 : 아직 효력이 발생하지 않은 법률행위를 장래에 대하여 효력을 저지시키는 의사표시이다.

② 취소와 해제

　㉠ 취소 : 하자(瑕疵)있는 행위효력을 소멸시키며, 모든 법률행위에서 생긴다.

　㉡ 해제 : 보통 채무불이행으로 생기며, 계약에 특유한 것이다.

629 탈법행위 ✱
脫法行爲

강제규정을 잠탈(潛脫)하는 행위

강행규정에 직접적으로 위반하지는 않으나, 강행규정이 금지하고 있는 것을 회피수단에 의하여 실질적으로 실현하는 행위이다.

630 **토지소유권의
범위** *
土地所有權 範圍

토지를 사용하고 수익하고 처분할 수 있는 권리

민법상 토지의 소유권은 정당한 이익이 있는 범위 내에서 토지의 상하에 미친다. 토지소유자가 정당한 이익이 있는 범위를 넘어 소유권을 행사하면 권리남용이 되며, 정당한 이익의 범위는 거래관념을 따라 결정된다.

631 **통정허위표시** **
通情虛僞表示

상대방과 통정하여 행하는 진의 아닌 의사표시

허위표시를 요소로 하는 법률행위를 가장행위라고도 한다. 예를 들면, 압류를 면하기 위하여 타인과 통정하여 부동산 소유명의를 타인으로 이전한 경우 그 매매는 허위표시에 속한다. 이는 비진의 표시와는 구별된다. 따라서 상대방과 통정한 허위의 의사 표시는 무효이며〈민법 제108조 1항〉 선의의 제3자를 보호하기 위하여 제3자에 대해서는 허위표시의 무효를 주장할 수 없다〈민법 제108조 2항〉.

632 **특별법
우선의 원칙** **
特別法 優先 原則

특별법이 일반법에 우선한다는 원칙

신법우선의 원칙의 예외가 되며, 민법에서는 민법의 다른 규정이나 특별법에 대하여 일부 무효에 관한 특별한 규정이 있는 경우에는 그 규정이 먼저 적용되고 일부 무효에 관한 민법 제137조는 적용되지 않는다.

633 **특수지역권** *
特殊地役權

지역의 주민이 집합체의 관계로 각자가 타인의 토지에서 초목, 야생물 및 토사의 채취, 방목, 기타의 수익을 하는 권리

예를 들면, 마을사람들이 공동으로 경작하는 땅에 특수지역권이 성립될 수 있다. 민법의 규정과 다른 관습이 있는 경우에는 그 관습을 우선적으로 적용한다.

634 **표현대리** *
表現代理

대리권 없는 자가 대리인이라고 칭하고 행하는 행위

대리권이 없음에도 불구하고 마치 대리권이 있는 것과 같은 외관을 갖추고 그러한 외관발생으로 본인에게도 책임의 일부가 있는 경우에, 그러한 외관을 신뢰한 선의·무과실의 상대방을 보호하고, 거래안전을 도모하기 위하여 본인에게 법률상 책임을 부담하도록 하는 제도이다. 즉, 거래안전을 위해 본인의 이익을 희생하고, 상대방을 보호하기 위한 무권대리의 한 종류이다.

PlusTip 표현대리의 성립요건
① 기본대리권이 존재할 것
② 권한을 넘은 대리행위가 있을 것
③ 정당한 이유가 있을 것

635 **필요비** *
必要費

부동산 유지 보수에 필요한 수리 비용

물건의 이용·개량을 위하여 지출하는 비용인 유익비에 상대되는 개념이다. 물건의 성질 또는 상태를 유지하기 위한 비용 또는 물건 위의 권리를 보유함에 있어서 당연히 지출하여야 하는 비용을 말한다. 필요비에는 보존비, 수선비, 보험료, 동물의 사육비, 공조공과금 등이 포함된다.

PlusTip 유익비 p.211

636 **하자** *
瑕疵

흠이 있는 상태

법률이나 당사자가 법률행위 당시에 예상한 상태가 존재하지 않는 경우에 널리 쓰인다. 의사표시이론에서는 의사표시가 타인의 위법한 간섭에 의하여 방해된 상태에서 행하여진 것으로서 사기·강박에 의한 의사표시가 이에 해당한다.

637 하자담보 책임 ✱

瑕疵擔保責任

매매의 목적물에 하자가 있는 경우에 매도 등의 인도자가 부담하는 담보 책임

목적물의 하자 때문에 계약의 목적을 달성할 수 없는 경우, 거래 상 요구되고 있는 통상의 주의로도 이를 알지 못한 때는 매수인은 계약을 해제할 수 있으며, 그 밖의 경우에는 손해배상의 청구를 할 수 있다. 불특정물의 하자의 경우에는 매수인은 하자 없는 완전한 물건을 청구할 수도 있다〈민법 제580조〉. 이것은 매매의 목적인 재산권에 하자가 있는 경우, 즉 물질적으로 하자가 있는 경우에 한한다.

PlusTip 하자담보 책임기간

민법에는 하자담보 책임기간을 토지, 건물 기타 공작물 또는 지반 공사는 5년간, 석조, 석회조, 연와조, 금속 기타 유사한 재료로 조성된 것은 10년으로 규정해 놓았으나, 주택법에서 사업주체가 분양하는 공동주택은 민법의 규정에 상관없이 사용 승인일부터 시작된다. 주요 구조부인 기둥 및 내력벽(하중을 받지 않는 조적벽 제외)은 10년, 보, 바닥 및 지붕은 5년간 하자를 책임지고 보수해 주어야 하며, 이 때 내력구조부의 하자는 발생한 결함으로 공동주택이 무너지거나 안전진단결과 무너질 우려가 있다고 판정된 경우를 하자라고 말한다. 또 주요 구조부 외에 대지 조성공사, 옥외급수 및 위생관련 공사, 지정 및 기초, 철근콘크리트공사, 철골공사, 조적공사, 목공사, 창호공사, 지붕 및 방수공사, 마감공사, 조경공사, 잡공사, 난방·환기 및 공기조화 설비공사, 급배수위생설비공사, 가스 및 소화설비공사, 전기 및 전력설비공사, 통신·신호 및 방배설비공사, 지능형홈 네트워크 설비공사는 상세한 공사종류에 따라 1 ~ 4년의 하자담보 책임기간을 정해두고 있으며, 공사상 잘못으로 인한 균열, 처짐, 비틀림, 침하, 파손, 붕괴, 누수, 누출, 작동 또는 기능불량, 부착·접지 또는 결선불량, 고사 및 입상불량 등이 발생하여 건축물 또는 시설물의 기능·미관 또는 안전상 지장을 초래할 정도의 하자가 발생하면 해당 공동주택의 입주자 대표회의 등의 청구에 따라 사업주체가 그 하자를 보수하도록 정해 놓았다.

638 하자있는 의사표시 ❊
瑕疵 意思表示

타인의 위법한 간섭으로 인하여 자유롭지 못하게 행해진 의사표시

사기에 의한 의사표시와 강박에 의한 의사표시가 있다. 하자있는 의사표시가 상대방의 사기나 강박에 의한 경우에 표의자는 자신이 행한 의사표시를 취소할 수 있으며, 표의자가 취소하지 않는 한 하자있는 의사표시는 유효하다.

① 사기에 의한 의사표시 : 타인의 기망행위로 인해 표의자가 착오에 빠진 상태에서 행한 의사표시로서 착오에 의한 의사표시라는 점에서 보통의 착오와 다르지 않으나, 타인의 사기행위에 의해 착오에 빠진 경우에는 중요부분의 착오가 없더라도 표의자가 보호된다는 점이다.

② 강박에 의한 의사표시 : 표의자가 타인의 강박행위로부터 공포심을 가지게 되어 행한 진의 아닌 의사표시로서, 진의와 표시의 불일치를 표의자가 인식하고 있다는 점에서 착오나 사기에 의한 의사표시와 구별되고, 비진의표시나 허위표시와 유사하다.

③ 제3자 사기에 의한 의사표시 : 표의자가 제3자의 사기나 강박에 의해 의사표시를 한 경우에 상대방 없는 의사표시는 표의자가 언제든지 취소할 수 있으나, 상대방 있는 의사표시에 있어서는 의사표시의 상대방이 제3자에 의한 사기나 강박의 사실을 알고 있거나 알 수 있었을 경우에 한하여 표의자는 그 의사표시를 취소할 수 있다.

639 합동행위 ✳
合同行爲

사단법인의 설립행위와 같이 방향을 같이 하는 두 개 이상의 의사표시의 합치에 의하여 성립하는 법률행위

수인이 의사표시를 한다는 점에 있어서 계약과 동일하지만 합동행위에서 수인의 의사가 동일한 목적 및 방향에서 합치한다는 점에서 계약과 다르다.

640 **항변권** *
抗辯權

상대방의 청구권 행사를 저지할 수 있는 권리

권리의 행사에 대한 방어라는 의미에서 반대권이라고
도 한다. 이러한 항변권에는 청구권의 행사를 일시적
으로 저지할 수 있는 연기적 항변권(동시이행의 항변
권·보증인이 가지는 최고 및 검색의 항변권 등)과 영
구적으로 저지할 수 있는 영구적 항변권(상속인의 한
정승인의 항변권, 소멸시효)이 있다.

641 **해제** **
解除

유효한 계약을 소멸시키는 일방적인 의사표시로 처
음부터 계약이 존재하지 않았던 것으로 만드는 일

단독행위라는 점에서 해제계약과 구별되며, 형성권이
라는 점에서 취소와 같다. 해제는 일방적인 의사표시
로 인하여 효력이 발생하고 합의를 요하지 않으며 즉
시 이루어진다는 점에서 해지와 구별된다. 계약이 해
제되면 이행되지 않은 채무는 이행할 필요가 없고 이
미 이행 된 경우 상대방에게 원상을 요구할 수 있다.

642 **해제계약** *
解除契約

기존계약의 당사자가 계약을 체결하지 않은 것과 같
은 효과를 가지게 하는 것을 내용으로 체결하는 계약

반대계약이라고도 한다. 해제와 효과는 같지만 해제
계약은 하나의 계약이기 때문에 당사자 간의 합의로
이루어진다는 점에서 다르다. 따라서 민법의 해제에
관한 규정은 해제계약에 적용되지 않는다. 해제계약
의 소급효는 제3자의 권리를 해하지 못한다.

643 **해약금** ✲✲
解約金

계약을 체결할 때 계약 당사자 한쪽이 지급하는 금전으로 계약의 해제권을 가지는 것

매매의 당사자 일방이 계약당시에 금전 기타 물건을 계약금, 보증금등의 명목으로 상대방에게 교부한 때에는 당사자 간에 다른 약정이 없는 한 당사자의 일방이 이행에 착수할 때까지 교부자는 이를 포기하고 수령자는 그 두 배의 금액을 상환하여 매매계약을 해제할 수 있다.

644 **해지** ✲✲
解止

해지권을 가진 당사자 일방의 의사표시에 의해 계속적·회귀적 급부를 목적으로 하는 계약관계를 장래에 향하여 소멸케 하는 것

예를 들어, 일시적인 계약으로 어떤 매매계약이 해제되면 계약은 처음부터 무효로 하고 원상회복의 의무를 지게 된다. 해제는 계약을 소급적으로 무효로 하는 법률행위(단독행위)이다. 이에 반하여 계속적 계약인 임대차에 있어서는 이미 경과한 사실관계를 전복한다는 것(원상회복)은 타당하지 않으므로 이미 경과한 사실관계는 그대로 두고 장래를 향하여 계약(법률관계)을 실효케 하는 것이다.

PlusTip 민법상 해지권의 발생 사유

① 존속기간의 약정이 없는 경우에는 비교적 용이하게 해지권을 인정하지만, 존속기간의 약정이 있는 경우에는 일정한 요건하에서 해지권을 인정하였다.
② 중대하게 신의칙에 반하는 사유가 있었거나, 계약관계를 존속시키는 것이 중대하게 신의칙에 반하게 되는 경우 등에 해지권을 인정하였다.

645 **행위능력** ✱✱
行爲能力

단독으로 유효한 법률 행위를 할 수 있는 능력

민법상 계약을 비롯한 어떤 법률 행위가 법적 효과를 가지려면 그 행위를 한 주체에게 의사 능력과 행위 능력이 있어야 하는데 이 행위 능력은 단독으로 유효한 법률 행위를 할 수 있는 지위나 자격을 말한다. 또한 능력이 없거나 부족한 사람을 제한 능력자 또는 행위 무능력자라고 한다.

PlusTip 민법상 무능력자

① 미성년자는 만 19세 미만인 자를 말한다.
② 한정 치산자는 심신이 박약하거나 재산을 낭비하여 가족의 생계를 어렵게 할 위험이 있어 법원의 신고를 받은 자이다.
③ 금치산자는 심신 상실을 이유로 법원의 자기 행위의 결과를 합리적으로 판단이 없는 자로 법원에서 금치산의 선고를 받은 자이다.
④ 미성년자와 한정 치산자의 경우, 법정 대리인의 동의가 있으면 법률 행위를 스스로 할 수 있다.

646 **현명주의** ✱
顯名主義

본인의 이름을 드러내 놓고 하는 것

민법에서는 현명주의를 원칙으로 하고 있다. 즉, 甲의 대리인인 乙이 행위를 할 때, '지금 제가 하는 행위는 甲을 위해 하는 행위'라고 한다면 이는 현명주의에 해당된다.

PlusTip 비현명주의(非顯名主義)

본인의 이름을 숨기면서 대리행위를 하는 것을 비현명주의라 하는데, 상법에서는 비현명주의를 원칙으로 하고 있다.

647 **형성권** ✱
形成權

권리자의 일방적인 의사표시에 의하여 법률관계의 발생·변경·소멸을 초래하는 권리

권리자가 일방적으로 법률관계를 변동시킬 수 있는 가능성을 가진다는 의미에서 가능권이라고도 한다.

648 **혼동** **
混同

채권·채무와 같이 서로 대립하는 두 개의 법률상 지위가 동일인에게 귀속되는 것

채무자가 채권을 양수받거나 전세권자가 가옥의 소유권을 취득한 경우에 혼동이 일어나며. 혼동이 있게 되면 채권 또는 전세권 등의 권리는 원칙적으로 소멸한다. 권리를 특히 존속시킬 법률상의 의미가 있는 경우에는 소멸하지 않는다. 민법에서는 채권과 채무가 동일한 주체에 귀속할 때에는 채권이 소멸한다. 그러나 그 채권이 제3자의 권리 목적인 때에는 그러하지 아니하다고 규정하고 있다. 또한 지사채권, 무기명채권, 사채권(社債券) 등과 같이 증권화한 채권은 독립한 유가물(有價物)로서 거래되어 혼동에 의하여 소멸하지 않는다.

649 **혼화** *
混化

각기 소유자를 달리하는 물건이 혼합이나 융화에 의하여 원물을 식별할 수 없게 되는 것

원물의 소유자는 혼화물의 분리를 청구하지 못하고, 혼화물은 그 주된 동산의 소유자가 소유권을 취득한다. 주종(主從)을 구별할 수 없을 때에는 혼화 당시의 가격비율에 따라 각 소유자가 이를 공유한다〈민법 제258조〉.

650 **환매권** ＊＊
還買權

일정한 요건을 갖추면 매도한 재물이나 수용당한 재물을 이전 소유자가 다시 매수할 수 있는 권리

양도가 가능하며 채권자대위도 가능하다. 현행 민법은 매도인이 매매 계약과 동시에 환매할 권리를 보류한 때에는 영수한 대금 및 매수인이 부담한 매매 비용을 반환하고 목적물을 환매할 수 있도록 규정하고 있다〈민법 제590조 1항〉. 환매 기간은 부동산은 5년, 동산은 3년을 넘지 못하고〈민법 제591조 1항〉, 매도인은 기간 내에 대금과 매매 비용을 매수인에게 제공하지 않으면 환매권을 잃는다〈민법 제594조 1항〉. 그러나 이 같은 기간·금액 등의 제약은 실제의 거래와 부합하지 않으므로, 자유로운 재매매의 예약 방식을 취하는 것이 보통이다.

CROSS WORD

¹	¹						³
				²	²		
⁴							
			³				
⁴							

Across

① 타인 간의 거래성립을 위한 공인중개사의 매개 행위

② 글자나 무늬 등을 조각하여 인주를 발라 문서에 찍어 증명으로 삼는 것

③ 담보물권이 가지고 있는 경매권에 의하여 실행되는 경매

④ 문서나 행위가 진증으로 이루어졌다는 것으로 공적기관이 인정하여 증명하는 것

Down

① 부동산 거래 시 계약금과 잔금 사이에 일부 지불하는 금액

② 공인중개사협회는 법률이 정한 요건을 구비하고 행정관청의 인가를 얻어 법인설립 등기가 가능하도록 하는 원칙

③ 서비스 수혜자가 지불하는 대가 중에서 행정공기업을 제외한 일반 행정기관에 제공하는 서비스 대가

④ 부동산 중개업법에서 다른 법률의 규정에 의하여 부동산 중개업을 할 수 있는 법인

Across | ① 중개행위 ② 인장 ③ 임의경매 ④ 인증
Down | ① 중도금 ② 인가주의 ③ 수수료 ④ 특수법인

03

중개법령 및
중개실무

checkpoint

- ✓ 간인
- ✓ 개업공인중개사
- ✓ 미등기 전매
- ✓ 비중지
- ✓ 사중개
- ✓ 이중매매
- ✓ 중개보수
- ✓ 탐문법
- ✓ 알선
- ✓ 표준임대차 계약서
- ✓ 하도급
- ✓ 확정일자인

651 **가계약** *
假契約

부동산의 거래나 임차 등을 계약할 때 정식 계약을 맺기 전에 임시로 맺는 계약

거래 당사자 중 어느 한쪽이 당해 부동산으로 이익을 볼 것 같을 때 다른 사람이 계약하는 것을 미리 막기 위해 이용하는 것이 보통이다. 예를 들어 집값이 오를 것 같지만 확신이 서지 않을 때 가계약을 해 놓았다가 분위기를 보아 유리하다 판단하면 다른 사람보다 우선하여 계약하는 식이다. 그러나 파는 사람도 오를 기미를 알아차려 가계약의 조건을 수정하거나 판매하지 않겠다고 하면 문제가 생긴다. 따라서 가계약은 당사자들이 다양한 이해관계를 반영하여 합의하는 것이기 때문에 구속력의 정도나 규정하는 내용이 매우 다양하여 그 법적 성질이나 효력도 다양하여 쉽게 파악하기 어렵다. 하지만 가계약도 계약의 법률관계에서 법의 제한에 저촉되지 않는 한 개인의 자유에 맡긴다는 계약자유의 원칙에 따라 계약의 효력이 있다. 다만 정확하게 계약의 내용을 명시하지 않으면 차후에 분쟁이 발생할 소지가 높기 때문에 계약내용 및 조건을 자세하고 명확하게 계약서에 기재하는 것이 좋다.

652 **간인** *
間印

종잇장 사이마다 찍는 인장

계약서나 약정서 등 하나의 서류가 여러 장일 때에 그 용지가 서로 이어졌다는 것을 확인하기 위하여 앞장의 뒷면과 뒷장의 앞면을 만나게 하여 그 사이에 각 장마다 도장의 반분이 찍히도록 도장을 누르는 일이다.

653 **개업
공인중개사** ✲
開業 公認仲介士

공인중개사 법에 의하여 중개업을 영위하는 사무소
(중개사무소)의 개설등록을 한 자

공인중개사법에 따라 공인중개사 자격을 취득한 자를
공인중개사라고 하며 직접 개설해 운영하면 개업공인
중개사라고 한다.

PlusTip 중개인의 종류

개업공인중개사, 소속공인중개사, 중개보조, 부동산 중개
인, 개업공인중개사인 법인의 사원·임원

654 **개업공인중개사
등의 결격사유** ✲
缺格事由

특정 신분 또는 자격을 부여하거나 인·허가 또는 등
록 등을 할 때 그 대상에서 배제하는 사유

결격사유를 규정하고 있는 경우는 일반국민의 건강·
안전 또는 재산에 중대한 영향을 미치는 전문직종분
야에 종사하여서는 아니 될 사람을 원칙적으로 배제
하여 당해 분야에 종사하는 자의 자질을 일정 수준
이상으로 유지함으로써 공공복리의 증진과 질서유지
를 위한 최소한의 장치이다.

PlusTip 개업공인중개사 등의 결격사유

① 미성년자
② 피성년후견인 또는 피한정후견인
③ 파산선고를 받고 복권되지 아니한 자
④ 금고 이상의 실형의 선고를 받고 그 집행이 종료(집행이
　종료된 것으로 보는 경우 포함)되거나 집행이 면제된 날
　부터 3년이 경과되지 아니한 자
⑤ 금고 이상의 형의 집행유예를 받고 그 유예기간 중에
　있는 자
⑥ 공인중개사의 자격이 취소된 후 3년이 경과되지 아니한 자
⑦ 공인중개사의 자격이 정지된 자로서 자격정지기간 중에
　있는 자
⑧ 중개사무소의 개설등록이 취소된 후 3년(재등록 개업
　공인중개사가 폐업신고 전의 위반행위로 인해 등록이
　취소된 경우에는 3년에서 폐업기간을 공제한 기간을 말
　한다)이 경과되지 아니한 자

⑨ 업무정지처분을 받고 폐업신고를 한 자로서 업무정지기간(폐업에 불구하고 진행되는 것으로 본다)이 경과되지 아니한 자

⑩ 업무정지처분을 받은 개업공인중개사인 법인의 업무정지의 사유가 발생한 당시의 사원 또는 임원이었던 자로서 당해 개업공인중개사에 대한 업무정지기간이 경과되지 아니한 자

⑪ 공인중개사법을 위반하여 300만 원 이상의 벌금형의 선고를 받고 3년이 경과되지 아니한 자

⑫ 위 사유 중 하나에 해당하는 사원 또는 임원이 있는 법인

655 **거래예정금액** ✳✳
去來豫定金額

개업공인중개사가 중개대상물의 거래가능금액을 합리적으로 추산하여 평가한 금액

중개의뢰인이 제시한 금액을 기준으로 인근 지역의 거래사례 및 공시지가, 지역여건의 변화전망, 매수희망가격, 시장의 수급동향 등을 참작하여 정해진 예상금액이다.

656 **거래정보
사업자** ✳✳
去來情報事業者

국토교통부장관이 지정하는 부동산 거래정보망을 설치·운영하는 자

개업공인중개사 상호 간에 부동산매매 등에 관한 정보의 공개와 유통을 촉진하고 공정한 부동산 거래 질서를 확립하기 위하여 공인중개사법에 의해 중개대상물의 중개에 관한 정보를 교환하는 부동산 거래정보망을 설치하고 운영하는 자를 말하며 전기통신사업법의 규정에 의한 부가통신사업자로서 국토교통부령이 정하는 요건을 갖춘 자이어야 한다.

657 **검인계약서
제도 ✻**
檢認契約書制度

부동산 거래계약서를 작성 시 실거래가격을 기재하여 거래부동산의 소재지 관할 시장·군수·구청장의 검인을 받도록 하는 제도

소유권 이전 등기신청의 사유가 되는 매매 또는 교환 등의 거래계약이 체결된 경우 의뢰인의 요청이 있는 때에는 소유권 이전 등기를 신청할 때 부동산 등기 특별조치법이 정하는 바에 따라 부동산소재지 관할 시장·군수·구청장 등의 검인을 받은 계약서를 등기소에 제출해야 하는데, 이러한 제도를 검인계약서제도라 한다. 부동산 등기를 신청할 때 등기원인을 증명하는 서면의 하나이며, 등기 원인이 매매 또는 교환인 경우에는 반드시 검인계약서를 제출해야 한다. 검인계약서에는 계약당사자, 목적부동산, 계약연월일, 대금, 지급일자 등 지급에 관한 사항과 평가액 및 그 차액에 관한 사항 등이 기재된다.

658 **경매 ✻**
競買

매도인이 다수의 매수희망자에게 매수의 청약을 하여 그 중에서 최고가격으로 청약을 한 사람에게 매도의 승낙을 함으로써 이루어지는 매매 형식

민사소송법상의 경매는 채권자나 담보권자가 자신의 금전채권의 만족을 얻기 위하여 채무자의 부동산 등을 법원에 경매신청하고 그 대금으로 채권회수를 하는 일련의 절차를 의미한다.

PlusTip 경매 절차

입찰공고 → 열람 → 현장답사 → 경매참가신청 → 개찰 및 최고가 입찰자 결정 → 낙찰허부결정 선고 → 대금납부 → 소유권이전등기 촉탁 → 이전등기, 인도명령

659 경자유전의 원칙 *
耕者有田 原則

자기의 농업경영에 이용하거나 이용할 자가 아니면 농지를 소유할 수 없는 원칙

농지는 경작자만이 소유할 수 있으며 농지의 소작제도는 금지한다는 헌법의 조항을 근거로 삼고 있으며 이 원칙은 농지의 소유자와 경작자를 일치시켜 농지의 생산성의 극대화를 실현하기 위한 것이다.

660 계약명의신탁 *
契約名義信託

부동산 매매계약 등을 체결할 때 매수인 등의 명의를 돈을 내는 사람의 명의가 아닌 타인명의로 하는 명의신탁약정

명의신탁약정 및 명의신탁약정에 따라 하는 등기는 무효이다. 다만, 부동산에 관한 물권을 취득하기 위한 계약에서 명의수탁자가 어느 한쪽 당사자가 되고 상대방 당사자는 명의신탁약정이 있다는 사실을 알지 못한 경우에는 해당되지 않는다. 무효인 명의신탁약정 및 명의신탁등기의 무효는 제3자에게 대항하지 못한다.

661 공동 중개계약 *
共同仲介契約

독점중개계약의 변형 내지는 보완방법

부동산단체·부동산 거래센터 기타 2인 이상의 개업공인중개사가 공동으로 활동하는 중개업무를 허용하는 것이다. 의뢰받은 부동산 중개사무소의 어느 중개사나 판매할 수 있고, 수수료는 리스팅 브로커와 세일링 브로커로 나누는데, 리스팅 브로커가 50% 이상 받는다.

662 공매가격 *
公賣價格

국가가 주체로 실시하는 경매에서의 가격

국가가 주체가 되어 금융기관이나 또는 기업체가 지닌 비업무용 재산을 처분하거나, 국세·지방세를 체납한 자로부터 압류한 재산을 처분하는 것을 의미한다.

**663 공법상
거래규제 ***
公法上 去來規制

부동산공법에 의해 소유권 등의 처분권을 제한하는 것으로 관계되는 부동산공법에 의해 거래의 자유를 제한하고, 부동산의 처분 및 구입 시에 행정관청에 증명을 받도록 하는 것

공법상의 거래규제는 개발이익을 노리는 부동산투기의 방지와 가격상승억제 및 공정한 거래 질서확립 등을 목적으로 계약자유원칙을 일부 제약하고 있다.

664 공부 *
公簿

관공서가 법령의 규정에 따라 작성·비치하는 장부

부동산 등기부, 지적공부, 건축물 관리대장(가옥대장), 토지 이용 계획확인서 등이 있다.

**665 공인중개사
정책
심의위원회 ****
公認仲介士
政策
審議委員會

기존의 국토교통부에 설치된 공인중개사 시험위원회를 확대 개편한 기관

공인중개사 시험에 관한 사항뿐만 아니라 부동산 중개업의 육성, 중개보수 변경, 손해배상책임의 보장 등에 관한 사항까지 심의할 수 있다. 위원장 1명을 포함하여 7명 이상 11명 이내의 위원으로 구성되며, 위원장은 국토교통부 제1차관이 되고 위원은 자격요건이 충족되는 사람 중에서 국토교통부장관이 임명하거나 위촉한다.

**666 공인중개사
협회 ****
公認仲介士 協會

개업공인중개사의 자질향상 및 품위 유지와 중개업에 관한 제도의 개선 및 운용에 관한 업무를 효율적으로 수행하기 위하여 설립된 협회

협회는 법인으로 하며, 회원 300인 이상이 발기인이 되어 정관을 작성하여 창립총회의 의결을 거친 후 국토교통부장관의 인가를 받아 그 주된 사무소의 소재지에서 설립등기를 함으로써 성립한다.

667 공제조합 *
共濟組合

동종의 직업 또는 사업에 종사하는 사람들이 만든 상호부조단체

영국에서 17세기 중엽 이래 발달했던 '우애조합'이 원형이다. 근로자의 생활상의 사고, 질병·실업·부상·사망·혼인·출산 등에 대비해서 일정액의 부금을 갹출해 두었다가 사고가 발생하면 적립금에서 일정 금액을 지급한다.

668 공증 *
公證

특정 법률사실이나 법률관계의 존부를 공적으로 증명하는 행위

부동산 등기·선거인명부의 등록·각종 증명서의 발급 등을 말한다.

669 공증인 *
公證人

당사자 기타 관계인이 촉탁에 의하여 법률행위 기타 사권에 관한 사실에 대하여 공정증서를 작성하고, 사서증서(私署證書)에 인증을 주거나, 정관에 인증을 주는 권한을 가진 사람

공증인은 다른 공무를 겸하거나 영리업무에 종사할 수 없으며, 정당한 이유 없이 촉탁을 거절하지 못한다. 그리고 촉탁인에게 수수료, 일당, 여비 이외의 보수를 받을 수 없으며, 특별한 규정이 있는 경우를 제외하고는 취급한 사건을 누설할 수 없다. 공증인에 대한 감독과 징계는 법무부장관이 한다.

670 권리분석 *
權利分析

부동산 거래를 하려고 하는 당사자가 해당 중개대상물에 대한 권리의 진실성 또는 권리의 하자 여부를 조사·확인하는 일체의 행위

권리조사라고도 부른다. 권리분석은 간단하게 파악하기 어려운 부동산 등기의 소유권과 각종 권리관계의 결함을 발견하여 부동산과 관련된 사고를 미리 예방하기 위해서 시행한다. 주로 등기부등본을 통해 확인하지만 현장조사를 통해서도 확인할 수 있다.

671 기부채납 *
寄附採納

민간인 또는 공공단체가 그의 재산을 무상으로 국가에 이전할 것을 표시하고, 국가가 이를 승낙함으로써 성립하는 증여계약

관리청은 국유재산이 될 재산을 국가에 기부하고자 하는 자가 있는 때에는 기부서를 받고 이를 채납할 수 있으며, 재산을 채납한 경우에는 그 사실을 지체 없이 총괄청에 보고하여야 한다. 다만, 기부하고자 하는 재산이 관리하기 곤란하거나 국가가 필요로 하지 아니할 경우에는 이를 채납하지 않는다.

672 기속처분 *
羈束處分

기속행위라고도 하며, 재량처분 또는 재량행위에 대응하는 말

판결이 있으면 그 판결을 한 법원이 스스로 이를 취소·철회함이 허용되지 않는 것을 기속처분이라 하며, 이는 필요적 허가취소이다.

673 놀림형 고객 *

거래의사 없이 업자에게 접근하는 사람

중개의뢰를 하려는 듯이 개업공인중개사에 접근하지만 실제로는 유효중개의뢰의 3요소(거래의 의사·준비·능력)가 없으면서 업자를 놀리려는 고객을 말한다.

PlusTip 고객의 유형

우유부단형, 가격의식형, 자기현시형, 다변사교형, 만사긍정형, 침묵방어형, 자신과잉형, 자기과장형, 놀림형 등

**674 다변사교형
고객 ***
多辯社交型 顧客

말솜씨와 붙임성이 좋은 고객으로 접근하기는 쉬우나 자기중심적이며, 개업공인중개사의 이야기에 전혀 귀를 기울이지 않는 사람

고객은 말을 가로채거나 경청하지 않으면 싫어하기 마련이다. 고객이 말을 하는 동안 고객의 취향을 잘 파악하여 거래를 성공적으로 이끄는 것이 매우 중요하다.

675 **대항력** *
對抗力

이미 발생하고 있는 법률관계를 제3자에 대하여 주장할 수 있는 효력

임차주택이 다른 사람에게 양도 또는 경락되더라도 임대인 외의 양수인, 경락인 등의 제3자에게도 자신의 임차권을 주장하여 임대기간이 끝날 때까지 주거할 수 있고, 임대기간이 만료되더라도 임대보증금을 반환받을 때까지 집을 비워주지 않을 수 있는 권리를 말한다. 그러나 대항력을 갖추기 전에 설정된 선순위 담보물권 등에 대해서는 대항력을 주장할 수 없다.

676 **도시개발채권** *
對抗力

지방자치단체의 장이 도시개발사업이나 도시·군계획시설사업에 필요한 자금을 조달하기 위해 발행하는 채권

「도시개발법령」에 따라 도시개발채권의 소멸시효는 상환일부터 기산(起算)하여 원금은 5년, 이자는 2년으로 한다. 시·도지사가 도시개발채권을 발행할 때에는 채권의 발행총액, 발행방법, 발행조건, 상환방법 및 절차, 그 밖에 채권의 발행에 필요한 사항을 승인받는다. 승인을 받고난 이후에 발행을 받기 위해서 채권의 발행총액, 발행기간 이율, 원금상환과 이자지급의 방법 및 시기를 공고한다.

677 **독점중개계약** **
獨占仲介契約

부동산을 부동산시장에 내어놓을 때, 특정 공인중개사나 개업공인중개사에게 독점적으로 중개의뢰를 하는 계약형태

부동산소유자를 포함하여 누가 계약을 성립시켰는가를 묻지 않고, 한 번 의뢰받은 공인중개사나 개업공인중개사가 중개보수를 받는 형태의 중개의뢰계약을 말한다.

리스팅 농장기법 *
Listing 農場技法

개업공인중개사가 중개의뢰를 지속적으로 확보하며 중개업을 경영하기 위하여 집중적으로 중개활동을 벌이는 일정 범위의 지역

리스팅 농장기법은 중개업경영의 과학화와 능률화를 위한 것으로 개업공인중개사는 자신의 중개활동 대상 지역의 중개수요를 예측하고, 이를 토대로 합리적인 경영이 가능한 것이다. 리스팅 농장의 경영은 개업공인중개사에게 안정적인 수입을 이끌 수 있는 방법이며, 중개업무의 규모화와 계획화를 가능하게 한다. 또한 리스팅 농장을 다른 개업공인중개사와 공동경작을 할 경우에는 개업공인중개사 간의 상호경쟁으로 인한 시장의 배분이 이루어질 수 있으며, 개업공인중개사가 구역분할 등의 방법으로 과다한 경쟁을 회피하는 동시에 상호 보완적인 공동중개의 방법을 택할 수 있다.

PlusTip 리스팅 수집방법

① **직접수집방법** : 사교활동, 광고, 관혼상제 등의 파악, 호별방문, 전화, 안내우편, 공가, 공지
② **간접수집방법** : 개업공인중개사와 중개대상물에 대한 권리자와의 사이에 유력한 제3자를 개입시켜 제3자의 소개나 주선 등을 받아 중개대상물의 중개의뢰를 받는 방법이다.

679
만사긍정형 고객 *
萬事肯定型 顧客

개업공인중개사의 설명을 그대로 받아들여 의문이나 이의를 제기하지 않는 고객으로 그의 심중을 알기가 어려운 고객의 유형

이러한 고객에게는 성실함과 구체적인 물적 증거를 제시하여 줌으로써 좋은 결과를 유도할 수 있다.

680 **매도의뢰접수** *
賣渡依賴接受

중개업자가 중개의뢰인으로부터 일정한 중개물건의 매매중개를 의뢰받는 일

매도의뢰접수가 있게 되면 중개업자는 중개대상물을 확보해 중개행위를 시작하게 된다.

681 **반의사불벌죄** **
反意思不罰罪

피해자가 가해자의 처벌을 원하지 않는다는 의사표시를 하면 처벌할 수 없는 범죄

피해자의 고소가 없이도 처벌할 수 있으나 피해자가 처벌을 희망하지 않는다는 의사를 명백히 한 경우에는 처벌할 수 없다는 점에서 해제조건부 범죄라고도 한다.

682 **방황형 고객** *
彷徨型 顧客

부동산 거래시장에서 실제로 거래를 하기 위함보다는 부동산시장을 조사하기 위하여 들리는 고객

거래의사가 없이 정보수집이 목적인 고객이 해당된다. 이런 유형에 대비해서 개업공인중개사는 거래·정보관리에 유의하여야 한다.

683 **보증보험** **
保證保險

채권자를 피보험자로 채무자를 보험계약자로 하는 손해보험의 일종

매매·고용·도급 기타 계약에서 채무불이행에 의하여 채권자가 입게 되는 손해를 보장하는 보험으로 보증보험계약의 보험자는 보험계약자가 피보험자에게 계약상의 채무불이행 또는 법령상의 의무불이행으로 입힌 손해를 보상할 책임이 있으며, 보증보험계약에 관하여는 그 성질에 반하지 아니하는 범위에서 보증채무에 관한 민법의 규정을 준용한다.

684 부동산 거래신고 등에 관한 법률 ✱✱

부동산 거래 등의 신고 및 허가에 관한 사항을 정하여 건전하고 투명한 부동산 거래 질서를 확립하고 국민경제에 이바지함

기존의 「공인중개사법」에 따른 부동산 거래신고는 거래 당사자 모두에게 부과된 의무이나 공인중개사의 업무에 관한 법률에 함께 규정되어 있어 일반 국민에게는 개업공인중개사의 의무로 인식되고 있는 실정이며, 거짓으로 부동산 거래를 신고하는 사례도 빈번히 나타나고 있다. 이에 부동산 거래신고 제도에 대한 법률을 별도로 제정함으로써 일반 국민의 인식을 제고하고, 부동산 거래신고 제도의 발전을 위한 기반을 마련하는 한편, 부동산 거래 신고 제도를 효율적으로 관리하기 위해 필요한 사항을 입법적으로 보완하기 위해 제정된 법이다.

685 부동산 거래 정보망 ✱✱
不動産 去來 情報網

공정한 부동산 거래 질서를 확립하기 위해 만들어진 부동산 유통기구

개업공인중개사 상호 간에 정보의 공유와 부동산 활동을 촉진하고 공정한 부동산 거래 질서를 확립하고자 중개대상물의 중개에 관한 정보를 교환하는 체계로 개업공인중개사와 의뢰인 간이 아닌 가입된 개업공인중개사 간에만 정보교환이 이루어진다.

686 부동산 관리업 ✱✱
不動産管理業

부동산 서비스업 중 하나

공동주택단지나 빌딩과 같이 그 규모가 크고 전문적인 조직과 지식을 필요로 하는 부동산의 관리활동을 부동산 관리계약에 따라 대행하고 보수를 받는 부동산업이다.

687 부동산구매 결정동기 ✱✱
不動産購買決定動機

구매자가 물건 구입에 이르는 단계

구매자는 주목(Attention)→흥미(Interesting)→욕망(Desire)→행동(Action) 단계를 거쳐 물건을 구입한다는 이론이다. 부동산에서는 고객이 부동산 특징을 발견하면 일단 주목하고, 용법과 장점을 알고 흥미를 가지며, 구입하고자 하는 욕망을 거쳐 계약에 이르는 단계를 일컫는다.

688 부동산권원 ✱
不動産權原

부동산 활동의 대상 부동산에 대하여 그 부동산을 향유할 수 있는 권리

하자발생 원인의 적법성 또는 정당성이 입증받을 수 있는 권리를 말한다.

689 부동산 중개업 ✱✱
不動産仲介業

타인의 부동산 거래를 중개하고 보수를 받는 일

타인의 의뢰에 의하여 일정한 보수를 받고 토지, 건물 기타 토지의 정착물·입목·광업재단·공장재단 등 중개대상물에 대해서 거래당사자 간의 매매, 교환, 임대차 기타 권리의 득실 및 변경에 관한 행위의 알선·중개를 업으로 하는 것을 말한다.

690 분양보증 ✱✱
分讓保證

분양사업자가 파산 등의 사유로 분양계약을 이행할 수 없게 되는 경우 당해 건축물의 분양(사용 승인을 포함)의 이행 또는 납부한 분양대금의 환급(피분양자가 원하는 경우에 한함)을 책임지는 보증

대표적인 예가 주택을 건설하던 회사가 도산(부도)하여도, 분양받은 주택은 완공을 보증해 주는 것이다.

691 비송사건 *
非訟事件

법원이 사인 간의 생활관계에 관한 사항을 통상의 소송절차에 의하지 아니하고, 간이한 절차로 처리하는 것

예를 들어, 호적·등기 등의 관리공탁의 취급, 법인의 인·허가와 그 사업이나 청산절차의 감독, 후견인·재산관리인·유언집행자 등의 선임감독, 이혼 시 재산분여, 자의 친권자 지정, 유산의 분할방법 등에 관한 것이 이에 해당한다.

692 비준지 *
比準地

과세표준액을 산정할 때의 용어

토지등급을 설정 또는 수정하는 데 직접적으로 기준이 되는 토지를 말한다.

693 사례자료 *
事例資料

부동산 감정평가에 필요한 자료 중 감정평가방식 적용에 있어서 필요한 현실의 거래가격, 임료 등에 관한 자료

물적 확인, 권리태양의 확인에 필요한 확인자료, 가격형성 요인에 대응하는 요인자료로 분류되어 있다. 사례자료에는 매매사례, 건설사례, 임대차 등의 사례, 수익사례 등이 있으며, 감정평가의 각 방법을 적용할 때 필요한 사례는 원가법 적용 시 필요한 건설사례, 거래사례비교법 적용 시 필요한 거래사례 및 수익환원법 적용 시 필요한 수익사례가 있다. 사례자료는 장소적 동일성, 정상성, 물적 동일성, 시간적 동일성의 네 가지 요건을 필요로 한다.

694 **사실상의
사도 ***
事實上
私道

개설 당시의 토지소유자가 자기 토지의 편익을 위하
여 스스로 설치한 도로(새마을사업으로 설치한 도로
는 제외)로서 도시계획으로 결정된 도로가 아닌 것

도시계획으로 결정된 도로를 설치한 후에 도시계획으
로 결정된 도로로 변경된 도로를 말하며 토지소유자
가 대지 또는 공장용지 등으로 사용하기 위하여 단지
를 조성하는 경우 국토의 계획 및 이용에 관한 법률
에 의한 토지형질변경의 허가를 받아 설치한 도로를
사실상의 사도로 본다.

695 **사용인 ***
使用人

기업과의 근로계약에 의해 근로를 제공하고 그에 대
한 대가를 받는 사람

중개업자의 사용인은 중개업자가 중개업무와 관련해
고용한 소속공인중개사와 중개보조원을 의미한다.

696 **사중개 ***
私仲介

중개업자가 아닌 자에 의해 시행되는 중개

공인중개에 대비되는 개념으로 법률과 제도적 근거에
의해 전문능력이나 자격 등을 갖춘 중개업자나 공인중
개사의 개입 없이 사인들 간에 행하는 중개를 말한다.

697 **상사중개 ***
商事仲介

상행위로 인하여 발생되는 법률관계에 의한 중재로
타인 간의 상행위를 중개하는 것

상사중개는 거래당사자 중 일방 또는 쌍방이 상인임
을 요하며, 상법의 규정을 받는다.

PlusTip 민사중개(民事仲介)

상법의 적용을 받는 상사 중개와 달리 민법의 적용을 받는
중개로 상행위 이외의 행위를 중개하는 것이다. 혼인중개업
자, 부동사중개업자, 직업중개업자 등이 있다.

698 **상호검증** *
相互檢證

부동산감정평가의 3방식이 일치하도록 유도하는 과정

부동산감정평가의 3방식으로 구한 시산가격 또는 시산임료를 상호 조정할 필요가 생기는데, 이를 일치할 수 있게 유도하는 과정을 말한다.

699 **서비스
부동산** *
Service
不動産

정부 기관이 사용하는 부동산 또는 일반 대중의 편의를 위해 제공되는 부동산

상업상의 이익산출을 목적으로 하는 부동산이 아닌, 정부기관의 청사, 도서관, 학교와 같은 정부기관이나 일반대중의 이용에 제공되는 부동산을 말한다.

700 **셀링포인트** *
Selling Point

상품으로 부동산이 지니는 여러 가지 특성 중 구매자에게 만족과 욕구를 충족시켜 주는 특징

부동산의 판매소구점(販賣訴求點)이라 한다. 셀링포인트는 부동산의 복합개념에 따라 경제·기술·법률 측면에서 설명할 수 있다. 경제 측면에서 부동산의 수요동향·공급동향·경기순환 등은 중요한 셀링포인트가 될 수 있다. 기술측면에서는 그 부동산이 얼마나 기능적인가를 확인하는 것인데, 주택의 경우라면 설비가 얼마나 잘 되어 있고, 기초가 잘 되어 있으며, 동선이 얼마나 합리적인가 하는 점이다. 법률측면에서는 소유권의 진정성, 토지 이용의 공법상 규제내용(規制內容), 세법의 내용 등이 셀링포인트다.

**손해배상책임
및 보장제도** *
損害賠償責任
保障制度

거래 당사자에게 손해를 입혔을 때 보상해주는 제도

개업공인중개사가 중개행위를 함에 있어서 고의 또는
과실로 인하여 거래당사자에게 재산상의 손해를 발생
하게 하거나 자기의 중개사무소를 다른 사람의 중개행
위의 장소로 제공함으로써 거래당사자에게 재산상의
손해를 발생하게 하는 때에는 손해배상책임을 보장하
기 위하여 보증보험 또는 공제에 가입하거나 공탁을
하여야 한다.

PlusTip 보증관련용어

① **보증기관** : 개업공인중개사가 보증을 설정할 수 있는 기
관(부동산 중개업협회, 보증보험회사, 법원)
② **보증금** : 개업공인중개사가 의무적으로 설치하는 손해
배상책임 보장금액(법인인 개업공인중개사는 2억 원 이
상, 법인이 아닌 개업공인중개사는 1억 원 이상, 지역농
업협동조합은 1,000만 원 이상)
③ **보증료** : 보증금 × 보증요율(보증보험료·공제료)
④ **보증관계증서(증명서)** : 보증기관에서 개업공인중개사에
게 발급하는 보증계약이 체결되었음을 증명하는 증서
(공제증서, 보증보험증서, 공탁증서)

수수료 ⁑
手數料

국가나 지방자치단체의 행정서비스에 대하여 수혜자
가 지불하는 대가 중에서 행정공기업을 제외한 일반
행정기관이 제공하는 행정서비스에 대한 대가

수수료에는 행정수수료와 사법수수료가 있다. 행정수
수료에는 증명료·면허료·특허료·등초본 수수료 등이
있고, 사법수수료에는 등기료·증명료 등이 있다.

703 수익가격 *
收益價格

부동산감정평가에 있어서 3방식 중 가격을 구하는 수익환원법에 의한 시산가격

대상 부동산에 귀속할 순수익을 적정한 환원이율로 자본환원해서 구한다. 수익용 자산평가의 중심이 되는 가격이다.

704 수익사례 *
收益事例

부동산감정평가에 있어서 일반의 다른 기업경영에 의하여 수익을 올리고 있는 사례

수익환원법 및 수익분석법에 따라 수익가격 또는 수익임료를 구하기 위하여 필요한 자료를 말한다.

705 수익성 부동산 *
收益性 不動産

부동산의 기능을 통해서 직접적인 금전적 수익을 산출하는데 소유의 목적이 있는 부동산

예를 들면, 주거용 부동산(순수한 소유자 자신의 주거목적이 아니고, 임대하여 임대수익을 산출하는 것), 임대된 주택, 임대용 부동산, 기업용 부동산(상·공·광업용 부동산) 등이 있다.

706 순가중개 *
純價仲介

부동산 중개활동에 있어서 대상 부동산을 얼마 이상의 값으로 팔면 중개인의 수입으로 하라는 식의 중개

현행 부동산 중개제도상으로는 용인되지 않고 있다.

707 순가중개계약 *
純價仲介契約

중개의뢰인이 개업공인중개사에게 미리 매도가격, 매입가격을 제시하여 그 가격이상으로 팔면 초과금액을 개업공인중개사가 중개보수로 취득하게 하는 중개의뢰계약

중개보수가 과대해지기 쉽고, 거래의 비능률화를 초래할 수 있다.

708 **알선** ✱✱
斡旋

부동산 중개활동 시 매매를 위하여 대상 부동산의 필요한 정보 및 조언을 제공해 주는 행위

법률상으로는 당사자 간 다툼의 유무와 관계없이 교섭이나 상의가 원활이 이루어지도록 제3자가 중간에 끼어서 주선을 하는 것을 말한다.

709 **요인자료** ✱
要因資料

부동산의 가격요인과 연관되는 자료

여러 가지 가격요인을 여러 형태의 자료로서 정리한 것이다. 부동산 가격형성의 요인자료에 일반자료와 개별자료로 분류된다.

710 **우유부단형 고객** ✱
優柔不斷型 顧客

여러모로 부동산의 이해득실을 생각하는 경향이 있어 구입의사가 있어도 용이하게 구매결정을 못하는 고객

이러한 고객에게는 여러 가지 대상물을 제시하는 것보다는 적당한 물건을 한정하여 제시하고, 고객이 품고 있는 의문이나 염려에 명쾌한 해답을 주어 결단할 수 있도록 해야 한다.

711 **이중매매** ✱✱
二重賣買

동일한 목적물에 관하여 2회 이상의 매매를 하는 것

매매 이외의 권리양도의 경우까지를 포함하여 이중양도라고도 한다. 민법은 물권과 지시채권 및 무기명채권의 양도에 관하여 소위 형식주의를 취하여 등기나 인도 또는 증서의 배서가 있어야 양도되고 취득된다고 규정한다. 따라서 권리가 이중으로 양도된다는 일은 있을 수 없다. 이와 반대로 지명채권의 양도는 의사표시만으로 효력이 생기고 통지 또는 승낙을 대항요건으로 할 뿐이므로 동일한 권리가 이중으로 양도될 수 있다. 이러한 경우에는 먼저 대항요건을 갖춘 자만이 타자에 대하여 대항할 수 있다.

712 이중등록의 금지 ⁑
二重登錄 禁止

개업공인중개사가 이중으로 중개사무소 개설등록을 하여 중개업을 하는 것으로 이를 금지하는 것

이중으로 중개사무소의 개설등록을 한다는 것은 개설등록을 두 번 이상 받은 것을 의미하며, 두 개의 사무소를 설치하는 것과는 구분된다. 이중등록의 전형적인 형태는 개설등록을 한 공인중개사인 개업공인중개사가 다른 등록관청 관할구역에서 새로이 중개사무소를 개설하는 경우이다. 이러한 이중등록금지는 등록지역 내에서는 물론 등록지역을 달리하는 경우에도 적용될 뿐만 아니라, 업자의 종별을 달리하여 이중으로 등록을 받는 경우에도 똑같이 적용된다. 예컨대, 개업공인중개사가 종전의 사무소를 폐쇄하였으나 폐업신고를 하지 않은 상태에서 새로운 중개사무소 개설등록을 한 경우에도 이중등록에 해당된다고 할 수 있다. 또한 국토교통부에서는 개인 개업공인중개사·중개법인의 대표이사·분사무소 책임자의 3가지 중 두 가지를 겸직할 경우 이중등록으로 본다고 유권해석하고 있다.

713 인가주의 *
認可主義

공인중개사협회는 법률이 정한 요건을 구비하고 행정관청의 인가를 얻음으로써 법인설립 등기가 가능하도록 하는 원칙

인가를 받지 못하면 등기를 할 수 없으므로 법인설립도 할 수 없다. 인가주의는 법률이 정하는 요건을 갖추고 있으면 반드시 인가해 주어야 한다.

714 인증 *
認證

문서나 행위가 진정으로 이루어졌다는 것을 공적기관이 인정하여 증명하는 일

인증은 집주인의 동의없이 공증사무소나 법원에서 할 수 있는데, 전세계약을 맺은 당시 전세계약서 등 계약서에 확정일자의 인증을 받아 놓으면 전세등기와 같은 효력이 있는 경우가 있다.

715 **인장** ✱✱
印章

글자, 무늬 등을 조각해 인주에 발라 문서에 찍어 증명으로 삼는 것

중개사무소 개설등록을 한 자는 업무개시 전에 등록관청에 인장을 등록하여야 하며, 개업공인중개사가 중개행위를 함에 있어서는 등록된 인장을 사용하여야 한다. 개업공인중개사가 등록된 인장을 사용해야 할 문서로는 거래계약서, 중개대상물 확인설명서, 표준계약서, 중개보수·실비 등의 영수증 기타 중개행위에 관계되는 문서와 등록관청에 제출되는 문서이다.

716 **일반중개
계약** ✱
一般仲介契約

우리나라에서 가장 많이 이용되는 중개의뢰형태로 중개의뢰인이 여러 개업공인중개사에게 중개를 의뢰하는 제도

이 계약형태는 개업공인중개사와 의뢰인 쌍방에 모두 불리하다고 할 수 있다. 그 이유는 개업공인중개사는 중개활동에 많은 비용을 쓰게 되지만 구매자가 나타나지 않을 경우도 있으며, 구매자가 나타날 경우에도 개업공인중개사는 빨리 거래를 성사시켜 중개보수를 취할 목적으로 정상가격보다 낮은 가격에 계약체결을 유도할 가능성이 많기 때문이다.

717 **임의경매** ✱
任意競賣

저당권, 질권, 유치권, 전세권, 담보가등기 등 담보물권이 가지고 있는 경매권에 의하여 실행되는 경매

채무자의 특정 재산에 대한 강제집행으로 예견된 경매이다.

718 입찰 ✳✳
入札

경쟁매매의 방법

일반적으로 경쟁계약에 의할 때 경쟁에 참가하는 자에게 문서로서 계약의 내용을 표시한 자를 상대방으로 하여 계약을 체결하는 것이다. 민사소송법상 강제집행의 대상인 부동산의 매각방법의 하나로서 각 매수신청인이 서면으로 매수가격을 신청하여 그 중 최고가격의 입찰인을 매수인으로 정하는 방법이다.

**719 자기과잉형
고객** ✳
自己過剩型 顧客

언행·동작 등이 자신만만하고 침착한 고객

이런 유형의 고객은 자기중심적이며 타인에게 리드당하는 것을 싫어하므로, 개업공인중개사는 충분하고 빈틈없는 판단자료를 제공하여 가망고객 자신의 주체적인 의사로 결정했다는 만족감을 갖도록 하는 것이 좋다. 이런 유형의 고객에 대해서는 상대방을 존경하는 태도로 접촉하면 좋은 성과를 거둘 수 있다.

**720 자기과장형
고객** ✳
自己誇張型 顧客

사회적 지위나 소득을 실제보다 과장하여 위세를 부리는 고객

개업공인중개사는 과장인가 진실인가를 잘 판별하여야 한다. 매입할 자금도 없으면서 과장된 말로 매입할 듯한 인상을 주려는 고객과 만났을 때는 가능한 한 빨리 마치고 시간낭비가 되지 않도록 주의해야 한다.

**721 자기현시형
고객** ✳
自己顯示型 顧客

부동산에 관하여 어느 정도의 식견을 갖고 있어 '나는 전혀 모르는 사람이 아니다'라는 인상을 개업공인중개사에게 주려는 심리가 있는 고객형

이런 유형의 고객은 부동산에 대해서 좀 안다는 인상을 주려고 하는 한편, 개업공인중개사에게 속지 않으려는 경계심이 있으므로 양심적인 개업공인중개사라는 신뢰감을 주게 되면 불필요한 허세를 제거할 수 있으므로 확실한 자료 등을 주면서 가볍게 권유하는 것이 좋다.

722 전속중개계약 *
專屬仲介契約

중개대상물의 중개를 의뢰함에 있어서 특정한 중개업자를 정하여 그 중개업자에 한하여 당해 중개대상물을 중개하도록 하는 계약

소유자가 직접 판매를 했을 경우, 중개의뢰인은 중개수수료를 지급할 의무가 면제된다. 한 중개업자에게 독점판매를 의뢰하면서도 그에게 보수를 지급하지 않아도 되는 기회가 있어 소유자의 입장에서는 가장 유리한 계약일 수 있으나, 중개업자는 보수가 확실히 보장 되지 않으므로 최선을 다하지 않을 수도 있다.

723 접근성 **
接近性

대상 부동산과 편의시설, 공공시설, 교통시설 등과의 접근정도

접근성은 흔히 교통비용이나 시간에 의하여 측정된다. 따라서 접근성이 좋은 근린지역은 그렇지 못한 다른 지역에 비해서 부동산의 가치가 높게 형성되는 경향이 있다.

724 접근조건 *
接近條件

택지가격에 영향을 주는 시설의 영향력, 택지와의 거리관계 등에 의하여 택지에 이익을 받고 손해를 입는 가치를 판단하는 조건

택지의 이용가치는 그 위치가 좋고 나쁨에 따라 크게 영향을 받는다. 예컨대, 전철역·버스정류장 등의 교통관계시설, 시장·상점가 등의 경제적 시설, 학교·관공서 등의 문화·공공시설, 극장·영화관·공원 등의 위락·후생시설 등에 접근한 위치에 있으면 그 가치는 증대되고, 화장장·오수처리장·고압선 등의 혐오·위험시설에 접근한 위치에 있으면 그 가치는 감소한다.

725 정보공개의무 **
情報公開義務

중개를 의뢰받은 중개업자에 대해 중개대상물에 관한 정보를 공개하도록 하는 의무

공개하여야 할 정보는 중개대상물의 종류, 소재지, 지목 및 면적, 건축물의 용도, 구조 및 건축연도 등 중개대상물을 특정하기 위하여 필요한 사항 벽면 및 도배의 상태, 수도, 전기, 가스, 소방, 열공급, 승강기 설비, 오수, 폐수, 쓰레기 처리시설 등의 상태 도로 및 대중교통수단의 연계성, 시장, 학교 등과의 근접성, 지형 등 입지조건, 일조, 소음, 진동 등 환경조건, 소유권, 전세권, 저당권, 지상권 및 임차권 등 중개대상물의 권리관계에 관한 사항, 공법상의 이용제한 및 거래규제에 관한 사항, 중개대상물의 거래예정금액 및 공시지가 등이다.

726 정보전시 수수료 *
情報展示手數料

개업공인중개사가 중개대상물에 대해 필요한 자료의 전시의뢰를 받고, 일정한 장소에 전시하였을 경우에 전시를 의뢰한 사람으로부터 받는 수수료

이와 같이 전시수수료에 있어서는 요율은 없고, 전시규격별로 거래예정금액과 전시기간에 따라 한도액만을 정하고 있다. 주의할 점은 개업공인중개사가 부동산 거래 중개업무와 정보전시업무를 겸업하고 있을 경우에는 동일한 중개대상물에 대하여 중개보수와 전시수수료를 이중으로 받을 수 없으며, 전시수수료는 전시의뢰를 하는 때 지불함이 원칙이다.

727 조작성 사고 *
操作性 事故

부동산이 적법하게 거래되었음에도 불구하고 후에 부동산 거래 계약의 취소 사유를 주장하거나 유치권 행사 또는 기타의 구실을 만들어 상대방의 권리 취득을 어렵게 하는 것

상대방의 권리행사를 저지하거나 방해되는 사유를 조작하기 위해 법률지식을 악용하는 부동산 거래사고의 유형이다.

728 중개계약 **
仲介契約

개업공인중개사가 중개의뢰인으로부터 중개대상물에 대하여 중개를 의뢰받고 체결되는 계약

중개계약은 낙성·불요식계약으로 구두로 체결하는 것이 일반적이며, 서면으로 계약을 할 경우에는 중개계약서 2부만 작성하면 된다. 중개계약의 유형으로는 일반, 독점, 전속, 공동, 순가중개계약 등이 있다.

PlusTip 제2중개계약

의뢰인과 중개계약을 체결한 개업공인중개사는 중개계약의 목적인 거래계약의 성사를 위하여, 다시 제3의 개업공인중개사와 당해 중개대상물에 대한 중개계약을 체결할 수 있는데, 이를 원래의 중개계약에 대하여 제2중개계약이라 한다.

729 중개대상물
仲介對象物

부동산을 거래할 때 대상이 되는 물건

공인중개사법상 중개대상물의 범위는 토지와 건축물, 그 밖의 토지정착물과 그 밖에 대통령령이 정하는 재산권 및 물권을 한정한다.

730 중개보수 **
仲介報酬

개업공인중개사가 중개업무에 관하여 중개의뢰인으로부터 받는 보수와 실비

개업공인중개사의 고의 또는 과실로 인하여 중개의뢰인 간의 거래행위가 무효·취소 또는 해제된 경우에는 중개보수를 받을 수 없다.

PlusTip 실비(實費)

개업공인중개사는 중개의뢰인으로부터 중개대상물의 권리관계 등의 확인 또는 계약금 등의 반환채무이행 보장에 소요되는 실비를 받을 수 있다.

PlusTip 중개보수 및 실비의 한도

① 주택의 중개에 대한 보수는 중개의뢰인 쌍방으로부터 각각 받되, 그 일방으로부터 받을 수 있는 한도는 매매·교환의 경우에는 거래금액의 1천분의 9이내로 하고, 임대차 등의 경우에는 거래금액의 1천분의 8이내로 한다.

② 실비의 한도는 중개대상물의 권리관계 등의 확인 또는 계약금 등의 반환채무이행 보장에 드는 비용으로 하되, 개업공인중개사가 영수증 등을 첨부하여 매도·임대 그 밖의 권리를 이전하고자 하는 중개의뢰인(계약금 등의 반환채무이행 보장에 소요되는 실비의 경우에는 매수·임차 그 밖의 권리를 취득하고자 하는 중개의뢰인을 말한다)에게 청구할 수 있다.

③ 제1항 및 제2항의 경우에 중개대상물의 소재지와 중개사무소의 소재지가 다른 경우에는 개업공인중개사는 중개사무소의 소재지를 관할하는 시·도의 조례에서 정한 기준에 따라 중개보수 및 실비를 받아야 한다.

731 **중개보조원 ***
仲介補助員

공인중개사가 아닌 자로서 중개업자에 소속되어 중개대상물에 대한 현장안내 및 일반서무 등 중개업자의 중개업무와 관련된 단순한 업무를 보조하는 자

이러한 중개보조원은 중개업자 또는 소속공인중개사와는 달리 계약서의 작성이나 중개대상물 확인 및 설명서의 작성 등 주된 중개 업무는 수행할 수 없다.

732 **중개사무소 ***
仲介事務所

개업공인중개사의 업무상 활동의 근거·중심이 되는 장소

중개사무소의 개설등록, 업무개시, 중개인의 중개활동의 범위 등의 판단 등 등록제도에 사무소는 중요한 요건이다. 즉, 중개사무소 소재지가 등록관청을 정하는 요소이며, 반드시 개업공인중개사가 운영하여야 한다.

733 중개수수료 ✽
仲介手數料

부동산 중개업자가 중개를 한 대가로 받는 보수

주택(부속토지 포함)의 중개 수수료와 중개대상물의 권리관계 등의 확인, 계약금 등의 반환채무이행 보장에 소요되는 실비는 국토교통부장관이 정하며 이 범위 안에서 특별시·광역시·도 또는 특별자치도가 조례로 정한다. 주택 외의 중개수수료는 국토교통부장관이 정한다. 중개업자는 주택 외의 중개대상물에 대하여 중개수수료 요율의 범위 안에서 실제 자기가 받고자 하는 중개수수료의 상한요율을 규정에 따라 중개수수료·실비의 요율 및 한도액표에 명시하여야 하며, 이를 초과하여 중개수수료를 받아서는 안 되며, 사례·증여 그 밖의 어떠한 명목으로도 규정에 정한 수수료 또는 실비를 초과하여 금품을 받아서는 안 된다.

734 중개실무 ✽
仲介實務

중개의뢰인을 전제로 하는 업무

광의의 중개실무에는 중개업자가 중개업의 경영이든 중개의뢰인을 위한 업무이든 사업의 일환으로 행하게 되는 모든 업무가 해당되겠지만, 협의(실질적 의미)의 중개실무에는 중개의뢰인을 전제로 하는 업무로서 중개업자와 중개의뢰인 간의 중개계약 이후 거래당사자 간의 계약체결로 인한 중개완성 시까지 중개업자가 행하는 일련의 중개활동을 의미한다.

PlusTip 중개 3요소
중개업자, 중개의뢰인, 중개대상물

735 중개행위 ✽
仲介行爲

타인간의 거래성립을 위한 매개 행위

중개업자가 중개의뢰 당사자들의 중개계약에 따라 중개완성을 성립시키기 위하여 중개의뢰인 간에 법률행위를 알선하는 일체행위를 말한다.

736 **중개윤리** ✲
仲介倫理

부동산 중개업자의 양심의 기초가 되는 것

중개업자가 부동산 중개업의 전문직업인으로서 마땅히 지켜야할 도리로 바른 중개활동을 말한다. 중개윤리는 일반적으로 서비스윤리와 동업자윤리, 공중윤리, 고용윤리로 구분된다. 학자에 따라서는 동업자윤리를 조직윤리로 부르는 경우도 있으며, 고용윤리는 중개윤리에 포함되지 않는다는 주장도 있다.

737 **중개인** ✲
仲介人

중개인이라 함은 법인 및 공인중개사가 아닌 자로서, 중개업을 영위하는 자

중개인은 소개업자에 대한 경과조치에 의해 법률적으로 중개업자로 인정되고 있는 자이다. 1983년 11월 30일 이전에 종전의 소개영업법에 의하여 신고를 하고 소개영업을 영위하고 있는 자로서, 중개업자결격사유에 해당하지 아니하여, 이 법에 의한 중개사무소의 개설등록을 한 것으로 보는 자를 말한다.

PlusTip 중개사용인

중개사무소의 중개사용인이란 중개업자가 고용한 중개보조원과 소속공인중개사를 의미한다.

738 **중도금** ✲
中渡金

부동산 거래 시 계약금과 잔금 사이에 일부 지불하는 금액

부동산 거래계약에 있어서 계약시에 약정금액의 1할 (10%) 정도 지불되는 계약금 다음에 2차로 약정금액의 반액 이상을 지불하는 금액으로 중도금 지불 후 잔금이 지불되어 거래금액이 완불된다.

739 **징구법** *
徵求法

부동산감정평가 대상 부동산의 감정평가를 의뢰하는 자로 하여금 필요한 자료를 감정평가사에게 직접 제출하게 하는 방법

징구법으로 얻는 자료는 주로 확인자료(등기부등본, 지적공부 등)이다.

740 **차임** *
借賃

임대차에 있어서 임차물 사용의 대가로서 지급되는 금전 그 밖의 물건

토지의 경우에는 지료, 가옥의 경우에는 가임이라고도 한다. 민법에서는 지상권의 경우에는 지료, 임대차에서는 차임이라는 용어를 사용하고 있다. 차임의 금액은 계약에 의하여 자유로이 정할 수 있는 것이 원칙이다. 다만 약정한 차임이 그 후의 사정의 변경에 의하여 상당하지 아니하게 된 때에는 당사자는 장래에 대한 차임의 증감을 청구할 수 있다.

741 **참여중개** *
參與仲介

거래물과 상대방을 찾아서 계약이 체결되도록 중개하는 것

매개중개라고도 부른다. 정보만 제공하는 것이 아니라 계약이 체결되도록 상대방을 중개해 주는 것이다. 참여중개는 계약이 성립되어야만 보수가 지급되며 상대방의 교섭까지도 중개업자가 의뢰받는다.

PlusTip 지시중개

단순히 필요한 자료를 전시하고 정보를 제공하거나 조언을 함으로써 중개가 완성되는 소개형태의 중개를 의미한다.

742 **청문** *
聽聞

사실조사를 하는 행정절차

「공인중개사법」은 공인중개사 및 거래정보사업자의 권익보호를 위해 등록관청의 중개사무소 개설등록취소, 국토교통부장관의 거래정보사업자 지정취소, 시·도지사의 공인중개사의 자격취소 등의 불이익 처분에 앞서 청문을 실시하여야 한다고 규정하고 있다.

743 **침묵방어형 고객** *
沈默防禦型 顧客

부동산 거래활동에 있어 공인중개사 사무실에 들른 고객이 침묵을 지키면서 자기방어적 태도로 결심을 잘 하지 못하는 고객

이러한 유형의 고객은 일반적으로 부동산개업공인중개사 또는 부동산업자에 대한 불신감이 깊은 경우가 있기 때문에 성실과 증거에 의한 대응이 좋다.

744 **클로징 단계** *
Closing

매도인과 매수인이 일정의 시간·장소에서 권리증서와 대금의 교환을 함으로써 거래가 종결되는 단계

부동산 중개과정의 마지막 단계로서 매매계약서 또는 임차계약서의 서명, 권리증서와 대금의 교환, 실질적인 소유권의 이전, 중개보수의 정산 등이 이루어짐으로써 중개거래가 종결되는 단계이다.

745 **탐문법** *
探問法

직접 정보를 탐문하여 얻는 것

부동산의 제활동 등과 관련된(부동산감정평가활동·부동산 거래활동·부동산권리분석활동 등) 여러 가지 필요한 정보 등을 직접 탐문하여 얻는 방법이다.

746 **특수법인 ***
特殊法人

부동산 중개업법에서의 다른 법률의 규정에 의하여 부동산 중개업을 할 수 있는 법인

중개사무소 개설등록 기준은 다른 법률의 규정에 의하여 부동산 중개업을 할 수 있는 경우에는 그 기준이 적용되지 않는다. 따라서, 특수법인은 개설등록기준에 적합하지 않더라도 중개사무소 개설등록이 가능하다고 해석된다.

747 **특수지도 ***
特殊地圖

지도 중 특정 목적에 유효하도록 필요한 항목의 표현에 중점을 둔 것

해도나 지적도, 지질도, 관광지도 등이 이에 속한다. 대부분의 특수지도는 일반도 위에 특별한 항목을 겹쳐 인쇄한 것이 많다.

748 **파산 ***
破産

어떠한 사람이 경제적으로 파탄하여 그의 변제능력으로서는 총채권자의 채무를 완제할 수 없는 상태에 이르렀을 때 이에 대처하기 위한 법률적 수단

강제적으로 그의 전재산을 관리·환가하여 총채권자에게 공평한 금전적 만족을 주는 것을 목적으로 하는 재판상 절차이다.

749 **표준임대차 계약서 ****
標準賃貸借契約書

임대차계약의 약정 사항을 기재한 문서

국토교통부령이 정한 바에 따른다. 표준임대차계약서에는 임대보증금, 임대료, 임대차계약기간, 임대사업자 및 임차인의 권리·의무에 관한 사항, 임대주택의 수선·유지 및 보수에 관한 사항 기타 국토교통부령이 정하는 사항이 포함된다. 주의할 것은 임대사업자가 임대차 계약을 체결함에 있어서 임대차 계약기간 만료 후 임대주택을 임차인에게 매각할 예정인 경우에는 주택임대차 보호법의 법정임대차 기간에 상관없이 임대차 기간을 1년으로 정할 수 있다는 점이다.

750 **하도급** *
下都給

수급인이 다시 제3자에게 도급을 주는 것

건설업법상의 수급인이 그 도급받은 건설공사의 일부 또는 전부에 대하여 다른 건설업자와 체결하는 도급계약을 말하며 하청이라고도 한다.

751 **합동사무소** *
合同事務所

업무의 효율적인 수행과 중개사무소의 공동활용 등을 위하여 필요한 경우에 2인 이상의 중개업자가 공동으로 설치하는 중개사무소

합동사무소를 설치하는 방법은 기존의 중개업자가 합동사무소로 사용될 사무소로 이전신고를 하는 방법과 해당 사무소에 신규 개설등록 신청을 하는 방법으로 가능하다.

752 **확정일자인** *
確定日字印

주택임대차에 있어 전세금을 보호하기 위한 한 가지

공증사무실이나 등기소에 가서 계약확인도장을 받으면 된다. 전세계약서나 임대차계약서에 확정일자인을 받아 놓으면 전셋집이 경매되더라도 전세등기처럼 전세보증금을 후순위권리자보다 우선변제받을 수 있도록 한 법적 보호장치이다. 그러나 전세권 담보설정·전전세·임대·양도 등이 불가능하며, 주택소유자가 전세금 반환을 늦춰도 경매신청을 할 수 없다. 확정일자인은 법률관계의 내용은 묻지 않고, 문서작성일자만을 확인하는 것이기 때문에 계약서만 가지고 가면 되는 것이고, 전세금 규모에 제한이 없다. 확정일자를 받으려면 전세나 월세 등의 계약서와 주민등록등본이 필요하다.

CROSS WORD

		1		3		2	
1					3		
							4
2							
		4					

Across

① 가등기의무자가 등기신청 협력하지 않을 경우 법원에서 신청하여 명령을 받는 것

② 온수나 석유 등이 용출되는 용출구와 유지에 사용되는 부지

③ 토지에 관한 기본사항을 표시하는 지적에 관한 내용을 공적으로 증명하는 장부

④ 회복등기의 한 종류로 천재지변으로 훼손된 등기를 회복할 목적으로 행하는 것

Down

① 건물의 일정한 권리관계를 기재하는 등기

② 권리의 변동을 점유나 등기와 같은 다른 사람이 인식할 수 있도록 나타내는 ○○방법

③ 등기부나 토지대장에 1필지로 되어 있는 토지를 분할하여 2필지 이상의 토지로 나누는 것

④ 건물 중 구조나 이용상에 독립성을 가지는 것을 구분하는 등기

Across │ ① 가등기가처분 ② 광천지 ③ 지적공부 ④ 멸실회복등기
Down │ ① 건물등기 ② 공시 ③ 분필 ④ 구분등기

checkpoint

- ✓ 가등기
- ✓ 가옥대장
- ✓ 공중지상권
- ✓ 단식지목
- ✓ 등기촉탁
- ✓ 멸실등기
- ✓ 보존등기
- ✓ 세부측량
- ✓ 신탁원부
- ✓ 용도지목
- ✓ 토지이용계획확인서
- ✓ 표제부

753 **가등기** **
假登記

본등기를 할 수 있는 실체법적 요건이 구비되지 아니한 경우에 부동산 물권변동을 발생하게 할 청구권을 보전하기 위하여 그것을 공시하는 등기

가등기는 소유권, 지상권, 지역권, 전세권, 저당권, 권리질권, 임차권의 설정·이전·변경 또는 소멸의 청구권을 보전하려 할 때, 그 본등기의 순위보전을 위하여 하는 예비등기이다. 가등기의 효력은 등기부상에 기재된 형식이 아닌 설정 목적에 의해 결정된다. 예를 들어, 순위보전 가등기의 형식으로 등기부에 기재되어 있다 할지라도 그 실질 내용이 담보 목적의 가등기면 담보 가등기로 인정되는 것이다.

754 **가등기
가처분** **
假登記
假處分

상대방이 가등기의 신청에 동의, 협력하지 않는 경우 법원에 대하여 가등기를 필해야 한다는 취지의 가처분명령을 신청하고, 이 명령에 따라 일방적으로 행하는 가등기

가등기 의무자가 등기신청에 협력하지 않을 경우 가등기권리자가 목적부동산의 소재지를 관할하는 지방법원에 신청해 가등기 원인을 소명하여 가등기 가처분결정을 받은 다음, 해당 가등기 가처분 결정 정본을 첨부하여 가등기 권리자가 단독으로 가등기를 신청할 수 있다. 가등기 가처분 명령에 의한 가등기는 법원의 촉탁에 의한 것이 아니라 가등기권리자가 단독신청하며, 이 가등기 가처분에 관해서 민사집행법상의 가처분에 관한 규정이 준용되지 않으므로 그 말소절차도 가등기 말소의 통상절차에 따라 공동신청으로 말소하게 된다.

755 **가옥대장** ✱✱
家屋臺帳

물건에 대하여 물리적 정보가 담긴 서류

건물에 관하여는 토지대장이나 임야대장에 견줄 수 있는 건물대장이라는 제도는 없고, 다만 각 지방공공단체가 지방세 징수상의 편의를 위해 건물에 관한 과세대장을 작성·비치하고 있을 뿐인데, 이를 서울특별시에서는 '가옥대장'이라 부르고 있으며, 기타의 지방공공단체에서는 '과세대장'이라 부르고 있다. 과세대장 내지 가옥대장에는 건물의 소재·번호·종류·구조·건평·소유자의 주소와 성명 등을 등록하고 있으며, 각 지방공공단체는 내규 내지 예규를 정해 건물에 관한 과세대장의 등본을 발급해 주고 있어서 이를 등기신청 등에 이용하고 있다.

756 **가처분등기** ✱
假處分登記

가처분은 계쟁물에 관한 현상유지를 목적으로 하는 처분의 제한조치

부동산에 관해 처분을 금하는 가처분재판의 집행은 집행법원의 촉탁으로 처분금지가처분등기로서 행하며 이로써 가처분등기 이후에 가처분채무자가 목적물을 제3자에게 양도 등의 처분행위를 하여도 가처분채권자에게는 대항할 수 없게 된다. 가처분채권자가 본안소송에서 승소하여 해당 판결에 따른 소유권이전 또는 말소등기를 행하면 가처분에 저촉되는 등기는 말소한다.

757 **각하** ✱
却下

민사소송에서 소장(訴狀)이나 형식에 있어서 법규에 맞지 않는 경우에 수리(受理)를 거절하는 국가기관에 대한 행정상 신청을 배척하는 처분

형식재판 또는 소송재판으로서, 소송요건의 흠결이나 부적법 등의 이유로 본안심리를 거절하는 재판이다. 또한 본안심리 후 그 청구에 이유가 없다 하여 청구를 배척하는 기각(棄却)과 구별된다.

갑구 *
甲區

부동산 등기용지 중 등기대상 부동산의 소유권에 관한 사항이 있는 곳

갑구는 사항란(事項欄)과 순위번호란(順位番號欄)으로 나누어지며, 갑구의 사항란에는 대상 부동산의 소유권의 사항만을 기재하고, 갑구의 순위번호란에는 갑구사항란을 기재한 순서를 적는다.

건물 ⁑
建物

토지에 정착하고 있는 건조물이며, 토지와는 독립된 별개의 부동산

보통 토지상에 건설된 것 중에서 지붕·주벽(周壁)이 있고 사람의 거주에 사용되고 있는 것, 저장 등에 사용되고 있는 것 등을 말한다. 건물은 토지로부터 독립된 부동산으로 거래되므로, 그 권리관계를 명확하게 하기 위해서 공시하고 있으며, 등기부 또한 토지등기부와 건물등기부로 나눈다. 건축 중인 건물의 경우 건물의 기능과 효율성 면에서 최소한 기둥과 지붕 그리고 주벽만이라도 이루어져 있어야 독립된 부동산으로 볼 수 있다.

PlusTip 건물의 대지
① **법정대지** : 한 동의 건물이 소재하는 대지
② **규약대지** : 한 동의 건물이 소재하는 대지는 아니나 규약으로 법정대지와 같이 취급하기로 한 대지
③ **간주규약토지** : 건물이 소재했던 토지가 건물의 일부멸실 또는 분할에 의해 건물이 소재하는 토지가 아닌 토지로 된 토지

760 **건물등기** ✸ 建物謄記

건물등기부에 건물의 일정한 권리관계를 기재하는 일

우리나라에서 건물은 토지와는 별개로 하나의 부동산으로 취급하기 때문에 독립하여 등기할 수 있으며, 등기부에는 토지등기부와 건물등기부가 따로 되어 있어, 한 동의 건물에 대하여 1등기용지를 사용한다. 건물등기는 그 물건을 표시하는 기초가 되는 서면이 확실하지 못해서 문제가 되는 일이 적지 않다. 또 등기하지 아니한 건물이 많고, 건물의 신축·개축·멸실 등을 정확하게 장부상에 표시하여야 한다.

761 **건물표시의 변경등기** ✸ 建物表示 變更登記

건물의 분합, 구분·번호·종류·구조의 변경, 멸실, 면적의 증감, 부속건물의 신축, 건물대지의 지번변경 등 건물등기부의 표시란에 등기된 사항에 변동이 있는 때에 하는 등기

건물표시의 변경이 있는 때에는 그 건물의 소유권의 등기명의인은 1개월 이내에 변경등기를 하여야 하며, 이러한 신청의무를 게을리 하면 5만 원 이하의 과태료처분을 받게 된다. 등기부에 기재된 건물의 표시가 가옥대장과 부합하지 아니하는 경우에는 이에 대한 변경등기를 하지 아니하면 그 건물 소유권의 등기명의인은 그 건물에 대하여 다른 등기를 할 수 없다.

762 **결번** ✸✸ 缺番

지번부여지역 내에 순서로 붙여진 지번이 빠질 경우

결번이 생길 때 소관청은 지체 없이 그 사유를 결번대장에 등록하고 영구히 보존하여야 한다.

PlusTip 결번의 발생 사유

합병, 행정구역의 변경, 지번변경, 축척변경, 지번정정, 등록전환, 해면성말소, 도시개발사업, 농지개량사업, 지적공부의 정리, 토지(임야)조사 당시의 결번

763 **결번대장** **
缺番臺帳

소관청이 지번부여지역에 결번이 생긴 경우에 그 결번과 발생사유를 등록하여 영구히 보존하는 장부

지번의 중복을 방지하고, 대장의 분실여부를 판단하기 위해 작성된다.

764 **결정원본 편철장** *
決定原本編綴帳

등기신청에 대한 등기공무원의 각하 결정

등기의 말소에 관한 이익의 인용 또는 각하 결정 등 모든 결정의 원본을 편철한 장부이다.

765 **경계** *
境界

필지별로 경계점 간을 직선으로 연결하여 지적공부에 등록한 선

소유권이 미치는 범위와 면적을 결정하는 기준이 되며, 지적국정주의에 따라 반드시 국가가 지적측량을 실시하여 경계를 정한다.

PlusTip 경계설정의 원칙

① **경계직선주의** : 각 필지의 경계점 간을 가능한 한 직선으로 한다.

② **경계국정주의** : 한 필지의 범위를 획정하는 경계는 국가가 결정하여 지적공부에 등록한다.

③ **부동성의 원칙** : 한 번 구획된 경계는 토지 이용 등의 적법한 사유가 없는 한 옮겨서는 안 된다.

④ **축척종대의 원칙** : 동일한 경계가 축적이 다른 도면에 등록되어 있을 때에는 가장 큰 축적의 도면에 등록된 경계를 따른다.

⑤ **경계불가분의 원칙** : 토지의 경계가 유일무이(唯一無二)한 것으로 같은 토지에 두 개 이상의 경계가 있을 수 없으며, 양 필지사이에 공통으로 적용된다.

766 **경계 복원 측량** ⁑
境界復元測量

지적 공부에 등록될 당시의 원래 지상 경계를 찾아 지표에 나타내는 행정 처분

경계 감정 측량이라고도 한다. 지적 공부에 등록된 경계나 수치 지적부에 등록된 좌표를 바탕으로, 등록 당시의 토지 경계 일치 여부를 확인할 목적으로 실기하는 측량이다. 등록할 당시의 측량 방법과 동일한 방법으로 시행한다.

767 **경계불가분의 원칙** ⁑
境界不可分 原則

경계는 절대로 분리할 수 없다는 원칙

경계는 1필지의 범위를 확정하며, 양 필지에 공통으로 작용하는 유일무이한 것으로 같은 토지에 두 개 이상의 경계는 있을 수 없다는 사실이다. 경계는 위치와 길이가 있을 뿐 넓이는 없는 것으로서 기하학상의 선과 그 성질이 같다.

768 **경계사정** ⁑
境界査定

공물인 토지의 경우 도로법이나 하천법 등에 의해 관리청이 그 범위를 정하는 행위

원칙적으로 일반 사유지는 당사자의 합의나 법원의 판결로 경계확정을 하지만, 국유지나 공유지인 토지에 대해서는 행정청의 일방적 행위로 경계사정을 행한다. 따라서 경계사정으로 손실이 발생하면 공법상 손실보상청구권이 생기며, 경계확정에 대한 불복은 행정쟁송의 제기로 한다.

769 **경계선** ⁑
境界線

토지의 강계선(疆界線)과 지역선(地域線)을 합친 것

두 개의 단위 토지 사이를 구획하는 선, 즉 도해지적에서는 지적도나 임야도에 그려진 토지의 구획을 말하고, 좌표지적에서는 어떤 점의 좌표와 그 이웃하는 점의 좌표와의 연결을 말한다.

770 경계점 **
境界點

위상공간론에서 사용되는 용어

지적공부에 등록하는 필지를 구획하는 선의 굴곡점과 경계점 좌표등록부에 등록하는 평면 직각 종횡선 수치의 교차점으로 도해측량의 경우는 폐합된 다각형의 꼭지점을 경계점 좌표측량지역의 경우에는 종선수치와 횡선수치의 교차점을 의미한다.

771 경계점 좌표등록부 **
境界點 座標登錄簿

지적에 관한 사항을 직각종횡의 수치가 붙어 있는 좌표에 의하여 나타내는 대장형식의 도면

도해지적보다 정밀도가 높다는 장점이 있으며, 쉽게 이해할 수 없다는 점과 많은 비용이 요구된다는 단점이 있다.

772 경정등기 **
更正登記

이미 등기가 완료된 후에 등기의 실행 당시부터 그 등기의 일부가 실체관계와 부합하지 아니한 경우, 이를 시정하여 실체관계와 부합하게 하는 등기

경정등기는 부동산의 표시경정, 등기명의인의 표시경정, 권리경정 등이 있다.

773 공간정보의 구축 및 관리 등에 관한 법률 **

측량 및 수로조사의 기준 및 절차와 지적공부(地籍公簿)·부동산 종합공부(不動産綜合公簿)의 작성 및 관리 등에 관한 사항을 규정하는 법률

국토의 효율적 관리와 해상교통의 안전 및 국민의 소유권 보호에 기여함을 목적으로 제정된 법률이다.

774 **공공측량** *
公共測量

공공의 이해관계가 있는 측량

국가, 지방자치단체, 그 밖에 국토교통부장관이 정하는 기관이 관계 법령에 따른 사업 등을 시행하기 위하여 기본측량을 기초로 실시하는 측량과 공공의 이해 또는 안전과 밀접한 관련이 있는 측량을 말한다.

775 **공동담보** *
共同擔保

거래당사자 중 한 사람이 계약을 위반하여 생긴 손해를 다른 사람이 공동으로 배상하는 담보

동일한 채권을 담보하기 위하여 수 개의 물권 위에 담보물권이 존재하는 것을 말하고 공동저당은 그 가장 중요한 형식 중 하나이다.

776 **공동담보목록
편철장** *
共同擔保目錄
編綴章

담보개체의 수가 5개 이상인 부동산을 목적으로 하는 저당권 설정등기신청서에 첨부한 공동담보목록을 접수번호의 순서에 의해 편철한 장부

저당권이나 전세권이 말소된 때에는 이를 제거하여 그때부터 10년간 보존한다.

777 **공동인명부** *
共同人名簿

부동산 등기법에서 등기 권리자나 등기 의무자가 여러 사람일 경우, 신청서 필두에 쓴 사람을 제외한 나머지 당사자들의 주소, 성명 등을 따로 기록하여 두는 장부

동일한 부동산을 다수인이 공동으로 매수할 때 등기신청인이 다수인인 경우에 그 신청인 전원의 성명과 주소 등을 따로 기재한 장부를 말한다. 여러 사람의 주소와 성명을 모두 등기용지에 적으면 업무 효율이 떨어지므로 공동인명부를 두는 것이다. 등기부에는 등기권리자의 성명 또는 명칭, 주소 또는 사무소 소재지, 주민등록번호 또는 부동산 등기용 등록번호 등을 적는다.

778 공시방법 ✳
公示方法

권리의 변동을 점유나 등기와 같이 다른 사람이 인식할 수 있도록 나타나는 것

물권은 독점적인 지배권이기 때문에 다른 사람이 식별하지 못하면 일반인들은 그 부동산을 누가 소유하고 있는지 알 수 없다. 이를 방지하기 위해 등기·등록·신고·통지·승낙·게재와 같은 권리관계의 외형적 표상으로 나타내는 것을 말한다.

779 공원 ✳
公園

공간정보의 구축 및 관리 등에 관한 법률상의 지목 중 하나

일반공중의 보건·휴양 및 정서생활을 이용하기 위한 시설을 갖춘 토지로서 국토의 계획 및 이용에 관한 법률에 의하여 공원 또는 녹지로 결정·고시된 토지를 말하며, 지목부호는 '공'으로 표기한다.

780 공유지연명부 ✳
共有地連名簿

1필지에 대한 토지를 2인 이상이 공동으로 소유하고 있는 경우에 공유토지에 대하여 공유자와 지분 등을 대장별로 작성하는 지적공부

공유지연명부에는 토지의 소재, 지번, 소유권 지분, 소유자의 성명 또는 명칭, 주소 및 주민등록번호, 토지의 고유번호, 필지별 공유지연명부의 장번호, 토지소유자가 변경된 날과 그 원인이 기재되어 있다.

781 공장용지 ✳
工場用地

공간정보의 구축 및 관리 등에 관한 법률상의 지목 중 하나

제조업을 하고 있는 공장시설물의 부지, 산업집적활성화 및 공장설립에 관한 법률 등 관계법령에 의한 공장부지 조성공사가 준공된 토지 및 앞의 토지와 같은 구역 안에 있는 의료시설 등의 부속시설물의 부지를 말하며, 지목부호는 '장'으로 표기한다.

782 **공중지상권** ✱✱
空中地上權

토지의 지표면을 이용하지 않고, 일정한 범위 내의 공중만을 이용하려는 권리

공중에서의 건축, 기존 건축물의 일조권 확보 등이 그 목적이 된다.

783 **공중지역권** ✱✱
空中地域權

부동산의 입체공간과 관련되어 사용되는 용어로서, 공중공간을 이용하는 지역권

주로 통신·전주 등을 가설하는 것이 그 주된 목적인 것이 대부분이다.

784 **과수원** ✱✱
果樹園

공간정보의 구축 및 관리 등에 관한 법률상의 지목 중 하나

지목부호는 '과'로 표기하며, 사과·배·밤·호도·귤나무 등 과수류를 집단적으로 재배하는 토지와 이에 접속된 저장고 등 부속시설물의 부지를 말한다.

785 **관할등기소** ✱✱
管轄登記所

부동산에 관한 등기사무 처리권한을 가진 등기소

등기할 권리의 목적인 부동산의 소재지를 관할하는 등기소는 법률과 대법원규칙으로 정해지며, 지방법원, 동(同)지원 또는 등기소가 그 부동산에 관한 등기사무의 관할 등기소인 경우가 많다.

786 **관할의 전속** ✱
管轄 專屬

법률이나 대법원규칙의 개정, 행정구역의 변경 등 일정한 사유로 관할구역이 변경됨에 따라 어느 부동산 소재지의 관할 등기소가 다른 등기소로 변경되는 것

어느 부동산에 대하여 관할이 전속된 때에는 그 부동산에 관한 등기용지와 부속서류 또는 그 등본을 전속되는 등기소에 이송하여야 한다.

광역도시계획 *

인접한 두 개 이상의 특별시·광역시·특별자치시·특별자치도·시·군의 관할구역 단위를 광역계획권으로 지정하고 도시발전방향을 제시하는 계획

국토교통부장관 또는 도지사는 인접한 둘 이상의 특별시·광역시·특별자치시·특별자치도·시 또는 군의 관할구역의 일부를 광역계획권에 포함시키고자 하는 때에는 구·군·읍·면의 관할구역 단위로 지정한다. 광역도시계획 수립을 위한 자연적 여건이나 필요한 사항에 대한 기초조사를 하고나서 공청회를 개최한다. 기초조사, 공청회, 전문가의 자문 등을 통해 승인을 받고 광역도시계획협의회를 구성한다.

PlusTip 광역도시계획 수립기준

① 광역계획권의 미래상과 이를 실현할 수 있는 체계화된 전략을 제시하고 국토종합계획 등과 서로 연계되도록 할 것

② 특별시·광역시·특별자치시·특별자치도·시 또는 군간의 기능분담, 도시의 무질서한 확산방지, 환경보전, 광역시설의 합리적 배치 그 밖에 광역계획권안에서 현안사항이 되고 있는 특정부문 위주로 수립할 수 있도록 할 것

③ 여건변화에 탄력적으로 대응할 수 있도록 포괄적이고 개략적으로 수립하도록 하되, 특정부문 위주로 수립하는 경우에는 도시·군기본계획이나 도시·군관리계획에 명확한 지침을 제시할 수 있도록 구체적으로 수립하도록 할 것

④ 녹지축·생태계·산림·경관 등 양호한 자연환경과 우량농지, 보전목적의 용도지역, 문화재 및 역사문화환경 등을 충분히 고려하여 수립하도록 할 것

⑤ 부문별 계획은 서로 연계되도록 할 것

⑥ 시·도안전관리계획 및 시·군·구안전관리계획과 시·군 자연재해저감 종합계획을 충분히 고려하여 수립하도록 할 것

788 광천지 ✲✲
鑛泉地

공간정보의 구축 및 관리 등에 관한 법률상의 지목 중 하나

지하에서 온수·약수·석유류 등이 용출되는 용출구와 그 유지(維持)에 사용되는 부지이다. 다만, 온수·약수·석유류 등을 일정한 장소로 운송하는 송수관·송유관 및 저장시설의 부지는 제외되며, 지목부호는 '광'으로 표기한다.

789 교합 ✲
校合

부동산 등기에 있어서 등기관이 등기부의 표시란과 사항란에 기재된 사항이 정확한 것임을 최종적으로 확인한 후 그 기재 말미에 날인하는 것

교합함으로써 등기의 모든 절차가 끝나며, 교합 후에 기재사항에 오류가 있을 경우에는 기재사항을 정정할 수 없고, 경정등기로만 가능하다.

790 구분건물 ✲✲
區分建物

물리적으로 하나의 건물

한 동의 건물을 구조상 내부적으로 구분하여 주거·점포 등 독립된 건물의 용도에 제공할 수 있게 하여 독립한 소유권 기타 권리의 목적이 되는 건물부분을 말한다.

791 구분등기 ✲✲
區分登記

한 동의 건물 중 각 부분이 구조상, 이용상 독립성을 가지는 경우 그것을 구분하는 등기

한 동의 건물에서 여러 개의 부분이 건물구조상 각각 독립된 공간으로 사용될 수 있을 경우에 그 독립된 각각의 공간부분이 구분소유권의 대상이 되는데, 이때 각 부분공간의 등기를 구분등기 혹은 구분소유등기라 말한다. 주로 연립주택, 원룸 건물 및 다세대주택, 아파트 등이 구분등기의 대상이 된다. 건물의 특정 호수에 대한 배타적인 소유권 주장이 가능할 경우 한 동 건물의 각 독립부분을 양도하거나 그 부분만 임대하였을 때, 이에 대한 소유권이전 등기를 하거나 임차권설정 등기를 하기 위해서는 구분등기가 반드시 필요하다.

792 **구분소유권** ✳
區分所有權

집합건물의 소유 및 관리에 관한 법률

한 동의 건물에 구조상 구분되는 두 개 이상의 부분이 있어서 그것들이 독립하여 주거·점포·사무실·창고 등으로 사용되는 경우에 그 부분을 각각 다른 사람의 소유로 사용할 수 있는데 이러한 전용부분에 대한 권리를 말한다.

793 **권리에 관한
등기** ✳
權利 登記

등기대상 및 권능에 따른 등기의 한 종류로서 부동산에 관한 권리를 처음 취득하거나 권리의 변동이 있을 때 그 권리에 관한 사항을 등기부의 갑구·을구 사항란에 기재하여 공시하는 등기

부동산의 권리관계에 관한 사항을 등기부의 갑구란과 을구란에 기재하는 등기를 말한다. 갑구란에는 소유권에 관한 사항을 기재하고, 을구란에는 소유권 이외의 권리에 관한 사항을 기재한다. 권리에 관한 등기는 다시 보존등기와 권리변동의 등기로 구분된다.

PlusTip 권리변동의 등기(權利變動의 登記)
부동산의 권리관계에 대한 사항을 소유권의 보존등기를 기초로 하여, 그 후에 행하여지는 권리변동(소유권의 이전·제한물권의 설정 등)의 사항을 갑구란과 을구란에 기재하여 등기를 행하는 것을 말하며, 권리에 관한 등기는 다시 보존등기와 권리변동의 등기로 구분된다.

794 **규약** ✳
規約

조합(組合) 등을 결성하기 위하여 조합의 구성원이 될 사람들이 협의에 의하여 정한 규칙

예를 들면, 재개발지구 안의 토지 또는 건축물 안의 소유자들이 재개발사업을 시행하고자 할 때 조합인가 신청 내에 작성하는 것으로서, 그들이 협의에 의하여 정한 규칙을 말한다.

795 **기명날인** *
基名捺印

서명(署名)의 한 방법

기명(記名)은 방법 여하를 불문하고 자기의 성명을 기입하는 것이고, 날인은 조인(調印)이나 압인(押印)이라고도 하며, 인장(印章)을 압날(押捺)하는 것을 말한다. 기명날인은 행위자로서의 동일성을 표시하는 한 수단이다.

796 **기번제도** ⁑
記番制度

모지번을 기초로 하여 지번을 표시하는 제도

인접지번 또는 지번의 자리수와 함께 원지번의 번호로 구성되어 지번상의 근거를 알 수 있게 된다. 예를 들면, 23지번을 분할하였을 경우에는 23-1, 23-2로 본번을 기초로 부번이 표시된다.

797 **기속측량** *
羈束測量

지적측량의 한 방법

법률이 정하는 범위 내에서 행하는 측량으로 측량사의 의사를 배제한 측량이며 행정행위이다.

798 **기입등기** ⁑
記入登記

등기의 내용에 의한 등기 중 하나

새로운 등기원인에 기하여 어떤 사항을 등기부에 새로이 기입하는 등기이다. 보통 등기라고 하면 기입등기를 말하고 소유권보전등기, 소유권이전등기, 저당권설정등기, 전세권설정등기 등이 있다.

PlusTip 이전등기 p.321

799 **기초측량** ⁑
基礎測量

필지의 관계를 측정하는 것

지적측량기준점의 설치 또는 세부측량을 위하여 필요한 경우에 실시한다. 기초측량은 경위의측량, 전파기 또는 광파기측량, 사진측량, 위성측량방법 등에 의하며, 주로 경위의측량방법에 의한다. 기초측량은 지적삼각측량, 지적삼각보조측량, 지적도근측량 및 지적위성기준측량으로 구분된다.

800 다목적지적 *
多目的地籍

사회가 발달하고, 그 기능이 복잡하게 분화함에 따라 토지 이용의 효율성을 높이기 위하여 토지에 대한 정보를 관리하기 위한 지적제도

토지에 대한 물리적현황은 물론 토지에 대한 소유권의 안전한 보호와 과세, 토지의 이용계획, 상하수도, 전기, 가스 등의 공공시설물, 인구통계자료, 자연환경 등에 대한 정보를 수집하여 집중·관리 활용하는 지적제도이다.

801 단식지목 *
單式地目

하나의 토지에 대해 한 가지 기준에 따라 분류된 지목

토지의 표면만을 등록하는 것으로 지목은 하나만이 가능하다.

802 답 **
畓

공간정보의 구축 및 관리 등에 관한 법률상의 지목 중 하나

물을 상시적으로 직접 이용하여 벼·연·미나리·왕골 등의 식물을 주로 재배하는 토지를 말한다. 답은 그 지목부호를 '답'으로 표기한다.

803 대 **
垈

공간정보의 구축 및 관리 등에 관한 법률상의 지목 중 하나

영구적 건축물 중 주거·사무실·점포와 박물관·극장·미술관 등 문화시설과 이에 접속된 정원 및 부속시설물의 부지, 국토의 계획 및 이용에 관한 법률 등 관계법령에 의한 택지조성공사가 준공된 토지이며, 지목부호를 '대'로 표기한다.

804 대위등기 ✱✱
代位登記

등기권리자 또는 등기의무자를 대신해서 행하는 등기

등기권리자 또는 등기의무자인 본인의 대리를 맡아 행하는 대리인에 의한 등기는 대위등기가 아니다.

PlusTip 대위(代位)

제3자가 타인의 법률상 지위에 대신하여 그가 가진 권리를 취득하거나 행사하는 일을 말한다.

805 대지권 ✱✱
垈地權

부동산 등기법에서는 대지사용권을 구분건물의 등기용지에 등기하여 전유부분과 분리해서 처분할 수 없는 것

구분건물과 분리해서 처분하지 못하고 구분건물과 일체로서만 처분할 수 있으므로 그 대지권의 내용을 명백히 해야 한다.

PlusTip 대지사용권

건물의 구분소유자가 전유부분을 소유하기 위해 건물의 대지에 대해서 가지는 권리(토지의 소유권이나, 지상권·전세권·임차권 등)

806 대지권등록부 ✱
大地權登錄簿

측량·수로조사 및 지적에 관한 법률 시행규칙에 의한 행정서식

집합건물의 소유 및 관리에 관한 법률에 의해 집합건물의 소유구분단위로 대지권표시의 등기를 한 공유토지에 대하여 전유부분의 건물표시, 건물명칭, 대지권의 지분 등을 등록 및 관리하는 지적공부이다.

807 대지권의 변경등기 *
坌地權 變更登記

구분건물의 등기용지 중 표제부 표시란에 표시되는 대지권의 표시에 관하여 변동(발생, 소멸, 표시변경)이 있을 때에 행하는 등기

대지권의 변경 또는 소멸이 있을 경우, 부동산표시의 변경등기와 마찬가지로 소유권의 명의등기인은 1월 내에 등기를 신청하여야 한다.

PlusTip 대지권의 표시가 변경되는 경우
① 구분건물과 일체성을 갖는 대지권이 새로 생긴 경우
② 구분건물과 일체성이 있는 대지권의 목적인 토지에 관하여 합필·분필 등의 변경이 생긴 경우
③ 종래 구분건물과 일체성이 있는 대지권으로 등기되어 있던 대지사용권이 그러한 일체성을 상실한 경우
④ 구분건물과 일체성이 있는 대지권으로 등기된 권리자체가 소멸된 경우

808 대지사용권 *
坌地使用權

구분건물의 소유자가 전유부분을 소유하기 위해 건물의 대지에 대하여 가지는 권리

부동산 등기법상의 용어이며, 대지사용권은 집합건물의 소유 및 관리에 관한 법률상의 용어로 동일한 개념으로 보는 것이 일반적이다. 대지권은 건물과 분리하여 처분할 수 없다.

809 대항요건 *
對抗要件

이미 성립되어 있는 권리관계를 다른 사람에 대하여 주장하는 데에 필요한 조건

법률관계의 변동을 제3자에게 공시하여 거래의 안전을 위한 것으로 주로 당사자 간의 효력이 발생한 법률관계를 제3자에 대하여 주장하는 경우에 사용한다.

810 **도곽선** ✱
圖廓線

도면에 등록되는 토지의 범위를 나타내는 선

해당 도면에 등록된 도면이 토지의 원점으로부터의 위치를 명확히 하는 기준선의 역할을 위해 등록한다.

PlusTip 도곽선의 수치

도면에 등록되는 토지의 위치를 특정하기 위해 원점으로부터의 거리를 측정하여 등록한 것이다.

811 **도근측량** ✲
圖根測量

설정한 도근점 위치의 측량

평판측량의 예비적인 측량으로 도근점의 위치를 결정하기 위해 하는 측량이다.

812 **도로** ✱
道路

공간정보의 구축 및 관리 등에 관한 법률상의 지목 중 하나

일반 공중의 교통운수를 위하여 보행 또는 차량운행에 필요한 일정한 설비 또는 형태를 갖추어 이용되는 토지, 도로법 등 관계법령에 의하여 도로로 개설된 토지, 고속도로 안의 휴게소 부지, 두필지 이상에 진입하는 통로로 이용되는 토지를 말한다. 다만, 아파트·공장 등 단일 용도의 일정한 단지 안에 설치된 통로 등은 제외되며, 지목부호를 '도'로 표기한다.

813 **도면편철장** ✲
圖面編綴帳

등기신청 시 첨부한 도면을 접수번호의 순서에 따라 편철한 장부

도면은 등기부의 일종이므로 신청서 접수의 연월일과 접수번호를 기재하고 책수와 면수를 기재하여야 한다.

814 **도해지적** *
圖解地籍

토지의 경계를 도해적으로 측량하여 지적도나 임야도에 등록하고, 토지경계의 효력을 도면에 등록된 경계에만 의존하는 지적제도

지적도나 임야도에 등록된 토지의 형상을 시각적으로 용이하게 파악할 수 있다. 측량에 소요되는 비용이 적고, 고도의 기술이 요하지 않는 장점이 있으나, 축적에 따른 허용오차가 서로 다르며, 도면의 작성과 면적을 측정할 때 오차가 발생하기 쉽다. 도면의 신축방지와 원본의 영구적인 보관·관리가 어려워 고도의 정밀성을 요하는 경우에는 부적합한 지적제도이다.

815 **등기** **
登記

일정한 법률관계를 널리 사회에 공시하기 위하여 일정한 공부(公簿)

등기부에 기재하는 것으로 당사자의 신청에 의하여 등기관이 하는 것을 원칙으로 한다. 거래관계에 들어가는 제3자를 위하여 목적물의 권리내용을 명백히 하고, 예측하지 못한 손해를 입히지 않도록 하기 위한 제도이며, 거래의 안전을 도모한다. 등기에는 부동산등기뿐만 아니라 선박등기·공장재단등기·입목등기 등 권리의 등기, 부부재산약정등기 등 재산귀속의 등기, 법인등기, 상업등기 등 권리주체의 등기가 있다.

PlusTip 등기할 권리변동의 종류
① 설정 : 당사자 간의 약정에 의해 물건 위에 소유권 이외의 권리를 발생시키는 것으로 지상권, 지역권, 저당권, 임차권, 전세권, 권리질권 등을 설정할 수 있다.
② 보존 : 미등기 부동산에 대해 취득하고 있던 소유권을 등기부 상에 확인·공시하기 위해 한다.
③ 이전 : 권리가 다른 사람에게 귀속되는 것을 의미하며, 소유권뿐만 아니라 소유권이외의 권리에도 인정되며, 권리의 이전은 법률행위와 법률규정으로 이루어진다.
④ 변경 : 이미 등기된 내용이 달라지는 것으로 권리의 내용변경인 실체법상의 변경과 부동산표시의 변경, 등기명의인표시의 변경과 같은 절차법상의 변경이 있다.

⑤ 소멸 : 권리가 원시적·후발적 사유로 없어지는 것으로 말소등기를 하며, 등기의 소로 인한 권리의 소멸과 부동산의 멸실로 인한 권리의 소멸이 있다.

⑥ 처분의 제한 : 소유자나 권리자의 갖고 있는 처분할 권리를 제한하는 것으로 법으로 규정되어 있을 때만이 인정되고 있으며, 공유물의 분할금지나 경매, 압류, 가압류, 가처분 등이 법으로 규정된 처분의 제한이다.

816 **등기관** ✱✱
登記官

지방법원의 법원서기관, 등기사무관, 등기주사 또는 등기주사보 중에서 지방법원장이나 지원장으로부터 지정을 받아 등기사무를 처리하는 기관

등기관 개개인은 자기 책임하에 독립적으로 등기사무를 처리하는 독립관청으로서의 권한을 갖는다. 다만, 상급기관으로부터 일반적·행정적 지시나 감독을 받는다.

817 **등기권리자** ✱
登記權利者

등기절차상 일반적으로 등기를 함으로써 등기부상 권리를 취득하거나 이익을 받는 자

부동산의 매수인, 저당권자 등이 있다.

818 **등기권리증** ✱
登記權利證

등기소에 교부하는 등기완료증명서

등기필증(登記畢證)이라고도 한다. 등기할 때에는 이 권리증을 제출하여야 한다. 이것을 가지고 있으면 권리자라는 추정은 받지만, 법률상으로는 어디까지나 등기소에서 발행한 하나의 증명서에 지나지 않고 진실한 권리자에게 대항할 수 없다. 따라서 진실한 권리 없이 권리증만 가지고 있다는 것은 법률상으로는 특별한 의미가 없다. 이를 멸실했을 때에는 보증서로서 대신할 수 있다.

819 **등기능력 있는 권리** *
登記能力 權利

부동산 등기법의 규정에 의하여 등기를 할 수 있는 권리

부동산 등기법에서는 소유권·지상권·지역권·전세권· 저당권·권리질권·부동산임차권·부동산환매권 등을 등기할 사항으로 정하고 있다. 점유권·유치권 등의 등기능력이 없는 권리는 부동산 위에 성립하는 경우는 등기를 할 수 없다. 특별법의 규정에 의하여 등기능력이 있는 권리로 공장재단저당권, 광업재단저당권, 선박등기법에 의한 20t 이상의 선박, 입목에 관한 법률에 의한 입목이 있다.

820 **등기말소** **
登記抹消

등기원인이 소멸되어 그 등기를 지워버리는 것

부동산물권의 변동 원인인 매매, 상속, 취득시효 같은 법률관계에 의하여 등기원인이 소멸한 경우에 이미 등기되어 있는 것을 소멸시키는 행위를 말한다.

821 **등기명의인** **
登記名義人

토지나 가옥에 관한 권리관계를 표시하고 있는 부동산 등기부에 그 물건의 권리자로서 기재되어 있는 자

부동산에 대해서 공신의 원칙이 인정되고 있지 않으므로 부동산실명의인(不動産實名義人)을 신뢰한 제3자가 손해를 입을 수 있다.

822 **등기부** **
登記簿

부동산 등기법에 의한 토지등기부와 건물등기부

1필(筆)의 토지 또는 한 동(棟)의 건물에 대하여 1등기용지를 사용하는 1부동산 1등기용지주의와 물적편성주의에 의해 기록되며, 등기용지는 등기번호란, 표제부, 갑구, 을구의 네 부분으로 되어 있다. 등기부 이외에 공동인명부, 공동담보목록, 신탁원부, 신청서편철부 등도 실질적 의미의 등기부라고 할 수 있다.

823 등기부등본 **
登記簿謄本

등기부의 내용을 등사한 문서

수수료를 납부하면 누구라도 그 등본의 교부를 청구할 수 있다. 전부를 등사한 것이 등본이고, 일부를 등사한 것이 초본인데 모두 등기내용에 상위 없음이 증명된다.

PlusTip 등기부책보존부

등기부나 폐쇄등기부 등의 등기부에 준하는 장부의 현황을 기록하는 장부로 등기소마다 1책으로 한다.

824 등기사항 *
登記事項

등기를 해야 하는 사항으로 등기하지 않으면 사법상 일정한 효력이 생기지 않는 사항

등기하여야 할 사항, 부동산의 권리관계에 관한 사항과 구분건물의 표시에 관한 사항을 말한다.

PlusTip 실체법(민법) · 절차법(부동산 등기법) 상의 등기사항

① **실체법(민법)상의 등기사항 :** 등기를 필요로 하는 사항, 즉 그것을 등기하지 않으면 권리변동의 효력, 추정적 효력과 같은 사법상 일정한 효력이 생기지 않는 사항을 말한다.
② **절차법(부동산 등기법)상의 등기사항 :** 당사자가 등기를 신청할 수 있고 등기관이 등기할 권한과 직책을 가지게 되는 사항을 말한다.

825 등기소 **
登記所

법원조직법에 의하여 등기사무를 담당하는 국가기관

지방법원과 동 지원이 그 관할 내의 등기사무를 관장하며, 지방법원은 등기사무의 일부를 처리하기 위하여 그 관할구역 안에 '등기소'라는 명칭을 가진 관서를 둘 수 있다. 등기소는 인적·물적 설비로 구성되어 있다. 인적설비로는 등기공무원이 있고, 물적설비로는 등기부를 비롯하여 각종의 등기에 관한 장부를 갖추고 있다.

826 등기신청권 ‡
登記申請權

등기관에 대하여 등기를 신청할 수 있는 권리

공권, 공동신청·단독신청에도 발생한다. 등기관이라는 국가기관에 대한 일종의 공법상의 권리인 점에서도 사법상의 권리인 등기청구권과 다르다.

827 등기신청능력 ‡
登記申請能力

등기신청인이 등기를 신청함에 있어서 민법상의 의사능력(意思能力)과 행위능력(行爲能力)을 의미하는 것

등기신청행위는 등기를 요구하는 행위(의사표시)이므로, 등기신청인은 의사능력을 지니고 있어야 한다. 특히, 등기부상 권리를 잃게 되는 등기의무자는 행위능력까지 갖추어야 한다.

828 등기신청적격 ‡
登記申請適格

등기신청절차상 그 명의로 당사자(등기권리자나 등기의무자)가 될 수 있는 법률상의 자격

민법상 권리능력자인 자연인이나 법인은 당연히 등기신청적격자로서 등기당사자가 될 자격이 있으며, 권리능력이 없는 사단 또는 재단은 등기신청의 당사자능력을 인정하고 있다.

829 등기신청주의 *
登記申請主義

등기는 법률에 다른 규정이 있는 경우를 제외하고는 당사자의 신청 또는 관공서의 촉탁이 없으면 이를 하지 못한다는 규정

등기에 관하여 원칙적으로 등기신청주의를 취하고 있다. 우리나라에서 등기는 원칙으로 등기권리자와 등기의무자의 공동신청에 기하여 행하는 공동신청주의를 취하고 있다.

830 **등기신청행위** *
登記申請行爲

국가기관인 등기소에 대하여 일정한 자격이 있는 자가 등기를 요구하는 공법 상 행위로서 등기절차법상 요구되는 의사표시

등기신청에 필요한 서면에는 신청서, 등기원인을 증명하는 서면, 등기의무자의 권리에 관한 등기필증, 등기원인에 대하여 제3자의 허가·동의 또는 승낙이 필요할 때 이를 증명하는 서면, 대리인에 의하여 등기를 신청할 때 그 권한을 증명하는 서면, 소유권보존 또는 이전등기를 신청하는 경우 신청인의 주소를 증명하는 서면, 법인이 등기권리자인 경우 법인 등기부등본 또는 사본, 법인 아닌 사단이나 재단 또는 외국인이 등기권리자인 경우 부동산 등기용 등록번호를 증명하는 서면, 소유권이전등기를 신청하는 경우 토지대장·임야대장·건축물대장의 등본 기타 부동산의 표시를 증명하는 서면 등이 있다.

831 **등기원인** **
登記原因

등기를 할 원인이 되는 사실

매매, 증여, 취득시효, 전세권, 상속 등이 있다. 등기를 신청할 때에는 등기원인을 증명하는 서면(매도증서, 저당권설정계약서)을 첨부하여야 하고 등기부에도 등기원인을 기재한다.

832 **등기촉탁** **
登記囑託

토지의 소재, 지번, 지목, 면적 등의 토지의 변경된 사항을 정리한 경우에 토지소유자를 대신하여 시장·군수·구청장 등이 관할 등기관서에 등기를 신청하는 것

토지의 소유권에는 영향이 없고, 토지의 표시사항이 변경되어 지적공부의 변경된 내용을 정리한 후 부동산 등기부의 표제부에 등기된 토지표시사항의 변경등기가 필요한 경우에 등기촉탁을 한다.

833 **등록전환** ✽
登錄轉換

임야대장 및 임야도에 등록된 토지를 토지대장과 지적도에 옮겨 등록하는 것

임야가 공장용지나 학교용지 또는 대(垈)로 되는 경우에 등록 전환하게 된다.

834 **말소등기** ✽
抹消登記

기존 등기 전부를 소멸시키는 등기

등기사항의 전부를 대상으로 하는 점에서 등기사항의 일부를 대상으로 하는 변경등기(變更登記)와 다르다. 말소되는 등기의 종류는 원칙적으로 제한이 없으나, 말소등기의 말소등기(말소등기를 대상으로 하는)는 인정되지 않고, 말소등기의 재생은 말소회복등기(抹消回復登記)에 의하여야 한다.

PlusTip 말소등기 요건
① 등기 전체가 부적법(원시적, 후발적, 절차적 원인을 가리지 않음)해야 한다.
② 말소에 관하여 등기상 이해관계에 있는 제3자의 승낙 또는 그에 대항할 수 있는 재판이 있어야 한다.

835 **말소회복등기** ✽
抹消回復登記

회복 등기의 한 가지

실체관계에 대응하는 등기가 있었음에도 불구하고, 등기 후에 그 등기의 전부 또는 일부가 부적법하게 말소된 등기를 회복하고 말소 당시에 소급하여 말소가 없었던 것과 동일한 효과를 발생하게 하는 등기를 말한다.

836 **면적** ✽
面積

지적측량에 의하여 지적공부에 등록한 필지의 수평면상 넓이로 도해지적의 경우에는 도면상에서 측정된 면적

수치지적의 경우에는 좌표로 계산된 면적이다. 전이나 임야 등 경사면을 이루고 있을 경우에는 지적공부에 등록되는 면적은 지표면의 표면적이 아닌 수평면적이다.

837 **멸실등기** **
滅失登記

토지의 함몰 또는 건물의 붕괴 및 화재로 인하여 부동산의 전부가 소멸하는 경우에 하는 등기

존재하지 아니하는 건물에 대한 등기가 있는 때에는 멸실등기를 한다. 부동산의 전부가 멸실하여야 하는 등기이므로 부동산 일부 멸실의 경우에 하는 변경등기와는 다르다.

838 **멸실회복등기** **
滅失回復登記

회복등기의 한 가지

등기부의 전부 또는 일부가 화재·수재 등과 같은 천재지변으로 등기부의 파손, 등기용지의 분실 등과 같이 물리적으로 멸실한 경우에 소멸한 등기를 회복할 목적으로 행하여지는 등기이다.

839 **모두생략등기** *
冒頭省略登記

소유권 보존등기

미등기 부동산에 대하여 최초의 소유권자 명의로 소유권 보존등기를 하지 않은 상태에서 양수인이 직접 자신의 명의로 보존등기를 하는 것이다. 이는 원칙적으로는 허용되지 않지만 경료된 모두생략등기가 실체관계와 부합할 경우 유효하다[대판 1984.1.24.83다카1152].

840 **목장용지** **
牧場用地

공간정보의 구축 및 관리 등에 관한 법률상의 지목 중 하나

지목부호는 '목'으로 표기하며, 축산업 및 낙농업을 하기 위하여 초지를 조성한 토지이다. 축산법의 규정에 의한 가축을 사육하는 축사 등의 부지, 이들 토지에 접속된 부속시설물의 부지를 말한다. 다만, 주거용 건축물 부지의 지목부호는 '대'로 한다.

841 묘지 **
墓地

공간정보의 구축 및 관리 등에 관한 법률상의 지목 중 하나

지목부호는 '묘'로 표기하며, 사람의 시체나 유골이 매장된 토지이다. 도시공원 및 녹지 등에 관한 법률에 의한 묘지공원으로 결정·고시된 토지 및 장사 등에 관한 법률 규정에 의한 봉안시설과 이에 접속된 부속시설물의 부지를 말한다. 다만, 묘지의 관리를 위한 건축물의 부지는 '대'로 한다.

842 무효 등기의 유용 *
無效登記 流用

무효 등기를 유효한 것으로 여겨 등기 원인의 공시방법으로 이용하는 일

처음에 유효하였던 등기가 후에 실체관계를 잃게 되어 무효로 되었으나 다시 그 후 처음의 등기와 내용이 유사한 실체관계가 생긴 경우에 해당 등기를 후의 실체관계의 공시방법으로서 이용할 수 있느냐의 문제를 의미한다.

PlusTip 무효 등기의 유용 유형
① 처음부터 실질 관계가 없어 무효인 등기가 후에 실질관계에 부합된 경우
② 처음 유효한 등기가 실질 관계의 소멸 또한 무효가 되었으나 그 후 당사자 간 처음 등기와 유사한 실질 관계가 생겨 구 등기를 유용하기로 한 경우

843 물적 편성주의 *
物的 編成主義

부동산 등기부 편성방법의 한 가지

개개의 토지를 중심으로 해서 등기부를 편성하는 것으로 1부동산에 1등기용지를 두는 것이다. 정확한 지적조사와 토지대장의 완비가 요구된다.

844 **바다로 된 토지의 등록말소** ‡

지적공부에 등록된 토지가 지형의 변화 등으로 바다로 된 경우로서 원상으로 회복할 수 없거나, 다른 지목의 토지로 될 가능성이 없는 때에 해당 토지에 대한 지적공부의 등록사항을 말소하는 것

지적소관은 토지가 바다로 되어 원상회복이 불가능하거나 다른 지목의 토지로 될 가능성이 없는 경우에 토지소유자에게 지적공부의 등록말소신청을 하도록 통지하여야 한다.

845 **법지적** *
法地籍

소유지적이라고도 하며 세지적에서 진일보한 지적제도

토지에 대한 사유권이 인정되면서 토지과세는 물론 토지거래의 안전을 도모하며, 국민의 토지소유권을 보호할 목적으로 개발된 지적제도이다. 법지적은 물권의 공시기능을 수행하기 위하여 각 필지의 경계점에 대한 측량학적 위치를 정확하게 측정하여 지적공부에 등록·공시함으로써 토지에 대한 소유권이 미치는 범위를 명확하게 확인·보증함을 가장 큰 목적으로 하며 위치본위(Location)로 운영되는 지적제도이다.

846 **변경등기** ‡
變更登記

기존 등기 내용의 일부를 변경하기 위해 하는 등기 (부동산 등기법 제35조)

등기가 실체관계와 불일치하게 된 원인이 등기 후 후발적인 사정으로 인하여 이를 시정하는 등기를 협의의 변경등기라 하고, 등기 당시부터 원시적으로 착오·유루에 의하여 그 불일치가 발생한 경우에 이를 시정하는 등기를 경정등기라고 하는데, 양자를 합하여 광의의 변경등기라 한다. 일반적으로 변경등기라 함은 이미 등기되어 있는 사항에 관하여 등기의 일부가 후발적인 사정으로 실체관계와 불일치할 경우에 그 불일치를 제거하기 위하여 실체관계와 부합되게 바로 잡는 협의의 변경등기만을 말한다.

847 **보존등기** ✺
保存登記

미등기 부동산에 대하여 그 소유자의 신청으로, 처음으로 행하여지는 등기

토지의 매립이나 건물의 신축으로 부동산소유권을 원시취득한 자가 그의 소유권을 보존하기 위하여 보존등기를 신청하면, 등기관은 새로 그 부동산을 위한 등기용지를 마련하여 표제부에 표시의 등기를 하고, 갑구란에 소유자가 누구라는 것을 등기한다. 이후에 그 부동산에 관한 권리변동은 이 보존등기를 기초로 하여 행하여지게 되며, 그 등기용지의 관계부분 내지 해당란에 하게 된다.

848 **복식지목** *
複式地目

한 개의 토지에 두 개 이상의 기준에 따라 분류된 지목

병행지목이라고도 한다. 토지의 표면과 더불어 지하지목(지하도로, 지하철도 등)과 지상지목(고가철도, 고가도로 등) 등을 등록하여 지목이 복식으로 되는 것이다.

849 **복식지번** ✺
複式地番

본번에 부번을 붙여 이루어지는 지번

예를 들면 123 – 456에서 ' – 456'을 복식지번 혹은 부번이라 한다.

PlusTip 단식지번
토지의 지번이 본 번만으로 구성된 지번을 말한다.

850 **본번** ✺
本番

토지의 지번을 구성하는 요소 중 하나

토지의 지번을 구성하는 요소의 하나로 부호나 숫자를 수반하지 않는 지번을 말한다. 예를 들면, 1번지–100번지 등이 있으며 본번으로만 구성된 지번을 단식지번이라고 부른다.

PlusTip 부번
단독으로 지번을 구성할 수 없다.

851 **부기등기** ✽
附記登記

기존의 등기(주등기)의 번호를 사용하여 그 아래 부기 제○호라는 번호기재를 붙여서 행해지는 등기

법률의 규정이 있는 경우에만 할 수 있다. 주등기와 동일성을 유지하고 주등기의 순위를 그대로 보유하기 위한 등기이다.

852 **부동산 등기** ✽
不動産登記

부동산에 관한 권리관계를 공시하기 위해 등기부에 기재하는 일

등기관이 법에 정한 절차에 따라 등기부라는 공적 장부에 부동산의 현황 또는 부동산에 관련된 일정한 권리관계를 기재하는 것이다.

853 **부동산
등기부** ✽
不動産登記簿

토지 등기부와 건물 등기부를 통틀어 이르는 말

부동산에 대한 권리관계와 현황이 등기부에 기재되어 있는 공적장부를 말하며 대상 부동산의 지번, 지목, 구조, 면적 등의 현황과 소유권, 저당권, 전세권, 가압류 등의 권리설정 여부를 알 수 있다.

854 **부동산 등기
특별조치법** ✽
不動産登記
特別措置法

부동산 거래에 대한 실체적 권리관계에 부합하는 등기를 신청하도록 하기 위하여 제정한 법률

부동산 등기에 관한 특례 등에 관한 사항을 규정하여 건전한 부동산 거래 질서의 확립을 목적으로 제정되었다. 1990년에 제정된 뒤 2000년 법률 제6183호까지 다섯 차례 개정되었다.

**부동산의
분합✶**
不動産 分合

하나의 부동산이 물리적으로 여러 개 나누어지는 분
할이나 분필과 여러 개의 부동산이 하나로 합쳐지는
합필이나 합병

① 토지의 분합
  ㉠ 갑지(甲地)를 갑지(甲地)와 을지(乙地)로 분필
  ㉡ 갑지(甲地)의 일부를 을지(乙地)에 편입하는 분합필
  ㉢ 갑지(甲地)와 을지(乙地)를 갑지(甲地)의 토지로 합필
② 건물의 분합
  ㉠ 여러 개의 건물을 합하여 하나의 건물로 하는 합병
  ㉡ 하나의 건물의 일부를 구분하여 다른 건물에 편입시
     키는 구분합병
  ㉢ 법률적으로 하나의 건물이나 물리적으로 별개의 건
     물을 법률적·물리적으로 별개의 건물로 하는 분할
  ㉣ 법률적·물리적으로 하나의 건물인 것을 구조상으로
     구분하여 물리적으로 하나의 건물이나 법률적으로
     여러 개의 건물로 분할

856 **분필✶✶**
分筆

등기부나 토지대장에 1필지로 되어 있는 토지를 분
할해서 2필지 이상의 토지로 나누는 것

분할이라고도 한다. 합필(合筆) 또는 합병(合倂)에 대
응되며 분할이라고도 부른다. 원칙적으로는 소유자의
신청에 의하여 자유로이 분필할 수 있다.

PlusTip 분할측량
지적공부에 등록된 1필지를 2필지 이상으로 나누어 측량
하는 것을 말한다.

857 **분필등기✶**
分筆登記

1필의 토지를 분할하여 수필의 토지로 하는 등기

종전의 1필이 새로이 나누어지는 수필 중의 1필로서
동일성을 유지하며 그대로 존속하고, 그 밖의 새로운
필지에 관하여는 새로운 등기용지가 개설된다.

858 **사적지** *
史蹟地

지적법상의 지목 중 하나로, 문화재로 지정된 역사적인 유적·고적·기념물 등을 보전하기 위하여 구획된 토지

학교용지·공원·종교용지 등 다른 지목으로 된 토지 안에 있는 유적·고적·기념물 등을 보호하기 위하여 구획된 토지를 제외되며, 지목부호는 '사'로 표기한다.

859 **삼각측량** *
三角測量

일변의 길이와 모든 각을 실측하여 다른 점의 위치를 정하는 측량

도로건설이나 터널 작업 및 기타 건설공사와 배 또는 항공기의 위치를 파악하는 등의 작업을 하는 경우에 삼각망을 짜서 항해·측량·토목공학 분야에서 정확한 거리와 각도를 결정하기 위해 사용하는 기법이다.

860 **삼차원지적** *
三次元地積

등록사항의 차원에 따라 분류되는 지적

한 필지의 지표면과 그 지상공간까지 등록범위로 하는 입체적인 형태의 지적을 말한다. 지상의 선과 면으로 구성되어 있는 2차원 지적(수평지적·평면지적)에 높이를 추가하는 것으로 입체지적이다.

PlusTip 이차원 지적

토지의 고저에는 관계없이 수평면상의 투영만을 가상하여 각 필지의 경계를 등록·공시하는 것으로 토지의 경계인 지표의 현황을 점과 선으로 지적공부인 도면에 기하학적으로 나타내는 것이다.

861 **상속인에 의한 등기신청** *
相續人
登記申請

부동산 등기법 제27조(포괄승계인에 의한 등기신청)

등기원인이 이미 발생하였으나 해당 등기신청을 하기 전에 등기권리자 또는 등기의무자가 사망함으로써 상속이 개시된 때에는 상속인은 피상속인이 신청하였어야 할 내용의 등기를 신청할 수 있는데 이를 상속인에 의한 등기신청이라고 한다.

세부측량 *
細部測量

기초측량이 실시된 후 지적공부에 등록하기 위해 각 필지의 경계와 면적을 측정하는 것

기준점 간의 거리가 멀 때 도해법으로 도근점을 구하는 측량을 말한다. 세부측량은 지적측량기준점을 기초로 하여 지적도나 임야도를 만들기 위한 1필지마다를 중심으로 하는 세분화된 측량으로 신규측량, 이동측량, 확정측량으로 구분한다.

PlusTip 세부측량의 구분

① 신규측량 : 지적공부에 새로이 토지를 등록할 때, 또는 도면의 축척변경을 할 때의 측량이다. 삼각점이나 도근점을 기준으로 하여 측량한다.

② 이동측량 : 등록지의 분할이나 경계정정·경계복원 등을 위하여 하는 측량으로, 도상의 기준점을 기준으로 하는 것이 보통이다.

③ 확정측량 : 도시개발사업 등의 토지를 구획 정리하고, 환지를 하는 토지의 지적을 확정할 때 하는 측량이다. 지적측량기준점을 기준으로 하여 필지별 경계점을 측정한다.

④ 세부측량의 종류 : 복구측량, 신규등록측량, 등록전환측량, 분할측량, 해면성말소측량, 축척변경측량, 등록사항정정측량, 지적확정측량, 기초측량, 경계복원측량, 현황측량

세지적 *
稅地籍

토지에 대한 과세를 부과하는 데 있어, 그 세액 결정을 목적으로 하는 지적제도

각 필지에 대한 세액을 산정하기 위한 면적본위로 운영하는 지적제도로, 과세지적이라고도 한다.

**소유권
보존등기** **
所有權
保存登記

등기되어 있지 않은 부동산에 대하여 처음으로 하는 등기

등기부를 개설하여 갑구에는 소유권에 대한 사항을 표제부에는 부동산의 표시에 대한 사항을 기재하는 등기이다.

**865 소유권의
일부이전 ✳**
所有權一部移轉

단독소유를 공유로 하거나 이미 성립된 공유지분 또
는 그 일부를 이전하는 것

소유권의 전부가 아닌 소유권의 분량적 일부가 이전
되는 것이다.

**866 소유자 동일의
원칙 ✳**
所有者 同一
原則

필지는 토지에 대한 소유권이 미치는 범위를 정하
는 기준점이 되므로 1필지의 소유권은 동일인물이
어야 함

공유지분 같은 경우는 지분의 비율에 따라 소유권을
갖는 것이기 때문에 위배되지 않는다.

867 수도용지 ✳
水道用地

「공간정보의 구축 및 관리 등에 관한 법률」상의 지목

물을 정수하여 공급하기 위한 취수·저수·도수(導水)·
정수·송수 및 배수시설의 부지 및 이에 접속된 부속
시설물의 부지를 말하며, 지목부호 '수'로 표기한다.

868 수준측량 ✳
水準測量

지상의 모든 점의 고저차를 구하는 측량

고저측량 또는 레벨측량이라고도 하며 레벨을 사용하
여 그 점에 세운 표척의 눈금 차이로부터 직접 고저차
를 구하는 직접수준측량과 레벨 이외의 기기를 사용
하는 간접수준측량이 있다.

PlusTip 수준점(Bench Mark)과 수준원점(Original Bench
Mark)
기준면으로부터 정확하게 표고를 측정한 표석을 수준점이
라 하며, 수준점의 높이를 재는 기준이 되는 원점을 수준
원점이라 한다.

869 **수치지적** *
數値地籍

토지의 경계점 위치를 좌표로 표시하는 지적제도

각 필지의 경계점을 평면직각종 횡선좌표(X, Y)로 표시하여 등록하는 제도를 말하는데, 일반적으로 다목적 지적제도하에서는 토지의 경계표시를 좌표지적에 의존하고 있다.

PlusTip 수치지적부

각 필지 단위로 경계점의 위치를 좌표로 등록 공시하는 지적공부를 말하는데 토지의 소재, 지번, 좌표, 고유번호, 지적도 또는 임야도의 도호와 당해 수치지적부의 매순, 부호도 등을 기재한 장부이다.

870 **신규등록** **
新規登錄

새로이 조성된 토지 및 등록이 누락되어 있는 토지를 지적공부에 등록하는 것

이미 비치된 지적공부에 등록하지 아니한 토지이다. 공유수면매립지나 등록되지 않은 섬 등이 신규등록의 대상이 되며, 소관청이 토지의 표시인 소재, 지번, 지목, 면적, 경계 및 좌표와 소유자 등을 조사하여 지적공부에 처음 등록하는 것을 의미한다.

871 **신청서류
편철장** *
申請書編綴帳

신청서 기타 부속 서류편철장

등기완료 후에 등기를 신청할 때 제출한 신청서. 촉탁서, 통지서, 허가서 등 기타 부속서류를 접수순서에 따라 편철한 장부이다.

872 **신청서편철부** *
申請書編綴章

신등기의 신청서를 편철하는 장부

멸실된 등기의 멸실회복 등기기간 중에 새로운 등기의 신청이 있을 경우에 신 등기는 등기부에 곧바로 기재하지 않고, 신청서를 편철하여 두었다가 회복등기만료 후에 신등기부에 기재한다.

873 **신탁 ❊**
信託

신뢰할 수 있는 자에게 재산을 이전하는 것

신탁설정자(위탁자)와 신탁을 인수하는 자(수탁자)와의 특별한 신뢰관계에 기초하여 위탁자가 특정의 재산권을 수탁자에게 이전하거나 기타의 처분을 하고, 수탁자로 하여금 일정한 자(수익자)의 이익을 위하여 그 재산권을 관리·처분하게 하는 법률관계를 말한다.

PlusTip 신탁법

신탁에 관한 일반적인 사법적 법률관계를 규율함을 목적으로 제정된 법률을 말한다. 신탁법은 신탁의 설정·공시·영업, 신탁관계인, 신탁재산, 수탁자의 권리·의무, 수익자의 권리·의무, 신탁의 종료, 신탁의 감독, 공익신탁 등을 규정한다.

874 **신탁재산 ❋**
信託財産

위탁자가 정한 신탁목적에 따라 수탁자가 관리·처분하는 재산

수탁자는 일정한 신탁목적에 따라서 관리·처분하여야 하며 신탁재산의 관리·처분·멸실·훼손 기타의 사유로 수탁자가 얻은 재산 또한 신탁재산에 속한다. 법인세법과 상속세 및 증여세법에서는 피상속인이 신탁한 재산을 상속재산으로 본다.

PlusTip 신탁의 종류

① 분양형 신탁 : 5년 이내, 분양 종료 시
② 임대형 및 혼합형 신탁 : 30년, 갱신 가능

875 **신탁등기 ❊**
信託登記

신탁 재산임을 공시하기 위한 재산권 이전 등기

신탁재산인 부동산에 관한 권리의 이전으로 인하여 그 권리가 신탁재산에 속하지 않게 된 경우와 신탁종료로 인하여 부동산에 관한 권리가 이전된 경우에 신탁등기말소의 신청은 이전등기의 신청과 동일한 서면으로 하여야 한다.

PlusTip 신탁원부편철장

신탁등기 신청 시 신탁원부를 접수번호의 순서에 따라 편철한 장부로 신탁등기 할 때 반드시 첨부하며 그 기재는 등기로 본다.

876 신탁등기의 신청 ✽
信託登記 申請

신탁재산의 관리·처분·멸실·훼손 기타의 사유로 얻은 재산에 관한 신탁의 등기를 신청하는 경우에도 부동산의 소유권이전등기의 신청과 동일한 서면으로 행해져야 함

신탁등기를 신청할 때 신청서에 신탁원부를 첨부하여야 하는데, 신탁원부는 위탁자·수탁자·수익자와 신탁관리인의 성명 및 주소(법인에 있어서는 그 명칭 및 사무소), 신탁의 목적, 신탁재산의 관리방법, 신탁종료의 사유 및 기타 신탁의 조항을 기재하고 신청인이 기명날인하여야 한다. 이 경우 신탁원부는 등기부의 일부로 보며 신탁원부의 기재는 등기로 본다. 신탁등기를 하는 때에는 신탁원부의 번호를 기재하여야 하며, 등기용지 중 동일순위의 사항란에 기재하고 횡선을 그어 구분하여야 한다.

877 신탁원부 ✽
信託原簿

신탁 등기를 신청할 때 신청서에 붙이는 서류

신탁등기를 신청할 때에 일정사항을 기재해서 신청인이 기명·날인한 서면을 첨부하여야 하는데, 이 첨부서면을 등기부의 일부로 본다.

PlusTip 신탁원부의 기재사항

① 신탁의 목적
② 신탁종료사유
③ 기타 신탁조항
④ 신탁재산의 관리
⑤ 위탁자, 수탁자, 수익자와 신탁관리인의 성명, 주소와 법인은 법인의 명칭과 사무소

878 양어장 ✽
養魚場

공간정보의 구축 및 관리 등에 관한 법률상의 지목 중 하나

육상에 인공으로 조성된 수산생물의 번식 또는 양식을 위한 시설을 갖춘 부지와 이에 접속된 부속시설물의 부지를 말하며, 지목부호는 '양'으로 표기한다.

879 **양입지** ✳✳
量入地

소유자가 동일하고, 지반은 연속되지만 전·답·대 등 주된 용도의 토지에 편입되어 1필로 확정되는 종된 토지

지목의 결정방법에서 주지목추종의 원칙을 표현한 것이며, 공시의 어려움을 방지하기 위함이다.

PlusTip 양입지 설립 요건

① 주된 용도의 편의를 위해 설치된 도로·구거 등이 있는 부지이어야 한다.

② 주된 용도의 토지에 접속되거나, 주된 용도의 토지로 둘러싸인 토지로써 다른 용도로 사용되고 있는 토지이어야 한다.

880 **연대적 편성주의** ✳
年代的 編成主義

부동산 등기부 편성방법의 한 가지

어떤 특별한 기준을 두지 않고서 당사자의 신청의 시간적 순서에 따라서 순차로 등기해 가는 것이다. 프랑스의 등기부와 공시부, 미국의 일부 주의 'Recording System'이 이에 속한다.

881 **염전** ✳✳
鹽田

공간정보의 구축 및 관리 등에 관한 법률상의 지목 중 하나

바닷물을 끌어들여 소금을 채취하기 위하여 조성된 토지와 이에 접속된 제염장 등 부속시설의 부지를 말한다. 다만, 천일제염방식에 의하지 아니하고, 동력에 의하여 바닷물을 끌어들여 소금을 제조하는 공장시설의 부지는 제외되며, 지목부호는 '염'으로 표기한다.

882 **영속성의 원칙** ✳✳
永續性 原則

지목의 설정원칙 중 한 가지로 일시변경불변의 원칙

지목은 과거·현재·미래에 사용되는 용도에 따라 결정하여야 한다는 것이다. 따라서 지적공부에 이미 등록된 지목이 일시적 또는 임시적으로 변하더라도 기존의 지목을 그대로 사용한다는 것을 의미한다.

예고등기 *
豫告登記

예비등기의 한 가지

등기원인의 무효 또는 취소로 인한 등기의 말소 또는 회복의 소가 제기된 경우에 이를 제3자에게 경고하기 위하여 수소법원의 촉탁으로 행하여지는 등기를 말한다. 부동산에 관한 기존 등기에 관하여 소의 제기가 있었다는 사실을 공시함으로써, 제3자에게 경고를 준다는 사실상의 효과를 가질 뿐이며, 등기 본래의 효력인 물권변동의 효력발생과는 관계가 없는 특수한 등기이다.

예비등기 *
豫備登記

등기의 효력에 의한 분류 중 하나

등기 본래의 효력인 물권의 변동에는 직접적인 관계가 없고, 다만 간접적으로 이에 대비하기 위한 등기를 말한다. 예비등기에는 가등기와 예고등기가 있다.

PlusTip 가등기 p.280

용도지목 **
用途地目

토지의 현황에 따른 지목분류방법(용도지목·지형지목·토성지목) 중의 하나

토지의 주된 용도에 따라 결정한 지목을 말한다. 1필지마다 구체적으로 그 용도를 표시하기 때문에 필지별 관리에 효율화를 기할 수 있다.

PlusTip 지목분류방법

① **토성지목** : 토지의 성질, 즉 토질에 따라 결정하는 지목을 말한다. 지형지목과 같은 장단점이 있다.

② **지형지목** : 지표면의 형태, 토지의 고저, 수륙의 분포상태 등 토지가 생긴 모양에 따라 지목을 결정하는 것을 말한다. 이는 국토 전체에 대한 종합계획 등에 이용할 가치가 있는 반면 필지별 관리에는 적합하지 못한 단점이 있다. 지형은 주로 그 형성상태에 따라 하식지·빙하지·해안지·건조지·카르스트지·분지·습곡지·화산지 등으로 구분할 수 있다.

886 **용도지역별**
용적률 *

優柔不斷型 顧客

「국토계획 및 이용에 관한 법령」에 따라 관할구역의
면적, 인구규모 및 용도지역의 특성 등을 고려하여
특별시·광역시·특별자치시·특별자치도·시 또는 군
의 도시·군계획조례가 정한 비율

① 제1종전용주거지역 : 50퍼센트 이상 100퍼센트 이하
② 제2종전용주거지역 : 50퍼센트 이상 150퍼센트 이하
③ 제1종일반주거지역 : 100퍼센트 이상 200퍼센트 이하
④ 제2종일반주거지역 : 100퍼센트 이상 250퍼센트 이하
⑤ 제3종일반주거지역 : 100퍼센트 이상 300퍼센트 이하
⑥ 준주거지역 : 200퍼센트 이상 500퍼센트 이하
⑦ 중심상업지역 : 200퍼센트 이상 1천500퍼센트 이하
⑧ 일반상업지역 : 200퍼센트 이상 1천300퍼센트 이하
⑨ 근린상업지역 : 200퍼센트 이상 900퍼센트 이하
⑩ 유통상업지역 : 200퍼센트 이상 1천100퍼센트 이하
⑪ 전용공업지역 : 150퍼센트 이상 300퍼센트 이하
⑫ 일반공업지역 : 150퍼센트 이상 350퍼센트 이하
⑬ 준공업지역 : 150퍼센트 이상 400퍼센트 이하
⑭ 보전녹지지역 : 50퍼센트 이상 80퍼센트 이하
⑮ 생산녹지지역 : 50퍼센트 이상 100퍼센트 이하
⑯ 자연녹지지역 : 50퍼센트 이상 100퍼센트 이하
⑰ 보전관리지역 : 50퍼센트 이상 80퍼센트 이하
⑱ 생산관리지역 : 50퍼센트 이상 80퍼센트 이하
⑲ 계획관리지역 : 50퍼센트 이상 100퍼센트 이하
⑳ 농림지역 : 50퍼센트 이상 80퍼센트 이하
㉑ 자연환경보전지역 : 50퍼센트 이상 80퍼센트 이하

PlusTip 용적률 완화기준

조례의 기타 강화·완화조건을 통해서 용적률 기준이 변화
될 수 있다.

887 유원지 ✱✱
遊園地

공간정보의 구축 및 관리 등에 관한 법률상 지목 중 하나

일반 공중의 위락·휴양 등에 적합한 시설물을 종합적으로 갖춘 수영장, 유선장, 낚시터, 어린이놀이터, 동물원, 식물원, 민속촌, 경마장 등의 토지와 이에 접속된 부속 시설물의 부지를 말한다. 다만, 이들 시설과의 거리 등으로 보아 독립적인 것으로 인정되는 숙박시설 및 유기장의 부지와 하천·구거 또는 유지(공유의 것에 한함)로 분류되는 것은 제외되며, 지목부호는 '원'으로 표기한다.

888 유지 ✱✱
溜池

공간정보의 구축 및 관리 등에 관한 법률상의 지목 중 하나

물이 고이거나 상시적으로 물을 저장하고 있는 댐·저수지·소류지(小溜池)·호수·연못 등의 토지와 연·왕골 등이 자생하는 배수가 잘 되지 아니하는 토지를 말하며, 지목부호는 '유'로 표기한다.

889 유휴농지 ✱
遊休農地

농작물이나 다년성 식물 재배에 이용하지 않는 대통령령이 정하는 농지

유휴농지의 범위에 해당하지 않는 농지이다.
① 지력의 증진이나 토양의 개량·보전을 위하여 필요한 기간 동안 휴경하는 농지
② 연작으로 인하여 피해가 예상되는 재배작물의 경작 또는 재배 전후에 지력의 증진 또는 회복을 위하여 필요한 기간 동안 휴경하는 농지
③ 농지전용허가를 받거나 농지전용협의를 거친 농지
④ 농지전용신고를 한 농지
⑤ 농지의 타용도 일시사용허가를 받거나 협의를 거친 농지
⑥ 농지의 타용도 일시사용신고를 하거나 협의를 거친 농지
⑦ 농림축산식품부장관이 정한 농지에 준하는 농지

PlusTip 유휴지 p.97

890 **을구** ✱✱
乙區

부동산 등기용지의 하나

을구는 사항란과 순위번호란으로 나누어진다. 사항란에는 권리사항 중 부동산에 관한 소유권 이외의 권리, 즉 지상권·지역권·전세권·저당권·권리질권·임차권에 관한 권리의 변경과 각 권리에 대한 가압류, 가처분, 경매신청, 예고등기 등과 같은 등기사항을 기재하고, 순위번호란에는 사항란에 기재한 순서를 적는다. 단, 을구에 기재할 사항이 없을 때는 을구를 두지 않을 수도 있으며, 구분건물에 있어서 규약상 공용부분은 표제부만 둔다.

891 **이의신청** ✱
異議申請

국가기관 행위의 부당성에 대해 그 취소나 변경을 신청하는 일

등기에 있어서 이의신청은 등기관의 부당한 결정 또는 처분으로 불이익을 받게 되는 자가 그 시정을 청구함으로써 구제받을 수 있도록 하기 위한 제도이다.

892 **이전등기** ✱✱
移轉登記

매매·증여 등의 법률행위나 상속 등의 사실에 의해 발생하는 권리 이전에 관한 등기

권리변동의 등기이며, 기입등기에 속한다.

PlusTip 기입등기 p.293

893 **이행판결** ✱
履行判決

이행의 소에 있어 원고의 청구가 이유가 있는 경우 채무의 이행이나 등기절차의 이행 등 이행(履行)을 명하는 판결

이러한 이행판결은 피고에 대한 이행명령을 포함하고 있기 때문에 집행권원이 되어 집행력이 발생한다.

일람도 ✲
一覽圖

하나의 지번설정지역에 어떤 시설이 있는가 하는 것을 한 번에 볼 수 있게 만든 도면

지적도 및 임야도의 배치나 그에 관한 접속관계를 쉽게 알 수 있도록 지번부여지역마다 작성한 도면으로서 어떤 지역의 대략적인 지적내용을 표시한 보조도면이다.

PlusTip 일람도 내용등록
① 지번설정지역의 경계 및 명칭
② 도면의 제명 및 축척
③ 도곽선 및 도곽선 수치
④ 도면번호
⑤ 하천, 도로, 철도, 유지, 취락 등 주요 지형지물의 표시

1부동산 1등기용지 주의 ✲
一不動産 · 登記用紙 主義

부동산 등기부의 편성상 한 개의 부동산에 관해 하나의 등기용지를 두어, 그 하나의 용지에 그 부동산에 관한 모든 법률관계를 기재하도록 하는 주의

부동산 등기법은 물적편성주의를 취하여 등기부에는 1필의 토지 또는 한 동의 건물에 대해 1등기용지를 사용하나, 한 동의 건물을 구분한 건물에 있어서는 한 동의 건물에 속하는 전부에 대해 1용지를 사용하도록 규정한다.

임야 ✲
林野

공간정보의 구축 및 관리 등에 관한 법률상의 지목 중 하나

산림(山林) 및 원야(原野)를 이루고 있는 수림지·죽림지·암석지·자갈땅·모래땅·습지·황무지 등의 토지를 말하며, 지목부호는 '임'으로 표기한다.

임야대장 ✲
林野臺帳

지적법에 의거하여 정부가 비치하고 있는 임야에 관한 서류 중 하나

토지대장의 등록에서 제외된 임야나 그 밖에 정부가 임야대장에 등록할 것으로 정한 토지를 대상으로 하여 그에 대한 내용을 표시·등록하는 지적공부이다.

898 임야도 ☀☀
林野圖

지적법 의거 정부가 비치하고 있는 임야에 관한 지도

임야대장에 등록된 토지에 관한 사항을 알기 쉽도록 소재·지번·지목·면적 등을 도면으로 표시하여 놓은 지적공부이다.

PlusTip 지적편집도 p.334

899 자유부번제도 ☀☀
自由附番制度

종전의 지번은 영원히 소멸하고, 토지등록구역에서 사용되지 않는 최종 지번 다음 번호로 대치되는 제도

예를 들면, 515지번과 인접지번 1110지번이 분할되거나 합병되면 이상의 지번은 완전히 사라지고, 그 구역 최종지번의 다음번호로 된다. 이 경우 이 지역의 최종지번이 900이라면 분할된 지번은 901, 902로 표시된다.

900 잡종지 ☀☀
雜種地

공간정보의 구축 및 관리 등에 관한 법률상의 지목 중 하나

갈대밭, 실외에 물건을 쌓아두는 곳, 돌을 캐내는 곳, 흙을 파내는 곳, 야외시장, 비행장, 공동우물과 영구적 건축물 중 변전소, 송신소, 수신소, 송유시설, 도축장, 자동차운전학원, 쓰레기 및 오물처리장 등의 부지와 다른 지목에 속하지 아니하는 토지를 말한다. 다만, 원상회복을 조건으로 돌을 캐내는 곳 또는 흙을 파내는 곳으로 허가된 토지는 제외되며, 지목부호는 '잡'으로 표기한다.

901 적극적 지적 ☀
積極的 地籍

지적제도의 분류

지적제도를 등록업무에 따라 소극적 지적과 적극적 지적으로 분류할 수 있다. 적극적 지적은 법적으로 필지마다 토지소유자의 신고가 있을 때는 물론이고 신고가 없더라도 토지등록을 의무화하여 등록되지 않은 토지에는 어떠한 권리도 인정될 수 없다는 제도이다.

902 **전 ****
田

공간정보의 구축 및 관리 등에 관한 법률상의 지목 중 하나

물을 상시적으로 이용하지 아니하고 곡물·원예작물 (과수류는 제외)·약초·뽕나무·닥나무·묘목·관상수 등의 식물을 주로 재배하는 토지와 식용을 위하여 죽 순을 재배하는 토지를 말하며, 지목부호는 '전'으로 표기한다.

903 **접수장 ***
接受帳

신청서접수의 전후를 기재해 두는 장부

동일 부동산에 관하여 등기된 권리의 순위는 원칙적 으로 등기의 전후에 의하여 결정되며, 그 등기의 전후 는 신청서의 접수순서에 의하여 결정된다.

904 **제권판결 ***
除權判決

공시최고절차에서 공시최고신청인의 신청으로 법원 이 하는 실권선고

이 판결에 의하여 불특정 또는 행방불명의 상대방에 대하여 실권의 효과가 생긴다. 법률이 공시최고절차 를 허용하여 제권판결이 행해지는 경우로는 유가증권 이 분실·도난·멸실되었을 때 그 증서를 무효로 하는 경우와, 등기등록의무자가 행방불명일 때 등기등록의 말소를 하는 경우이다. 공시최고의 신청인은 공시최고 기일에 출석하여 제권판결의 신청을 하여야 하고, 법 원은 심리하여 그 신청이 적법하고 이유 있는 경우에 제권판결을 하여야 한다. 제권판결을 하였을 때 법원 은 제권판결의 요지를 신문에 공시하여야 한다.

905 **제방 ****
堤防

공간정보의 구축 및 관리 등에 관한 법률상의 지목 중 하나

조수·자연유수·모래·바람 등을 막기 위하여 설치된 방조제(防潮堤)·방수제(防水堤)·방사제(防沙堤)·방 파제(防波堤) 등의 부지를 말하며, 지목부호는 '제'로 표기한다.

906 종교용지 ✳✳
宗敎用地

공간정보의 구축 및 관리 등에 관한 법률상의 지목 중 하나

일반 공중의 종교의식을 위하여 예배·법요·설교·제사 등을 하기 위한 교회, 사찰, 향교 등 건축물의 부지와 이에 접속된 부속시설물의 부지를 말하며, 지목부호는 '종'으로 표기한다.

907 종국등기 ✳✳
終局登記

등기본래의 효력인 물권적 효력을 발생시키는 등기

부동산물권의 발생·변경과 소멸시키는 효력을 가지는 등기를 말한다. 단순히 권리의 보전을 목적으로 하는 예비등기에 대한 것으로 본등기라고도 한다. 종국등기에는 그 내용에 따라서 소유권보존·전세권설정·변경등기·말소등기·가처분·가압류 등의 처분제한 등기가 있고, 또 형식에 따라서 주등기·부기등기로 나누어진다.

908 좌표 ✳✳
座標

지적측량기준점 또는 경계점의 위치를 평면직각종횡선수치로 표시한 것

종선수치와 횡선수치는 원점으로부터의 거리를 1m단위로 부여하며, 경계점 좌표등록부에 등록할 때는 수치와 수치의 거리를 1cm 단위로 한다.

909 주등기 ✳✳
主登記

독립된 순위번호를 가지는 보통의 등기

표시란에 등기할 때에는 표시번호란에, 갑구나 을구에 등기할 때에는 순위번호란에, 각각 기존등기의 표시번호나 순위번호에 이어지는 독립한 번호를 붙여서 하는 등기이다. 등기는 원칙적으로 주등기의 형식으로 행하여지여 독립등기(獨立登記)라고도 부른다.

910 **주말** *
朱抹

이미 등기되어 있는 사항을 붉은 선으로 지우는 것

현재 효력이 없는 등기를 주말함으로써 현재 효력 있는 사항을 명백히 공시할 목적 때문이다.

911 **주지목추종의 원칙** *
主地目追從 原則

공간정보의 구축 및 관리 등에 관한 법률상의 원칙

한 필지의 토지가 각 부분마다 서로 다른 용도에 사용되는 경우에 가장 주가 되는 부분의 지목을 부여한다.

912 **주차장** *
駐車場

공간정보의 구축 및 관리 등에 관한 법률상의 지목 중 하나

자동차 등의 주차에 필요한 독립적인 시설을 갖춘 부지와 주차전용 건축물 및 이에 접속된 부속시설물의 부지를 말한다. 다만, 주차장법규정에 의한 노상주차장 및 부설주차장, 자동차 등의 판매목적으로 설치된 물류장 및 야외전시장의 부지는 제외되며, 지목부호는 '차'로 표기한다.

913 **중간생략 등기** *
中間省略登記

미등기전매의 법률용어

부동산이 최초의 양도인으로부터 중간취득자에게 이전되고, 다시 중간취득자로부터 최종양수인에게 이전되어야 할 경우에 중간취득자의 등기를 생략하고, 최초의 양도인으로부터 최종 양수인에게 이전등기하는 것을 말한다.

914 **지목 법정주의** *
地目法定主義

지목의 종류 및 내용을 법으로 규정하는 원칙

지적국정주의에 따라 지목의 종류와 내용은 소관청만이 정할 수 있는 지목설정의 원칙이다. 국가가 법으로 정한 28종의 지목만을 사용한다.

915 **지목변경** ✱✱
地目變更

지적공부에 등록된 지목을 다른 지목으로 바꾸어 등록하는 것

토지의 형질변경 등의 공사가 준공 또는 건축물의 사용 승인으로 토지의 용도가 변경되어 소관청의 조사·확인에 의해 지목변경이 이루어지며 지적측량은 하지 않는다. 지목을 변경하고자 하는 사유가 발생하면 그 날부터 60일 이내에 지적소관청에 지목변경을 신청해야 한다.

916 **지번** ✱✱
地番

토지에 붙이는 번호

공간정보의 구축 및 관리 등에 관한 법률상 필지에 부여하여 지적공부에 등록한 번호로 개별 필지에 대한 개별성 및 특수성을 보장하며 토지의 식별과 위치 확인에 활용된다.

PlusTip 지번의 설정방법

① **북동기번법** : 지번이 북동쪽에서 기번하여 남서쪽 방향으로 순차적으로 지번을 부여하는 방법
② **북서기번법** : 지번부여지역의 북서쪽에서 남동쪽 방향으로 순차적으로 지번을 붙이는 방법이다. 아라비아 숫자로 지번을 부여하는 지역에 적합하다. 북서기번법에서는 지번을 붙여야 할 필지의 배열이 남북으로 구성된 때에는 북쪽에서 남쪽으로 순차적으로 부번하며, 공간정보의 구축 및 관리 등에 관한 법률상 지번부여설정의 기본원칙이다.
③ **사행식** : 토지의 배열이 불규칙한 경우에 필지의 순서에 따라서 뱀이 기어가는 형상으로 지번을 붙이는 방식이다. 주로 토지의 배열이 불규칙한 농촌지역에서 많이 이용되며, 필지의 소재를 쉽게 추측하기 어렵다.
④ **교호식(기우식)** : 도로를 중심으로 한쪽은 홀수인 기수를 반대쪽은 짝수인 우수로 지번을 부여하는 방식으로 주거지역에 적합하며, 특정지번의 개략적인 위치파악이 가능하다는 장점이 있다.

⑤ 블록식(단지식) : 하나의 단지마다 본번을 부여하고, 단지 내의 개별 필지는 본번에 부번을 붙여서 부여하는 방식으로 토지개발사업을 실시한 지역에서 적합한 방식이다.

⑥ 절충식 : 하나의 지번부여 지역에 사행식·기우식·단지식을 혼용하는 방식이다.

⑦ **지역단위법** : 지번부여지역 전체를 대상으로 번호를 부여하는 방식이다. 지번부여지역이 넓지 않은 경우, 도면장수가 적을 경우, 도시개발이 정연한 시가지 등에서 채택하기 좋다.

⑧ **도엽단위법** : 지번부여 지역을 지적도 또는 임야도의 도엽별로 세분하여 도엽의 순서에 따라 순차적으로 지번을 부여하는 방법이다. 지번부여지역이 넓거나 도면장수가 많은 지역에서 사용하며 우리나라에서 사용한다.

⑨ **단지단위법** : 지적도면의 배열에 관계없이 몇 필의 토지가 한 개의 집단을 형성하고 있는 1단지마다 연속지번이 끝나면 다른 단지로 옮겨가는 방식을 말한다. 단지를 단위로 지번을 부여하므로 토지의 색출을 용이하게 하며, 단지의 수는 많으나, 그 면적이 작게 나뉘어져 있는 시가지계획지구 또는 경지정리지구에 적합하다.

917 **지번부여지역 ✱✱**
地番附與地域

지번을 부여하는 단위지역

동리(법정 동·리) 또는 이에 준하는 지역을 말한다. 이에 준하는 지역이란 외딴 섬을 의미하는 데, 토지조사 당시에 동·리에 속하는 도서(島嶼)가 여러 개일 경우에 그 도서마다 별개의 지번부여지역으로 지번을 부여하였다.

918 **지번색인표 ✱**
地番索引表

필지별로 당해 토지가 등록된 도면을 용이하게 알 수 있도록 지번부여단위로 작성하여 놓은 표

도면번호별로 지번의 등록사항을 쉽게 알기 위하여 일람도별로 작성한 것이다. 도면의 제명과 지번, 도면번호 및 결번을 등록한다.

919 **지적** *
地積

토지의 위치, 형태, 면적, 용도, 소유관계를 고시하는 제도

국가나 국가의 위임을 받은 기관이 통치권 안의 모든 영토를 필지단위로 구획하여 지번을 부여하고 지목, 면적, 경계를 정하여 이러한 사항을 공적장부에 등록·공시하는 것이며 이러한 변경사항을 영속적으로 등록·관리하는 국가의 사무를 말한다.

920 **지적공개주의** *
地籍公開主義

국민이 일정한 수수료를 납부하고 지적공부의 등본 교부 및 열람을 할 수 있도록 하는 것

지적공부에 등록된 모든 사항은 국가의 편익에만 이용하는 것이 아니라 일반 국민에게도 공개함으로써 토지소유자 및 기타 이해관계인으로 하여금 정당하게 이용할 수 있도록 한다는 원리이다.

921 **지적공부** ‡
地籍公簿

토지에 관한 기본사항을 표시하는 지적에 관한 내용을 공적으로 증명하는 장부

토지대장, 임야대장, 공유지연명부, 대지권등록부, 지적도, 임야도 및 경계점좌표등록부 등 지적측량 등을 통하여 조사된 토지의 표시와 해당 토지의 소유자 등을 기록한 대장 및 도면(정보처리시스템을 통하여 기록·저장된 것을 포함한다)을 말한다. 국가는 모든 토지에 대해 개별 필지에 대한 토지의 소재·지번·지목·면적·경계 또는 좌표 등을 조사·측량하여 지적공부에 등록하여야 하고, 토지소유자는 지적공부의 등록사항에 잘못이 있음을 발견한 때에는 소관청에 그 정정을 신청할 수 있다.

PlusTip 소관청
지적공부를 관리하는 시장(구를 두는 특별시·광역시 및 시에 있어서는 구청장)·군수를 말한다.

922 **지적**
국정주의 ＊
地籍國定主義

지적에 관한 사항(지번·지목·경계·좌표·면적)은 국가만이 지적사항의 유일한 결정권을 가진다는 주의

공간정보의 구축 및 관리 등에 관한 법률에서 지적국정주의를 채택한 이유로는 토지표시의 통일성·획일성·일관성의 유지나 토지표시의 정확성·정밀성·객관성을 확보하려는 것이다.

923 **지적기준점** ＊
地籍基準點

특별시장·광역시장·특별자치시장·도지사 또는 시·도지사나 지적소관청이 지적측량을 정확하고 효율적으로 시행하기 위하여 국가기준점을 기준으로 하여 따로 정하는 측량기준점

지적측량기준점성과 또는 그 측량부를 열람하거나 등본을 발급받으려는 자는 지적삼각점성과에 대해서는 특별시장·광역시장·특별자치시장·도지사·시·도지사 또는 지적소관청에 신청하고, 지적삼각보조점성과 및 지적도근점성과에 대해서는 지적소관청에 신청하면 지적기준점성과의 열람 및 등본발급이 가능하다.

924 **지적**
등록주의 ＊
地籍形式主義

지적형식주의

모든 토지는 필지단위로 구획하여 소재, 지번, 지목, 경계, 좌표와 면적 등을 결정하여 일정한 형식을 가진 지적공부에 등록·공시하여야만 공식적인 효력을 갖는다는 것이다.

925 **지적도 ❊**
地籍圖

토지대장에 등록된 토지에 관한 사항을 알기 쉽도록 도면으로 표시하여 놓은 지적공부의 일종

지적도에는 토지의 소재, 지번, 지목, 경계, 도면의 색인도·제명 및 축척, 도곽선 및 도곽선수치, 좌표에 의하여 계산된 경계점간 거리 등을 등록한다.

① **지적삼각점(地籍三角點)** : 지적측량 시 수평위치 측량의 기준으로 사용하기 위하여 국가기준점을 기준으로 하여 정한 기준점

② **지적삼각보조점** : 지적측량 시 수평위치 측량의 기준으로 사용하기 위하여 국가기준점과 지적삼각점을 기준으로 하여 정한 기준점

③ **지적도근점(地籍圖根點)** : 지적측량 시 필지에 대한 수평위치 측량 기준으로 사용하기 위하여 국가기준점, 지적삼각점, 지적삼각보조점 및 다른 지적도근점을 기초로 하여 정한 기준점

PlusTip 지적편집도 p.334

926 **지적 도근 측량 ❊**
地籍 圖根 測量

지적세부측량의 기준점인 도근점을 설치하기 위하여 시행하는 측량

지적삼각측량에 버금가는 골격측량이며, 가장 많이 사용되는 기초측량이다.

927 **지적삼각 측량 ❊❊**
地積三角 測量

지적삼각점, 지적삼각보조점의 신설·보수와 도근측량 및 세부측량의 골격이 되는 기준점의 위치를 구하는 측량

정밀을 요하며 지적측량에는 중요한 측량기준이 된다.

PlusTip 지적삼각보조측량

지적삼각측량과 같으나 높은 정밀도를 요하지 않는 경우에 실시한다.

928 **지적전산자료** ✳✳
地籍電算資料

지적공부에 관한 전산자료

토지대장·임야대장·공유지연명부·대지권등록부·지적도·임야도 및 경계점좌표등록부에 등록할 사항을 전산처리조직에 의하여 자기디스크·자기테이프 그 밖에 이와 유사한 매체에 기록·저장 및 관리하는 집합물인 지적공부를 말한다.

929 **지적정리** ✳✳
地籍定理

토지이동으로서의 토지의 변동을 정리하는 것

토지의 소재·지번·지목·경계·좌표 및 면적의 변동 그 밖의 지적관리상 발생하는 일체사항을 지적공부에 정리하는 것을 의미한다.

930 **지적측량** ✳✳
地籍測量

토지를 지적공부에 등록하거나 지적공부에 등록된 경계점을 지표상에 복원할 목적으로 소관청 또는 지적측량수행자가 각 필지의 경계 또는 좌표와 면적을 정하는 측량

토지에 관한 소유권이 미치는 범위관계를 나타내기 위한 측량으로, 공간정보의 구축 및 관리 등에 관한 법률이 정하는 절차와 방법, 측량자격자 등에 의해 행해지는 측량을 말한다.

931 **지적측량
기준점** ✳✳
地籍測量
基準點

지적삼각점, 지적삼각보조점, 도근점 및 지적위성기준점으로 세부측량의 기준점 역할

기준점을 훼손하게 되면 이에 따른 복구비용이 부과된다. 측량 기준점의 종류로 국가기준점, 공공기준점, 지적기준점이 있다.

PlusTip 측량 기준점

① **국가기준점** : 측량의 정확도를 확보하고 효율성을 높이기 위하여 국토교통부장관이 전 국토를 대상으로 주요 지점마다 정한 측량의 기본이 되는 측량기준점

② **공공기준점** : 공공측량시행자가 공공측량을 정확하고 효율적으로 시행하기 위하여 국가기준점을 기준으로 하여 따로 정하는 측량기준점

③ **지적기준점** : 특별시장·광역시장·특별자치시장·도지사 또는 특별자치도지사나 지적소관청이 지적측량을 정확하고 효율적으로 시행하기 위하여 국가기준점을 기준으로 하여 따로 정하는 측량기준점

---

932 **지적측량 방법** *
地籍測量 方法

측판측량, 경위의측량, 전파기 또는 광파기측량, 사진측량 및 위성측량 등의 방법에 의한 지적측량

① **측판측량방법** : 평판을 사용하여 측량하는 방법으로 도해측량에 의한 세부측량에 활용된다.

② **경위의측량방법** : 경위의라는 측량기재를 가지고 측량하는 방법으로 수치측량에 의한 세부측량이나 기초측량에 활용된다.

③ **전파기 또는 광파기측량방법** : 전자파나 광파를 이용한 컴퓨터가 내장된 측량기재를 가지고 측량하는 방법이다.

④ **사진측량방법** : 항공기 등을 통하여 지적측량을 영상화하는 측량방법으로 기초측량과 세부측량에 활용된다.

⑤ **위성측량방법** : 위성을 이용하여 측량하는 방법이다.

---

933 **지적측량의 원점** *
地積測量 原點

지적측량을 실시하기 위하여 기준이 되는 원점

원점은 각 필지의 관계 위치를 확정하는 지적도 또는 임야도의 도곽을 구획하는 기준이 된다. 지적측량의 3대 원점을 가지며 이는 실제로 존재하는 것이 아닌 가상의 원점이다.

PlusTip 지적측량의 3대 원점

① 동부원점 : 북위 38도선과 동경 129도선의 교차점

② 중부원점 : 북위 38도선과 동경 127도선의 교차점

③ 서부원점 : 북위 38도선과 동경 125도선의 교차점

934 **지적편집도** *
地積編輯圖

지적도를 보기 편하게 편집한 것

도면(지적도, 임야도)을 편집하여 도면의 중요한 내용만을 간략히 그린 도면이다.

PlusTip 지적도 p.331

PlusTip 임야도 p.324

935 **지적확정측량** **
地積確定測量

도시개발사업, 농어촌정비사업, 그 밖에 토지개발사업 등으로 인하여 토지의 이동이 있는 경우에 토지의 표시사항을 지적공부에 새로이 등록하기 위하여 실시하는 측량

지적확정측량의 방법으로는 공간정보의 구축 및 관리 등에 관한 법률상의 측량방법 중에 경위의 측량을 실시하며, 측량값은 좌표로 표시되고, 또한 산출된 좌표는 지적공부에 공시하기 위해 경계점좌표등록부를 작성한다.

936 **직권등기** *
職權登記

경정등기, 말소등기와 같이 등기공무원이 직권으로서 하는 등기

등기는 당사자의 신청이나 관공서의 촉탁에 의하여 개시되는 것이 원칙이지만, 그 외의 규정에 의하여 등기공무원이 직권으로 행하는 등기를 직권등기라고 한다.

937 창고용지 **
倉庫用地

공간정보의 구축 및 관리 등에 관한 법률상의 지목 중 하나

물건 등을 보관 또는 저장하기 위하여 독립적으로 설치된 보관시설물의 부지와 이에 접속된 부속시설물의 부지를 말하며, 지목부호는 '창'으로 표기한다.

938 철도용지 **
鐵道用地

공간정보의 구축 및 관리 등에 관한 법률상의 지목 중 하나

교통운수를 위하여 일정한 궤도 등의 설비와 형태를 갖추어 이용되는 토지와 이에 접속된 역사, 차고, 발전시설 및 공작창 등 부속시설물의 부지를 말하며, 지목부호는 '철'로 표기한다.

939 체육용지 **
體育用地

공간정보의 구축 및 관리 등에 관한 법률상의 지목 중 하나

국민의 건강증진 등을 위한 체육활동에 적합한 시설과 형태를 갖춘 종합운동장, 실내체육관, 야구장, 골프장, 스키장, 승마장, 경륜장 등 체육시설의 토지와 이에 접속된 부속시설물의 부지를 말한다. 다만, 체육시설로서의 영속성과 독립성이 미흡한 정구장·골프연습장·실내수영장 및 체육도장, 유수(流水)를 이용한 요트장, 카누장, 산림 안의 야영장 등의 토지는 제외되며, 지목부호는 '체'로 표기한다.

940 촉탁등기 *
囑託登記

당사자의 신청에 갈음하여 관공서의 일방적인 행위인 촉탁에 의하여 이루어지는 등기

촉탁에 의한 등기절차는 관공서의 일반적인 행위에 의한다는 특색이 있을 뿐 당사자의 신청에 의하는 경우와 다를 바가 없다.

941 **축척** **
縮尺

축도를 그릴 때 축소시킬 비례의 척도

도상의 길이를 표시하는 척도이다.

942 **축척변경** **
縮尺變更

소관청이 지적도에 등록된 경계점의 정밀도를 높이기 위하여 작은 축척을 큰 축척으로 변경하여 등록하는 것

축척변경은 정밀도를 높이기 위한 지적측량이므로 현재의 축척보다 대축척으로 변경하는 경우에만 인정하고 대축척을 변경하는 것은 공간정보의 구축 및 관리 등에 관한 법률상의 축척변경에 해당되지 않는다. 또한 지적도에서만 인정되고, 임야도에서는 인정되지 않는다.

PlusTip 축척변경 절차

시행공고 → 경계표시 → 측량실시 → 지번별조서 → 청산금처리 → 확정공고

943 **취하** *
取下

등기신청인이 등기소에 대해 등기신청을 철회한다는 의사표시

등기신청인이나 그 대리인은 등기신청에 하자가 있고 그 하자를 당일 보정할 수 없는 경우에 등기신청을 취하할 수 있다.

944 **토지 ⁑**
土地

경제적으로는 생산요소 또는 자본이 되는 땅, 법률적으로는 물권의 객체가 되는 땅

물리적으로 구분되지 않아 관리의 객체로써의 토지라는 개념이 인정되지 않는다. 하지만 인위적 경계선으로 구획하여 토지를 구분하며, 공간정보의 구축 및 관리 등에 관한 법률상의 규정에 따라 지번, 지목, 면적 및 좌표를 정하여 등록함으로서 1필지가 확정되고, 따라서 토지의 독립성과 등기능력이 인정되는 것이다.

PlusTip 토지 등급

지방세법에 의해 재산을 취득할 경우와 보유하는 경우에 과세를 위해 등급을 정하는 것을 말한다.

945 **토지대장 ⁑**
土地臺帳

1910년부터 1918년까지 진행된 토지조사사업에 의하여 최초로 만들어진 대장

토지의 소재, 지번, 지목, 면적, 소유자의 주소 및 주민등록번호·성명 또는 명칭, 토지등급 또는 기준수확량을 등록하여 토지의 상황을 명확하게 하는 장부이다.

PlusTip 토지대장 · 임야대장의 등록사항

토지의 소재, 지번, 지목, 면적, 소유자의 성명 또는 명칭·주소·주민등록번호(국가·지방자치단체·법인·법인 아닌 사단이나 재단 및 외국인은 그 등록번호), 토지의 고유번호

946 토지의 이동 **
土地 異動

공간정보의 구축 및 관리 등에 관한 법률상 용어

토지의 표시사항(소재·지번·지목·경계 또는 좌표를 등록하는 것)을 새로이 정하거나 지적공부상의 변경 또는 말소하는 것을 말한다. 신규등록, 등록전환, 분할, 합병, 지목변경과 축척변경, 각종 개발사업으로 인한 토지이동, 바다로 된 토지의 등록말소, 등록정정에 의하여 토지표시부분이 정정되는 경우 등이 토지이동에 해당한다.

PlusTip 토지의 특수이동

일반적인 토지의 이동 이외에 등록사항의 오류정정, 전면적인 지번변경, 행정구역의 변경, 축척변경, 토지표시방법의 변경의 경우에 토지의 이동을 말한다.

947 토지이용 계획확인서 **
土地利用 計劃確認書

국토이용관리법 시행규칙에 근거하여 토지 소유자 또는 이해관계인의 신청에 의해 발급하는 공적문서

토지에 대한 거래규제나 이용규제, 토지이용계획 등 각종 행정규제 중 특정 토지의 가치에 대하여 큰 영향을 미친다고 인정되는 공적규제 사항을 「국토이용관리법시행규칙」 제2조의14에 근거하여, 시장·군수·구청장이 토지 소유자 또는 이해관계인의 신청에 의하여 발급하는 공적문서이다. 토지이용계획확인서를 통해서 국토이용과 도시계획, 군사시설, 농지, 산림, 문화재 등 68개 지역·지구·구역 등에 대한 행정규제 사항을 확인할 수 있다.

948 토지의 표시 **
土地 表示

필지를 구성하는 기본요소

지적공부에 토지의 소재·지번·지목·면적·경계 또는 좌표를 등록한 것으로 토지의 사실관계에 해당하는 각 필지의 기본요소이다.

949 편철필증 *
編綴畢證

부동산 등기법상 신청서편철부에 편철을 완료한 경우에 등기공무원이 등기권리자에게 교부하는 편철완료의 증명서

등기부의 전부나 일부가 멸실한 경우 신청서편철부는 등기부에 갈음하는 기능을 하며, 편철필증은 등기필증의 역할을 한다.

950 평면지적 *
平面地籍

우리나라에서 현재 사용되고 있는 지적의 형태

토지의 고저와는 무관하게 수평면상의 투영만을 가상하여 각 필지의 면적이나 경계 및 지목 등 토지의 물리적인 현황만 등록하고 고시하는 제도이다. 2차공시적 또는 수평지적이라고도 한다.

951 폐쇄등기부 *
閉鎖登記簿

등기를 '전부' 신등기부에 이기한 때에 폐쇄되는 구등기부 및 일정한 사유에 기하여 폐쇄된 등기용지

폐쇄등기부는 등기부로서의 효력이 없다. 조상 땅 찾기나 그 이외의 권리관계를 증명할 때 사용되기도 한다.

952 표제부 **
表題部

토지의 소재, 지번, 지목, 면적, 건물의 소재, 대지의 지번, 건물의 종류·구조·면적 등을 표시란과 표시란에 등기사항을 기재한 순서를 알려주는 표시번호란으로 구성된 것

구분건물일 경우에는 한 동의 건물표제부 좌측 표시란에 한 동 건물의 표시, 우측에 대지권의 목적인 토지의 표시를 기재하고, 각 구분건물의 표제부 좌측에 전유부분의 건물의 표시(소재와 지번 제외), 우측에 대지권의 표시를 기재한다.

953 표제부등기 ✳
表題部登記

부동산 등기용지 중 표제부에 하는 부동산 표시의 등기

부동산의 위치, 사용 목적, 면적 등을 처음으로 기재하여 그 등기용지가 어느 부동산에 관한 것인가를 밝혀주는 등기로서 사실의 등기, 부동산표시에 관한 등기이다. 표제부등기는 권리의 객체를 명백히 하기 위한 조치에 불과하고, 권리에 관한 등기를 함에 있어 부수적으로 행해지는 것이므로 사실의 등기를 독립하여 인정하지 않았다. 그러나 부동산 등기법에서는 '구분건물의 표시'에 관한 등기를 등기할 사항으로 규정하고 있으며, '규약상 공용부분'의 등기용지는 표제부만 두도록 규정하여 구분건물에 있어서는 부동산의 표시에 관한 등기를 권리의 등기와 독립적으로 인정하고 있다.

954 필지 ✳
筆地

공간정보의 구축 및 관리 등에 관한 법률(또는 등기법)상의 법적 개념의 용어

토지소유자의 권리를 구분하기 위한 표시로 토지에 대한 법률관계, 특히 권리변동관계의 기준적 단위개념이다. 하나의 지번이 붙은 토지의 등기·등록단위, 지적도상 구분된 토지의 법률적인 최소등록단위로 하나의 같은 지번으로 에워싸인 토지를 말한다.

955 하천 ✳
河川

공간정보의 구축 및 관리 등에 관한 법률상의 지목 중 하나

자연의 유수가 있거나 있을 것으로 예상되는 토지를 말한다. 예외로 차문자(次文字)주의에 따라 '천'으로 표기한다.

956 학교용지 ✳
學校用地

공간정보의 구축 및 관리 등에 관한 법률상의 지목 중 하나

학교의 교사와 이에 접속된 체육장 등 부속시설물의 부지를 말하며, 지목부호는 '학'으로 표기한다.

957 합병 ✳
合倂

지적공부에 등록된 2필지 이상을 1필지로 합하여 등록하는 것

합병 전의 토지소유자가 그대로 합병 후의 토지소유자가 되며, 신규등록이나 등록전환·분할의 경우와 달리 지적측량은 하지 않는다.

958 합필 ✳
合筆

여러 필의 토지를 합하여 1필의 토지로 하는 것

지적공부·등기부상에 A, B 등의 수필의 토지를 합병하여 A 또는 B라고 하는 1필의 토지로 하는 것이다.

PlusTip 분합필(합병)

1필의 토지 일부를 다른 필지에 합하는 것이다.

959 합필등기 ✳
合筆登記

토지등기부상 독립된 토지로서 등기되고 있는 수필의 토지를 합필하여 1필의 토지로서 등기하는 것

합필의 경우에는 합필 전의 수필 중의 1필이 동일성을 유지하며 존속하고 다른 필지의 등기용지가 폐쇄되는 것이다. 합필등기는 가등기의 토지 상호 간에만 인정되므로 미등기의 토지가 있는 경우 먼저 그 토지의 보존등기를 한 후에 합필의 절차를 밟아야 한다.

형식적
심사주의 ⁑
形式的 審査主義

법률상의 절차에 있는 권리의 실체관계

사실의 실질까지 조사하는 실질적 심사주의에 상대
되는 개념으로, 형식요건만을 조사하여 판단하는 주
의를 말한다. 좁은 의미로는 특히 등기의 신청 시 등
기절차상 필요한 각종의 서류준비와 그 기재상 적법
성 여부로 심사의 범위를 한정하여 심사할 권한을
등기공무원에게 부여하고, 실체법상의 권리관계와
일치하느냐의 여부에 심사권한은 주지 않는 주의를
가리킨다.

PlusTip 실질적 심사주의

절차법상의 적법성 여부와 등기신청의 실체관계의 존재,
효력까지 심사하는 주의로 등기의 진정성을 보장하는 장점
이 있으나 등기절차의 신속을 저해한다는 단점이 있다.

환매특약 ⁑
還買特約

매매계약과 동시에 당사자 간 특약으로 매도인이 환
매권을 일정한 기간 내에 행사하여 매매의 목적물을
다시 찾는 것

환매특약은 등기하지 않아도 당사자 사이에 효력이 발
생하거나 등기함으로써 제3자에 대한 대항력이 생기
게 된다. 환매등기는 소유권 이전등기와 동시에 신청
하지 아니하면 제3자에게는 그 효력이 없다.

환지등기 ⁑
換地登記

시행자의 신청 또는 촉탁에 의하여 일괄적으로 행하
여진 환지교부에 따른 등기

시행자는 환지처분의 공고를 한 후 지체 없이 그 내용
을 관할등기소에 통지함과 아울러, 시행지구 내의 토
지나 건물에 관한 권리에 변동이 있을 때에는 그에 관
한 등기를 신청 또는 촉탁하여야 한다.

회복 등기 ✳
回復登記

등기부의 전부 또는 일부가 멸실되었다가 회복절차에 따라 회복시키는 등기

실체관계에 부합되는 기존의 등기가 부당하게 소멸된 경우에 이를 부활·회복하여 그 등기의 효력을 유지할 목적으로 하는 등기를 말한다.

PlusTip 회복 등기의 종류

① **말소회복 등기** : 부동산 등기의 전부 또는 일부가 부적법하게 말소된 경우에 본래의 등기를 복원하여 말소가 없었던 것과 같은 효과가 생기게 하는 등기
② **멸실회복 등기** : 등기부의 전부 또는 일부가 물리적으로 멸실된 경우에 그 등기를 회복할 목적으로 행하는 등기

04

부동산공시법

CROSS WORD

Across

① 조세의 납부의무를 면제하는 것
② 구입이나 소비에 대하여 간접적으로 답세력을 인정하여 과세하는 조세
③ 소득세 과세방법에 있어서 소득의 종류나 발생원천별로 구분하여 과세표준과 세액을 계산해 과세하는 방법
④ 양도하여 발생된 이익을 과세대상으로 하는 소득세

Down

① 특별한 이유가 있는 경우 납세의 의무가 면제되는 것
② 과세대상이 존재하지 않고 부가적으로 징수하는 조세
③ 과세물건의 대소에 관계없이 동일한 세율이 적용되는 조세로 취득세, 등록세, 주택을 제외한 재산세
④ 세액에서 과세표준액을 나누면 나오는 값

Across | ① 면세 ② 소비세 ③ 분류과세 ④ 양도소득세
Down | ① 감면 ② 부가세 ③ 비례세 ④ 세율

부동산세법

*check**point***

- ✓ 가산법
- ✓ 몰납
- ✓ 연부
- ✓ 취득세
- ✓ 공익용 산지
- ✓ 분류과세
- ✓ 종가세
- ✓ 표준세율
- ✓ 납세담보
- ✓ 세율
- ✓ 체납처분
- ✓ 환급세액

964 **가산금 ✷✷**
加算金

세금 또는 공공요금을 납부기한 내에 내지 않았을 때 원래금액에 덧붙여 매기는 금액

조세를 납부고지서 등에서 정한 납부기한까지 납부하지 않은 때에 세법에 의하여 고지세액에 가산하여 징수하는 금액과 납부기한 경과 후 일정 기한까지 납부하지 않은 때에 그 금액에 다시 가산하여 징수하는 금액을 말한다.

PlusTip 가산금의 종류

① 가산금 : 납부기한이 경과한 날로부터 체납조세의 100분의 3(3%)를 고지세액에 가산하여 징수한다.
② 중가산금 : 체납조세는 납부기한이 경과한 날로부터 매 1개월이 경과할 때마다 체납조세의 1,000분의 12(1.2%)를 징수한다. 이 경우 중가산금을 가산하여 징수하는 기간은 60개월을 초과하지 못한다.

965 **가산법 ✷✷**
加算法

부가가치세 부과방법 중의 하나

인건비·임차료·지급이자·할인료·세금공과·영업이익 등 부가가치 구성요소를 합계한 금액에 세율을 곱하여 납부세액을 산정하는 방법이다.

> 납부세액 = 부가가치합계액 × 세율

966 **가산세 ✷✷**
加算稅

세법이 규정하는 의무의 성실한 이행을 확보하기 위하여 그 세법에서 산출된 세액에 가산하여 징수하는 금액

가산금은 이에 포함되지 않는다.

967 **간접세** ✱
間接稅

납세의무자와 조세부담자가 다른 조세

조세부담의 전가유무에 따른 조세분류로 조세의 부담이 타인에게 전가되어 담세자와 납세의무자가 일치하지 않거나, 소비에 기준을 두고 부과되는 조세를 말한다. 즉 주세, 부가가치세, 특별소비세, 증권거래세, 인지세 등이 해당된다.

968 **감면** ✱
減免

과세대상에 포함되어 납세의무 자체는 성립하나, 특별한 이유가 있는 경우에 납세의무의 일부 또는 전부가 면제되는 것

감면의 방법에는 비과세, 세액면제, 세액감면, 세액공제, 소득공제, 준비금설정 인정 등이 있다.

969 **결손금** *
缺損金

일정한 기간에 수입보다도 지출이 많아서 생긴 손실의 금액

해당 손실금액을 누적하여 기록한 금액을 의미한다.

970 **결손처분** *
缺損處分

확정된 조세에 대하여 징수할 수 없다고 인정되는 경우에 공식적으로 징수불능상태를 선언하는 행정처분으로 불필요한 행정력의 낭비를 방지하기 위한 조치

납세의무자 또는 특별징수 의무자 등의 결손처분 사유는 체납처분이 종결되고 그 체납세액에 충당될 배분금액이 그 체납액보다 적을 때 체납처분을 중지하였을 때 지방세징수권의 소멸시효가 완성되었을 때 체납자의 행방불명 등 대통령령으로 정하는 바에 따라 징수할 수 없다고 인정될 때이다.

| 971 | **공과금** ✳ | 국가나 공공 단체가 국민에게 부과하는 금전적인 부담 |
| | 公課金 | 국세징수법에 규정하는 체납처분의 예에 의하여 징수할 수 있는 채권 중 국세·관세·임시수입부가세 및 지방세와 이와 관계되는 가산금 및 체납처분비 이외의 것을 말한다. |

972 **공익용산지** *
公益用山地

보전산지 중 하나

임업생산과 함께 재해방지·수원보호·자연생태계보전·자연경관보전·국민보건휴양증진 등의 공익기능을 위하여 필요한 산지로서 산림청장이 지정하는 산지를 말한다. 산림청장이 그 대상으로 지정하는 산지는 자연휴양림의 산지, 사방지의 산지, 산지전용제한지역, 시·도 야생동·식물보호구역 및 야생동·식물보호구역의 산지, 공원의 산지, 문화재보호구역의 산지, 상수원보호구역의 산지, 개발제한구역의 산지, 녹지지역 중 대통령령이 정하는 녹지지역의 산지, 생태·경관보전지역의 산지, 습지보호지역의 산지, 특정도서의 산지, 사찰림(寺刹林)의 산지, 백두대간보호지역의 산지, 그 밖에 공익기능 증진을 위하여 필요한 산지로서 대통령령이 정하는 산지가 있다.

973 **과세대상** *
課稅對象

과세물건 또는 과세객체

조세부과의 목적이 되는 소득·재산·행위·수익 등을 말한다.

974 **과세요건** *
課稅要件

조세를 부과할 수 있는 요건

과세객체·납세의무자·과세표준·세율로 이루어지는데, 법률에 이 과세요건이 규정된 경우에만 조세를 부과할 수 있다.

975 **과세주체 ＊**
課稅主體

과세권자이며, 조세를 부과하는 법적 권한을 가지는 자

국세의 과세주체는 국가이고, 지방세의 과세주체는 지방자치단체이다.

976 **과세요건
명확주의 ＊**
課稅要件
明確主義

과세당국의 자유재량을 배제하기 위한 원칙

과세요건과 납세방법·시기·징수절차 등에 관한 절차규정까지 입법절차에 의한 법률로 정하되, 그것이 법정되었다는 것뿐만 아니라, 그 규정의 내용을 가능한 상세하게 기술하고, 내용을 명확하게 함으로써 조세의 징수기관의 자의적 해석과 자유재량을 배제하고자 하는 원칙이다.

PlusTip 과세요건법정주의

납세의무를 성립시키는 요건인 과세요건과 조세의 부과·징수절차를 국민의 대표기관인 의회가 제정하는 법률로 규정하여야 한다는 원칙이다.

977 **과세전적부
심사 ＊**
課稅前適否審査

세무조사 후 과세할 내용을 미리 납세자에게 알려준 후 납세자가 이에 이의가 있을 때 과세의 적부에 대한 심사를 청구토록 하고, 심사결과 납세자의 주장이 타당한 경우 고지 전에 시정하여 주는 제도

과세전적부심이 받아들여지지 않으면 납세자는 납세고지를 받은 날로부터 90일 이내에 이의신청이나 심사청구, 심판청구 중 한 가지를 선택해 불복을 제기할 수 있다.

부동산세법

978 **과세표준** ✴✴
課稅標準

세금 부과에 있어 기준이 되는 것

과세물건의 가액이나 금액에 의하여 과세표준을 산출하는 조세는 종가세이며, 수량이나 면적에 의하여 과세표준을 산출하는 조세는 종량세이다. 세법에 의하여 세액산출의 기초가 되는 과세물건의 수량 또는 가액을 말한다.

① 종가세 : 과세물건의 가액이나 금액에 의해서 과세표준을 산출하는 조세
② 종량세 : 수량이나 면적에 의해서 과세표준을 산출하는 조세

979 **과세표준 신고서** ✴✴
課稅標準新告書

과세신고를 위한 대표지정서식

국세의 과세표준, 국세의 납부 또는 환급을 위해 필요한 사항을 기재한 신고서를 의미한다.

980 **교육세** ✴✴
敎育稅

교육재정 확충에 필요한 재원을 확보하기 위한 조세

교육세법에 의해 등록세, 재산세, 종합토지세, 균등할 주민세, 경주·마권세, 담배소비세, 교통세 및 자동차세(비업무용에 한함)의 납세의무자에게 부과되는 목적세의 일종을 말한다.

981 **국세** ✴✴
國稅

국가 재정수입을 위하여 국가가 부과·징수하는 조세

과세주체에 따른 조세의 분류로 국세기본법, 국세징수법 등에 따라 과세권이 전적으로 국가에 있는 조세이다. 각 세목은 각각의 개별 법률로 구성되는 1세목 1법률의 원칙에 의해 구성된다. 국세기본법상 국세의 종류로는 소득세, 법인세, 상속세와 증여세, 종합부동산세, 부가가치세, 개별소비세, 교통·에너지·환경세, 주세(酒稅), 인지세(印紙稅), 증권거래세, 교육세, 농어촌특별세가 있고, 관세와 지방세는 국세에 해당하지 않는다.

982 **납기전징수** ✳
納期前徵收

징수특례제도

조세는 지정된 납기에 징수하는 것이 원칙이나, 납세
자의 특별한 사유가 발생하여 납기를 기다려서는 징
수하기가 곤란하다고 인정될 때에는 조세징수를 위해
법정납부기한 전이라도 이미 납세의무가 확정된 국세
는 이를 징수할 수 있는 것을 말한다.

983 **납부기한의
구분** ✳
納付期間 區分

법정납부기한과 구체적 납부기한

법정납부기한은 세법의 규정에 의해 성립된 조세채무
를 이행해야 할 기한으로 납기전징수, 연납, 징수유예
등에 관계되는 기한 등은 포함되지 않는다. 구체적 납
부기한은 법률상의 용어는 아니지만 신고납세고지 등
에 의해 구체적으로 확정된 조세채무를 이행할 기한
을 말하는 것이다.

984 **납세관리인** ✳
納稅管理人

변호사, 세무사 혹은 공인회계사 관리인

납세의무자가 납세지에 살지 아니하는 경우에 그 납세
지에 거주하는 사람 가운데 납세에 관한 사항을 처리
하도록 되어 있는 사람을 말한다.

985 **납세담보** ✳
納稅擔保

세법에 의하여 납세의무자가 징수유예를 신청한 경
우에 제공하는 담보

담보의 변경과 보증이 가능하며, 납세담보로서 금전
을 제공한 경우에는 담보한 국세가산금과 체납처분비
를 납부할 수 있다.

986 납세의무의 소멸 *
納稅義務 消滅

성립·확정된 납세의가 여러 가지 사유로 소멸되는 것

납세의무는 조세, 가산세 또는 체납처분비를 납부, 충당, 부과의 취소, 결손처분, 국세부과의 제척기간에 의해 국세가 부과되지 않고, 그 기간이 만료된 때 또는 소멸시효가 완성됨으로써 소멸하게 된다.

PlusTip 부과의 취소

유효하게 성립한 부과처분에 대하여 그 성립에 흠결이 있음을 이유로 그 처분의 효력을 상실시키는 것을 말한다. 부과가 취소되면 부과한 날에 소급하여 취소의 효력이 발생함으로 납세의무는 소멸하게 된다.

987 납세의무의 확정 *
納稅義務 確定

성립된 납세의무 내용을 구체적으로 확정하는 것

조세의 납부 또는 징수를 위해 세법이 정하는 바에 따라 납부할 세액을 납부의무자 또는 과세관청의 일정한 행위나 절차를 거쳐 확정하는 것이다.

988 납세의무자 **
納稅義務者

세법의 규정에 따라 세금을 납부해야 할 의무(국세를 징수하여 납부할 의무를 제외한다)가 있는 자연인(개인) 또는 법인

외국인도 조세의 대상이 될 때에는 치외법권이 인정되지 않는 한 납세의무자가 된다. 납세의무자를 납세주체 또는 담세자라고도 한다.

PlusTip 담세자 p.354

989 납세자 **
納稅者

납세의무자, 연대납세의무자, 제2차 납세의무자

세법에 의하여 조세를 납부하여야 할 의무가 있는 납세의무자(연대납세의무자와 납세자에 갈음하여 납부할 의무가 생긴 경우의 제2차 납세의무자 및 보증인을 포함한다)와 세법에 의하여 세금을 징수하여 납부할 의무가 있는 자를 말한다.

① 납세의무자 : 세법에 의해 국세 또는 지방세를 납부할 의무가 있는 자로 각 세법에 따로 규정하고 있다.

② 연대납세의무자 : 납세의무자가 납세의 의무를 이행할 수 없을 경우에 해당 납세의무와 관계되는 자로 하여금 상호 연대하여 납세의무를 지는 것이다.

③ 제2차 납세의무자 : 납세의무자가 납세의 의무를 이행할 수 없을 경우에 납세자에 갈음하여 납세의무를 지는 자로 그 형태는 납세보증인과 원천징수가 있다.

    ㉠ 납세보증인 : 납세자의 국세·가산금 또는 체납처분비의 납부를 보증하는 자를 말한다.

    ㉡ 원천징수 : 세법의 규정에 따라 소득을 지급하는 자가 소득을 지급할 때 과세권자를 대신하여 소득을 지급 받는 자로부터 일정한 세액을 징수하여 정부에 납부하는 절차이다.

---

990 **납세지** ⁂
納稅地

납세자와 국가·지방자치단체 간의 법률관계를 이행하는 장소

과세표준의 신고와 세액의 납부 또는 조사결정 및 징수 등 납세의무자의 제반 세부사항을 처리하고, 관할 세무서를 정하는 장소적 단위를 말한다.

---

991 **누진세** ⁂
累進稅

과세물건의 수량 또는 화폐가치의 증가에 따라 점점 높은 세율을 부과하는 조세

주택에 대한 재산세, 종합부동산세 중 일부, 양도소득세 중 일부, 상속세 및 증여세, 법인세 등이 이에 속한다.

PlusTip 누진세율(累進稅率)

① 단순누진세율 : 세액을 결정하기 위해 과세표준을 여러 단계로 나누어 고단계일수록 고율의 세율을 적용하는 것으로 누진세율의 하나이다.

② 초과누진세율 : 과세표준에 대하여 두 개 이상의 세율을 적용하여 세액을 계산하는 방법이다. 즉, 과세표준의 각 단계마다 누진적인 기초세액을 정하고, 다시 초과양액에 대하여 적용하여 산출한 양액을 가산하여 세액을 정하는 세율을 말한다.

992 **담세자** *
擔稅者

부과된 세금을 실질적으로 부담하는 자

납세의무자(조세주체)와는 다르며, 이 둘이 항상 일치하지는 않는다. 예컨대, 주세의 경우 납세의무자는 주류의 제조자이지만 담세자는 최종적으로 주류를 소비하는 소비자가 되는 것이다. 납세의무자와 담세자가 동일하다고 예상되는 것이 직접세이고, 납세의무자와 담세자가 다른 경우를 간접세라고 한다.

PlusTip 납세의무자 p.352

993 **도시계획세** *
都市計劃稅

도시개발사업의 충당을 위해 도시지역 내의 토지, 건축물 및 주택의 소유자에게 부과하는 지방세이자 목적세

과세주체는 과세대상의 소재지 특별시·광역시 또는 시·군이며, 도시계획세의 부과를 위해서는 의회의 의결을 얻어 특별시장·광역시장 및 시장·군수가 부과대상지역을 고시한다.

994 **등록세** *
登錄稅

일정한 사항을 공부에 등기·등록하는 경우 부과되는 조세

재산권 기타 권리의 취득·이전·변경 또는 소멸에 관한 사항을 공부에 등기 또는 등록하는 경우에 그 등기·등록 또는 등재하는 자에게 부과하는 지방세로 특별시·광역시·도세이다.

995 **면세** *
免稅

모든 조세에 대한 납부의무를 면제하는 것

소득이 적은 사람 또는 사회정책, 산업정책 등으로 인해 조세를 부과할 사람에게 과세를 면제하는 일을 말한다.

996 **면세점** *
免税點

과세의 객체로 되는 물건 중 어떤 한도에 못미치는 것에 대하여는 법률에 의하여 과세를 면제할 때가 있는데, 그 면세의 기준이 되는 한계점

면세점은 경제, 사회정책 또는 과세기술을 고려하여 설정한 것으로 소액의 과세물건을 과세의 대상 밖에 두기 위한 제도가 된다.

997 **목적세** **
目的稅

조세수입의 용도에 따른 조세로 과세권자의 특정한 경비의 지변이나 변제를 위하여 부과하는 조세

보통세에 대한 개념이다. 목적세의 부과징수에 관하여는 지방자치단체의 조례로 정하도록 되어 있다.

998 **무제한 납세의무자** *
無制限
納稅義務者

모든 소득에 대해 납세의무가 있는 사람

제한납세의무자의 상대되는 개념으로써 소득세법상 거주자와 법인세법상 내국법인은 무제한납세의무자에 해당한다. 이때 재산을 취득한 자의 범위에는 영리법인이 포함되지 않으며, 법인격 없는 사단, 재단 기타 단체는 비영리법인으로 보아 증여세의 납부의무에 관한 규정이 적용되지 않고, 소득세법상 국내 거주자는 국내에서 발생하는 소득은 물론 국외에서 발생하는 소득에 대하여도 납세의무를 부담한다. 법인세법상 내국법인도 국내외의 모든 소득에 대하여 법인세 납세의무를 지며, 거주자의 모든 상속·증여재산에 대하여 상속세법 및 증여세법을 적용한다.

999 **물납** **
物納

조세법상 금납에 상대되는 개념

현물이나 재산 자체로써 조세를 납부하는 것을 말한다.

PlusTip 금납(金納)

조세법상 물납에 상대되는 개념으로, 금전으로써 조세를 납부하는 것을 말한다.

부동산세법

1000 물세 *
物稅

과세대상의 인적 귀속여부에 따라 분류한 조세

과세표준에 있어서 여러 개의 과세대상이 있을 경우에 과세대상별로 계산하고, 세율적용에 있어서는 비례세율을 적용한다. 물건을 목적으로 하여 특정한 물건의 소유·취득·제조·판매·수입 또는 물건으로부터 생기는 수익에 대하여 과하는 조세를 말한다.

1001 미실현이익 *
未實現利益

아직 실현되지 않은 이익으로 자산의 현행원가가 취득원가를 초과하는 경우에 본 이익

현행 세법에서는 미실현이익을 과세대상소득으로 보지 않는다.

1002 미등기 양도자산 *
未登記讓渡資産

규정하는 자산을 취득한 자가 그 자산 취득에 관한 등기를 하지 않고 양도하는 자산

부동산 거래를 추적하는 과정에서 미등기양도를 한 투자혐의자에게는 양도소득의 과세표준의 100분의 70인 최고세율이 적용된다. 양도소득 기본공제와 장기보유 특별공제액에서 제외된다. 감면규정의 적용에서 배제되고 부동산등기특별조치법에 의해서 징역이나 벌금형을 부과받을 수 있다.

PlusTip 미등기 양도 제외자산

① 장기할부조건으로 취득한 자산으로서 그 계약조건에 의하여 양도 당시 그 자산의 취득에 관한 등기가 불가능한 자산
② 법률의 규정 또는 법원의 결정에 의하여 양도 당시 그 자산의 취득에 관한 등기가 불가능한 자산
③ 농지 소재지에 거주하는 대통령령으로 정하는 거주자가 8년 이상 경영이양 직접지불보조금의 지급대상이 되는 농지
④ 건축허가를 받지 아니하여 등기가 불가능한 자산
⑤ 도시개발사업이 종료되지 아니하여 토지 취득등기를 하지 아니하고 양도하는 토지
⑥ 건설사업자가 공사용역 대가로 취득한 체비지를 토지구획환지처분공고 전에 양도하는 토지

1003 법인세 ❊
法人稅

국세의 한 가지로 법인의 소득에 대하여 부과하는 소득세

법인세는 납세자와 담세자가 동일한 직접세이다. 법인세법상 납세의무자는 국내에 본점 또는 주사무소를 둔 국내법인과 외국법인 중에서 국내에서 발생한 소득이 있는 법인이다.

1004 법정신고기한 ❊
法定申告期限

세법에 의하여 과세표준신고서를 제출하여야 하는 기한

각 세법에서 규정하는 과세표준과 세액에 대한 신고기한 또는 신고서의 제출기한을 말한다.

1005 보유세 ❊
保有稅

납세의무자가 보유하고 있는 부동산에 부과하는 조세

재산세와 종합부동산세가 대표적인 보유세이며, 양도세와 더불어 부동산을 규제하는 대표적인 효율적인 부동산 규제 수단으로 여겨지고 있다.

1006 보증부월세 ❊
保證附月貰

보증금을 건 후 월세로 전세금 일부를 내는 전세증

주택임대료 일부에 해당하는 일정한 금액을 임차기간 동안 집주인에게 맡기고 월세로 매월 지불하는 형태를 말한다.

1007 보통세 ❊
普通稅

조세수입의 용도에 따른 조세로 국가 또는 지방자치단체의 일반경비에 충당하기 위하여 징수하는 조세

세수의 사용 목적을 제한하지 않고, 일반적인 재정수요에 충당하기 위한 조세이다.

1008 보통징수 ⚹
普通徵收

조세징수방법 중 하나

국세의 경우에는 정부부과과세라 한다. 조세징수기관이 확정된 조세금액을 소정의 납기에 이르러 징수하는 것을 말한다. 부과세에 있어서는 납세고지서에 기재된 바에 따라, 법정세에 있어서는 법정납기한에 소정의 과세표준에 의한 세액에 따라 징수한다. 재산세, 지역자원시설세, 주민세(균등분), 종합부동산세(신고납부 예외), 상속세, 증여세, 지방교육세, 농어촌특별세 등이 이에 속한다.

1009 부가가치세 ⚹
附加價値稅

재화·용역이 생산되거나 유통되는 모든 단계에서 생기는 부가가치를 과세대상으로 하는 간접세

부가가치세는 일반소비세로서 최종소비자가 그 담세자가 되며, 사업자가 조세의 징수를 대행한다.

1010 부가세 ⚹
附加稅

별도의 과세대상이 존재하지 않고, 다른 조세를 부과할 때 부가적으로 징수하는 조세

농어촌특별세, 지방교육세, 소득할주민세 등이 있다.

PlusTip 독립세

다른 조세와 관계없이 독자적인 과세대상이 존재하는 조세로서 부가세 이외의 조세를 말한다.

1011 부과과세제도 ⚹
賦課課稅制度

과세관청의 처분에 의하여 과세표준과 세액을 확정하는 제도

납세자의 신고는 과세관청이 처분에 필요한 과세자료를 제출하는 협력의무의 이행이다.

1012 **부동산세금** *
不動産税金

부동산과 관련된 세금

부동산의 취득 내지 보유에 따르는 취득세, 상속세, 증여세, 등록세, 종합부동산세, 재산세, 도시계획세, 지역자원시설세, 사업소득세 등을 의미한다.

1013 **부동산조세** **
不動産租税

부동산을 과세대상으로 부과하는 조세

토지 및 건물 등의 부동산의 취득, 소유, 임대, 양도 등에 부과하여 정부 및 지방자치단체의 공공재 공급을 위한 재원조달과 사회·경제 정책적 목적을 달성하기 위해 부과한다.

PlusTip 부동산관련조세
① **부동산취득 관련조세** : 취득세, 등록세, 인지세, 상속세 및 증여세, 부가가치세, 지방교육세, 농어촌특별세, 면허세
② **부동산 보유 관련조세** : 재산세, 종합부동산세, 지역자원시설세, 도시계획세, 지방교육세, 인지세, 법인세, 부가가치세, 농어촌특별세, 종합소득세(임대소득)
③ **부동산양도 관련조세** : 주민세, 양도소득세, 인지세, 법인세, 부가가치세, 농어촌특별세, 종합소득세

1014 **분류과세** *
分類課税

소득의 종류별·발생원천별로 구분하여 과세표준과 세액을 계산하고 과세하는 방법

종합과세방법에 비하여 부과징수가 편리하고 과세누락방지가 용이하다. 여러 기간 동안 발생한 소득을 한꺼번에 과세하면서 세부담이 급증하는 결집효과를 방지할 수 있지만 소득종류간에 차별과세가 생겨 소득계층간에 세부담의 불공평을 초래할 수 있다.

PlusTip 분리과세
특정한 소득을 종합소득에 합산하지 않고 분리하여 과세하는 것이다. 특정한 소득이란 퇴직소득·산림소득·양도소득 등의 유형 소득을 말한다.

1015 비과세소득 *
非課稅所得

소득의 신고절차와 세무서장의 행정처분을 기다릴 필요 없이 당연히 과세되지 않는 소득

소득세법상의 비과세소득에는 이자소득 중 공익신탁의 이익, 부동산임대소득 중 전답(田畓)을 작물 생산에 이용하게 함으로 인하여 발생하는 소득 및 주택의 임대소득, 사업소득 중 농가부업소득, 근로소득·퇴직소득·일시재산소득·연금소득·기타소득 중 소득세법 제12조에서 규정하는 소득이 있고, 법인세법상의 비과세소득은 공익신탁의 신탁재산에서 생기는 소득으로 한다.

1016 비례세 **
比例稅

조세의 세율에 따른 구별

과세물건의 대·소에 관계없이 동일한 세율이 적용되는 조세로 취득세, 등록세, 주택을 제외한 재산세 등이 속한다.

PlusTip 비례세율

과세표준의 크기와 관계없이 과세표준에 대한 세액의 비율이 일정한 세율을 말한다.

1017 비업무용 부동산 *
非業務用 不動産

기업이 취득 후 일정 기간이 경과한 때까지 업무에 직접 사용하지 않거나, 업무에 필요한 적정면적을 초과하여 보유하는 토지나 건물

기업이 비업무용 부동산을 취득·보유·처분하는 경우에는 지방세나 법인세 등의 세금이 무겁게 부과되고, 조세감면이나 금융상 여신관리 적용에 불이익을 받게 된다.

1018 **사업소세** *
事業所稅

지방세법시행령이 정하는 지역 내에 사업소를 둔 자에게 부과되는 지방세

사업소세는 도시 등의 환경개선 및 정비에 필요한 비용에 충당하기 위하여 지방세법시행령이 정하는 지역 내에 사업소를 둔 자에게 부과되는 지방세로, 납세의무자는 납기개시일 현재 사업소세과세대장에 등재된 사업주이다.

1019 **사업연도** *
事業年度

법인소득을 계산하는 1회계 기간으로서 법인세 과세기간

법인은 영속적인 생명을 갖고 계속적인 활동을 해나가는 것이므로 그 활동의 성과를 파악함에 있어서는 인위적으로 일정한 기간을 한정 구분하여 기간적 성과를 측정하는 것이다.

1020 **상속등기** *
相續登記

공동상속인 각자의 법정상속분을 지분으로 하는 공유등기

상속인은 부동산을 상속받은 경우 상속을 원인으로 하여 상속 부동산에 대한 소유권이전등기를 해야 한다. 상속등기가 없어도 상속 재산인 부동산의 소유권이 상속인에게 이전되지만, 이 부동산을 처분하려면 자신에게 소유권이전등기를 해야 이를 처분할 수 있다. 상속인이 여러 명인 경우에는 상속분 만큼의 비율의 공동상속등기를 할 수 있다. 상속등기는 상속인 본인이 단독으로 신청하며 신청서에 상속을 증명하는 시·구·읍·면장의 서면 또는 이를 증명할 수 있는 서면을 첨부해야 한다. 이때 상속인이 여러 사람인 경우에는 공동명의로 각자의 상속지분을 기재하여 이전등기 한다.

1021 상속세 ‡
相續稅

피상속인의 사망을 원인으로 하여 경제적 가치가 있는 재산의 무상이전과정을 대상 물건으로 하여 부과하는 조세

상속세의 과세에는 피상속인의 유산전체를 과세대상으로 하는 재산세적 성격의 유산세방식(遺産稅方式)과 각 상속인이 상속받는 재산을 과세대상으로 하는 수익세적 성격의 유산취득세방식(遺産取得稅方式)이 있다.

PlusTip 상속

피상속인의 사망·실종·인정사망 등으로 인하여 상속인이 피상속인의 재산권에 대한 권리와 의무를 포괄적으로 승계받는 것으로 사망 후 무상이전이라는 점에서 증여와 구별이 되며, 무상이전이라는 점에서 양도와 구분된다.

1022 상속재산 *
相續財産

상속개시 당시 피상속인에게 구속되는 재산

민법상의 상속재산(본래의 상속재산)뿐만 아니라 유증재산 및 사인증여재산을 포함한다. 피상속인의 재산에는 금전으로 환가할 수 있는 경제적 가치가 있는 모든 물건과 재산적 가치가 있는 모든 권리인 물권, 채권, 무체재산권, 전화가입권 등이 포함되지만 피상속인이 일신에 전속하는 것으로서 사망으로 인하여 소멸되는 것은 제외한다.

1023 세법 ‡
稅法

조세에 관한 법 총칭

국세의 종목과 세율을 정하고 있는 법률과 국세징수법·조세특례제한법·국세와 지방세의 조정 등에 관한 법률·조세범 처벌법 및 조세범 처벌절차법을 말한다.

1024 세율 ✴
税率

과세표준에 대하여 납부해야 할 세액의 비율

과세표준×세율=세액으로, 과세표준에 곱하여 세금의 액수를 결정하는 비율이다. 과세표준에 의해 세금을 계산하여 매기는 법정률, 방법에 따른 비례세율과 누진세율 등이 있다.

1025 소급과세 금지의 원칙 ✴
遡及課稅 禁止 原則

조세법률주의 중의 한 원칙

이미 완결된 사실에 대하여 새로 제정된 법령 또는 변경된 해설을 적용하여 과세하지 아니한다는 원칙이다. 즉, 과거의 법이 과거의 조세를 경감시키거나 국민에 이익을 주는 법률의 소급효는 인정하지만 세법의 개정으로 인하여 세율이 인상되는 것과 같이 국민에게 불이익을 주는 소급효는 인정할 수 없다는 의미이다(불이익금지의 원칙).

1026 소비세 ✴
消費稅

과세대상에 따른 분류로서의 조세

재화 또는 용역을 구입 또는 소비에 대하여 간접적으로 담세력을 인정하여 과세하는 조세이다. 특정한 재화 또는 용역에 대하여만 과세대상으로 하는 개별소비세와 모든 재화 또는 용역에 대해서 과세함을 원칙으로 하는 일반소비세가 있으며, 그 종류로는 부가가치세, 개별소비세, 주세 등이 이에 속한다.

1027 손금 ✴
損金

당해 법인의 순자산을 감소시키는 거래로 인하여 발생하는 손비의 금액

기업회계상 수익·비용에 대응하는 개념으로, 법인의 각 사업연도의 소득은 그 사업연도에 속하거나 속하게 될 수익금의 총액에서 그 사업연도에 속하거나 속하게 될 손금의 총액을 공제한 금액이다.

1028 수득세 *
收得稅

개인이나 법인이 일정한 기간에 얻은 재산에 대하여 부과하는 조세의 총칭

종류로는 소득세, 법인세, 재평가세, 부당이득세 등이 있다.

1029 시가표준액 **
時價標準額

부동산 가격 공시에 관한 법률에 따라 토지 및 주택에 공시된 가액

부동산에 취득세, 재산세, 등록세 등의 지방세 책정을 위해 설정된 기준금액이다. 개별공시지가 또는 개별주택가격이 공시되지 아니한 경우에는 특별자치시장·특별자치도지사·시장·군수 또는 구청장이 같은 법에 따라 국토교통부장관이 제공한 토지가격비준표 또는 주택가격비준표를 사용하여 산정한 가액으로 한다. 공동주택가격이 공시되지 아니한 경우에는 대통령령으로 정하는 기준에 따라 특별자치시장·특별자치도지사·시장·군수 또는 구청장이 산정한 가액으로 한다. 새로 건축하여 건축 당시 개별주택가격 또는 공동주택가격이 공시되지 아니한 주택으로서 토지부분을 제외한 건축물, 선박, 항공기 등의 시가표준액은 거래가격, 수입가격, 신축·건조·제조가격 등을 고려하여 정한 기준가격에 종류, 구조, 용도, 경과연수 등 과세대상별 특성을 고려하여 지방자치단체의 장이 결정한 가액으로 한다.

1030 신고납부제도 **
申告納付制度

조세징수방법 중의 한 가지

납세의무자가 납부할 조세의 과세표준과 세액을 결정하여 기한 내에 자진 신고하여 납부하는 것을 말하며, 국세의 경우에는 신고납세라 한다. 기한 내 신고 납부를 이행하지 않은 경우에는 가산세를 부가한다. 취득세, 등록면허세, 소득세, 법인세, 종합부동산세(신고납세 선택 시), 부가가치세, 지방소비세, 개별소비세, 증권거래세, 농어촌특별세, 지방소득세 등이 이에 속한다.

1031 신고납세제도 *
申告納稅制度

납세의무자가 세법이 정하는 바에 따라 자율적으로 세액을 계산하여 자진신고하면 그 신고한 내용대로 납세의무를 확정하는 방식

납세의무자의 신고에 의하여 과세표준을 확인하고, 세액을 확정하는 제도를 말하는데, 납세의무자가 신고를 하지 않거나 오류·탈루가 있는 경우에는 과세관청이 결정 또는 경정하고, 법인세·소득세·부가가치세·특별소비세·주세·증권거래세·교육세가 이에 해당된다.

1032 실지거래가액 *
實地去來價額

양도자산을 취득하기 위해 실제로 소요된 가액

매입하는 당시 자산의 대가에 등록세, 취득세, 기타 부대비용이 포함된 금액을 의미한다.

**1033 실질과세의
원칙** *
實質課稅 原則

조세평등주의를 실현하는 방법으로 경제적 실질에 따라 과세한다는 원칙

과세의 대상이 되는 소득·수익·재산·행위 또는 거래의 귀속이 명의자와 사실상 귀속자가 다를 경우 사실상 귀속자를 납세의무자로 하여 세법을 적용한다는 의미이다.

1034 심사청구 *
審査請求

행정쟁송 절차

국세기본법상의 조세불복절차 중 국세청장에게 위법 또는 부당한 행정처분을 받거나 필요한 처분을 받지 못함으로써 권리 또는 이익의 침해를 당한 자는 국세기본법에 의한 심사를 청구하는 행위를 말한다.

1035 심판청구 ＊
審判請求

조세불복절차 중 한 가지

처분의 취소 또는 변경이나 필요한 처분을 국세심판원장에게 청구할 수 있는 제도이다.

1036 양도 ＊＊
讓渡

자산에 대한 등기·등록에 관계없이 매도, 교환, 법인 등에 현물출자 등으로 인하여 그 자산이 유상으로 사실상 이전되는 것

양도소득세를 과세함에 있어서 양도라 함은 자산에 대한 등기여부에 관계없이 그 자산이 유상으로 사실상 이전되는 것을 말하며, 계속적·반복적으로 양도되는 것은 제외한다.

PlusTip 사실상 이전

등기·등록을 요하는 자산에 대하여 그 등기·등록을 이행하지 않았더라도 객관적 사실판단에 의하여 소유권이 이전되었으면 양도소득세의 과세요건이 충족됨을 말한다.

1037 양도가액 ＊＊
讓渡價額

토지나 건물 등의 자산을 양도할 때 양도자와 양수자 간의 실제로 거래된 가액

부동산을 유상으로 양도한 대가로 받은 금액으로 소득세법에서 토지나 건물 등을 양도할 때 실지거래가액을 양도거래로 규정한다.

1038 양도소득 ＊＊
讓渡所得

자산양도로 인해 발생한 소득

토지 또는 건물, 부동산에 관한 권리, 주식 또는 출자지분(신주인수권 포함), 기타 자산 등 특정한 자산을 양도함으로 인하여 발생하는 소득이다.

1039 **양도소득세** *

讓渡所得稅

부동산·부동산에 관한 권리 등과 같은 자본적 성격의 자산을 양도함으로써 발생된 이익을 과세대상으로 하는 소득세

재산의 양도에 의해 발생하는 소득에서 담세력을 측정하는 응익세의 성격과 납세의무자의 과세환경을 중심으로 과세하는 인세의 성격을 가지고 있다. 소득세법에서 열거된 자산의 양도로 발생하는 소득에만 과세하는 열거주의 과세방식을 취하고 있다.

1040 **역진세율** *

逆進稅率

과세표준이 증가함에 따라 세율이 점차 낮아지는 세율

현행 조세법에는 없다. 소득액 또는 소득액 재산액이 적어짐에 따라 이에 대한 조세의 비율이 점차 증가하는 세율을 말한다.

1041 **연대납세 의무자** *

連帶納稅義務者

동일한 과세물건, 즉 공유물, 공동사업 또는 이에 의하여 생긴 재산에 관계되는 국세와 가산금, 체납처분비를 공유자 또는 공동사업자가 연대하여 납부할 의무를 지는 것

연대납세의무에는 민법의 연대채무에 관한 규정이 준용되므로, 조세채권자는 연대납세의무자의 1인에 대하여 또는 동시나 순차로 연대납세의무자에 대하여 국세의 납부고지·독촉·체납처분을 할 수 있으며, 이러한 고지 또는 독촉 등의 효력은 전원에 미친다. 또한 그 중 1인이 행한 납부의 효력도 전원에게 미쳐, 이 경우 다른 자는 그 범위 안에서 연대납세의무를 면한다.

1042 연부 *
年賦

채무를 해마다 일정액씩 분할하여 지급하는 변제방법

매매대금의 지급이나 금전대차의 결재에도 쓰인다. 법률상으로는 규정이 없으나, 일부 변제가 정기적으로 행해지는 것으로서 정기금채권은 아니다. 연부금을 그 기한 내에 지급하지 않을 때는 기한의 이익을 상실하며, 금액을 일시에 변제하여야 한다는 약관이 많다. 연부는 일시에 모두 변제할 수 없는 채무자에게 기한을 유예하기 위하여 행해지지만 부동산 담보의 대부 등에서는 대부의 안전을 도모하기 위하여 원리의 분할상환의 방법이 많이 쓰인다.

1043 연부연납 *
年賦年納

조세의 일부를 법정신고기간을 경과해서 납부할 수 있도록 그 기간을 연장해 주는 연납의 한 종류

조세를 장시간에 걸쳐 나누어 납부할 수 있다. 납세의무자가 납세자금을 준비하는 시간을 연기해 주는 데 그 목적이 있으며, 상속세법, 자산재평가법에서 규정하고 있다. 연부연납은 징수유예와는 구별되는 것이며 연부연납 기간 중에는 소멸시효가 진행되지 않는다.

1044 원천과세 **
源泉課稅

소득·수익에 대한 과세를 소득자에게 종합적으로 부과하지 않고, 수입원천에서 개별적으로 직접 과세하는 방법

원천과세는 징수상의 편의성은 있으나, 각인의 부담력에 응한 과세를 하지 못하는 결함이 있다. 우리나라는 징수상의 편의를 위한 원천징수가 행해지고 있다.

1045 원천징수 **
源泉微收

상대방의 수입금을 지급할 때 지급 측이 받는 사람이 내야할 세금을 미리 떼어내서 대신 세금을 내는 제도

세법에 의하여 조세징수에 편의가 있는 자로 하여금 국세(이에 관계되는 가산세를 제외)를 징수하게 하여, 그 징수한 세금을 징수자가 납부·납입하게 하는 것으로 지방세에서는 특별징수라고도 한다. 근로·이자소득세 원천징수 등이 대표적인 예이다.

1046 유통세 *
流通稅

과세대상에 따른 분류

권리나 재산권 등의 이전에 관련된 행위를 대상으로 과세하는 조세로 취득세, 등록세, 면허세, 인지세, 상속세, 등록세, 증권거래세 등이 있다.

1047 응능세 **
應能稅

담세력의 측정에 따라서 분류한 조세

유통세와 소비세의 형태로 능력에서 담세력을 측정한 조세로 취득세, 부가가치세, 등록세, 개별소비세, 주세 등이 있다.

1048 응익세 **
應益稅

담세력의 측정에 따라서 분류한 조세

수득세와 재산세의 형태로 수익에서 담세력을 측정한 조세로 재산세, 도시계획세, 공동시설세, 소득세, 법인세, 종합부동산세, 상속세, 증여세 등이 있다.

1049 익금 *
益金

이익으로 남은 돈

당해 법인의 순자산을 증가시키는 거래로 인하여 발생하는 수익의 금액을 말한다.

1050 인세 *
人稅

과세대상의 인적 귀속여부에 따라 분류한 조세

과세표준의 계산에 있어서 여러 개의 과세대상이 있는 경우 납세의무자별로 합산하고, 세율의 적용에 있어서는 누진세율을 적용하며, 소득세, 법인세, 상속세, 증여세, 종합부동산세 등이 있다.

1051 장기보유 특별공제 ‡‡
長期保有 特別控除

3년 이상 보유한 토지나 건물을 양도할 때 양도차익의 일정 비율을 공제하는 제도

장기보유 특별공제제도는 자산의 보유 기간이 3년 이상인 장기보유자산에 대하여 그 양도소득금액을 산정할 때 양도차익에 보유 기간별 공제율을 곱하여 계산한 금액을 공제하여 줌으로써 건전한 부동산의 투자행태 내지 소유행태를 유도하려고 하는 세제상의 장치이다.

1052 장기할부 조건매매 ‡‡
長期割賦 條件賣買

계약 거래 형태의 하나

자산을 매매함에 있어서 당사자 간의 개별약관에 의하여 그 대금을 3회 이상 분할하여 월부, 연부, 기타 부불방법에 따라 결제하는 조건으로 계약하는 거래형태를 말한다.

1053 재산세 ‡‡
財産稅

일정 재산에 대하여 부과되는 조세

과세대상에 따른 조세의 총칭으로 재산을 보유한다는 사실에 담세력을 인정하여 과세하는 조세를 말한다. 재산소유자의 지불능력 등 인적 요건은 고려하지 않고, 개인·법인의 구분없이 같은 가액의 재산에 대해 같은 세액을 부과하는 물세로, 그 종류로는 재산세, 도시계획세, 지역자원시설세, 종합부동산세, 상속세, 증여세 등이 있다.

1054 전단계 거래액 공제법 *
前段階 去來額控除法

부가가치세제의 기본개념으로 과세기관을 단위로 부가가치세 계산하는 것

당해 과세기간의 공급가액에서 중간재매입액을 공제한 금액에 세율을 곱하여 납부세액을 산정하는 방법이다.

납부세 = (매출 − 미입액) × 세율

1055 전단계 세액공제법 *

前段階
去來額控除法

부가가치세 부과방법 중 공제법의 한 가지

현재 적용되는 공제법이다. 당해 과세기간의 공급가액에 세율을 적용하여 계산한 매출세액에서 중간재 매입시 거래징수당한 매입세액을 공제하여 납부세액을 산정하는 방법이다.

> 납부세 = (매출 × 세율) − (미입 × 세율)

1056 정상지가 상승분 *

正常地價上昇分

일반적인 지가상승분 중 비정상적 지가상승분인 투기가격이나 개발이익을 공제한 지가상승분

부과기간 중 각 연도의 정상지가상승분을 합하여 산정하며, 각 연도의 정상지가상승분은 해당 연도 1월 1일 현재의 지가에 해당 연도의 정상지가 변동율을 곱하여 산정한다.

1057 제2차 납세의무 *

第2次 納稅義務者

납세자가 납세의무를 이행할 수 없는 경우에 납세자에 대신하여 납세의무를 지는 자

법인이 해산한 경우에 있어서 그 해산된 법인의 청산인, 비상장법인의 과점주주, 무한책임사원, 사업양수인, 양도담보권자 등이 이에 해당된다.

1058 제한 납세의무자 *

制限
納稅義務者

국내에 주소·거소는 없지만 국내에 있는 재산을 소유하거나, 국내에서 사업을 하는 경우에 그 국내에 있는 재산이나 사업은 그 한도 내에서 국내통치권의 범위에 있으므로 국내에 원천지 또는 소재지가 있는 과세물건에 대하여 납세의무를 지는 자

소득세법상의 비거주자 및 법인세법상의 외국법인을 그 예로 들 수 있고, 피상속인이 사망당시 국내에 주소를 두지 아니한 경우 및 수증자가 증여당시 국내에 주소를 두지 아니한 경우에도 제한납세의무자가 될 수 있다.

1059 조세 **
租稅

국가 또는 지방자치단체가 재력을 취득할 목적으로 법률에 규정된 과세요건을 충족한 모든 자에게 반대급부 없이 부과·징수하는 금전급부

조세의 종목과 세율은 법률로써 정한다. 조세는 국가, 지방자치단체 이외의 단체가 과징하는 조합비, 회비 등과 구별되며, 과세단체 재력의 취득을 목적으로 하는 점에서 벌금, 과료, 과태료, 몰수 등의 처벌을 목적으로 하는 벌과금과 구별되고, 반대급부 없이 과징하는 점에서 사용료, 수수료 등과 구분 된다.

PlusTip 조세의 원칙

① 응능(應能)의 원칙 : 납세자의 지불능력에 따라 과세한다는 원칙으로 소득세의 종합과세와 누진세율의 적용이 응능의 원칙에 의한 공평과세의 원칙에 따른 것이다.
② 응익(應益)의 원칙 : 납세자에게 제공되는 정부서비스의 대가로 해택을 받은 사람에게 과세한다는 원칙이다.

1060 조세 법률주의 **
租稅法律主義

조세의 부과·징수는 반드시 법률에 의하며, 법률에 근거를 갖지 아니하면 국가는 조세를 부과할 수 없고, 국민은 조세의 납부를 요구받지 않는다는 원칙

과세요건 법정주의, 과세요건 명확주의, 합법성의 원칙, 소급과세 금지의 원칙을 내용으로 한다.

1061 조세의 귀착 *
租稅 歸着

조세가 부과되었을 때 실질적인 조세부담의 전가를 통해 경제주체들에게 귀속되는 것의 결과

조세의 귀착에는 법적 귀착과 경제적 귀착이 있으며, 법적 귀착은 형식적 귀착이라고 하며, 법적으로 조세를 납부할 책임이 있는 사람이 지게 되는 조세의 부담을 의미한다. 반면 경제적 귀착은 실질적 귀착이라고 하며, 조세에 의해 실질적으로 소득이 감소하는 사람이 지게 되는 조세의 부담을 의미한다.

1062 **조세의 부과** ＊
租稅 賦課

납세의무의 내용을 확정하여 그 이행을 명령하는 행정처분

조세의 부과처분의 권한은 수세관청 또는 세무공무원(지방세)이 가진다. 조세 중에는 납세의무가 직접 법률에 의하여 확정되고, 특별한 확인행위, 납부명령을 요하지 않고서 부과의 효과가 생기는 것(인지세, 등록세)도 있으나, 대부분의 조세는 과세표준을 확정하고, 세율을 결정하여 조세의 납부를 명령하는 행위가 있어야 구체적으로 납세의무자가 발생한다.

1063 **조세의 전가** ＊
租稅 轉嫁

납세의무자에게 부담된 조세가 납세의무자가 아닌 다른 사람에게 이전되는 것

조세가 부과되었을 때 경제주체들이 자신의 활동을 조정함으로써 부과된 조세의 실질적인 부담을 타인에게 전가시키는 현상으로, 조세가 부과되면 상대가격의 변화를 통해 조세의 일부를 법적인 납세의무자가 아닌 다른 사람에게 이전하는 것이다.

1064 **조세특례 제한법** ＊
租稅特例制限法

조세의 감면 또는 중과 등 조세특례와 이의 제한에 관한 사항을 규정하여 과세의 공평을 도모하고 조세정책을 효율적으로 수행함으로써 국민경제의 건전한 발전에 이바지함을 목적으로 하는 법률

조세특례라 함은 일정한 요건에 해당하는 경우의 특례세율의 적용, 세액감면, 세액공제, 소득공제, 준비금의 손금산입등의 조세감면과 특정목적을 위한 익금산입, 손금불산입 등의 중과세를 말한다.

1065 조세
평등주의 ✽
租稅平等主義

조세의 부담이 공평하게 배분되도록 세법을 제정하여야 하며, 조세법률관계의 당사자로서 납세자에 대한 세법의 적용에 있어서 공평하여야 한다는 원칙

조세부담에 관한 원칙을 의미한다. 세법을 적용함에 있어서 조세평등주의를 실현하는 방법으로 실질과세의 원칙과 부당행위계산부인 규정이 있다.

1066 종가세 ✽
從價稅

과세표준의 표시방법에 따라 분류한 조세

과세표준이 금액 또는 가액인 조세를 말한다. 취득세, 재산세, 종합부동산세, 양도소득세 등 대부분의 조세가 이에 속한다.

1067 종량세 ✽
從量稅

종가세에 상대되는 개념

과세대상이 되는 물품에 물량단위로 과세기준을 정하고, 거기에 따라 부과하는 조세를 말한다. 등록세 중 일부, 사업소세 중 일부, 지역개발세 중 일부, 인지세 중 일부가 이에 속한다.

1068 종률세 ✽
種律稅

과세요건이 성립될 때마다 부과하는 조세

종률세에 속하는 조세는 소비세·인지세 등이 있다.

1069 종업원할 ✽
從業員割

종업원의 총급여액을 기준으로 부과하는 사업소득

종업원 수가 50명 이하일 경우 면세된다.

1070 종합과세 ✽
綜合課稅

소득의 종류에 관계없이 1년을 단위로 모든 소득을 하나의 과세표준으로 합산하여 세액을 계산하는 과세방법

사업소득, 근로소득, 이자소득, 배당소득, 연금소득 등을 합산하여 과세한다.

1071 종합 부동산세 ✽
綜合不動産稅

지방자치단체가 부과하는 종합토지세 외의 일정 기준을 초과하는 토지, 주택의 소유자에 대하여 국세청이 누진세율을 별도로 적용하는 조세

2004년 보유과세 개편으로 종합토지세 규정이 삭제되어 종합토지세와 재산세를 재산세 규정으로 통합하였고, 보유하고 있는 주택·토지가 일정액을 초과할 경우에는 2005년에 신설된 종합부동산세를 부과하게 되었다. 종합부동산세는 국세로서, 부동산 보유에 대한 조세부담의 형평성 제고·부동산 가격안정 도모·지방재정의 균등발전·국민경제의 건전한 발전을 목적으로 한다.

1072 증여 ✽
贈與

당사자가 무상으로 재산을 준다는 의사표시를 하고, 상대방이 승낙함으로써 성립하는 계약

당사자 일방이 대가 없이 무상으로 재산을 상대방에게 준다는 의사표시를 하고, 수증자가 승낙함으로써 성립하는 채권법상 전형계약의 일종으로 생전의 이전이라는 점에서 상속과 구분이 되며, 무상이전이라는 점에서 양도와 구별된다. 증여계약의 성립에는 따로 방식을 요하지 않으나, 서면에 의하지 않은 증여는 아직 이행하지 않은 부분에 대하여 언제라도 각 당사자가 이를 해제할 수가 있다.

1073 증여세 ✽
贈與稅

증여로서 재산이 무상으로 이전되는 경우에 부과되는 조세

생존자 간에 있어서 재산의 무상이전에 대하여 부과되는 과세이다. 상속세의 포탈을 방지할 목적으로 상속세의 보완세로 채택되고 있다.

1074 증여의제 *
贈與擬制

법률상 증여는 아니지만 경제적 효과가 발생하는 거래나 사건 등을 증여로 취급하여 세금을 부과하는 일

특수관계에 있는 자로부터 경제적 가치를 계산할 수 있는 유형·무형의 재산이나 법률상 또는 사실상의 권리 등을 직접적이거나 간접적으로 무상이전을 받은 경우에는 그 무상으로 이전된 재산이나 권리 등에 대하여 증여세를 부과한다. 예를 들어 가족간에 시가보다 낮은 가액, 즉 시가에서 그 대가를 차감한 가액이 시가와 100분의 30 이상 차이가 있거나 그 차액이 1억 원 이상인 경우 그 재산의 양수자는 증여를 받은 것으로 본다.

1075 지방교육세 **
地方敎育稅

지방교육의 질적 향상에 필요한 지방교육재정의 확충에 드는 재원을 확보하기 위하여 부과하는 지방세

부동산, 기계장비(자동차 제외), 항공기 및 선박의 취득에 대한 취득세, 등록면허세(자동차에 대한 등록면허세), 레저세, 담배소비세, 주민세 균등분, 재산세, 비영업용 승용자동차에 대한 자동차세가 부과될 때 부가하여 징수하는 부가세로서 지방세의 목적세이다.

1076 지방세 **
地方稅

과세주체에 따른 조세의 분류

지방자치단체의 존립에 필요한 재정수요를 충족하기 위하여 그 주민으로부터 개별적인 대가없이 무상으로 강제 징수하는 재화를 말하며, 지방세의 세목과 징수 등의 내용을 수록하는 다세목 1법률의 원칙에 따라 구성된다. 지방세법상 취득세, 등록면허세, 레저세, 담배소비세, 지방소비세, 주민세, 지방소득세, 재산세, 자동차세, 지역자원시설세, 지방교육세 등이 이에 해당된다.

1077 지역자원 시설세 ※
地域資源施設稅

지역의 균형개발, 수질개선 및 수자원보호 등에 소요되는 재원을 확보하기 위한 목적세

지하자원·해저자원·관광자원·수자원·특수지형 등 지역자원을 보호·개발하고, 지역의 소방사무, 특수한 재난예방 등 안전관리사업과 환경보호·환경개선 사업 및 지역균형개발사업에 필요한 재원을 확보하거나 소방시설·오물처리시설·수리시설 및 그 밖의 공공시설에 필요한 비용을 충당하기 위하여 발전용수(양수발전용수는 제외한다), 지하수(용천수를 포함한다), 지하자원, 컨테이너를 취급하는 부두를 이용하는 컨테이너 및 원자력발전·화력발전으로서 대통령령으로 정하는 것과 소방시설, 오물처리시설, 수리시설, 그 밖의 공공시설로 인하여 이익을 받는 자의 건축물, 선박 및 토지를 과세대상으로 하는 목적세를 말한다.

1078 직접세 ※※
直接稅

조세부담 전가유무에 따라 분류한 조세

조세가 납세의무자에게 직접 부과되고, 법률상의 납세의무자와 실제의 과세부담자가 일치하는 조세(소득세·법인세·영업세·상속세 등)를 말한다. 납세의무자가 담세자가 되거나 소득의 원천에 기준을 두고 부과되는 조세이다.

1079 징수유예 ※
徵收猶豫

납세자에게 일정한 사유가 발생하여 납부기한 내에 국세 등을 납부할 수 없는 경우에 그 국세의 징수를 일정 기간 늦추어 주는 것

납세의무의 이행을 주로 납세의무자의 편의를 위하여 직권 또는 신청을 통해 일정한 기간 동안 유예하여 주는 것을 말한다. 징수유예는 실질적으로 납기한의 연장 효과를 가지며, 징수유예기간 중에는 그 유예에 관계되는 미납조세액을 강제로 징수할 수 없다.

1080 체납처분 ‡
滯納處分

행정상 강제집행의 하나

고지와 독촉에 의한 납부기한까지도 납세자가 국세 등을 완납하지 않은 경우에는 납세자의 재산에 대한 압류 또는 공매의 강제적 방법에 의해 국세를 징수하는 절차를 말한다.

1081 체납처분비 ‡‡
滯納處分費

국세징수법 중에 재산의 압류·보관·운반과 매각 대행수수료를 포함한 매각에 소요되는 비용

지방세나 공과금의 체납처분을 할 때, 그 체납처분금액 중에서 국세가산금 또는 체납처분비를 징수하는 경우 그 지방세나 공과금의 체납처분비는 국세 가산금 또는 체납처분비보다 우선하여 징수한다.

1082 취득 ‡
取得

권리를 자신의 것으로 만들어 가지는 것

매매, 교환, 상속, 증여, 기부, 법인에 대한 현물출자, 건축, 개수(改修), 공유수면의 매립, 간척에 의한 토지의 조성 등과 그 밖에 이와 유사한 취득으로서 원시취득(수용재결로 취득한 경우 등 과세대상이 이미 존재하는 상태에서 취득하는 경우는 제외한다), 승계취득 또는 유상·무상의 모든 취득을 말한다.

1083 취득가액 ‡
取得價額

토지나 건물 등의 자산을 취득하는 당시에 실제로 거래된 가액

자산을 취득하였을 당시의 기준시가를 의미한다. 양수자가 부동산을 취득하기 위해 지불한 금액으로 매입가, 취득세, 등록세, 기타 부대비용 등을 더한 것이다. 취득가액이 분명하지 않을 때는 매매가액, 감정가액, 환산가액, 기준시가로 취득가액을 계산할 수 있다.

1084 **취득세 ✳**
取得稅

지방자치단체의 조세수입의 대종을 이루는 조세

지방세법에서 열거하고 있는 특정의 유형·무형의 재산을 취득하는 경우 수익과는 무관하게 그 취득사실 자체를 과세대상으로 하여 특별시·광역시·도가 부과하는 응능과세로서 과세대상의 거래시점에 부과하는 유통과세이고, 법률적 측면에서는 취득이라는 법률행위에 대해 과세하는 행위세이다. 취득세는 부동산, 차량, 기계장비, 항공기, 선박, 입목, 광업권, 어업권, 골프회원권, 승마회원권, 콘도미니엄 회원권 또는 종합체육시설 이용회원권 등의 자산 취득에 대하여 그 취득자에게 부과한다.

1085 **취득세
과세표준 ✳**
取得稅 課稅標準

취득 당시의 가액(價額) 또는 연부금액(年賦金額)으로 하며, 취득자가 신고한 가액에 의하되 신고가액이 없거나 신고가액이 시가표준액에 미달하는 때에는 시가표준액에 의함을 원칙으로 하는 것

취득가액이 50만 원 이하인 때에는 취득세를 부과하지 않는다. 표준세율은 과세표준의 1000분의 20으로 하되, 조례(條例)에 의하여 표준세율의 100분의 50의 범위 안에서 가감조정할 수 있다. 일정한 사치성 자산과 과밀억제권역 안의 자산에 대하여는 높은 세율을 적용한다(동법 제13조). 취득세의 징수는 신고납부의 방법에 의한다. 따라서 과세물건을 취득한 자는 원칙적으로 취득한 날부터 60일 이내에 세액을 신고 납부하여야 한다. 그 불이행에 대하여는 가산세(加算稅) 또는 중가산세(重加算稅)를 징수한다.

1086 **취득세율 ✳**
取得稅率

재산을 유통시킬 때 적용하는 세율

부동산이나 자동차·중기(重機)·입목(立木)·선박·광업권·어업권 따위를 취득할 때 발생하는 세금에 적용한다.

1087 취득시효 **
取得時效

권리취득 원인의 시효

일정한 사실상태가 오랫동안 계속한 경우에 그 상태가 진실한 권리관계냐를 따지지 않고 그 상태를 그대로 존중하여 그대로 권리관계로 인정하는 제도를 시효라 하고 그 시효에는 취득시효와 소멸시효가 있다. 그 중, 취득시효라 함은 타인의 물건일지라도 일정 기간 권리를 행사하고 있는 것 같은 외관을 계속하는 경우에 그 권리를 인정해주는 것이다. 민법은 점유취득시효와 등기부취득시효의 두 가지를 인정하고 있다. 점유취득시효는 20년간 소유의 의사로 평온·공연하게 부동산을 점유한 자는 등기함으로서 소유권을 취득한다. 등기부취득시효는 소유자로 등기한 후 10년간 소유의 의사로 평온·공연하게 선의·무과실로 부동산을 점유한 때에 소유권을 취득한다.

1088 표준세율 *
標準稅率

지방세 세율의 적용방법 중의 한 가지

탄력세율이라고도 한다. 지방자치단체의 재정상태나 부동산의 경기변동에 따라 지방자치단체의 재량으로 세율을 탄력적으로 조정할 수 있는 방법으로, 취득세·등록세·재산세·지방교육세·지역자원시설세 등이 해당된다.

PlusTip 제한세율
세율을 탄력적으로 적용하되 상한과 하한을 두어 그 범위를 초과할 수 없도록 규정한 방법으로 도시계획세 등이 해당한다.

1089 필요경비 *
必要經費

소득세법상 사업소득금액, 부동산임대소득금액, 양도소득금액 계산 시 비용으로 차감되는 항목

예를 들어 양도소득세 계산 시 필요경비에는 취득가액, 자본적 지출액, 양도비가 포함된다.

1090 합법성의
원칙 *
合法性 原則

조세법률주의의 한 원칙으로, 조세행정은 세법의 규정에 따라 조세목적을 실현하는 절차

조세를 부과·징수하는 절차는 법률로 규정하여야 할 뿐만 아니라 그 집행절차는 조세법의 엄격한 구속을 받음으로써 조세행정의 자유재량을 금하고, 법률에 의한 기속재량만을 허용하여야 한다는 것을 말한다.

1091 환급금 *
還給金

납세자가 국세·가산금 또는 체납처분비

납부한 금액 중 과오납부한 금액이 있거나, 세법에 의하여 환급하여야 할 환급세액이 있는 경우 이를 납세자에게 환급하는 세액을 말한다.

1092 환급세액 *
還給稅額

과세표준 및 세액 신고, 결정부터 세법의 규정에 의하여 되돌려 받는 금액

원천징수의무자가 당해 연도에 이미 원천징수하여 납부한 원천징수세액과 세액공제의 합계액이 종합소득 산출세액을 초과하는 경우에는 그 초과액을 환급하게 되는데, 이 경우 환급해야 할 금액을 차감환급세액(편의상 연말정산환급세액이라고도 함)이라고 한다.

CROSS WORD

¹■¹		²■						⁴■
		⁴■						
					²■³			

Across

① 국민의 복지증진을 위해 국가나 지방자치단체가 설치하는 시설
② 건축면적에서 대지면적을 나눈 값에서 100을 곱하면 나오는 비율
③ 상습침수지역이나 산사태위험지역 등 징형적 여건으로 재해발생우려가 있는 지역을 일컫는 자연재해○○○○○○
④ 건축물의 높이를 도로 폭과 관계 및 인지 경계선과의 관계에 따라 제한받는 것

Down

① 한 건물 안에 여러 가구가 각각의 공간을 갖고 생활할 수 있도록 설계된 주택
② 부동산 개발사업의 실질적인 사업운영자
③ 도로와 접한 부분이 있어 건축물이나 동작물 건축의 한계선
④ 국가 소유의 산림

Across | ① 공공시설 ② 건폐율 ③ 위험개선지구 ④ 사선제한
Down | ① 공동주택 ② 시행사 ③ 건축선 ④ 국유림

06

부동산공법

checkpoint

- ✓ 간선시설
- ✓ 감환지
- ✓ 개발진흥지구
- ✓ 고도지구
- ✓ 농지원부
- ✓ 대지면적
- ✓ 모듈러 주택
- ✓ 사선제한
- ✓ 정비사업
- ✓ 위락지구
- ✓ 접도구역
- ✓ 체비지

1093 가건물 *
假建物

건물로서의 구조나 형태 및 용도를 구비하지 못한 임시적인 구조물

해체가 용이한 상태의 구축물을 의미한다. 건축법에서는 가건물을 가설건축물이라고 표시하고 있다.

1094 가구 *
街區

시가지에 있어서 사방이 도로로 둘러싸인 1구획지

도시내부의 재개발사업이나 도시주변부의 개발사업실시 때에 수 개의 가구(街區)를 뭉쳐서 대가구(大街區)를 단위로 하는 계획이 진행되고 있다.

1095 간선시설 *
幹線施設

단지 밖에 기간시설이 설치된 곳에서 단지까지 연결하는 시설

도로·상하수도·전기시설·가스시설·통신시설 및 지역 난방시설 등 주택단지(둘 이상의 주택단지를 동시에 개발하는 경우에는 각각의 주택단지를 말한다) 안의 기간시설을 그 주택단지 밖에 있는 같은 종류의 기간시설에 연결하는 시설을 말한다. 가스시설·통신시설 및 지역난방시설의 경우에는 주택단지 안의 기간시설을 포함한다.

1096 감보율 *
減步率

토지구획 정리사업에서 도로, 공원, 학교부지 등의 공용지를 확보하고 공사비를 충당하기 위하여 토지를 공출(供出)받는 비율

개개의 소유지 위치에 따라 최고 50%를 초과하지 않는다.

1097 감환지 *
減換地

도시개발사업 등에 의한 환지방법의 하나

권리면적보다 줄여서 환지하는 것으로 감환지를 받은
자는 감환지된 부분에 대한 청산금을 사업시행자로부
터 받는다.

1098 견련 관계 *
牽連關係

사물 간 연결되어 있는 의존성에 법률상의 뜻을 부
여하는 일

유치권에서 담보된 물건이 쌍무 계약인 경우, 견련 관
계에 있다고 한다.

1099 경락 *
競落

경매로 동산 또는 부동산 소유권을 취득하는 일

경매에 의해 매수인이 대상 동산 또는 부동산 소유권
을 취득하는 것이다. 부동산의 경우 법원이 경락 여부
를 재판하기 위해 경락기일을 열고 이해관계인의 진술
을 참고하여 결정한다.

**1100 개발밀도
관리구역** *
開發密度
管理區域

국토의 계획 및 이용에 관한 법률상의 하나

개발로 인하여 기반시설이 부족할 것으로 예상되나,
기반시설을 설치하기 곤란한 지역을 대상으로 한다.
이는 건폐율이나 용적률을 강화하여 적용하기 위하여
국토의 계획 및 이용에 관한 법률에 의하여 특별시
장·광역시장·시장 또는 군수는 주거·상업 또는 공업
지역에서의 개발행위로 기반시설(도시계획시설 포함)
의 처리·공급 또는 수용능력이 부족할 것으로 예상
되는 지역 중 기반시설의 설치가 곤란한 지역을 지정
하는 구역을 말한다.

1101 개발
제한구역 ✶✶
開發
制限區域

국토의 계획 및 이용에 관한 법률상 용도구역 중의 하나

도시의 무질서한 확산을 방지하고, 도시 주변의 자연환경을 보전하여 도시민의 건전한 생활환경을 확보하기 위하여 도시의 개발을 제한할 필요가 있거나, 국방부장관의 요청이 있어 보안상 도시의 개발을 제한할 필요가 있다고 인정되는 때, 국토교통부장관이 그 지정 또는 변경을 도시관리계획으로 결정할 수 있는 구역을 말한다. 개발제한구역으로 지정된 지역에서는 건축물의 건축 및 용도변경, 공작물의 설치, 토지의 형질변경, 죽목의 벌채, 토지의 분할, 물건을 쌓아놓는 행위 또는 도시계획사업을 할 수 없으며 경우에 따라 허가를 받은 행위 또는 사업만 가능하게 된다.

1102 개발제한
구역의
지정 및
관리에 관한
특별조치법 ✶

효율적인 관리를 위해 필요사항을 정한 법률

국토의 계획 및 이용에 관한 법률에 의한 개발제한구역의 지정과 개발제한구역에서의 행위제한, 주민에 대한 지원, 토지의 매수 기타 개발제한구역의 효율적인 관리를 위하여 필요한 사항을 정함으로써 도시의 무질서한 확산을 방지하고, 도시 주변의 자연환경을 보전하여 도시민의 건전한 생활환경을 확보함을 목적으로 제정된 법률이다.

1103 개발제한구역
훼손부담금 ✶
開發制限
區域毀損負擔金

개발제한구역관리계획과 함께 개발제한구역의 효과적 관리를 위한 대표적인 제도

개발제한구역의 훼손을 억제하고 개발제한구역의 관리를 위한 재원을 확보하기 위하여 개발제한구역 안에서의 행위허가(토지의 형질변경허가 또는 토지의 형질변경이 수반되는 허가의 경우에 한하며, 다른 법령의 규정에 의하여 허가가 의제되는 협의를 거친 경우를 포함)를 받은 자에 대하여 부과·징수하는 부담금을 말한다.

1104 개발
진흥지구 **
開發
振興地區

국토의 계획 및 이용에 관한 법률상의 용도지구 중의 하나

주거기능·상업기능·공업기능·유통물류기능·관광기능·휴양기능 등을 집중적으로 개발·정비할 필요가 있는 지구를 말한다. 국토교통부장관, 시·도지사 또는 대도시 시장은 도시관리계획의 결정으로 주거개발진흥지구, 산업·유통개발진흥지구, 복합개발진흥지구, 관광·휴양개발진흥지구, 특정개발진흥지구로 세분하여 지정할 수 있다.

① 주거개발진흥지구 : 주거기능을 중심으로 개발·정비할 필요가 있는 지구
② 산업·유통개발진흥지구 : 공업기능을 중심으로 개발·정비할 필요가 있는 지구
③ 관광·휴양개발진흥지구 : 관광·휴양기능을 중심으로 개발·정비할 필요가 있는 지구
④ 복합개발진흥지구 : 주거기능, 공업기능, 유통·물류기능 및 관광·휴양기능 중 2 이상의 기능을 중심으로 개발·정비할 필요가 있는 지구
⑤ 특정개발진흥지구 : 주거기능, 공업기능, 유통·물류기능 및 관광·휴양기능 외의 기능을 중심으로 특정한 목적을 위하여 개발·정비할 필요가 있는 지구

1105 개발행위
허가기준 *
開發行爲
許可基準

개발하려는 자는 기반시설의 설치나 그에 필요한 용지의 확보, 위해(危害) 방지, 환경오염 방지, 경관, 조경 등에 관한 계획서를 첨부한 신청서를 개발행위허가권자에게 제출해야 하여 특별시장·광역시장·시장 또는 군수의 허가를 받아야 하는 것

허가를 받아야 하는 행위는 건축물의 건축과 공작물 설치, 토지의 형질 변경, 토석의 채취, 토지 분할, 녹지·관리지역 또는 자연환경보전지역에 물건을 1개월 이상 쌓아놓는 행위이다.

1106 개축 ✽✽
改築

기존 건축물의 일부(내력벽·기둥·보·지붕틀 중 3 이상이 포함되는 경우 포함) 또는 전부를 철거하고, 그 대지 안에 종전과 동일한 규모의 범위 내에서 건축물을 다시 축조하는 것

건축법에서 정하는 건축에 포함되므로 특별자치도지사 또는 시장·군수·구청장의 허가를 받아야 한다.

1107 건축 ✽✽
建築

건물의 구조와 디자인을 표현하는 과학이나 예술로 상징되기도 함

건축물을 신축·증축·개축·재축(再築)하거나 건축물을 이전하는 것을 말한다.

1108 건축면적 ✽✽
建築面積

건축물의 외벽(外壁) 또는 기둥의 중심선으로 둘러싸인 부분의 수평투영면적(水平投影面積)으로서 1층의 바닥면적

처마나 차양 등이 수평거리로 1m 이상 돌출되어 있으면 그 끝에서 1m 후퇴한 선까지를 건축면적으로 산정한다. 2층 이상의 외벽이 1층의 외벽보다 밖으로 나와 있을 때에는 그 층의 수평투영면적에 의하여 그 부분의 면적을 더한다.

1109 건축물 ✽✽
建築物

토지에 정착하는 공작물 중 지붕과 기둥 또는 벽이 있는 것과 이에 부수되는 시설물, 지하 또는 고가의 공작물에 설치하는 사무소·공연장·점포·차고·창고 기타 대통령령이 정하는 것

① 주택(단독주택, 공동주택)
② 제1종 근린생활시설(슈퍼마켓과 일용품의 소매점, 휴게음식점·제과점, 이용원·미용원·일반목욕장 및 세탁소)
③ 제2종 근린생활시설(일반음식점·기원, 휴게음식점·제과점으로서 제1종 근린생활시설에 해당하지 아니하는 것)
④ 문화 및 집회시설, 의료시설, 교육연구 및 복지시설, 운동시설, 숙박시설, 위락시설, 공장 등

PlusTip 부속건축물

같은 대지에서 주된 건축물과 분리된 부속용도의 건축물이며, 주된 건축물의 이용, 관리에 필요한 건축물이다.

1110 **건축물의
용도변경** **
建築物 用度變更

건축물의 본래의 용도가 아닌 다른 용도로 사용하는 것

건축물의 형태를 바꾸는 공사를 하였거나, 또는 아무런 공사를 하지 아니하고 단순히 용도만 변경한 경우에도 용도변경에 해당된다. 용도변경을 하고자 하는 자는 용도변경신고서와 설계도서를 시·군·구청장에게 제출하여 신고하여야 한다.

1111 **건축법** **
建築法

건축물의 대지·구조·설비의 기준과 용도 등을 정한 법률

건축물의 대지(垈地)·구조·설비의 기준과 건축물의 용도 등을 정하여 건축물의 안전·기능·환경 및 미관을 향상시킴으로써 공공복리의 증진에 이바지함을 목적으로 제정된 법을 말한다.

1112 **건축선** *
建築線

도로와 접한 부분에 있어서 대지에 건축물이나 공작물을 건축 또는 설치할 수 있는 한계선

건축 가능한 사적 재산권의 범위를 나타내는 건축한계선을 의미하며, 건축물에 의한 도로의 침식을 방지하고, 도로교통의 원활을 꾀하기 위한 목적이 있다. 일반적으로 건축선은 도로와 대지의 경계선으로 볼 수 있지만 도로 폭이 4m 미만일 경우에는 도로중심선에서 2m 후퇴한 선이 건축선이 되며, 도로반대쪽에 경사지·하천·철도 등이 있는 경우에는 그쪽의 도로경계선에서 4m를 후퇴한 수평거리의 선이 건축선이 된다.

1113 건축설비 ✱✱
建築設備

건축물에 설치된 설비

건축물의 기능을 충족시키기 위하여 건축물에 설치하는 전기, 전화, 초고속 정보통신, 지능형 홈네트워크, 가스, 급수, 배수(配水), 배수(排水), 환기, 난방, 소화, 배연 및 오물처리의 설비와 굴뚝, 승강기, 피뢰침, 국기게양대, 공동시청안테나, 유선방송 수신시설, 우편물수취함 기타 국토교통부령이 정하는 설비를 말한다.

1114 건축신고 ✱
建築申告

건축허가를 받지 않고도 허가권자에게 서면을 제출하여 건축하는 것

규모가 크지 않고 환경 등에 영향이 적은 건축물은 허가의 예외를 인정하여 미리 특별자치도지사 또는 시장·군수·구청장에게 신고만 하면 건축허가를 받은 것으로 간주한다.

1115 건축협정 ✱
建築協定

2개 이상 대지에서 토지와 건축물 소유자 사이에 건축물 리모델링 및 건축·대수선과 관련하여 체결하는 협정

주민의 자율적 건축도모를 위해 도입된 것으로 건축물의 위치, 용도, 형태, 층수 등을 주민 간의 협의를 통해 결정할 수 있다. 지구단위계획구역, 주거환경개선사업·주거환경관리사업으로 지정된 구역, 재정비촉진지구 중 존치지역 등에 해당한다.

1116 건폐율 ✱✱
建蔽率

대지면적에 대한 건축면적(대지에 둘 이상의 건축물이 있는 경우에는 그 건축면적의 합계)의 비율

수평적 건축밀도를 말한다. 건폐율은 토지에 대한 시설량과 인구 수의 적부(適否)를 판정하거나, 시가지의 토지 이용 효과를 판정하고, 도시계획의 관점에서 건축규제의 지표이다.

1117 경관지구 ✱✱
景觀地區

국토의 계획 및 이용에 관한 법률상 용도지구 중의 하나

경관을 보호·형성하기 위하여 필요한 지구이다. 지정할 수 있다.

① 수변경관지구 : 지역 내 주요 수계의 수변자연경관을 보호·유지하기 위한 지구

② 시가지경관지구 : 주거지역의 양호한 환경조성과 시가지의 도시경관을 보호하기 위한 지구

③ 자연경관지구 : 산지·구릉지 등 자연경관의 보호 또는 도시의 자연풍치를 유지하기 위한 지구

1118 고도지구 ✱
高度地區

국토의 계획 및 이용에 관한 법률상 용도지구 중의 하나

쾌적한 환경조성 및 토지의 효율적 이용을 위하여 건축물 높이의 최저한도 또는 최고한도를 규제할 필요가 있는 지구를 말한다. 국토교통부장관, 시·도지사 또는 대도시 시장은 도시관리계획결정으로 최고고도지구와 최저고도지구로 세분하여 지정할 수 있다.

① 최고고도지구 : 환경과 경관을 보호하고, 과밀을 방지하기 위하여 건축물 높이의 최고한도를 정할 필요가 있는 지구

② 최저고도지구 : 토지 이용을 고도화하고, 경관을 보호하기 위하여 건축물 높이의 최저한도를 정할 필요가 있는 지구

1119 공개공지 ✱✱
公開空地

일반주거지역, 준주거지역, 상업지역 등의 지역 환경을 쾌적하게 조성하기 위하여 설치하는 소규모 휴식시설 등의 공간

쾌적한 도시환경을 조성하기 위하여 건축법상 연면적 합계 5,000㎡ 이상인 문화·업무·숙박시설 등을 건축할 때 대지면적의 10% 이하 범위에서 일반이 사용할 수 있도록 소규모 휴식시설 등을 설치하게 되어 있는 공간을 말한다.

1120 공공공지 **
公共空地

시·군 내 주요시설물이나 환경보호, 경관 유지, 재해 대책 등을 위해 설치하는 시설

「국토의 계획 및 이용에 관한 법률」에 의한 기반시설 중 공간시설의 하나이다. 주로 환경 보호와 지역의 풍경을 유지하고 재해대책을 마련하는 공간 역할을 한다. 공공공지는 공공의 목적을 위하여 필요한 최소한의 규모로 해야 하며, ▲자연의 경관을 높일 수 있도록 할 것 ▲지역주민의 요구를 고려하여 긴 의자, 등나무 담쟁이 등의 조경물, 조형물, 옥외에 설치하는 생활체육시설 등 공중이 이용할 수 있는 시설을 설치할 것 ▲주민 접근이 쉬운 개방된 구조로 설치하며 일상생활 쾌적성과 안전성을 확보할 것 ▲주변지역의 개발사업으로 증가하는 빗물유출량을 줄일 수 있도록 식생도랑, 저류 침투조, 식생대, 빗물 정우너 등의 빗물관리시설을 설치할 것 ▲바닥은 녹지로 조성하는 것을 원칙으로 하되, 불가피한 경우 투수성 포장을 하거나 블록 및 석재 등의 자재를 사용하여 이용자에게 편안함을 주고 미관을 높일 수 있도록 할 것 등의 설치 기준을 준수해야 한다.

1121 공공시설 **
公共施設

국민생활의 복지증진을 위하여 국가 또는 지방자치단체가 설치하는 시설

도로, 공원, 철도, 항만, 공항, 운하, 광장, 녹지, 공공공지, 공동구, 하천, 유수지, 방화설비, 방풍설비, 방수설비, 사방설비, 방조설비, 하수도, 구거, 행정청이 설치하는 주차장·운동장·저수지·화장장·공동묘지·납골시설의 공공용 시설을 말한다. 도시재개발법상의 공공시설은 도로·광장·공원·녹지·상하수도·주차장·수로·하천·공동구·공공공지·소방용수시설·비상대피시설 등이 있다.

1122 공공택지 ✲✲
公共宅地

국가, 토지주택공사, 지방자치단체 등 공공기관이 개발하는 택지

국민주택건설 또는 대지조성사업, 택지개발사업, 산업단지개발사업, 공공주택지구조성사업, 혁신도시개발사업, 경제자유구역개발사업, 행정중심복합도시건설사업, 국민임대주택단지조성사업에 해당하는 공공사업에 의하여 개발·조성되는 공동주택이 건설되는 용지를 말한다. 공공택지는 기반시설을 충분히 설치해 계획적으로 개발·공급하고 소형주택 의무건설 등 공공성을 중요시하는 특성이 있다.

PlusTip 신규공공택지

주택공급 활성화 방안의 후속조치로 전국 5개 지구, 8만호의 신규 택지 후보지를 발표했는데, 수도권은 구리토평 2지구, 오산세교 3지구, 용인 이동지구 3곳이며 비수도권은 청주분평2지구와 제주화북2지구다. 2025년 상반기까지 법적으로 지구지정을 완료하고 2027년 상반기부터 사전청약 및 주택 사업 계획 승인을 진행할 예정이다.

1123 공동주택 ✲✲
公同住宅

한 건축물 안에서 여러 가구가 각각의 공간을 갖고 생활할 수 있도록 설계된 주택

「건축법 시행령」에 따라 공동주택의 형태를 갖춘 가정어린이집·공동생활가정·지역아동센터·공동육아나눔터·작은도서관·노인복지시설(노인복지주택 제외)·원룸형 주택이다.

① 아파트 : 주택으로 쓰는 층수가 5개 층 이상인 주택
② 연립주택 : 주택으로 쓰는 1개 동의 바닥면적(2개 이상의 동을 지하주차장으로 연결하는 경우에는 각각의 동으로 본다) 합계가 660㎡를 초과하고, 층수가 4개 층 이하인 주택
③ 다세대주택 : 주택으로 쓰는 1개 동의 바닥면적 합계가 660㎡ 이하이고, 층수가 4개 층 이하인 주택 (2개 이상의 동을 지하주차장으로 연결하는 경우에는 각각의 동으로 본다)

④ 기숙사 : 학교 또는 공장 등의 학생 또는 종업원 등을 위하여 쓰는 것으로서 1개 동의 공동취사시설 이용 세대 수가 전체의 50퍼센트 이상인 것이다. 학생복지주택 및 공공매입임대주택 중 독립된 주거의 형태를 갖추지 않은 것을 포함한다.

1124 **공동구** *
共同構

국토의 계획 및 이용에 관한 법률상의 용어

지하매설물(전기·가스·수도 등의 공급설비, 통신시설, 하수도시설 등)을 공동 수용함으로써 미관의 개선, 도로구조의 보전 및 교통의 원활한 소통을 위하여 지하에 설치하는 시설물을 말한다.

1125 **공사감리자** *
工事監理者

자기의 책임(보조자의 도움을 받는 경우를 포함)으로 건축법으로 정하는 바에 따라 건축물, 건축설비 또는 공작물이 설계도서의 내용대로 시공되는지를 확인하고, 품질관리·공사관리·안전관리 등에 대하여 지도·감독하는 자

일정한 용도, 규모 및 구조의 건축물을 건축하려는 자는 건축사나 공사감리자를 지정하여 공사를 감리하게 해야 한다. 따라서 감리자는 건축과정에 개입하여 건축물을 지을 때 지도·감독하며 법령 등에 위반될 때는 건축주에게 알리고 시공자에게 시정 혹은 재시공을 요청하며, 이러한 요청을 시공자가 위반하면 공사 중지도 요청할 수 있다.

1126 **공업지역** **
工業地域

국토의 계획 및 이용에 관한 법률상의 용도지역 중 도시지역의 하나

공업의 편익증진을 위하여 필요한 지역을 말한다. 국토교통부 또는 시·도지사는 도시관리계획결정으로 전용공업지역, 일반공업지역, 준공업지역으로 세분하여 지정할 수 있다.

① **일반공업지역** : 환경을 저해하지 아니하는 공업의 배치를 위하여 필요한 지역
② **전용공업지역** : 주로 중화학공업, 공해성 공업 등을 수용하기 위하여 필요한 지역
③ **준공업지역** : 경공업 그 밖의 공업을 수용하되, 주거 기능·상업기능 및 업무기능의 보완이 필요한 지역

1127 **공업화주택** *
工業化住宅

공업적인 방법을 널리 도입하여 생산되는 주택

주요 구조부의 전부 또는 일부를 국토교통부령이 정한 생산기준과 성능에 따라 조립식 등의 공업화 공법에 의해 건설하는 주택을 말한다.

1128 **공영
개발사업** **
公營開發事業

토지의 개발에 따른 이익을 사회에 환원하거나 계획적으로 개발하기 위해 공공이 시행자가 되어 시행하는 택지개발사업이나 도시개발사업

토지의 개발에 있어서 국가 및 공공단체(공공시행자)가 민간의 토지를 전면적으로 매수한 다음 이를 개발하여 택지·공공시설용지 및 건축·시설 등을 조성·건축하고 이를 개인 및 민간 기업에게 분양 또는 임대하는 방식을 말한다. 다만, 공영개발사업에서도 토지 수용 방식 외에 환지방식, 혼용방식을 사용할 수 있다. 공공시행자라 함은 국가·지방자치단체, 한국토지주택공사, 지방공사, 정부투자기관 등을 말한다.

1129 **공유수면** *
公有水面

공공이익을 위하여 이용되는 바다·바닷가와 하천·호소·구거, 기타 공공용으로 사용되는 국가 소유의 수면 또는 수류

배타적 경제수역과 대통령령으로 정하는 공유수면은 해양수산부장관이 관리하고, 그 밖의 공유수면은 특별자치도지사·시장·군수·구청장이 관리한다.

일반적으로 해(海)·하(河)·호(湖)·소(沼) 기타 공공용으로 공용되는 공유수면을 국가의 면허를 받아 매립 또는 간척하는 것을 말한다.

1130 **공작물** *
工作物

토지에 정착되어 설치된 공작물

대지를 조성하기 위하여 건축물과 분리되어 축조되는 옹벽·굴뚝·광고탑·고가수조·지하대피호 등을 말한다.

1131 **과밀부담금** *
過密負擔金

수도권의 집중을 억제하기 위해 과밀억제권역에 속하는 지역에서 일정규모 이상의 대형건축물을 신·증축할 때 부과되는 부담금

과밀부담금 제도는 일정규모 이상의 업무, 판매 시설에 대하여 토지비와 건축비를 포함하는 사업비의 일정액에 상당하는 금액을 부담금으로 부과한다.

1132 **관리지역** **
管理地域

국토의 계획 및 이용에 관한 법률상 용도지역 중의 하나

도시지역의 인구와 산업을 수용하기 위하여 도시지역에 준하여 체계적으로 관리하거나 농림업의 진흥, 자연환경 또는 산림의 보전을 위하여 농림지역 또는 자연환경보전지역에 준하여 관리가 필요한 지역으로 보전관리지역, 생산관리지역, 계획관리지역으로 구분하여 지정한다.

① **보전관리지역** : 자연환경 보호, 산림 보호, 수질오염 방지, 녹지공간 확보 및 생태계 보전 등을 위하여 보전이 필요하나, 주변 용도지역과의 관계 등을 고려할 때 자연환경보전지역으로 지정하여 관리하기가 곤란한 지역을 말한다.

② **생산관리지역** : 농업·임업·어업 생산 등을 위하여 관리가 필요하나, 주변 용도지역과의 관계 등을 고려할 때 농림지역으로 지정하여 관리하기가 곤란한 지역을 말한다.

③ 계획관리지역 : 도시지역으로의 편입이 예상되는 지역이
나 자연환경을 고려하여 제한적인 이용·개발을 하려는
지역으로서 계획적·체계적인 관리가 필요한 지역을 말
한다.

₁₁₃₃ **관리처분
계획 ❉**

管理處分計劃

도시 및 주거환경정비법에 의한 재개발사업 시행 후
도시개발사업에서와 같이 분양처분 하는 것

관리처분을 위한 계획을 관리처분계획이라고 하며,
정비사업의 시행으로 조성되는 대지 및 설치되는 건축
시설에 대한 사업완료 후의 분양처분을 미리 정하는
계획으로 도시개발사업에 있어서의 환지계획에 해당
하는 것이다.

₁₁₃₄ **광역시설 ❉**

廣域施設

기반시설 중 광역적인 정비체계가 필요한 시설

① 둘 이상의 특별시·광역시·특별자치시·특별자치도·
시 또는 군(광역시의 관할구역 안에 있는 군 제외)의
관할구역에 걸치는 시설 : 도로·철도·운하·광장·
녹지, 수도·전기·가스·열공급설비, 방송·통신시
설, 공동구, 유류저장 및 송유설비, 하천·하수도
(하수종말처리시설 제외)

② 둘 이상의 특별시·광역시·특별자치시·특별자치도·
시 또는 군(광역시의 관할구역 안에 있는 군 제외)이
공동으로 이용하는 시설 : 항만, 공항, 자동차정류
장, 공원, 유원지, 유통업무설비, 운동장, 문화시
설, 공공필요성이 인정되는 체육시설, 사회복지시
설, 공공직업훈련시설, 청소년수련시설, 유수지,
화장장, 공동묘지, 봉안시설, 도축장, 하수도(하수
종말처리장에 한함), 폐기물처리시설, 수질오염방
지시설, 폐차장

06

부동산공법

1135 교통영향 평가 *
交通影響評價

사업의 시행에 따라 발생하는 교통량·교통흐름의 변화 및 교통안전에 미치는 영향(교통영향)을 조사·예측·평가하고 그와 관련된 각종 문제점을 최소화할 수 있는 방안을 마련하는 행위

교통영향평가의 실시대상 지역은 도시교통정비지역 및 도시교통정비지역의 교통권역을 말하며, 대상은 도시의 개발, 사업입지와 산업단지의 조성, 에너지 개발, 항만의 건설, 도로의 건설, 철도(도시철도 포함)의 건설, 공항의 건설, 관광단지의 개발, 특정지역의 개발, 체육시설의 설치, 대통령령으로 정하는 건축물의 건축, 신축, 대수선, 리모델링 및 용도변경, 그 밖에 대통령령으로 정하는 사업구역을 말한다.

1136 교통유발 부담금 *
交通誘發負擔金

교통 혼잡을 완화하기 위하여 원인자 부담의 원칙에 따라 혼잡을 유발하는 시설물에 부과하는 부담금

도시의 교통 혼잡을 완화하기 위해 시장은 도시교통정비 촉진법에 의해 도시교통정비지역에서 교통 혼잡의 원인이 되는 시설물의 소유자로부터 매년 교통유발부담금을 부과·징수하여 지방도시교통사업 특별회계에 귀속하고 이를 도시교통정비를 위해 사용한다.

1137 국민주택 *
國民住宅

국민주택기금으로부터 자금을 지원받아 건설되거나 개량되는 주택

주거의 용도로만 쓰이는 면적(주거전용면적)이 1호 또는 1세대당 85m² 이하인 주택으로 수도권을 제외한 도시지역이 아닌 읍 또는 면 지역은 1호 또는 1세대당 주거전용면적이 100m² 이하인 주택(국민주택규모)을 말한다.

1138 국민주택 채권 *
國民住宅債券

국민주택사업에 필요한 자금을 조달하기 위해 정부가 국회의 의결을 얻고, 국토교통부장관의 요청에 의하여 기획재정부장관이 발행하는 것

정부투자기관과 건설공사의 도급계약을 체결하는 자나 국가 또는 지방자치단체로부터 면허·허가·인가를 받거나 등기·등록을 신청하는 자가 매입하여야 하는 제1종 국민주택채권과 주택법에 의하여 건설·공급하는 주택을 공급받는 자가 매입하여야 하는 제2종 국민주택채권으로 구분하여 무기명증권(無記名證券)으로 발행한다.

1139 국유림 *
國有林

국가의 소유에 속하는 산림

요존국유림과 불요존국유림이 있다. 요존국유림은 국토보존, 산림경영, 학술연구, 임업기술 개발과 사적·성지 등 기념물 및 유형문화재의 보호, 기타 공익상 국유로 보존할 필요가 있는 산림이며, 불요존국유림은 요존국유림 이외의 산림을 말한다.

1140 국토계획 ✱
國土計劃

국토를 이용·개발 및 보전함에 있어서 미래의 경제적 사회적 변동에 대응하여 국토가 지향하여야 할 발전방향을 설정하고 이를 달성하기 위한 계획

① **국토종합계획** : 국토 전역을 대상으로 하여 국토의 장기적인 발전 방향을 제시하는 종합계획

② **도종합계획** : 도 또는 특별자치도의 관할구역을 대상으로 하여 해당 지역의 장기적인 발전 방향을 제시하는 종합계획

③ **시·군종합계획** : 특별시·광역시·시 또는 군(광역시의 군은 제외한다)의 관할구역을 대상으로 하여 해당 지역의 기본적인 공간구조와 장기 발전 방향을 제시하고, 토지 이용, 교통, 환경, 안전, 산업, 정보통신, 보건, 후생, 문화 등에 관하여 수립하는 계획으로서 국토의 계획 및 이용에 관한 법률에 따라 수립되는 도시계획

④ 지역계획 : 특정 지역을 대상으로 특별한 정책목적을 달성하기 위하여 수립하는 계획
⑤ 부문별계획 : 국토 전역을 대상으로 하여 특정 부문에 대한 장기적인 발전 방향을 제시하는 계획

PlusTip 국토의 계획 및 이용에 관한 법률

국토의 이용·개발 및 보전을 위한 계획의 수립 및 집행 등에 관하여 필요한 사항을 정함으로써 공공복리의 증진과 국민의 삶의 질을 향상하게 함을 목적으로 한다〈국토의 계획 및 이용에 관한 법률 제1조〉.

1141 **국토이용 정보체계 ***
國土利用情報體系

국토의 이용 및 관리와 관련하여 구축한 여러 분야의 정보시스템을 포괄하는 것

한국토지정보시스템(KLIS), 도시계획정보시스템(UPIS), 토지 이용규제정보시스템(LURIS) 등을 말한다.

1142 **군사기지 및 군사시설 보호구역 ***

군사기지 및 군사시설을 보호하고 군사작전을 원활히 수행하기 위하여 군사기지 및 군사시설 보호법에 의해 지정된 구역

군사시설보호와 관련된 군사시설보호법, 해군기지법, 군용항공기지법 등을 통합하여 2007년에 군사기지 및 군사시설보호법을 제정하였고, 기존의 군사시설보호구역, 해군기지구역, 기지보호구역 등의 유사한 구역을 '군사기지 및 군사시설 보호구역'으로 통합하였다.

1143 **제1종 근린생활 시설 ***
近隣生活施設

건축법 시행령에 따라 소매점, 제과점, 미용원, 의원 등 주택가 인근에서 주민의 생활 편의를 돕는 시설

① 식품·잡화·의류·완구·서적·건축자재·의약품·의료기기 등 일용품을 판매하는 소매점으로서 같은 건축물(하나의 대지에 두 동 이상의 건축물이 있는 경우에는 이를 같은 건축물로 본다)에 해당 용도로 쓰는 바닥면적의 합계가 1,000㎡ 미만인 것

② 휴게음식점, 제과점 등 음료·차(茶)·음식·빵·떡·과자 등을 조리하거나 제조하여 판매하는 시설로서 같은 건축물에 해당 용도로 쓰는 바닥면적의 합계가 300㎡ 미만인 것

③ 이용원, 미용원, 목욕장, 세탁소 등 사람의 위생관리나 의류 등을 세탁·수선하는 시설이다. 세탁소의 경우 공장에 부설되는 것과 배출시설의 설치 허가 또는 신고의 대상인 것은 제외한다.

④ 의원, 치과의원, 한의원, 침술원, 접골원(接骨院), 조산원, 안마원, 산후조리원 등 주민의 진료·치료 등을 위한 시설이다.

⑤ 탁구장, 체육도장으로서 같은 건축물에 해당 용도로 쓰는 바닥면적의 합계가 500㎡ 미만인 것이다.

⑥ 지역자치센터, 파출소, 지구대, 소방서, 우체국, 방송국, 보건소, 공공도서관, 건강보험공단 사무소 등 주민의 편의를 위하여 공공업무를 수행하는 시설로서 같은 건축물에 해당 용도로 쓰는 바닥면적의 합계가 1,000㎡ 미만인 것이다.

⑦ 마을회관, 마을공동작업소, 마을공동구판장, 공중화장실, 대피소, 지역아동센터(단독주택과 공동주택에 해당하는 것은 제외한다) 등 주민이 공동으로 이용하는 시설이다.

⑧ 변전소, 도시가스배관시설, 통신용 시설(해당 용도로 쓰는 바닥면적의 합계가 1,000㎡ 미만인 것에 한정한다), 정수장, 양수장 등 주민의 생활에 필요한 에너지공급·통신서비스제공이나 급수·배수와 관련된 시설이다.

⑨ 금융업소, 사무소, 부동산중개사무소, 결혼상담소 등 소개업소, 출판사 등 일반업무시설로서 같은 건축물에 해당 용도로 쓰는 바닥면적의 합계가 30㎡ 미만인 것이다.

⑩ 전기자동차 충전소로 해당 용도로 쓰는 바닥면적의 합계가 1,000㎡ 미만인 것으로 한정한다.

제2종 근린생활 시설 ✷
近隣生活施設

건축법 시행령에 따라 공연장, 종교집회장, 서점 등으로 주택가 인근에서 주민의 생활 편의를 돕는 시설

① 공연장(극장, 영화관, 연예장, 음악당, 서커스장, 비디오물감상실, 비디오물소극장, 그 밖에 이와 비슷한 것을 말한다. 이하 같다)으로서 같은 건축물에 해당 용도로 쓰는 바닥면적의 합계가 500㎡ 미만인 것이다.

② 종교집회장(교회, 성당, 사찰, 기도원, 수도원, 수녀원, 제실(祭室), 사당, 그 밖에 이와 비슷한 것)으로서 같은 건축물에 해당 용도로 쓰는 바닥면적의 합계가 500㎡ 미만인 것이다.

③ 자동차영업소로서 같은 건축물에 해당 용도로 쓰는 바닥면적의 합계가 1,000㎡ 미만인 것이다.

④ 제1종 근린생활시설에 해당하지 않는 서점이다.

⑤ 총포판매소과 사진관, 표구점이다.

⑥ 청소년게임제공업소, 복합유통게임제공업소, 인터넷컴퓨터게임시설제공업소, 가상현실체험 제공업소, 그 밖에 이와 비슷한 게임 및 체험 관련 시설로서 같은 건축물에 해당 용도로 쓰는 바닥면적의 합계가 500㎡ 미만인 것이다.

⑦ 휴게음식점, 제과점 등 음료·차(茶)·음식·빵·떡·과자 등을 조리하거나 제조하여 판매하는 시설로서 같은 건축물에 해당 용도로 쓰는 바닥면적의 합계가 300㎡ 이상인 것이다.

⑧ 일반음식점이다.

⑨ 장의사, 동물병원, 동물미용실, 동물위탁관리업을 위한 시설이다.

⑩ 학원(자동차학원·무도학원 및 정보통신기술을 활용하여 원격으로 교습하는 것은 제외), 교습소(자동차교습·무도교습 및 정보통신기술을 활용하여 원격으로 교습하는 것은 제외), 직업훈련소(운전·정비 관련 직업훈련소는 제외)로서 같은 건축물에 해당 용도로 쓰는 바닥면적의 합계가 500㎡ 미만인 것이다.

⑪ 독서실, 기원이다.

⑫ 테니스장, 체력단련장, 에어로빅장, 볼링장, 당구장, 실내낚시터, 골프연습장, 놀이형시설(기타유원시설업의 시설) 등 주민의 체육 활동을 위한 시설로서 같은 건축물에 해당 용도로 쓰는 바닥면적의 합계가 500㎡ 미만인 것이다.

⑬ 금융업소, 사무소, 부동산중개사무소, 결혼상담소 등 소개업소, 출판사 등 일반업무시설로서 같은 건축물에 해당 용도로 쓰는 바닥면적의 합계가 500㎡ 미만인 것이다. 제1종 근린생활시설에 해당하는 것은 제외한다.

⑭ 다중생활시설(다중이용업 중 고시원업의 시설로서 적정한 주거환경을 조성하기 위하여 건축조례로 정하는 실별 최소 면적, 창문의 설치 및 크기 등의 기준에 적합한 것)로서 같은 건축물에 해당 용도로 쓰는 바닥면적의 합계가 500㎡ 미만인 것이다.

⑮ 제조업소, 수리점 등 물품의 제조·가공·수리 등을 위한 시설로서 같은 건축물에 해당 용도로 쓰는 바닥면적의 합계가 500㎡ 미만인 것이다. 배출시설의 설치 허가 또는 신고의 대상이 아니고 폐수배출시설의 설치 허가를 받거나 신고해야 하는 시설로서 발생되는 폐수를 전량 위탁처리를 해야 한다.

⑯ 단란주점으로서 같은 건축물에 해당 용도로 쓰는 바닥면적의 합계가 150㎡ 미만인 것이다.

⑰ 안마시술소, 노래연습장이다.

1145 근린주구 *
近隣主區

도시계획 접근방법의 하나

어린이놀이터, 상점, 교회당, 학교와 같이 주민생활에 필요한 공공시설의 기준을 마련하고자 초등학교 도보권을 기준으로 설정된 단위주거구역을 말한다. 이러한 근린주구의 개념은 주구 내 도보 통학이 가능한 초등학교를 중심으로 공공시설을 적절히 배치함으로써, 주민생활의 안전성과 편리성, 쾌적성을 확보함은 물론 주민들 상호 간 사회적 교류를 촉진시키기 위한 목적으로 1920년대 미국의 페리(C. A. Perry)에 의해 제시되었다.

1146 기반시설 **
基盤施設

도로, 자동차정류장, 광장 등과 같은 공동이용시설

① **교통시설** : 도로, 철도, 항만, 공항, 주차장, 자동차정류장, 궤도, 차량 검사 및 면허시설
② **공간시설** : 광장, 공원, 녹지, 유원지, 공공공지
③ **유통·공급시설** : 유통업무설비, 수도, 전기, 가스, 열공급설비, 방송, 통신시설, 공동구, 시장, 유류저장 및 송유설비
④ **공공, 문화체육시설** : 학교, 공공청사, 문화시설, 공공필요성이 인정되는 체육시설, 연구시설, 사회복지시설, 공공직업훈련시설, 청소년수련시설
⑤ **방재시설** : 하천, 유수지, 저수지, 방화설비, 방풍설비, 방수설비, 사방설비, 방조설비
⑥ **보건위생시설** : 장사시설, 도축장, 종합의료시설
⑦ **환경기초시설** : 하수도, 폐기물처리 및 재활용시설, 빗물저장 및 이용시설, 수질오염방지시설, 폐차장

1147 기반시설
연동제 *
基盤施設
聯動制

기반시설연동제는 기반시설의 용량과 개발행위에 대한 허가를 연계시키는 것으로 기반시설 용량의 범위 안에서 개발행위를 허용하는 제도

기반시설연동제는 도심지와 같이 기반시설의 추가적인 설치가 곤란한 지역에서는 대규모 개발행위를 제한하여 밀도를 제한하고, 기반시설의 추가적인 설치가 가능한 지역에서 대규모 개발행위를 하는 경우에는 개발행위자가 기반시설을 직접 설치하도록 하거나 설치비용을 부담하도록 하는 일련의 제도를 말한다.

1148 기반시설
부담 구역 **
基盤施設
負擔 區域

도로, 공원, 녹지 등 기반시설의 설치가 필요한 지역을 대상으로 기반시설을 설치하거나 그에 필요한 용지를 확보하기 위하여 지정하는 구역

「국토의 계획 및 이용에 관한 법률」에 따라 개발 밀도 관리 구역 외의 지역으로서 개발로 인해 대통령령으로 정하는 기반 시설의 설치가 필요한 지역을 대상으로 기반 시설을 설치하거나 그에 필요한 용지를 확보하기 위해 지정·고시하는 구역이다. 난개발이나 투기로 인해 지가 상승이 우려되는 지역에 대해 지자체장이 기반시설부담구역을 선별 지정하므로 합리적인 기반시설 확보가 가능하다. 기반시설부담구역으로 지정되면 지정권자는 기반시설 설치계획을 수립하고 이를 도시관리계획에 반영하여 체계적으로 기반시설을 확충한다.

1149 기획
부동산 **
企劃
不動産

부동산으로 경제적 이득을 많이 얻을 수 있을 것처럼 조작하여 부당한 이득을 얻는 중개업자 혹은 업체

향후 개발 예정인 저렴한 토지와 임야에 투자하면 시세차익으로 얻을 수 있다고 거짓으로 꾀어내 부당한 이득을 얻는 행위이다.

1150 기업도시 *
企業都市

산업입지와 경제활동을 위하여 민간기업이 산업·연구·관광·레저·업무 등의 주된 기능과 주거·교육·의료·문화 등의 자족적 복합기능을 고루 갖추도록 개발하는 도시

기업도시는 기업이 지닌 자율성과 창의성을 활용하여 민간투자를 촉진하고 지역경제를 활성화하려는 목적으로 추진되며 미국의 실리콘밸리, 일본 도요타시, 프랑스 소피아 앙티폴리스 등이 대표적이다. 우리나라에서는 2006년 기업도시개발 특별법을 제정하여 시범도시를 선정하였다.

1151 난개발 *
亂開發

종합적인 도시계획 없이 이루어진 개발

다양한 도시문제와 사회적비용을 유발하는 개발형태라고 볼 수 있다. 난개발은 무질서한 도시의 확산으로 인해 도시 외곽의 녹지공간과 농업용 토지를 잠식할 뿐만 아니라 공공서비스 부담가중, 토지 이용의 효율성 저하 등을 초래하여 도시전체의 효율성을 저하시키는 개발형태이다. 지속가능한 토지이용계획의 가장 중요한 목표 중의 하나도 난개발을 방지할 수 있는 전략을 개발하는 것이다.

1152 내수재료 *
內水材料

건축재료 중 내수성(물이나 습기를 막아 견디는 성질)이 있는 재료

인조석·콘크리트 등 내수성을 가진 재료로서 국토교통부령이 정하는 재료를 말한다.

1153 내화구조 *
耐火構造

화재에 대해 가장 안전한 건축

화재를 잘 견딜 수 있는 성능을 가진 구조로 국토교통부령이 정하는 기준에 적합한 기준을 말한다.

1154 노대 *
露臺

발코니

서양식 건축에 있어서 방 밖에 길게 달아내어 위를 덮
지 않은 채 드러낸 대를 말한다.

1155 노후불량
건축물 *
老朽不良建築物

노후화 등으로 인해 안전사고의 우려가 있거나 주거
지로서의 기능이 어려워 정비가 필요한 건축물

건축물이 훼손되거나, 일부가 멸실되어 붕괴 그 밖의
안전사고의 우려가 있는 건축물과 주변 토지의 이용
상황 등에 비추어 주거환경이 불량한 곳에 소재하고
건축물을 철거하고 새로운 건축물을 건설하는 경우,
그에 소요되는 비용에 비하여 효용의 현저한 증가가
예상되며, 도시미관의 저해, 건축물의 기능적 결함,
부실시공 또는 노후화로 인한 구조적 결함 등으로 인
하여 철거가 불가피한 건축물로서 대통령령이 정하는
건축물을 말한다.

06

부동산공법

1156 녹지망 *
Green Network

도시지역에 공원녹지를 확대하는 도시녹화를 통해
녹지축이 상호연계된 것

도시의 녹지망 형성은 녹지가 생태적으로 안정되도록
보존하여 녹지의 질을 향상시키며 나아가 수변생태계
를 복원하고 야생동물 서식지를 확보하며 이들을 주
변공원이나 녹지와 연결시키는 등 생태계의 회복도 꾀
할 수 있게 된다.

1157 녹지지역 ⁑
綠地地域

국토의 계획 및 이용에 관한 법률상의 용도지역 중 도시지역의 하나

자연환경·농지 및 산림의 보호, 보건위생, 보안과 도시의 무질서한 확산방지를 위한 녹지의 보전이 필요한 지역을 말한다. 국토교통부장관 또는 시·도지사는 도시관리계획결정으로 보전녹지지역, 생산녹지지역, 자연녹지지역으로 세분하여 지정할 수 있다.

① 생산녹지지역 : 주로 농업적 생산을 위하여 개발을 유보할 필요가 있는 지역
② 보전녹지지역 : 도시의 자연환경·경관·산림 및 녹지공간을 보전할 필요가 있는 지역
③ 자연녹지지역 : 도시의 녹지공간의 확보, 도시 확산의 방지, 장래 도시용지의 공급 등을 위하여 보전할 필요가 있는 지역으로서 불가피한 경우에 한하여 제한적인 개발이 허용되는 지역

1158 농림지역 ⁑
農林地域

국토의 계획 및 이용에 관한 법률상의 용도지역 중 하나

도시지역에 속하지 아니하는 농업진흥지역(농지법) 또는 보전산지(산지관리법) 등으로서 농림업의 진흥과 산림의 보전을 위한 지역을 말한다.

1159 농업경영 *
農業經營

농업인 또는 농업법인이 자기의 계산과 책임으로 농업을 영위하는 것

농업경영은 자경의 개념과 위탁경영의 개념을 포함하는 개념이다.

1160 농업법인 *
農業法人

농지법에 의하여 설립된 농업회사법인

농업·농촌기본법 규정에 의하여 설립된 영농조합법인과 농업회사법인을 대표하는 자가 농업인이고, 농업회사법인의 업무집행권을 갖는 자의 2분의 1 이상이 농업인인 경우이다.

1161 농업
보호구역 ∗
農業保護區域

농업진흥지역 중 하나의 용도구역

농업진흥구역의 용수원 확보, 수질보전 등 농업환경을 보호하기 위하여 필요한 구역이다.

1162 농업
진흥구역 ∗∗
農業振興區域

농업진흥지역 중 하나의 용도구역

농업의 진흥을 도모해야 하는 농지조성사업 또는 농업기반정비사업이 시행되었거나 시행중인 지역으로서 농업용으로 이용하고 있거나 이용할 토지가 집단화되어 있는 지역 및 농업용으로 이용하고 있는 토지가 집단화되어 있는 지역으로서 농림축산식품부장관이 정하는 규모로 농지가 집단화되어 농업목적으로 이용하는 것이 필요한 지역을 말한다.

1163 농업
진흥지역 ∗∗
農業振興地域

농지를 효율적으로 이용하고 보전하기 위하여 우량농지로 지정된 지역

경쟁력 있는 농업의 토대 및 항구적인 농업생산기반을 구축하고 농지자원의 효율적인 이용·보전을 위하여 시·도지사가 시·도 농정심의회의 심의를 거쳐 농림축산식품부장관의 승인을 얻어 지정·고시한 지역으로 농업진흥구역과 농업보호구역으로 구분하여 지정할 수 있다.

1164 농지 ∗
農地

초지법에 의하여 조성된 초지 등 대통령령이 정하는 토지를 제외한 전·답·과수원·잡종지 및 법적 지목에 불구하고 실제로 경작에 쓰이는 토지

농업지역에 있는 토지로서 사회적·경제적·행정적으로 보아 경작용(耕作用)으로 쓰이는 것이 합리적이라고 판단되는 것을 말한다.

1165 농지법 **
農地法

농지 소유 및 관리에 관한 사항을 정한 법률

농지의 소유·이용 및 보전 등에 관하여 필요한 사항을 정함으로써 농지를 효율적으로 이용·관리하여 농업인의 경영안정 및 생산성 향상을 통한 농지의 경쟁력 강화와 국민경제의 균형발전 및 국토의 환경보전에 이바지함을 목적으로 제정된 법률이다.

1166 농지보전 부담금 **
農地保全負擔金

농지를 다른 용도로 바꿔 사용하는 사업자에게 부과하는 경제적 부담

농지전용허가를 받는 자, 농지전용협의를 거친 지역 또는 시설예정지안의 농지(협의대상에서 제외되는 농지를 포함)를 전용하고자 하는 자, 농지전용협의를 거친 농지를 전용하고자 하는 자, 다른 법률에 의하여 농지전용허가가 의제되는 협의를 거친 농지를 전용하고자 하는 자, 농지전용신고를 하고 농지를 전용하고자 하는 자는 농지의 보전·관리 및 조성을 위한 부담금을 농지관리기금을 운용·관리하는 자에게 납입하여야 하는데 이 납입금을 농지보전부담금이라고 한다.

1167 농지 소유상한의 원칙 *
農地所有上限原則

농지의 소유를 제한하는 것

농지를 자기의 농업경영에 이용하거나 이용할 사람은 농지취득자격증을 발급받고 소유 상한 없이 농지를 소유할 수 있으나 비농업인의 경우에는 그 소유를 제한받는다.

1168 농지원부 (농지대상) *
農地原簿

농지의 소유 및 이용에 관한 실태를 파악하여 이를 효율적으로 이용·관리하기 위한 장부

시·구·읍·면장이 작성하여 비치하는 장부이다.

1169 농지
위탁경영 ✻✻
農地委託經營

농지 소유자가 타인에게 일정한 보수를 지급하기로 약정하고 농작업의 전부 또는 일부를 농지이용증진 사업시행계획에 의하여 위탁경영하는 경우 또는 일부를 위탁하여 행하는 농업경영

농지의 위탁경영요건에 위반하여 위탁경영한 사람은 1천만 원 이하의 벌금에 처해진다.

1170 농지의 전용 ✻✻
農地 轉用

농지를 농작물의 경작이나 다년생식물의 재배 등 농업생산 또는 농지개량 외의 용도로 사용하는 것

토지의 개량시설부지과 토지에 설치하는 농축산물 생산시설 부지의 용도로 사용하는 부지는 농지의 전용(轉用)으로 보지 아니한다.

1171 농지취득
자격증명 ✻✻
農地取得
資格證明

비농민의 투기적 농지매입을 규제하고 경자유전의 실현을 도모하기 위한 제도

농지를 취득하고자 하는 자는 농지의 소재지를 관할하는 시장·구청장·읍장 또는 면장으로부터 농지취득자격증명을 발급받아야 하는데, 이는 당해 농지에 대한 소유권에 관한 등기를 신청할 수 있도록 함으로써 농지에 대한 투기를 방지하기 위함이다. 농지취득자격증명을 발급받고자 하는 자는 농업경영계획서를 작성하여 시·구·읍·면장에게 발급을 신청하여야 한다.

1172 뉴스테이
(기업형
임대주택) ✻✻
New Stay

중산층 주거 안정을 위해 2016년에 도입한 민간 기업형 임대주택

최소 8년 동안 전세 형태로 거주할 수 있는 기업형 장기임대주택이다. 임대료 상승률은 연 5%로 제한하며 공공임대와 다르게 주택규모에 규제가 없고 입주자격에도 제한이 없다. 민간 건설업체가 시공을 담당하며 건물 운영 및 관리는 한국토지주택공사가 설립한 REIs가 맡는다. 뉴스테이 공급촉진지구로 지정된 곳은 인허가 절차 단축, 취득세·재산세·법인세 감면 등의 혜택을 받을 수 있다.

1173 단독주택 ⚹
單獨住宅

1세대가 하나의 건축물 안에서 독립된 주거생활을 할 수 있는 구조로 된 주택

「건축법 시행령」에 따라 단독주택의 형태를 갖춘 가정어린이집·공동생활가정·지역아동센터·공동육아나눔터·주택 1층에 설치한 작은도서관·노인복지시설(노인복지주택은 제외)을 포함한 주택을 의미한다. 단독주택의 종류는 단독주택, 다중주택, 다가구주택, 공관이 있다.

1174 대리경작제 ⁎
代理耕作制

농지를 그 농지의 소유자가 경작하지 아니하고 휴경(休耕)할 경우에 정부(시장·군수·구청장)에서 타인에게 대리로 경작할 것을 명하는 제도

대리경작기간은 따로 정함이 없는 한 3년으로 한다.

1175 대수선 ⚹⚹
大修繕

건축물의 기둥, 보, 내력벽, 주계단 등의 구조나 외부형태를 수선·변경하거나 증설하는 것

건축물의 외부형태의 변경, 건축물의 기둥, 보, 내력벽, 주계단 등 주요구조부에 대한 수선 또는 변경으로서 증축·개축·재축에 해당하지 아니하는 것을 말한다.

1176 대지 ⚹⚹
垈地

지적법에 따라 각 필지(筆地)로 나눈 토지

대통령령으로 정하는 토지는 둘 이상의 필지를 하나의 대지로 하거나, 하나 이상의 필지의 일부를 하나의 대지로 할 수 있다.

1177 대지면적 ✳✳
坐地面積

건축법상 건축할 수 있는 대지의 넓이를 말하는 것

그 대지의 수평투영면적으로 하되, 대지 안에 도로의 소요폭에 미달하여 건축선이 지정되거나 도로모퉁이에 건축선이 지정되어 있는 경우에 그 건축선과 도로 사이의 대지면적과 대지 안에 도시계획시설인 도로·공원 등이 있는 경우에 그 도시계획시설에 포함되는 대지면적은 포함되지 않는다.

**1178 대체산림
자원조성비** ✳✳
代替山林
資源造成費

산지전용허가, 산지일시사용허가 받으려는 자, 산지전용허가 또는 산지전용신고가 의제되거나 배제되는 행정처분을 받으려는 자가 산지의 보전·관리 및 조성을 위해 납부하는 비용

대체산림자원조성비 부과·징수 등의 관할 행정청은 산지의 분류에 따라 다르다.

1179 도로구역 ✳
道路區域

도로를 구성하는 일단의 토지로서 도로관리청이 기반시설 또는 도시계획시설인 도로를 설치·관리하기 위해서 지정하는 구역

공공의 복리 또는 도로구역으로 지정된 지역의 도로공사 시행을 위해 필요한 경우에는 구역 내 토지·건축물 또는 그 토지에 정착된 물건이나 그 토지·건축물 또는 물건에 관한 소유권 등의 권리를 관리청이 수용하거나 사용할 수 있다.

1180 도로율 ✳
道路率

도시의 기반시설 확충 수준을 평가하는 척도

일정 지역 면적에 대한 도로의 점유면적 비율을 말한다. 도로율은 교통영향평가, 건축물의 용도·밀도, 주택의 형태 및 지역여건에 따라 적절히 증감할 수 있도록 하고 있다.

1181 도시개발법 ✲✲
都市開發法

도시개발에 관한 사항을 규정하고 있는 법률

도시개발에 필요한 사항을 규정함으로써 계획적이고, 체계적인 도시개발을 도모하고, 쾌적한 도시환경의 조성과 공공복리의 증진에 기여함을 목적으로 제정된 법률이다.

1182 도시 개발사업 ✲✲
都市開發事業

도시개발법에 따른 택지개발 방식

도시개발구역 안에서 주거·상업·산업·유통·정보통신·생태·문화·보건 및 복지 등의 기능을 가지는 단지 또는 시가지를 조성하기 위하여 시행하는 사업을 말한다.

PlusTip 도시개발구역

도시개발사업을 시행하기 위해 지정·고시된 구역

1183 도시계획 위원회 ✲✲
都市計劃委員會

도시계획에 관련된 사항을 심의하고 조사 및 자문 등을 통해 도시계획을 결정하는 비상근 행정위원회

크게 중앙도시계획위원회와 지방도시계획위원회가 있다. 중앙도시계획위원회는 국토교통부에서 두는 위원회이다. 광역도시계획·도시·군 계획·토지거래계약허가구역 등을 심의하고 도시·군 계획에 관한 조사 및 연구를 진행한다. 지방도시계획위원회는 시·도에 두고 있는 도시계획위원회이다. 시·도지사가 결정하는 도시·군관리계획의 심의와 자문을 한다.

1184 도시·군 계획시설 ✲✲
都市·郡
計劃施設

기반시설 중 도시·군관리계획으로 결정된 시설

기반시설의 설치는 도로 등과 같이 반드시 도시관리계획으로 결정하여 설치하는 경우와 체육시설 등과 같이 도시관리계획으로 결정하지 않고도 설치하는 경우로 구분하며, 기반시설 중 도시관리계획으로 결정하여 설치하는 시설이 도시계획시설이다.

PlusTip 기반시설의 분류

① 교통시설 : 도로·철도·항만·공항·주차장·자동차정류
　장·궤도·운하, 자동차 및 건설기계검사시설, 자동차
　및 건설기계운전학원
② 공간시설 : 광장·공원·녹지·유원지·공공공지
③ 유통·공급시설 : 유통업무설비, 수도·전기·가스·열공
　급설비, 방송·통신시설, 공동구·시장, 유류저장 및 송
　유설비
④ 공공·문화·체육시설 : 학교·운동장·공공청사·문화시
　설·공공필요성이 인정되는 체육시설·도서관·연구시
　설·사회복지시설·공공직업훈련시설·청소년수련시설
⑤ 방재시설 : 하천·유수지·저수지·방화설비·방풍설비·
　방수설비·사방설비·방조설비
⑥ 보건위생시설 : 화장시설·공동묘지·봉안시설·자연장
　지·장례식장·도축장·종합의료시설
⑦ 환경기초시설 : 하수도·폐기물처리시설·수질오염방지시
　설·폐차장

1185 **도시·군계획
시설사업** ✿✿
都市·郡計劃
施設事業

도시·군계획시설을 설치·정비 또는 개량하는 사업

제1단계 집행계획과 제2단계 집행계획으로 구분하여
수립하되, 3년 이내에 시행하는 도시·군계획시설사업
은 제1단계 집행계획에, 3년 후에 시행하는 도시·군계
획시설사업은 제2단계 집행계획에 포함되도록 한다.

1186 **도시·군
관리계획** ✿✿
都市·郡
管理計劃

도시관리계획은 광역도시계획및 도시기본계획에 부
합하는 내용으로 수립되어야 함

특별시·광역시·특별자치시·특별자치도·시 또는 군
의 개발·정비 및 보전을 위하여 수립하는 토지 이용,
교통, 환경, 경관, 안전, 산업, 정보통신, 보건, 복지,
안보, 문화 등에 관한 계획을 말한다.

1187 도시 · 군 기본계획 **
都市 · 郡基本計劃

특별시·광역시·특별자치시·특별자치도·시 또는 군의 관할 구역에 대하여 기본적인 공간구조와 장기발전방향을 제시하는 종합계획으로서 도시·군관리계획 수립의 지침이 되는 계획

도시·군기본계획에는 지역적 특성 및 계획의 방향·목표, 공간구조, 생활권의 설정 및 인구배분, 토지의 이용 및 개발, 토지의 용도별 수요 및 공급, 환경보전 및 관리, 기반시설, 공원·녹지, 경관 등의 사항에 대한 정책방향을 포함하여 수립한다.

1188 도시 및 주거환경 정비법 **
都市
住居環境
整備法

도시기능의 회복이 필요하거나, 주거환경이 불량한 지역을 계획적으로 정비하고, 노후·불량건축물을 효율적으로 개량하기 위하여 필요한 사항을 규정함으로써 도시환경을 개선하고, 주거생활의 질을 높이는 데 이바지함을 목적으로 제정된 법률

특별시장·광역시장·시장은 10년마다 도시·주거환경 정비기본계획을 수립해야 한다. 주거환경개선사업은 소유자의 동의를 얻어 시장·군수·주택공사와 같은 사업시행자가 시행할 수 있다. 주택재개발사업 또는 주택재건축사업은 조합이 시행하거나, 시장·군수·주택공사 등과 공동으로 시행할 수 있다.

1189 도시연담화 **
Conurbation

중심도시의 팽창과 시가화의 확산으로 인하여 주변 중소도시의 시가지와 서로 달라붙어 거대도시가 형성되는 현상

영국의 도시계획가 패트릭 게데스(Padrick Geddes)의 저서 「진화 속의 도시(Cities in Evolution)」에서 처음 거론된 도시현상이다. 연담화된 도시들이 기능을 서로 분담하여 하나로서의 도시기능을 발휘하는 경우도 있고, 하나의 도시가 우위를 확보하게 되어 상대도시는 아예 종속되거나 교외화 되는 경우도 있다.

**1190 도시자연
공원구역 ⁎⁎**
都市自然公園區域

국토의 계획 및 이용에 관한 법률상 용도구역 중의
하나

시·도지사 또는 대도시 시장은 도시의 자연환경 및
경관을 보호하고, 도시민에게 건전한 여가·휴식공간
을 제공하기 위하여 도시지역 안에서 식생(植生)이 양
호한 산지(山地)의 개발을 제한할 필요가 있다고 인정
하면 도시자연공원구역의 지정 또는 변경을 도시·군
관리계획으로 결정할 수 있다.

1191 도시지역 ⁎⁎
都市地域

국토의 계획 및 이용에 관한 법률상 용도지역 중의
하나

인구와 산업이 밀집되어 있거나 밀집이 예상되어 당해
지역에 대하여 체계적인 개발·정비·관리·보전 등이
필요한 지역이며, 주거지역, 상업지역, 공업지역, 녹지
지역으로 구분하여 지정한다.

**1192 도시형
생활주택 ⁎⁎**
都市型 生活住宅

도시형 생활주택은 도시민의 생활패턴의 변화로 1,
2인 가구가 증가함에 따라 이 수요에 대처하기 위해
정부가 도입(2009. 5.)한 주택유형

정부는 이들 수요에 신속히 대처하고 저렴한 주택공
급을 위해 각종 주택건설기준과 부대시설 등의 설치
기준 및 적용을 배제·완화시켰다. 그래서 주택을 공
급할 때 청약통장을 통한 입주자 선정이나 재당첨제
한 규정도 적용하지 않기 때문에 한 사람이 여러 곳
에 분양 받을 수 있으며, 분양가 상한 규정의 적용도
받지 않는다. 도시형 생활주택은 도시지역 내에서 주
택법의 사업계획승인을 얻어 국민주택 규모에 해당하
는 주택을 300세대 미만의 규모로 건설하여 공급하
는 주택이다.

1193 맞벽건축 *

도시미관 등을 위하여 둘 이상의 건축물 벽을 대지 경계선으로부터 50cm 이내로 건축하는 것

둘 이상의 건축물은 대지안의 공지기준, 인접 대지경계선에서의 이격기준, 민법에 의한 건축물 이격기준 등에 따라 일정한 거리 이상을 띄어서 건축해야 하나 맞벽건축을 하는 경우에는 적용하지 않는다.

1194 모듈러 주택 *
Modular House

집을 구성하는 요소를 조립제품의 형식으로 구성, 생산 후 건설 현장에서 조립하는 주택

부품을 조립하듯 집을 건설할 수 있기 때문에 집을 짓는 기간은 일반적인 주택의 절반 정도면 충분하다. 이 때문에 공사 기간 단축과 더불어 인건비도 줄일 수 있다. 일반적으로 박스 형태로 제공되는 모듈러 주택의 부품을 환경과 건축 목적 및 의도에 따라 다양하게 변경하고 적용할 수 있다는 점도 모듈러 주택의 강점이다.

1195 무상지분율 *
無償持分率

아파트 재건축 사업 시 시공사가 대지지분을 기준으로, 평형 추가를 부담금 없이 조합원들에게 부여할 수 있는 비율

총수입에서 총지출비용을 뺀 개발이익을 분양가로 나눈 개발이익 평수를 대지면적으로 나눈 것이 무상지분율이다.

1196 무주택세대주 *
無住宅世帶主

세대주를 포함한 세대원 전원이 주택을 소유하고 있지 않은 세대주

세대주와 동일한 세대별 주민등록표상에 등재되어 있지 않은 세대주의 배우자 및 배우자와 동일한 세대를 이루고 있는 세대원을 포함한다. 무주택세대주는 관련법규에 따라 주택을 우선하여 분양받거나 임대받을 수 있는 자격이 있다. 예를 들면, 국가는 10년 이상 복무한 군인 중 무주택세대주에게 군인복지법에 따라 주택을 우선 공급할 수 있다. 관련은 주택공급에 관한 규칙이다.

1197 **문화산업단지 ⁑** 文化産業團地	기업·대학·연구소·개인 등이 공동으로 문화산업과 관련한 연구개발·기술훈련·공동제작 등을 할 수 있도록 조성한 토지·건물·시설의 집합체로 지정·개발된 산업단지
	문화산업단지 조성은 산업입지 및 개발에 관한 법률에 따른 국가산업단지, 일반산업단지 또는 도시첨단산업단지의 지정·개발절차에 따른다.

1198 **문화재 보호구역 ⁑** 文化財保護區域	국보 및 보물, 사적, 명승, 천연기념물 등 문화재 보호를 위하여 지정하는 구역
	해당 지정문화재의 점유 면적을 제외한다. 문화재보호구역을 지정할 수 있는 문화재는 다음과 같다. ① 지정문화재 : 국가지정문화재구역, 시도지정문화재구역, 문화재자료구역 ② 등록문화재 : 등록문화재구역 ③ 가지정문화재 : 가지정문화재구역

1199 **문화지구 ⁑** 文化地區	문화시설과 문화업종의 육성, 특성화된 문화예술 활동의 활성화 또는 문화자원과 문화적 특성 보존을 위하여 지역문화진흥법에 따라 지정된 지구
	문화지구 지정 지역으로 해당 되는 지역은 문화시설 및 민속공예품점·골동품점 등 대통령령으로 정하는 영업시설이 밀접되어 있거나 계획적으로 조성하려는 지역, 문화예술 행사·축제 등 문화예술 활동이 지속적으로 이루어지는 지역, 그 밖의 국민의 문화적 삶의 질을 향상시키기 위해 문화지구로 지정하는 것이 필요하다고 인정되는 지역이 있다.

1200 미관지구 ⁑
美觀地區

도시의 양호한 미관을 보호하고 형성하기 위해 지정한 용도지구

미관지구의 지정은 기술적으로는 지구 내에서의 환경의 특수성을 충분히 고려함과 동시에, 건축시설 등의 의장(意匠)이나 형태를 규제함으로써 도시의 미화(美化)나 경관의 보존을 도모하려는 데에 그 취지가 있다.

1201 바닥면적 ⁑
Floor space

건축법 시행령에 따라 다음에 해당하는 경우

① 벽·기둥의 구획이 없는 건축물은 그 지붕 끝부분으로부터 수평거리 1m를 후퇴한 선으로 둘러싸인 수평투영면적으로 한다.

② 건축물의 노대등의 바닥은 난간 등의 설치 여부에 관계없이 노대등의 면적(외벽의 중심선으로부터 노대등의 끝부분까지의 면적)에서 노대등이 접한 가장 긴 외벽에 접한 길이에 1.5m를 곱한 값을 뺀 면적을 바닥면적에 산입한다.

③ 필로티나 그 밖에 이와 비슷한 구조(벽면적의 2분의 1 이상이 그 층의 바닥면에서 위층 바닥 아래면까지 공간으로 된 것만 해당)의 부분은 그 부분이 공중의 통행이나 차량의 통행 또는 주차에 전용되는 경우와 공동주택의 경우에는 바닥면적에 산입하지 아니한다.

④ 승강기탑(옥상 출입용 승강장을 포함한다), 계단탑, 장식탑, 다락(층고(層高)가 1.5미터(경사진 형태의 지붕인 경우에는 1.8미터) 이하인 것만 해당한다), 건축물의 내부에 설치하는 냉방설비 배기장치 전용 설치공간(각 세대나 실별로 외부 공기에 직접 닿는 곳에 설치하는 경우로서 1제곱미터 이하로 한정), 건축물의 외부 또는 내부에 설치하는 굴뚝, 더스트슈트, 설비덕트, 그 밖에 이와 비슷한 것과 옥상·옥외 또는 지하에 설치하는 물탱크, 기름탱크, 냉각탑, 정화조, 도시가스 정압기, 그 밖에 이와 비슷한 것을 설치하기 위한 구조물과 건축

물 간에 화물의 이동에 이용되는 컨베이어벨트만을 설치하기 위한 구조물은 바닥면적에 산입하지 않는다.

⑤ 공동주택으로서 지상층에 설치한 기계실, 전기실, 어린이놀이터, 조경시설 및 생활폐기물 보관시설의 면적은 바닥면적에 산입하지 않는다.

⑥ 다중이용업소(2004년 5월 29일 이전의 것만 해당한다)의 비상구에 연결하여 설치하는 폭 1.5미터 이하의 옥외 피난계단(기존 건축물에 옥외 피난계단을 설치함으로써 용적률에 적합하지 아니하게 된 경우만 해당)은 바닥면적에 산입하지 아니한다.

⑦ 건축물을 리모델링하는 경우로서 미관 향상, 열의 손실 방지 등을 위하여 외벽에 부가하여 마감재 등을 설치하는 부분은 바닥면적에 산입하지 아니한다.

⑧ 단열재가 설치된 외벽 중 내측 내력벽의 중심선을 기준으로 산정한 면적을 바닥면적으로 한다.

⑨ 어린이집(2005년 1월 29일 이전에 설치된 것만 해당한다)의 비상구에 연결하여 설치하는 폭 2m 이하의 영유아용 대피용 미끄럼대 또는 비상계단의 면적은 바닥면적(기존 건축물에 영유아용 대피용 미끄럼대 또는 비상계단을 설치함으로써 용적률 기준에 적합하지 아니하게 된 경우만 해당한다)에 산입하지 아니한다.

⑩ 장애인용 승강기, 장애인용 에스컬레이터, 휠체어 리프트 또는 경사로는 바닥면적에 산입하지 아니한다.

⑪ 소독설비를 갖추기 위하여 같은 호에 따른 가축사육시설(2015년 4월 27일 전에 건축되거나 설치된 가축사육시설로 한정한다)에서 설치하는 시설은 바닥면적에 산입하지 아니한다.

⑫ 현지보존 및 이전보존을 위하여 매장문화재 보호 및 전시에 전용되는 부분은 바닥면적에 산입하지 아니한다.

⑬ 어린이집 직통계단 1개소를 갈음하여 건축물의 외부에 설치하는 비상계단의 면적은 바닥면적(2011년 4월 6일 이전에 설치된 경우로서 기존 건축물에 비상계단을 설치함으로써 용적률 기준에 적합하지 않게 된 경우만 해당한다)에 산입하지 않는다.
⑭ 지하주차장의 경사로(지상층에서 지하 1층으로 내려가는 부분으로 한정)는 바닥면적에 산입하지 않는다.

1202 **방재지구** ✳
防災地區

국토의 계획 및 이용에 관한 법률상 용도지구 중의 하나

풍수해·산사태·지반의 붕괴 그 밖의 재해를 예방하기 위하여 필요한 지구로 국토교통부장관, 시·도지사 또는 대도시 시장은 도시관리계획의 결정으로 지정한다.

1203 **방화지구** ✳
防火地區

국토의 계획 및 이용에 관한 법률상 용도지구 중의 하나

화재위험을 예방하기 위하여 필요한 지구로 국토교통부장관, 시·도지사 또는 대도시 시장은 도시관리계획의 결정으로 지정한다.

1204 **베란다** ✳
Veranda

건물의 1, 2층의 면적차로 생긴 바닥 중의 일부 공간을 활용하고자 하여 생긴 공간

베란다는 발코니와 자주 혼용되고 있지만, 엄연히 따지면 다른 부분이다. 1층 면적이 넓고 2층 면적이 좁을 경우 1층의 지붕 부분이 남게 되는데 이곳을 활용한 것이 베란다이다. 즉, 아래층 지붕을 이용한 것이 베란다이고, 이와 구별되는 발코니는 바닥이 아래층의 지붕이 아니다. 여름에는 시원하게 할 수 있는 테라스 형식과 위층부분이나 창 앞에 넓게 내밀어 꾸민 바닥으로 위층에서 출입할 수 있는 발코니 형식이 있다. 이것은 한국주택의 정원에 면한 툇마루의 기능을 하며 휴식·일광욕 등을 위해서 설치되기도 한다. 발코니 확장은 합법적이나 베란다 확장은 위법이다.

PlusTip 노대 p.407

1205 보류지 *
保留地

환지계획에서 환지로 정하지 않고 보류한 토지

도시개발사업 시행자가 사업의 시행에 필요한 경비에 충당하거나 또는 규약·정관·시행규정 또는 사업계획 등에 정하는 목적(공공용지 확보, 집단적인 국민주택 확보 등)을 위하여 환지계획에서 일정한 위치·단위의 토지를 집단적으로 환지로 정하지 아니하고 보류해 두는 토지를 말한다.

1206 보전산지 *
保全山地

산림자원의 조성, 임업경영기반의 구축 등 임업생산 기능의 증진과 재해방지, 수원보호, 자연생태계 보전, 자연경관 보전, 국민보건휴양 증진 등의 공익 기능을 위하여 필요한 산지로 산림청장이 산지관리법에 따라 지정·고시한 산지

「산지관리법」에는 전국의 산지를 보전산지와 준보전산지로 구분하도록 하였다. 보전산지는 다시 임업용산지와 공익용산지로 구분된다. 산림청장이 보전산지를 지정하려는 때에는 해당 산지가 표시된 산지 구분도를 작성하여 관계 행정기관의 장과 협의를 한 후 중앙산지관리위원회의 심의를 거쳐야 한다. 보전산지에서는 국방·군사시설의 설치, 국토보전시설의 설치, 공용·공공용 시설의 설치 등을 위해 산지전용 또는 산지일시사용을 하는 경우를 제외하고는 산지전용 또는 산지일시사용을 할 수 없다.

1207 보존지구 *
保存地區

도시 관리 계획으로 결정하는 용도 지구의 하나

문화재·중요시설물 및 문화적·생태적으로 보존가치가 큰 지역의 보호 및 보존을 위하여 필요한 지구를 말한다. 국토교통부장관, 시·도지사 또는 대도시 시장은 도시·군관리계획의 결정으로 역사문화환경보존지구, 중요시설물보존지구, 생태계보존지구로 세분하여 지정할 수 있다.

① **역사문화환경보존지구** : 문화재·전통사찰 등 역사·
문화적으로 보존가치가 큰 지역의 보호와 보존을
위하여 필요한 지구
② **중요시설물보존지구** : 국방상 또는 안보상 중요한
시설물의 보호와 보존을 위하여 필요한 지구
③ **생태계보존지구** : 야생동식물서식처 등 생태적으로
보존가치가 큰 지역의 보호와 보존을 위하여 필요
한 지구

1208 **복리시설** **
福利施設

주택단지의 입주자 등의 생활복리를 위한 공동시설

어린이놀이터·구매시설·의료시설·주민운동시설·일
반목욕탕·입주자집회소 등 기타 거주자의 생활복리
를 위하여 필요한 공동시설로서 대통령령이 정하는
것을 말한다.

1209 **부대시설** **
附帶施設

주택에 딸린 시설 또는 설비

주택법상의 용어로서 주택에 딸린 주차장, 관리사무
소, 담장 및 주택단지 안의 도로 또는 건축법 제2조
제1항 제4호의 규정에 의한 건축설비, 기타 이에 준하
는 것으로서 대통령령으로 정하는 시설 또는 설비를
말한다.

1210 **복합 용도 개발** ✻
複合用途 開發

주거, 업무, 상업, 문화 등 서로 밀접한 관계를 가질 수 있도록 연계하여 개발하는 것

도시계획적 차원에서 주거, 업무, 상업, 문화 등 세 가지 이상 기능이 복합화로 이루어진 건물이다. 대표적으로 미국의 록펠러 센터, 영국의 도크랜드 지구 등이 있다. 도심 상가건물의 과잉건설을 억제하고 도심 공동화 현상을 방지하며 교통난 해소 등의 효과를 기대할 수 있다.

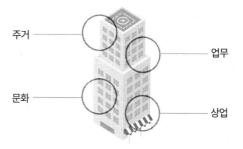

1211 **부동침하** ✻
不同沈下

구조물의 기초지반이 침하하면서 구조물 여러 부분이 불균등하게 침하를 일으키는 현상

부등침하라고도 한다. 전체적으로 침하가 똑같으면 구조물 파괴나 변상을 일으키기는 힘들다. 하지만 부동침하가 생기면 경사지거나 변형하게 되어 균열이 생기기 쉽다.

PlusTip 부동침하에 대한 대책
① 가벼운 구조물을 사용한다.
② 각 기초에 하중을 균등하게 한다.
③ 기초구조 통일 및 지지층을 같도록 한다.
④ 구조물의 수평방향 강성(剛性)을 크게 한다.
⑤ 적당한 곳에 신축(伸縮) 이음매를 설치한다.
⑥ 지반을 개량하고 침하를 억제시킨다.

1212 **부속건축물** ✱✱
附屬建築物

주된 건축물과 분리된 부속용도의 건축물로서 주된 건축물의 이용 또는 관리에 필요한 건축물

① 건축물의 설비, 대피, 위생, 그 밖에 이와 비슷한 시설의 용도

② 사무, 작업, 집회, 물품저장, 주차 등

③ 구내식당·직장보육시설·구내운동시설 등

④ 관계 법령에서 주된 용도의 부수시설로 설치할 수 있게 규정하고 있는 시설의 용도

1213 **분양처분** ✱
分讓處分

환권처분

도시개발사업에 있어서의 환지처분에 상응하는 것이다. 재개발사업에 관한 공사가 완료된 후 종전의 토지나 건축물에 갈음하여 새로이 조성된 대지 또는 설치된 건축시설을 교부하고, 그 과부족을 금전으로 청산할 것을 명하는 사업시행자의 행정처분이다.

1214 **불연재료** ✱
不燃材料

불연재료는 국토교통부장관이 정하는 기준에 적합한 것

콘크리트나 석재·벽돌·기와·석면판·철강·알루미늄·몰타르·유리·회 기타 이와 유사한 불연성(불에 타지 아니하는 성질)의 재료를 말한다.

1215 **비례율** ✱✱
比例率

재개발 사업을 통해 얻은 순이익금이나 순손실금을 종전 자산가치에 따라 나눈 비율

총 분양가액에서 총 사업비용을 뺀 금액을, 조합원들이 소유한 종전 자산의 총 평가액으로 나눈 금액이다. 사업성을 나타내는 지표로써 비례율이 100%보다 높을수록 사업성이 좋다는 것을 의미한다.

1216 비오톱 *
Biotope

특정한 식물과 동물이 하나의 생활공동체를 이루어 지표상에서 다른 곳과 명확히 구분되는 생물서식지

그리스어로 생명을 의미하는 비오스(Bios)와 땅 또는 영역이라는 의미의 토포스(Topos)가 결합된 용어로 특정한 식물과 동물이 하나의 생활공동체, 즉 군집을 이루어 지표상에서 다른 곳과 명확히 구분되는 하나의 서식지를 말한다.

1217 사도 *
私道

사도법에 의해 개인이 설치 소유하는 사설 도로

도로법 규정에 의한 도로나 도로법의 준용을 받는 도로가 아닌 것으로서 그 도로에 연결되는 도로를 말한다. 사도를 개설, 개축, 증축 또는 변경 하고자 할 때에는 미리 관할시장 또는 군수, 구청장의 허가를 받아야 한다. 사도법에 의해 사도를 설치한 경우에는 사도의 효용을 증가시키기 위해 이에 접속되는 공도와 연결하는 구간의 설치·보수를 시장 또는 군수, 구청장에게 요구할 수 있고, 요구가 타당하다고 인정될 때에는 시장 또는 군수, 구청장은 사도의 폭원과 연장의 범위 안에서 조치해야 한다.

1218 사선제한 *
斜線制限

건축법상 건축물의 높이를 도로 폭과의 관계 및 인지(隣地)경계선과의 관계에 따라 제한 받는 것

사선제한에는 전면도로폭에 의한 사선제한(도로사선제한)과 인지경계선에 의한 사선제한(인지사선제한)이 있다. 전자는 건물의 당해 부분에서 전면도로의 반대측 경계선까지의 수평거리에 의한 제한을 말하고, 후자는 주거지역 내에서 건물의 당해 부분에서 인지경계선까지의 수평거리에 의한 제한 등을 말한다.

1219 산지전용허가 *
山地轉用許可

산지를 전용하려는 사람이 그 용도를 정하여 산림청장 등의 관할 행정청으로부터 허가를 받는 것

산지전용허가는 신청서의 접수 → 현지조사확인 → 대체산림자원조성비 및 복구비 산정 → 대체산림자원조성비 납부고지 및 복구비예정통지 → 허가의 결정 순으로 진행된다.

**1220 상수원
보호구역** *
上水源保護區域

음용·공업용 등으로 제공하기 위하여 취수시설을 설치한 지역의 하천·호소·지하수 등 상수원의 확보와 수질의 보전을 위하여 수도법에 따라 지정된 구역

상수원보호구역으로 지정된 지역에서는 다음의 행위가 규제된다.
① 수질오염물질·특정수질유해물질, 유해화학물질, 농약, 폐기물, 오수·분뇨, 가축분뇨 등을 사용하거나 버리는 행위
② 그 밖에 상수원을 오염시킬 명백한 위험이 있는 행위로서 대통령령으로 정하는 금지행위
③ 수영·목욕·세탁 또는 뱃놀이를 하는 행위
④ 행락·야영 또는 야외 취사행위
⑤ 어패류를 잡거나 양식하는 행위
⑥ 자동차를 세차하는 행위
⑦ 하천구역에 해당하는 지역에서 농작물을 경작하는 행위

1221 상업지역 *
商業地域

국토의 계획 및 이용에 관한 법률상 용도지역 중 도시지역의 하나

상업과 그 밖의 업무의 편익증진을 위하여 필요한 지역을 말한다. 국토교통부장관 또는 시·도지사는 도시관리계획결정으로 중심상업지역, 일반상업지역, 근린상업지역, 유통상업지역으로 세분하여 지정할 수 있다.

① 중심상업지역 : 도심·부도심의 상업기능 및 업무기능의 확충을 위하여 필요한 지역
② 일반상업지역 : 일반적인 상업기능 및 업무기능을 담당하게 하기 위하여 필요한 지역
③ 근린상업지역 : 근린지역에서의 일용품 및 서비스의 공급을 위해 필요한 지역
④ 유통상업지역 : 도시 내 및 지역 간 유통기능의 증진을 위하여 필요한 지역

1222 **생애최초
주택구입
특별공급** ＊
生涯最初
住宅購入
特別供給

세대에 속한 모든 자가 과거 주택을 소유한 사실이 없는 경우로 한정하는 것

주택건설 사업주체가 국민주택 등의 주택을 건설하여 공급하는 경우에 입주자모집공고일 현재 생애 최초로 주택을 구입하는 자로서 다음의 요건을 모두 충족하는 경우에는 한차례에 한정하여 그 건설량의 20%의 범위에서 추첨의 방법으로 입주자를 선정하여 특별공급하는 것을 말한다.

1223 **선매제도** ＊＊
先買制度

토지거래허가구역 안의 토지거래를 하기 위하여 당사자가 토지거래계약의 허가를 신청하는 경우에 공익사업에 사용하기 위한 공공용지를 확보하는 방안의 하나

일정한 공공기관을 선매자로 지정하여 일반인의 사적거래에 우선하여 협의·매수하게 하는 제도이다. 즉, 공적 이용주체에게 그 토지의 취득에 관한 우선권을 부여하는 제도이다.

1224 설계도서 *
設計圖書

설계도와 시방서, 이를 따르는 구조계산서와 설비관계의 계산서

건축물의 건축 등에 관한 공사용의 도면과 구조계산서 및 시방서, 건축설비계산 관계서류, 토질 및 지질관계서류, 기타 공사에 필요한 서류를 말한다.

1225 수변구역 *
水邊區域

환경부가 상수원 수질보전을 위해 지정·고시한 지역

상수원에 인접한 하천변을 자연 상태로 보전하기 위해 지정한 곳이다. 공장, 축사, 음식점, 숙박시설, 목욕탕 등 오염물 질 대량 배출 시설의 신설이 금지된다. 한강수계, 낙동강수계, 금강수계, 영산강·섬진강수계로 나누어 약 1,000㎢ 면적이 지정되어 있다.

1226 수산자원 보호구역 ⁑
水産資源 保護區域

국토의 계획 및 이용에 관한 법률상의 용도구역 중 자연환경보전지역의 하나

수산자원의 보호·육성을 위하여 필요한 공유수면이나 그에 인접된 토지에 대하여 해양수산부장관은 직접 또는 관계 행정기관의 장의 요청을 받아 도시·군관리계획으로 그 지정 또는 변경을 결정할 수 있는 구역을 말한다.

1227 순환재개발 방식 *
循環再開發方式

도시기능 회복을 위한 재개발 사업

재개발구역의 일부지역 또는 당해 재개발구역 외의 지역에 주택을 건설하거나 건설된 주택(순환용 주택)을 활용하여 재개발구역을 순차적으로 개발하거나 재개발구역 또는 재개발 사업 시행지구를 수 개의 공구로 분할하여 순차적으로 시행하는 재개발방식을 말한다.

**1228 시가화
조정구역 ****
市街化調整區域

국토의 계획 및 이용에 관한 법률상 용도구역 중의 하나

도시지역과 그 주변지역의 무질서한 시가화를 방지하고, 계획적·단계적인 개발을 도모하기 위하여 일정기간(5년 이상 20년 이내의 범위)동안 시가화를 유보할 필요가 있다고 인정하는 때에 국토교통부장관은 직접 또는 관계 행정기관의 장의 요청을 받아 도시·군관리계획으로 그 지정 및 변경을 결정할 수 있는 구역을 말한다.

1229 시방서 *
示方書

건축물의 건설이나 택지조성공사에 있어서 견적서·설계도면 등과 함께 제출되는 서류

설계도면을 바탕으로 구성부문별·공사종별로 사용자재의 종별·수량·품질 등과 소요노동의 종별·시간 등을 세목으로 기입하고, 또 세부도면을 첨부한 것을 말한다.

1230 시범도시 *
示範都市

도시의 경제·사회·문화적인 특성을 살려 개성있고, 지속가능한 발전을 촉진하기위해 경관, 생태, 정보통신, 과학, 문화, 관광 등의 분야별로 시범도시(시범지구나 시범단지)

국토교통부장관은 직접 또는 관계 중앙행정기관의 장이나 시·도지사의 요청에 의해 지정할 수 있다.

1231 시설보호지구 *
施設保護地區

학교시설·공용시설·항만 또는 공항의 보호, 업무기능의 효율화, 항공기의 안전운항 등을 위하여 필요한 지구

국토교통부장관, 시·도지사 또는 대도시 시장은 도시·군관리계획의 결정으로 세분하여 지정할 수 있다.

① 학교시설보호지구 : 학교의 교육환경을 보호·유지하기
위하여 필요한 지구
② 공용시설보호지구 : 공용시설을 보호하고, 공공업무기
능을 효율화하기 위하여 필요한 지구
③ 항만시설보호지구 : 항만기능을 효율화하고, 항만시설을
관리·운영하기 위하여 필요한 지구
④ 공항시설보호지구 : 공항시설의 보호와 항공기의 안전운
항을 위하여 필요한 지구

1232 **시행사** *
施行社

부동산 개발사업의 실질적인 사업 운영자

아파트라면 그 아파트 사업의 실질적 운영자, 즉, 재건
축 아파트라면 재건축 조합, 민간 사업자라면 그 사업
장의 부동산 개발회사나 지주 등 현실적인 그 사업을
실행하는 장본인을 뜻한다. 시행사는 시공사(보통 건
설회사)에게 도급건설을 주어 건축을 완성하며, 자금
은 금융기관으로부터 조달하는 등의 역할을 한다. 실
정법상은 부동산 개발업을 영위하기 위해 국토교통부
장관에게 등록한 부동산 개발업자를 말한다.

1233 **신축** ⚹⚹
新築

대지에 새로운 건축물을 건축하는 것

건축물이 없는 대지(기존 건축물이 철거 또는 멸실된
대지를 포함)에 새로이 건축물을 축조하는 것(부속건
축물만 있는 대지에 새로이 주된 건축물을 축조하는
것을 포함하되, 개축 또는 재축에 해당하는 경우를
제외)을 말한다.

1234 **실버타운** *
Silver Town

사회생활에서 은퇴한 고령자들이 집단적 또는 단독적으로 거주가 가능하도록 노인들에게 필요한 주거 및 휴양·여가시설, 노인용 병원, 커뮤니티센터 등 서비스 기능을 갖춘 노인주거단지

실버타운이라는 단어는 흰 머리카락을 비유하여 노인들과 관련된 산업을 표현하기 위하여 일본에서 만든 실버산업의 실버(Silver)와 영어단어 타운(Town)을 합성한 것이다. 실버타운의 종류는 입지유형에 따라 도시형, 도시근교형, 휴양지형 등으로 구분되며, 주거유형 기준으로 단독주거형, 공동주거형으로 구분된다.

1235 **성큰가든** ✲
Sunken Garden

도심의 빌딩이나 광장 등의 지하공간에 채광이나 개방성 등을 확보하기 위해 상부를 개방하여 조성한 공원

성큰가든은 건축에 따른 공간창출 방식의 하나로 도심 자동차 교통량의 증가로 인한 교통소음 등을 방지하면서 폐쇄적인 지하공간에 채광 및 개방감을 부여함으로써 지하공간의 불리한 조건을 고급스럽게 개선한 공간을 제공한다.

1236 **완충 녹지** ✲
緩衝綠地

공해나 재해 우려가 높은 지역으로부터 환경 영향을 최소화하기 위해 설정된 녹지

도시의 자연환경을 보전하고 공해나 재해를 방지하여 도시경관 향상을 도모하기 위해 도시계획법에 의하여 결정되는 구역이다. 수질·대기오염, 소음공해 및 가스폭발, 유출 등의 재해 발생 우려 지역과 주거·상업지역 등을 분리시키기 위해 두 지역 간에 설치하는 녹지대이다.

1237 어린이
보호구역 *

School Zone

교통사고의 위험으로부터 어린이를 보호하기 위하여 필요하다고 인정하는 경우 설정하는 도로교통법에 따라 지정된 구역

어린이 보호구역은 유치원, 학원, 초등학교, 특수학교, 어린이집 등의 주변도로에 교통사고의 위험으로부터 어린이를 보호하기 위하여 도로교통법에 의해 필요한 일정 구간에 대해 지정되며, 어린이 보호구역으로 지정되면 자동차 등의 통행속도를 시속 30km 이내로 제한할 수 있다.

1238 용도지구 **

用途地區

토지의 이용 및 건축물의 용도·건폐율·용적률·높이 등에 대한 용도지역의 제한을 강화 또는 완화하여 적용함으로써 용도지역의 기능을 증진시키고, 미관·경관·안전 등을 도모하기 위하여 도시관리계획으로 결정하는 지역

용도지구제는 용도지역만으로 달성할 수 없는 2차적 목적의 수행을 위하여 건축물의 용도 또는 형태·구조 등을 규제하는 제도이다. 국토의 계획 및 이용에 관한 법률상으로는 경관지구(자연경관·수변경관·시가지경관지구), 미관지구(중심지·역사문화·일반미관지구), 고도지구(최고·최저고도지구), 방화지구, 방재지구, 보존지구(문화자원·중요시설물·생태계보존지구), 시설보호지구(학교시설·공용시설·항만시설·공항시설보호지구), 취락지구(자연·집단취락지구), 개발진흥지구(주거개발·산업개발·유통개발·관광·휴양개발·복합개발진흥지구), 특정용도제한지구 등으로 구분된다.

용도지역 ✲✲
用途地域

공공복리 증진을 위해 도시·군관리계획으로 결정을 하는 지역

토지의 이용 및 건축물의 용도, 건폐율, 용적률, 높이 등을 제한함으로써 토지를 경제적이고 효율적으로 이용하고 공공복리의 증진을 도모하기 위하여 서로 중복되지 아니하게 도시·군관리계획으로 결정하는 지역이다.

① 도시지역
   ㉠ **주거지역** : 거주의 안녕과 건전한 생활환경의 보호를 위하여 필요한 지역
   ㉡ **상업지역** : 상업이나 그 밖의 업무의 편익을 증진하기 위하여 필요한 지역
   ㉢ **공업지역** : 공업의 편익을 증진하기 위하여 필요한 지역
   ㉣ **녹지지역** : 자연환경·농지 및 산림의 보호, 보건위생, 보안과 도시의 무질서한 확산을 방지하기 위하여 녹지의 보전이 필요한 지역
② 관리지역
   ㉠ **보전관리지역** : 자연환경 보호, 산림 보호, 수질오염 방지, 녹지공간 확보 및 생태계 보전 등을 위하여 보전이 필요하나, 주변 용도지역과의 관계 등을 고려할 때 자연환경보전지역으로 지정하여 관리하기가 곤란한 지역
   ㉡ **생산관리지역** : 농업·임업·어업 생산 등을 위하여 관리가 필요하나, 주변 용도지역과의 관계 등을 고려할 때 농림지역으로 지정하여 관리하기가 곤란한 지역
   ㉢ **계획관리지역** : 도시지역으로의 편입이 예상되는 지역이나 자연환경을 고려하여 제한적인 이용·개발을 하려는 지역으로서 계획적·체계적인 관리가 필요한 지역
③ 농림지역
④ 자연환경보전지역

1240 용적률 **
容積率

대지면적에 대한 건축물의 연면적비율

연면적은 건축물의 바닥면적의 합계이며, 용적률산출에 있어서 지하층 면적과 지상층의 주차용 면적 및 주택건설 기준 등에 관한 규정에 의해 주민공공시설 면적은 제외된다. 용적률 규제의 목적으로는 건축물의 규모와 높이를 규제함으로서 주거, 상업, 공업, 녹지 지역의 면적을 배분하거나, 도로, 상·하수도, 광장, 공원 등의 공공시설 설치를 효율적으로 하고, 쾌적한 도시환경을 조성하여 도시발전의 균형을 도모하는 데 있다.

> 용적률 = 건축물의 연면적 ÷ 대지면적 × 100

PlusTip 연면적 p.93

1241 위락지구 **
慰樂地區

국토의 계획 및 이용에 관한 법률상 용도지구의 하나

위락시설을 집단화하여 다른 지역의 환경을 보호하기 위하여 필요한 지구를 말한다.

1242 이전 **
移轉

장소나 주소를 다른 곳으로 옮김

건축물의 주요구조부를 해체하지 아니하고, 동일한 대지 안의 다른 위치로 옮기는 것이다.

1243 이행강제금 *
履行强制金

공법(행정법)상의 의무 이행을 확보하기 위해 의무 이행을 간접적으로 강제하는 강제 집행 수단 중 하나

일정 기한까지 의무를 이행하지 않으면 일정 금액의 금전적인 부담을 과한다는 것을 사전에 알려서 의무자에게 심리적 압박을 가한다.

| 1244 | **일조권 ✽✽**
日照權 | 햇빛을 받을 수 있는 법률상 보호되어 있는 권리 |

일조·통풍·채광 기타 생활의 장해 등의 발생을 방지하기 위하여 건축물의 높이를 제한함으로써 태양의 내리쬐임을 받을 권리를 말한다.

| 1245 | **입주자저축 ✽✽**
入住者貯蓄 | 주택을 공급받고자 하는 자가 미리 입주금의 전부 또는 일부를 저축하게 할 수 있는 제도 |

청약저축, 청약예금, 청약부금이 해당한다.

| 1246 | **입지규제
최소구역 ✽✽**
立地規制 最小區域 | 도시지역에서 복합적인 토지 이용을 증진시켜 도시정비를 촉진하고 지역 거점을 육성할 때 지정하는 것 |

입지규제최소구역으로 지정되기 위해서 다음과 같은 요구사항이 있다.

① 도시·군기본계획에 따른 도심·부도심 또는 생활권의 중심지역

② 철도역사, 터미널, 항만, 공공청사, 문화시설 등의 기반시설 중 지역의 거점 역할을 수행하는 시설 중심의 주변지역을 집중적으로 정비할 필요가 있는 지역

③ 세 개 이상의 노선이 교차하는 대중교통 결절지로부터 1km 이내에 위치한 지역

④ 노후·불량건축물이 밀집한 주거지역 또는 공업지역으로 정비가 시급한 지역

⑤ 해당하는 사항은 도시경제기반형 활성화계획을 수립하는 지역

⑥ 그 밖에 창의적인 지역개발이 필요한 지역

06

부동산공법

1247 입체환지처분 ⁑
立體換地處分

도시개발사업 시행자는 토지소유자의 동의를 얻어 처분할 권한이 있는 건축물의 일부와 당해 건축물이 있는 토지의 공유지분을 부여하는 것

도시개발사업에 있어서 토지에 대한 평면적인 권리개념을 토지 및 그 토지상의 건물을 일체로 보는 입체적인 개념으로 변환하여 사업시행 전의 과소토지에 대한 권리관계를 금전에 의한 청산으로 소멸시키지 아니하고, 이러한 토지에 대한 권리를 한 지역에 집결시키고 사업을 원활히 시행시킴과 아울러 밀집시가지에 있어서 토지의 고도이용을 도모하여 도시를 근대도시로서의 성격·구조와 기능을 다하도록 하여 재해의 방지 및 위생상의 예방을 위하여 법이 인정한 제도의 환지처분을 말한다.

1248 자경 ⁑
自耕

농업법인이 그 소유 농지에서 농작물을 경작하거나 다년생식물을 재배하는 것

농업인이 그 소유 농지에서 농작물 경작 또는 다년생 식물 재배에 상시 종사하거나 농작업의 2분의 1 이상을 자기의 노동력으로 경작 또는 재배하는 것이다.

1249 자연재해 위험개선지구 *
自然災害 危險改善地區

상습침수지역, 산사태위험지역 등 지형적인 여건 등으로 인하여 재해가 발생할 우려가 있는 지역을 관리하기 위해 자연재해대책법에 의해 지정되는 지구

태풍·홍수 등 자연현상으로 인한 재난으로부터 국토를 보존하고 국민의 생명·신체 및 재산과 주요기간시설을 보호하기 위하여 제정된 「자연재해대책법」에서는 재해발생 우려가 있는 지역에 대해 시장·군수·구청장이 자연재해위험개선지구로 지정 고시하여 관리하도록 하고 있다.

1250 자연환경 보전지역 ‡*
自然環境保全地域

국토의 계획 및 이용에 관한 법률상 용도지역 중의 하나

자연환경, 수자원, 해안, 생태계 및 문화재의 보전과 수산자원의 보호·육성 등을 위하여 필요한 지역을 말한다.

1251 잔여지 *
殘餘地

동일한 토지소유자에게 속하는 일단의 토지의 일부가 협의에 의해 매수되거나 수용됨으로 인하여 남게 되는 부분의 토지

잔여지가 종래의 목적에 사용하는 것이 현저히 곤란한 때에는 당해 토지소유자는 기업자에게 일단의 토지 전부를 매수·청구할 수 있으며, 매수청구에 관한 협의가 성립되지 아니한 경우 재결신청의 열람기간 내에 관할 토지 수용위원회에 수용을 청구할 수 있다.

1252 장기수선 충당금 *
長期修繕充當金

장기수선계획에 따라 아파트의 주요 시설의 교체 및 보수에 필요한 금액

장기수선충당금의 요율은 해당 아파트의 공용부분의 내구연한 등을 감안하여 관리규약으로 정하고, 적립금액은 장기수선계획에서 정한다. 장기수선충당금은 해당 아파트의 사용검사일(단지 안의 아파트의 전부에 대하여 임시사용 승인을 받은 경우에는 임시사용 승인일을 말함)부터 1년이 경과한 날이 속하는 달부터 매월 적립하며, 아파트 중 분양되지 않은 세대의 장기수선충당금은 사업주체가 부담해야 한다. 장기수선충당금을 적립하지 않은 자는 200만 원의 과태료를 부과받는다. 장기수선충당금의 사용은 장기수선계획에 따르나, 입주자 과반수의 서면동의가 있는 경우에는 다음의 용도로 사용할 수 있다.
① 주택법에 따른 하자심사·분쟁조정위원회 조정 등의 비용
② 주택법에 따른 하자진단 및 감정에 드는 비용
③ 위의 비용을 청구하는 데 드는 비용

1253 **재정비 촉진지구**

再整備促進地區

도시의 낙후된 지역에 대한 주거환경개선과 기반시설의 확충 및 도시기능의 회복을 광역적으로 계획하고 체계적이고 효율적으로 추진하기 위하여 도시재정비 촉진을 위한 특별법에 의해 지정, 고시한 지구

재정비 촉진지구는 지구의 특성에 따라 다음과 같은 세 가지 유형으로 구분한다.

① 주거지형 : 노후, 불량주택과 건축물이 밀집한 지역으로서 주로 주거환경의 개선과 기반시설의 정비가 필요한 지구

② 중심지형 : 상업지역, 공업지역 등으로서 토지의 효율적 이용과 도심 또는 부도심 등의 도시기능의 회복이 필요한 지구

③ 고밀도복합형 : 주요 역세권, 간선도로의 교차지 등 양호한 기반시설을 갖추고 있어 대중교통 이용이 용이한 지역으로서 도심 내 소형주택의 공급확대, 토지의 고도이용과 건축물의 복합개발이 필요한 지구

1254 **재해관리 구역 ***

災害管理 區域

특별시장·광역시장·도지사가 상습침수 등 대통령령이 정하는 기타 재해가 생길 우려가 있어 건축물의 건축을 제한할 필요가 있다고 인정하여 지정한 구역

① 제1종 재해관리구역 : 사태·해일·홍수·토사 또는 제방붕괴의 우려가 극히 큰 지역

② 제2종 재해관리구역 : 산사태·해일·홍수·토사 또는 제방붕괴의 우려가 있는 지역

③ 제3종 재해관리구역 : 상습침수지역 등 홍수로 인한 건축물 등의 피해가 예상되는 지역

1255 재축 ✲
再築

건축물이 천재·지변 기타 재해에 의하여 멸실된 경우에 그 대지 안에 종전과 동일한 규모의 범위 안에서 다시 축조하는 것

건축물 및 대지가 법령의 재정·개정 등의 사유로 변경되어 법령에 부적합하더라도 허가받을 수 있으며 재축의 경우, 취득세를 납부하지 않아도 된다.

1256 접도구역 ✲✲
接道區域

도로의 구조를 보전하고, 장래 도로확장과 교통에 대한 위험요인을 제거하기 위하여 도로관리청이 도로구역 경계선으로부터 띄어야 하는 일정 거리를 지정하여 고시한 구역

접도구역은 일반국도의 경우 도로경계선으로부터 20m 이내, 고속국도의 경우 50m를 초과하지 아니하는 범위에서 지정할 수 있으며, 접도구역 내에서는 토지의 형질을 변경하는 행위, 건축물이나 그 밖의 공작물을 신축·개축 또는 증축하는 행위가 금지된다.

1257 정비사업 ✲✲
整備事業

도시기능 회복을 목적으로 하는 사업

절차에 따라 도시기능을 회복하기 위하여 정비구역안에서 정비기반시설을 정비하고 주택 등 건축물을 개량하거나 건설하는 사업을 말한다.

PlusTip 정비사업의 종류

① **주거환경개선사업** : 도시저소득주민이 집단으로 거주하는 지역으로서 정비기반시설이 극히 열악하고, 노후·불량건축물이 과도하게 밀집한 지역에서 주거환경을 개선하기 위하여 시행하는 사업
② **주택재개발사업** : 정비기반시설이 열악하고, 노후·불량건축물이 밀집한 지역에서 주거환경을 개선하기 위하여 시행하는 사업

③ 주택재건축사업 : 정비기반시설은 양호하나 노후·불량 건축물이 밀집한 지역에서 주거환경을 개선하기 위하여 시행하는 사업

④ 도시환경정비사업 : 상업지역·공업지역 등으로서 토지의 효율적 이용과 도심 또는 부도심 등 도시기능의 회복이나 상권활성화 등이 필요한 지역에서 도시환경을 개선하기 위하여 시행하는 사업

⑤ 주거환경관리사업 : 단독주택 및 다세대주택 등이 밀집한 지역에서 정비기반시설과 공동이용시설의 확충을 통하여 주거환경을 보전·정비·개량하기 위하여 시행하는 사업

⑥ 가로주택정비사업 : 노후·불량 건축물이 밀집한 일단의 가로구역에서 종전의 가로를 유지하면서 소규모로 주거환경을 개선하기 위하여 시행하는 사업

1258 주말·영농 체험 ✳✳

주말을 이용하여 가족 단위로 채소 등을 가꾸는 도시 근교의 농업 체험

농업인이 아닌 개인이 주말 등을 이용하여 취미 또는 여가활동으로 농작물을 경작하거나 다년성 식물을 재배하는 것을 말한다.

1259 주거지역 ✳✳
住居地域

국토의 계획 및 이용에 관한 법률상 용도지역 중 도시지역의 하나

거주의 안녕과 건전한 생활환경의 보호를 위하여 필요한 지역을 말한다.

PlusTip 주거지역의 분류

① 전용주거지역 : 양호한 주거환경을 보호하기 위하여 필요한 지역

　㉠ 제1종 전용주거지역 : 단독주택 중심의 양호한 주거환경을 보호하기 위하여 필요한 지역

　㉡ 제2종 전용주거지역 : 공동주택 중심의 양호한 주거환경을 보호하기 위하여 필요한 지역

② 일반주거지역 : 편리한 주거환경을 조성하기 위하여 필요한 지역
　　㉠ 제1종 일반주거지역 : 저층주택을 중심으로 편리한 주거환경을 조성하기 위하여 필요한 지역(4층 이하)
　　㉡ 제2종 일반주거지역 : 중층주택을 중심으로 편리한 주거환경을 조성하기 위하여 필요한 지역(15층 이하)
　　㉢ 제3종 일반주거지역 : 중고층주택을 중심으로 편리한 주거환경을 조성하기 위하여 필요한 지역
③ 준주거지역 : 주거기능을 위주로 이를 지원하는 일부 상업기능 및 업무기능을 보완하기 위하여 필요한 지역

1260 **주상복합아파트** ✲✲
住商複合

주상복합아파트는 한 건물에 상업용도와 주거용도가 혼재된 주거형태

상업용지에 건설하므로 높은 용적률을 적용받을 수 있어 더 집약적으로 토지를 이용할 수 있으며 건물 안에서 편리한 생활을 누릴 수 있는 장점이 있고 비교적 보안이 철저하다.

1261 **주요구조부** ✲✲
主要構造部

건축용어로서 건물의 주요부를 구성하는 부분인 내력벽·기둥·바닥·보·지붕틀 및 주계단

사이 기둥·최하층 바닥·작은 보·차양·옥외 계단 기타 이와 유사한 것으로 건축물의 구조상 중요하지 않은 부분은 제외한다. 건물의 내용연수는 그 주체구조에 의존하는 경우가 일반적이다.

1262 **주택** ✲✲
住宅

한 세대의 세대원이 장기간 독립된 주거생활을 영위할 수 있는 구조로 된 건축물의 전부 또는 그 일부 및 부속 토지

① 단독주택(單獨住宅) : 주택법에서는 공동주택이 아닌 주택을 말하며, 건축법에서는 협의의 단독주택(가정보육시설을 포함)과 다중주택, 다가구주택, 공관이 포함된다.

② 다중주택(多衆住宅) : 학생 또는 직장인 등의 다수
　인이 장기간 거주할 수 있는 독립된 주거형태가 아
　니며, 연면적이 330m² 이하이고 층수가 3층 이하
　인 주택이다.
③ 다가구주택(多家口住宅) : 주택으로 쓰이는 지하층
　을 제외한 층수가 3층 이하이고, (지하주차장을 제
　외)하나의 동으로 쓰이는 바닥면적의 합계가 660m²
　이하이며, 19세대 이하가 주거하는 주택이다.

1263 **주택공영**
　　개발지구 *
　　住宅公營
　　開發地區

주택정책심의위원회의 심의를 거쳐 지정하는 지구
공공기관이 택지를 양수하여 건설·공급하여야 하는
공동주택의 규모 및 종류 등은 지역별 특성 및 주택
의 수급상황 등을 고려하여 정할 수 있다.

1264 **주택단지** *
　　住宅團地

주택건설사업계획 또는 대지조성사업계획의 승인을
받아 주택과 그 부대시설 및 복리시설(福利施設)을
건설하거나 대지를 조성하는 데 사용되는 토지
철도·고속도로·자동차전용도로·폭 20m 이상인 일
반도로, 폭 8m 이상인 도시계획예정도로, 도시계획
시설인 도로로서 주간선도로, 보조간선도로, 집산도
로 및 폭 8m 이상인 국지도로, 도로법에 의한 일반국
도, 특별시도, 광역시도 또는 지방도, 그 밖에 관계법
령에 따라 설치된 도로로 분리된 토지는 각각 별개의
주택단지로 본다.

1265 **주택법** *
　　住宅法

국민 주거안정과 주거수준 향상에 이바지할 목적으
로 시행한 법률
쾌적한 주거생활에 필요한 주택의 건설·공급·관리와
이를 위한 자금의 조달·운용 등에 관한 사항을 정함
으로써 국민의 주거안정과 주거수준의 향상에 이바지
함을 목적으로 제정된 법률을 말한다.

1266 **주택도시
보증공사 ***
Korea Housing &
Urban Guarantee
Corporation

국토교통부 산하 금융공기업으로 주거복지 증진과 도시재생 활성화를 지원하기 위한 각종 보증 업무와 정책사업을 수행하는 곳

주택건설사업과 관련된 각종 보증 등을 하여 주택분양계약고객 및 입주자를 보호하고 주택건설사업자의 원활한 사업수행을 지원하여 주택건설을 촉진함으로써 국민의 주거복지 향상과 국민경제의 균형 있는 발전에 기여하고자 설립된 회사를 말한다.

1267 **주택상환사채 ***
住宅償還社債

대한주택공사 및 등록사업자는 대통령령이 정하는 바에 의하여 주택으로 상환하는 사채를 발행할 수 있는 것

등록사업자는 자본금·자산평가액 및 기술인력 등이 대통령령이 정하는 기준에 부합하고, 금융기관 또는 대한주택보증주식회사의 보증을 받은 때에 한하여 이를 발행할 수 있다.

1268 **주택조합 ****
住宅組合

다수의 구성원이 주택을 마련하거나 리모델링하기 위하여 결성하는 조합

① **지역주택조합** : 같은 특별시·광역시·특별자치도·시 또는 군(광역시의 관할 구역에 있는 군은 제외한다)에 거주하는 주민이 주택을 마련하기 위하여 설립한 조합

② **직장주택조합** : 같은 직장의 근로자가 주택을 마련하기 위하여 설립한 조합

③ **리모델링주택조합** : 공동주택의 소유자가 그 주택을 리모델링하기 위하여 설립한 조합

1269 준공검사 ✳✳
竣工檢査

국토의 계획 및 이용에 관한 법률에 정하는 준공검사는 공작물의 설치(건축법 제83조에 따라 설치되는 것은 제외한다), 토지의 형질변경 또는 토석채취를 위한 개발행위허가를 받은 자가 그 개발행위를 완료하고 받아야 하는 검사

준공검사를 받아야 하는 자는 당해 개발행위를 완료한 때에는 지체 없이 개발행위준공검사신청서에 준공사진, 지적측량성과도, 관계행정기관 장과의 협의에 필요한 서류를 첨부하여 특별시장·광역시장·시장 또는 군수에게 제출하여야 한다.

1270 준보전산지 ✳
準保全山地

산지관리법상 보전산지를 제외한 산지

산지관리법은 산림의 종합적이고 효율적인 보전과 개발을 촉진하기 위해 입지적 조건을 감안하여 산림을 구분하는 데 보전산지와 준보전산지로 구분하며 보전산지는 다시 임업용 산지와 공익용 산지로 구분된다.

1271 준주택 ✳
準住宅

주택 이외의 건축물과 부속토지로서 주거시설로 이용이 가능한 시설

다양한 주거형태가 나타나면서 고안된 주택이다. 주택으로 분류되지 않았지만 주거용으로 활용하여 공급 활성화하기 위해 도입되었다. 대표적으로 기숙사, 고시원, 오피스텔, 노인복지주택 등이 있다.

1272 중심업무지구 ✳✳
CBD :
Central
Business District

도시의 심장부에 해당하는 곳

도시의 좁은 공간을 점유하는 지역이지만 그 기능은 매우 다양하며, 도시경제·사회의 중요도가 높은 지역으로 주로 접근성과 교통여건이 좋은 도시 주요지역에 형성된다. 특히, 전문적 기능이 수행되는 중심업무지구는 고층·복합건물이 밀집되고, 최고의 지가를 나타내며 자동차와 보행자의 유동과 교통밀도가 도시에서 가장 높게 형성된다. 중심업무지구에는 전문직과 일반 업무의 사무실, 은행의 본점, 유명백화점, 고급상점과 음식점, 극장, 호텔 등 비거주기능이 다수 입지한다.

1273 증환지처분 *
增換地處分

도시개발법상의 환지처분의 한 종류

재해나 위생상 환지의 면적규모를 적당히 조정할 필요가 있다고 인정될 때 그 기준면적 이상의 환지를 지정하는 처분을 말한다.

PlusTip 환지처분의 종류

① 감환지처분 : 증환지에 충당하기 위하여 적응환지의 환지면적을 특히 감안하여 지정하는 처분을 말한다.
② 적응환지처분 : 종전의 토지 및 그 토지상에 있는 용익권 등에 대하여 위치·면적·토질 등을 감안하여 환지를 지정하는 처분을 말한다.

1274 지구단위계획 **
地區單位計劃

도시설계와 상세계획제도를 통합한 토지 이용 합리화 계획

도시계획 수립대상지역 안의 일부에 대하여 토지 이용을 합리화하고, 그 기능을 증진시키며, 미관개선 및 양호한 환경확보 등을 통해 당해 지역을 체계적·계획적으로 관리하기 위하여 수립하는 도시관리계획을 말한다.

PlusTip 지구단위계획의 구분

① 제1종 지구단위계획 : 토지 이용을 합리화·구체화하고, 도시 또는 농·산·어촌의 기능의 증진, 미관의 개선 및 양호한 환경을 확보하기 위하여 수립하는 계획
② 제2종 지구단위계획 : 계획관리지역 또는 개발진흥지구를 체계적·계획적으로 개발 또는 관리하기 위하여 용도지역의 건축물 그 밖의 시설을 용도·종류 및 규모 등에 대한 제한을 완화하거나 건폐율 또는 용적률을 완화하여 수립하는 계획

1275 지하층 **
地下層

건축물의 바닥이 지표면 아래에 있는 층

바닥으로부터 지표면까지의 평균높이가 해당 층 높이의 2분의 1 이상이 되는 것을 말한다.

1276 지형도면 ❊
地形圖面

지적이 표시된 지형도에 지역과 지구 등이 명시되어 있는 도면

국토의 계획 및 이용에 관한 법률에 의하여 도시·군관리계획 결정이 고시되면 특별시장·광역시장·특별자치시장·특별자치도지사·시장 또는 군수가 지적이 표시된 지형도에 도시·군관리계획 관한 사항을 자세히 밝힌 도면이다.

1277 착공신고 ❊
着工申告

건축주가 공사시작 시작 시 의무적으로 시장, 군수에게 신고하는 일

신축 및 재축 등에 대한 허가를 받거나 신고를 한 건축물의 공사를 착수하려는 건축주는 국토교통부령으로 정하는 바에 따라 허가권자에게 공사계획을 신고하여야 하고 허가권자는 신고를 받은 날부터 3일 이내에 신고수리 여부 또는 민원 처리 관련 법령에 따른 처리기간의 연장 여부를 신고인에게 통지하여야 한다. 정해진 기간 내에 신고수리 여부 또는 민원 처리 관련 법령에 따른 처리기간의 연장 여부를 신고인에게 통지하지 아니하면 그 기간이 끝난 날의 다음 날에 신고를 수리한 것으로 본다.

1278 청산 ❊
淸算

법률관계의 종료와 재산관계의 정리

도시개발사업·재개발사업·농지개량사업 등에서와 같이 사업의 시행 전의 토지 등의 가격과 사업시행으로 인하여 조성된 대지·농지 등의 환지의 가격과의 사이에 과부족이 생긴 경우에는 그 차이를 금전으로 가감하여 종전 토지 등의 가격과 환지의 가격 사이에 균형이 유지되도록 이를 지급 또는 징수하는 제도이다.

1279 **청약가점제** *
請約加點制

청약신청자의 조건에 따라 가산점을 부여하여 분양
주택의 당첨자를 결정하는 제도

2007년 9월 도입된 제도로 청약통장 가입기간, 가구
주의 나이, 무주택기간, 부양가족 수 등에 따라 각각
점수를 매긴 뒤 총점이 높은 순으로 청약 기회를 차
등 부여하는 제도로 실제 주택을 구입하고자 하는 실
수요자에게 주택을 공급하기 위한 제도이다.

1280 **청약부금** *
請約賦金

매월 5만 원 이상 50만 원 이하 금액을 일정 기간
납입하면 85㎡ 이하의 민영주택 또는 민간건설 중형
국민주택 청약권이 부여되는 것

가입 대상은 청약부금의 실시지역에 거주하는 만 20
세 이상의 국민인 개인 또는 외국인 거주자, 그리고
만 20세 미만인 자로서 주택공급에 관한 규칙에서 정
한 세대주에 해당하는 경우에는 가능하다.

1281 **체비지** *
替費地

도시개발지역에서 정비사업 결과 정부나 지방자치단
체에 환수되는 잉여토지

도시개발사업의 시행에 필요한 경비에 충당하거나 또
는 규약·정관·시행규정 또는 사업계획 등에 정하는
목적을 위하여 시행자가 환지계획에서 일정한 토지를
환지로 정하지 않고 유보한 토지를 말한다. 체비지는
집단적 또는 대단위로 한 곳에 편중되어 정할 수 없으
며, 감보율에 의하여 그 면적이 확보된다.

1282 취락지구 ✱
聚落地區

국토의 계획 및 이용에 관한 법률상 용도지구 중의 하나

녹지지역, 관리지역, 농림지역, 자연환경보전지역·개발제한구역 또는 도시자연구역 안의 취락을 정비하기 위한 지구를 말한다. 국토교통부장관, 시·도지사 또는 대도시 시장은 도시·군관리계획결정으로 집단취락지구와 자연취락지구로 세분하여 지정할 수 있다.

PlusTip 집단 취락지구 p.127

1283 타운하우스 ✱
Common Space

단독주택을 두 채 이상 붙여 나란히 지어 벽을 공유하는 주택형식

서구식 주택양식으로 국내에서는 아파트 + 전원주택으로 공동 정원에 연속 저층으로 건축된 주택(땅콩주택)이다. 대개 2, 3층 주택 10 ~ 50가구를 연접해 건설하며 정원과 담 등을 공유하며 창과 문은 주택의 전면과 후면에 배치한다. 타운하우스는 저밀도 집합주택이나 아파트의 층간소음, 화장실 배수음 등 문제가 적고, 공동 야외식탁이나 테니스장, 수영장 등의 레저시설을 설치해 입주민 커뮤니티 형성이 용이하다는 장점이 있다.

1284 택지개발 예정지구 ✱
宅地開發豫定地區

주택난의 해소와 주택의 안정적인 공급을 위해 공공기관이 민간건설업체에게 분양하기 전에 미리 조성하는 공공택지

택지개발예정지구는 택지개발사업을 시행하기 위하여 국토교통부장관 또는 시·도지사가 지정 및 고시할 수 있다.

1285 테크노폴리스 ☀
Technopolis

연구와 산업 및 주거환경이 복합된 기술개발 거점
단지

비교적 공업발전이 뒤떨어진 지역에 첨단기술산업을
전략산업으로 육성하면서 균형있는 지역발전을 도모
하기 위한 전략이다. 대표적으로 대덕연구단지, 미국의
실리콘밸리, 프랑스의 소피아앙티폴리스 등이 있다.

1286 토지부담률 ☀
土地負擔律

도시 개발 사업 시행으로 조성된 토지나 건축물로
토지의 매수 대금을 갚도록 하는 채권(감보율)

도시개발사업의 시행방식 중 환지방식은 기존 토지소
유자의 소유권을 유지한 채로 개발사업을 시행하여
개발된 토지를 토지소유자에게 다시 나누어주는 사업
방식을 말한다.

1287 토지상환채권 ☀
土地償還債券

도시개발사업시행자가 토지 등을 수용할 때에 사전
현금보상의 특례

막대한 현금보상의 부담을 줄이기 위해 사업종료 후
에 현금보상 대신에 조성된 토지나 건물로 상환할 것
을 조건으로 발행하는 채권이다.

1288 특별건축구역 ☀
特別建築區域

건축법에 의해 특별히 지정된 구역

조화롭고 창의적인 건축물의 건축을 통하여 도시경관
의 창출, 건설기술 수준향상 및 건축 관련 제도개선
을 도모하기 위하여 건축법 또는 관계 법령에 따라 일
부 규정을 적용하지 아니하거나, 완화 또는 통합하여
적용할 수 있도록 특별히 지정하는 구역을 말한다.

1289 특정용도 제한지구 *
特定用度 制限地區

국토의 계획 및 이용에 관한 법률상 용도지구의 하나

주거기능 보호 또는 청소년 보호 등의 목적으로 청소년 유해시설 등 특정 시설의 입지를 제한할 필요가 있는 지구로 국토교통부장관, 시·도지사 또는 대도시 시장은 도시관리계획의 결정으로 지정한다.

1290 파고라 *
Pergola

통상적으로 테라스 등의 상방에 부재를 종횡으로 짜 만든 것

등나무·담쟁이·덩굴장미 등의 나뭇가지를 얹어 그늘을 만든 테라스나 산책길 또는 그 구조물을 의미한다.

1291 피어기초 *
Pier Foundation

견고한 지반까지 75㎝ 이상의 수직공을 굴착한 뒤 현장에서 콘크리트를 타설하여 구조물의 하중을 지지층에 전달하도록 하는 기초 공법

구조물의 하중을 단단한 지반에 전달하기 위하여 토지의 하층을 굴착하여 기둥모양으로 한 기초를 말한다.

1292 필로티 *
Piloti

각주를 세우고 그 위에 건축물을 얹어놓은 건축양식으로 1층에 사무실 등을 두지 않는 건축물

경사지나 습기가 많은 곳, 벌레와 잡생물이 많고 도심에서 1층을 터서 주차장이나 시민들의 휴식처로 하는 등 근대적 건축양식이다.

1293 **3BAY** ❋

전면을 3개의 공간으로 구획한 것

거실을 가운데에 두고 나란히 양쪽으로 방을 둔 다음의 구조를 말한다.

1294 **하자보수 보증금** *
瑕疵補修保證金

하자보수를 보증하기 위해 예치하게 하는 보증금

공동주택 등을 건설·공급하고자 하는 사업주체 등은 사용검사권자가 지정하는 금융기관에 사용검사권자의 명의로 하자보수보증금을 예치하고, 해당 예치증서를 사용검사신청서를 제출할 때에 사용 검사권자에게 함께 제출하여야 한다.

1295 **호스텔** ❋
Hostel

배낭여행객 등 개별 관광객의 숙박에 적합한 시설

샤워장, 취사장 등의 편의시설과 외국인 및 내국인 관광객을 위한 문화·정보 교류시설 등을 함께 갖추어 이용하게 하는 시설을 말한다.

1296 환경영향평가 *
環境影響評價

환경영향평가 대상사업의 사업계획을 수립하려고 할 때에 그 사업의 시행이 환경에 미치는 영향(환경영향)을 미리 조사·예측·평가하여 해로운 환경영향을 피하거나 줄일 수 있는 방안(환경보전방안)을 강구하는 것

환경영향을 평가하는 분야는 대상사업의 시행으로 영향을 받게 될 대기환경(기상, 대기질, 악취, 온실가스), 수환경(수질, 지표지하, 수리·수문, 해양환경), 토지환경(토지 이용, 토양, 지형·지질), 자연생태환경(동·식물상, 자연환경자산), 생활환경(친환경적 자연순환, 소음·진동, 위락·경관, 위생·공중보건, 전파장해, 일조장해) 및 사회·경제(인구, 주거, 산업) 등이 있다.

1297 환지 **
換地

환지는 사업시행자가 토지를 매입하지 않고 목적에 맞게 변경해 원소유주에게 돌려주는 행위

토지구획 정리사업 방식으로 도시개발 사업을 할 때 종전의 토지 중 토지소유자에게 되돌려 줄 토지를 정하는 것을 말한다.

1298 환지방식 **
換地方式

도시개발사업의 시행방식

대지로서의 효용증진과 공공시설의 정비를 위하여 토지의 교환·분합 기타의 구획변경, 지목 또는 형질의 변경이나 공공시설의 설치·변경이 필요한 경우 또는 도시개발사업을 시행하는 지역의 지가가 인근의 다른 지역에 비하여 현저히 높아 수용 또는 사용방식으로 시행하는 것이 어려운 경우 시행한다.

PlusTip 수용 또는 사용방식

당해 도시의 주택건설에 필요한 택지 등의 집단적인 조성 또는 공급이 필요한 경우 시행한다.

1299 환지처분 ✱✱
換地處分

토지구획 정리사업법에 의해 시행되는 것

도시개발사업의 시행자가 환지계획에 따라 종전의 토지에 갈음하여 새로운 토지를 교부하거나 종전 토지에 관한 권리와 새로운 토지에 관한 권리의 과부족분을 금전으로 청산할 것을 정하는 행정처분이다.

1300 황폐지 ✱✱
荒廢地

거칠어 쓸모가 없는 땅

산지의 지피식생이 오랜 시간 걸쳐서 소멸 또는 파괴되고, 각종 형태의 토양침식이 산지 위에 발생하여 강우 시 토사유실이 심해 사방공사가 필요한 산지를 말한다. 즉, 가치 또는 물질을 생산할 수 없는 토지다. 「사방사업법」에서는 자연적 또는 인위적인 원인으로 인하여 산지 기타 토지가 붕괴되거나 토사(土砂)의 유출(流出) 또는 모래의 날림 등이 발생하는 지역으로서 국토의 보전, 재해의 방지, 경관의 조성 또는 수원(水源)의 함양을 위하여 복구공사가 필요한 지역을 의미하는 것으로 규정하고 있다.

PART

07

파트별
QUIZ

부동산학개론 QUIZ

다음 문제를 보고 옳고 그른 것에 따라 O,X를 고르세요.

01. 법지와 반대 개념으로 바닷가라고 부르는 지역을 <u>나지</u>라고 한다.   O   X

02. <u>부동성</u>은 토지의 위치가 인위적으로 이동하거나 지배하지 못한다는 특성이다.   O   X

03. 새로운 정보가 지체 없이 가치에 반영된 시장을 <u>효율적시장</u>이라고 한다.   O   X

04. 모든 사람들이 공동으로 이용할 수 있는 재화나 서비스는 <u>민간재</u>이다.   O   X

05. 한 종류 자산에 투자하면서 발생할 수 있는 위험을 제거하기 위해 여러 종류의 자산에 분산시키는 것은 <u>포트폴리오 이론</u>이다.   O   X

밑줄에 들어갈 단어로 옳은 것을 고르세요.

㉠ 공시지가   ㉡ 4P MIX   ㉢ 개발권 이전제도   ㉣ 감정평가   ㉤ 용도지역

06. 개발지역 내 토지소유자가 토지수용을 감수하는 대신 다른 지역 개발권을 보장해주는 제도는 _____(이)다.

07. 국가 또는 국민이 일정 지역의 지가수준을 항상 파악할 수 있게 한 제도는 _____(이)다.

08. _____(은)는 토지 등의 경제적 가치를 판정하여 그 결과를 가액(價額)으로 표시하는 것을 말한다.

09. 토지 이용 및 건물용도, 건폐율, 높이 등을 제한함으로써 공공복리 증진을 위한 도시관리계획으로 _____(을)를 결정한다.

10. 주로 상업용 부동산의 마케팅에서 사용되는 _____(은)는 유통경로, 제품, 가격, 홍보의 제 측면에 있어 차별화를 도모하는 전략을 말한다.

01. X(빈지) 02. O 03. O 04. O 05. O 06. ㉢ 07. ㉠ 08. ㉣ 09. ㉤ 10. ㉡

다음 문제를 보고 옳고 그른 것에 따라 O,X를 고르세요.

01. 주택임대차보호법은 주거용 건물의 임대차에 관하여 국민 주거생활의 안정을 보장하기 위한 목적의 법이다. O X

02. 금전대차는 금전 기타 대체물의 소유권을 상대방에게 줄 것을 약정하고, 상대방은 그것과 동종·동질·동량의 물건을 반환할 것을 약정하므로 성립하는 계약이다. O X

03. 자신의 토지 이용가치를 높이기 위해 타인의 토지를 일정한 방법으로 이용할 수 있는 용익물권은 지상권이다. O X

04. 공시의 원칙은 물권의 변동은 언제나 그 사실을 외부에서 인식할 수 있도록 일정한 상징적인 형식을 수반해야 하는 원칙이다. O X

05. 해제는 계속적인 계약을 장래에 향하여 소멸시키는 것이다. O X

밑줄에 들어갈 단어로 옳은 것을 고르세요.

㉠ 저당권 ㉡ 매매 ㉢ 대리권 ㉣ 법정추인 ㉤ 배타성

06. 하나의 물건을 한 사람이 지배하면 다른 사람의 지배를 인정할 수 없는 물권의 특성을 _____(이)라 한다.

07. 채무자 또는 물상보증인이 담보로 제공한 부동산에 대아여 변제가 없는 경우 경매하여 우선 변제를 받을 수 있는 것은 _____(이)다.

08. _____(은)는 대리인 본인의 이름으로 의사표시를 하거나 행위능력과 같이 법률상 일정한 효과를 발생하게 하는 능력 또는 자격이다.

09. _____(은)는 당사자 일방이 재산권을 상대방에게 이전할 것을 약정하고, 상대방은 그 대금지급을 약정함으로써 성립하는 계약이다.

10. 취소 원인인 일이 끝나고 취소할 수 있는 법률 행위로 상대방의 불안정한 지위를 보호하기 위한 제도를 _____(이)라고 한다.

01. O 02. O 03. O 04. O 05. O 06. ㉤ 07. ㉠ 08. ㉢ 09. ㉡ 10. ㉣

다음 문제를 보고 옳고 그른 것에 따라 O,X를 고르세요.

01. 채권자의 요청으로 법원이 채무자의 물건을 매각하는 것은 공매이다.　　　O　X

02. 수수료는 공적 사무를 타인에게 제공하는 보상으로 징수하는 요금이다.　　O　X

03. 개업공인중개사는 중개행위를 함에 있어서 등록된 인장을 사용하여야 한다.　O　X

04. 부동산 관리업은 부동산 서비스업의 한가지로 아파트단지를 관리하는 부동산의 관리활동을 대행한다.　　　　O　X

05. 지방자치단체장이 도시개발사업 또는 계획시설사업에 필요한 자금조달을 위해 발행하는 것을 도시개발채권이라 한다.　　　　O　X

밑줄에 들어갈 단어로 옳은 것을 고르세요.

ㄱ 부동산 중개업　　ㄴ 중개보조원　　ㄷ 전속중개계약　　ㄹ 중도금　　ㅁ 알선

---

06. _____(은)는 타인의 의뢰에 의하여 일정한 보수를 받고 중개대상물을 중개 또는 대리하는 일이다.

07. 부동산 중개활동 시 매매를 위하여 대상 부동산의 필요한 정보 및 조언을 제공해주는 행위를 _____(이)라 한다.

08. _____(은)는 부동산 중개의뢰자가 개인이나 회사로 공인중개사 한 사람이나 한 곳에만 중개를 의뢰하는 것이다.

09. _____(은)는 공인중개사가 아니지만 중개업자에 소속되어 중개대상물에 대한 현장안내 등의 중개업무 관련 단순 업무를 한다.

10. 부동산 거래계약 시 계약금 다음 약정금액의 반액 이상을 지불하는 금액은 _____(이)다.

---

01. X(가압류 명령) 02. O 03. O 04. O 05. O 06. ㄱ 07. ㅁ 08. ㄷ 09. ㄴ 10. ㄹ

다음 문제를 보고 옳고 그른 것에 따라 O,X를 고르세요.

01. 토지에 정착하고 있는 건조물로 토지와는 독립된 별개의 부동산은 <u>건물</u>이다.　　O　X

02. 보행, 차량 운행에 필요한 일정한 설비 형태를 갖춘 토지는 <u>주차장</u>이다.　　O　X

03. 지번부여지역 내에 순서로 붙여진 지번이 빠질 경우 이를 <u>부번</u>이라 한다.　　O　X

04. <u>면적</u>은 지적측량에 의하여 지적공부에 등록한 필지의 수평면상 넓이다.　　O　X

05. 소유자가 동일하고 지반이 연속된 토지인 <u>양입지</u>는 지목이 다른 경우 다른 토지에 편입되어 1필지로 획정된다.　　O　X

밑줄에 들어갈 단어로 옳은 것을 고르세요.

> ㉠ 임야　　㉡ 등기　　㉢ 축척　　㉣ 공시방법　　㉤ 유휴농지

06. 법정절차에 따라 사회에 공시하기 위하여 공부에 부동산의 표시 또는 권리를 기재하는 것을 _____(이)라 한다.

07. 산림 및 원야를 이루는 수림지·죽림지·암석지·황무지 등의 토지를 _____(이)라고 한다.

08. _____(은)는 농작물 또는 다년성 식물 재배에 이용하지 않는 대통령령으로 정한 농지이다.

09. _____(은)는 도상의 길이를 표시하는 척도이다.

10. 등기·등록·신고·통지 등과 같은 권리관계의 외형적 표상이 되는 사실을 _____(이)라고 한다.

01. O　02. O　03. O　04. O　05. O　06. ㉡　07. ㉠　08. ㉤　09. ㉢　10. ㉣

다음 문제를 보고 옳고 그른 것에 따라 O,X를 고르세요.

01. 주세, 부가가치세, 특별소비세, 증권거래세, 인지세 등을 <u>가산세</u>라고 한다.　　O　X

02. 납세의무자가 가지고 있는 부동산에 부과하는 것은 <u>부가세</u>이다.　　O　X

03. 실질적으로 조세를 부담하는 <u>담세자</u>는 납세의무자와 항상 일치하지는 않는다.　　O　X

04. 과세표준이 증가하며 세율이 점차 낮아지는 세율은 <u>역진세율</u>이다.　　O　X

05. <u>시가표준액</u>은 토지 및 주택에 공시된 가액을 말한다.　　O　X

밑줄에 들어갈 단어로 옳은 것을 고르세요.

> ㉠ 미등기양도자산　㉡ 원천징수　㉢ 종합부동산세　㉣ 공과금　㉤ 양도소득세

06. ＿＿＿＿(은)는 국가·공공단체가 국민에게 강제적으로 부과하는 공적 금전부담을 말한다.

07. ＿＿＿＿(은)는 규정하는 자산을 취득한 사람이 자산 취득에 대한 등기를 하지 않고 양도하는 자산을 말한다.

08. 자본적 성격의 자산을 양도하면서 발생한 이익을 과세대상으로 하는 소득세는 ＿＿＿＿(이)다.

09. 소득 또는 수입 금액을 지급하는 자가 그 대가를 지불할 때 상대방이 내야 할 세금을 국가를 대신하여 징수하고 납부하는 것을 ＿＿＿＿(이)라고 한다.

10. ＿＿＿＿(은)는 부동산 보유 정도에 따라 조세 부담 비율을 달리하여 납세의 형평성을 제고하는 국세이다.

01. X(간접세)　02. X(부동산세금)　03. O　04. O　05. O　06. ㉣　07. ㉠　08. ㉤　09. ㉡　10. ㉢

다음 문제를 보고 옳고 그른 것에 따라 O, X를 고르세요.

01. 도시 확산을 방지하고, 도시 경관을 정비하기 위한 녹지대는 <u>개발제한</u>구역이다.　　O　X

02. 국가 또는 지자체가 국민생활의 복지증진을 위해 설치한 시설은 <u>공공택지</u>이다.　　O　X

03. <u>주택</u>은 한 세대원이 장기간 독립된 주거생활을 할 수 있는 구조의 건축물이다.　　O　X

04. 건축물이 없는 대지에 새로 건축하는 것은 <u>신축</u>이다.　　O　X

05. <u>녹지지역</u>은 도시지역에 속하지 않으며 농림업을 진흥시키고 산림의 보전을 위한 지역이다.　　O　X

밑줄에 들어갈 단어로 옳은 것을 고르세요.

> ㉠ 개발밀도관리구역　㉡ 부대시설　㉢ 접도구역　㉣ 도시지역　㉤ 지하층

06. _____(은)는 개발로 인한 기반시설 부족이 예상되나, 설치하기 곤란한 지역을 대상으로 건폐율이나 용적률을 강화하여 적용하는 곳을 말한다.

07. 건물의 바닥 지표면 아래에 있는 _____(은)는 바닥으로부터 지표면까지의 평균높이가 해당 층 높이의 2분의 1 이상이 되는 것이다.

08. _____(은)는 도로 보호, 미관 보존, 위험 방지를 위하여 법으로 일정한 거리를 지정한 구역이다.

09. 인구와 산업이 밀집되어 있어 체계적인 개발·정비·관리·보전 등이 필요한 _____(은)는 주거지역, 상업지역, 공업지역, 녹지지역으로 구분할 수 있다.

10. 주택에 딸린 주차장, 관리사무소, 담장 및 주택단지 안의 도로 등의 시설 또는 설비를 _____(이)라고 한다.

---

01. X(보전녹지지역) 02. X(공공시설) 03. O 04. O 05. O 06. ㉠ 07. ㉤ 08. ㉢ 09. ㉣ 10. ㉡

INDEX

번호

3BAY 453

알파벳

BOT 방식 149

ㄱ

가건물 384

가격수준 14

가격시점 14

가격의 이중성 15

가계약 246

가구 384

가등기 280

가등기가처분 280

가등기담보 152

가등기담보 등에 관한 법률 152

가로조건 15

가망지 15

가산금 346

가산법 346

가산세 346

가수요 15

가압류 152

가압류 명령 153

가옥대장 281

가장조건 153

가집행선고 153

가처분 154

가처분등기 281

가청산 16

가치 16

가치분할 16

각하 281

간선시설 384

간인 246

간접세 347

감가수정 16

감가액 17

감면 347

감보율 384

감액청구권 154

감응도 분석 17

감정평가 17

감정평가서 18

감정평가액 20

감채기금 20

감환지 385

갑구 282

강성효율적시장 20

강제경매 154

강행규정 154

개간 촉진 지구 21

개발권 21

개발밀도관리구역 385

개발부담금 21

개발손실 21

개발신탁 22

개발이익 22

개발이익환수제도 22

개발제한구역 386

개발제한구역의 지정 및 관리에
관한 특별조치법 386

개발제한구역훼손부담금 386

개발진흥지구 387

개발행위허가기준 387

개별감정평가 25

개별분석 24

개별성 24

개별환원이율 24

개업 공인중개사 247

개업공인중개사 등의 결격사유 247

개축 388

갱신청구권 155

갱지 25

거래사례 25

거래사례비교법 26

거래예정금액 248

거래정보사업자 248

거미집이론 26

건물 282

건물등기 283

건물의 내용연수 27

건물표시의 변경등기 283

건부감가 27

건부지 27

건축 388

건축면적 388

건축물 388

건축물의 용도변경 389

건축법 389

건축선 389

건축설비 390

건축신고 390

건축심의 27

건축협정 390

건폐율 390

검인계약서제도 249

격자형 도로 28

견련 관계 385

결번 283

결번대장 284

결손금 347

결손준비비 28

결손처분 347

결절지역 28

결정원본편철장 284

경계 284

경계복원측량 285

경계불가분의 원칙 285

경계사정 285

경계선 285

경계점 286

경계점좌표등록부 286

경과실 155

경관지구 391

경락 385

경매 249

경자유전원칙 250

경쟁의 원칙 28

경정등기 286

경제임료 29

경제적 내용연수 29

계속임료 29

계약 156

계약금 157

계약면적 157

계약명의신탁 250

고도상업지 29

고도지구 391

고분양가 관리지역 30

공가율 30

공간균배의 원리 30

공간정보의 구축 및 관리 등에
관한 법률 286

공개공지 391

공공공지 392

공공분양 32

공공시설 392

공공임대주택 31

공공재 33

공공주택정책 33

공공측량 287

공공택지 393

공과금 348

공급법칙 33

공동구 394

공동담보 287

공동담보목록편철장 287

공동소유 157

공동인명부 287

공동저당 158

공동주택 393

공동중개계약 250

공매 33

공매가격 250

공매물건 34

공법상 거래규제 251

공부 251

공사감리자 394

공시 160

공시방법 288

공시송달 159

공시지가 35

공신력 160

공신의 원칙 34

공실률 35

공실률분석 35

공업지역 394

INDEX

공업화주택 395

공영개발 35

공영개발사업 395

공용부담 36

공용부분 161

공용사용 36

공용수용 36

공원 288

공유면적 37

공유수면 395

공유수면매립 396

공유 지분 161

공유지연명부 288

공익감정평가 37

공익비 37

공익용산지 348

공인중개사정책심의위원회 251

공인중개사 협회 251

공작물 396

공장용지 288

공제조합 252

공중공간 37

공중권 37

공중지상권 289

공중지역권 289

공증 252

공증인 252

공탁 161

공한지 38

과밀도시 38

과밀부담금 396

과세대상 348

과세요건 348

과세요건확정주의 349

과세전적부심사 349

과세주체 349

과세표준 350

과세표준신고서 350

과소설비 38

과수원 289

과실 161

과실책임의 원칙 162

과잉경매 162

관념의 통지 162

관리신탁 38

관리지역 396

관리처분계획 397

관습법 163

관습법상 법정지상권 163

관찰감가법 38

관할등기소 289

관할의 전속 289

광업권 163

광역도시계획 290

광역시설 397

광천지 291

교육세 350

교통영향평가 398

교통유발부담금 398

교합 291

구거 39

구분감정평가 39

구분건물 291

구분경매 164

구분등기 291

구분소유권 292

구분지상권 164

구상권 164

구획 39

국민주택 398

국민주택기금 39

국민주택채권 399

국부적 집중성 점포 40

국세 350

국유림 399

국토계획 399

국토이용정보체계 400

군사기지 및 군사시설 보호구역 400

권능 164

권리 165

권리객체 165

권리금 40

권리남용금지의 원칙 166

권리능력 166

권리분석 41
권리에 관한 등기 292
권리조사 252
권리질권 167
권원등기제도 41
권원보험 41
귀책사유 167
규약 292
균형가격 40
근린주구 404
근저당 167
근저당권 42
금반언의 법리 167
급부 168
기능적 내용연수 41
기대가격 42
기대이율 42
기명날인 293
기반시설 404
기반 시설 부담 구역 405
기반시설연동제 405
기번제도 293
기부채납 253
기속처분 253
기속측량 293
기업도시 406
기여분제도 168
기입등기 293

기초가격 43
기초측량 293
기펜재 43
기한 169
기한부감정평가 43
기회비용 43
기획 부동산 405
길어깨 44
깊이가격체감 44

ㄴ
나지 44
낙성계약 169
낙찰 169
난개발 406
날인증서등록제도 44
납기전징수 351
납부기한의 구분 351
납세관리인 351
납세담보 351
납세의무의 소멸 352
납세의무의 확정 352
납세의무자 352
납세자 352
납세지 353
내구재 45
내력벽 45
내부수익률 46
내수재료 406

내용연수 46
내용증명우편 170
내화구조 406
노대 407
노동지향형 입지 46
노선가 46
노유자시설 47
노후불량건축물 407
노후지구 47
녹지망 407
녹지지역 408
놀림형 고객 253
농림지역 408
농업경영 408
농업법인 408
농업보호구역 409
농업입지론 47
농업진흥구역 409
농업진흥지역 409
농작물 170
농지 409
농지법 410
농지보전부담금 410
농지소유상한의 원칙 410
농지원부 410
농지의 전용 411
농지취득자격증명 411
누진세 353

INDEX

뉴스테이 411

능동대라 · 수동대리 171

능률성의 원칙 48

님비현상 49

ㄷ

다가구주택 49

다목적지적 294

다변사교형고객 253

다운계약서 50

다중주택 50

단기임대차 171

단독주택 412

단독행위 171

단서유추적용설 171

단식지목 294

단절지가 51

담보물권 172

담보물보충청구권 172

담보신탁 51

담보인정비율 51

담보책임 172

담세자 354

담합입찰 172

답 294

대 294

대리 173

대리경작제 412

대리권 173

대리권부정설 174

대리권의 남용 174

대리상 175

대물변제 175

대물변제의 예약 175

대부비율 51

대상부동산의 확인 52

대수선 412

대위등기 295

대위변제 176

대지 412

대지권 295

대지권등록부 295

대지권의 변경등기 296

대지면적 413

대지사용권 296

대체산림자원조성비 413

대체재 52

대체효과 52

대치원가 52

대표 176

대항력 254

대항요건 296

도곽선 297

도근측량 297

도급 176

도로 297

도로구역 413

도로율 413

도면편철장 297

도시개발법 414

도시개발사업 414

도시개발채권 254

도시계획세 354

도시계획위원회 414

도시공간구조이론 53

도시구조이론 54

도시 · 군계획시설 414

도시 · 군계획시설사업 415

도시 · 군관리계획 415

도시 · 군기본계획 416

도시 및 주거환경정비법 416

도시연담화 416

도시자연공원구역 417

도시지역 417

도시형 생활주택 417

도시확산현상 55

도해지적 298

독립감정평가 55

독점 55

독점중개계약 254

동산저당 177

동시이행항변권 177

동일수급권 56

등기 298

등기관 299

등기권리자 299

등기권리증 299

등기능력 있는 권리 300

등기말소 300

등기명의인 300

등기부 300

등기부등본 301

등기사항 301

등기소 301

등기신청권 302

등기신청능력 302

등기신청적격 302

등기신청주의 302

등기신청행위 303

등기원인 303

등기청구권 177

등기촉탁 303

등록세 354

등록전환 304

ㄹ

라멘구조 57

레지던스 57

로렌츠곡선 57

리스팅 255

리츠 58

ㅁ

마찰비용이론 59

마케팅믹스(4P) 58

만사긍정형 255

말소등기 304

말소회복등기 304

맞벽건축 418

매각물건명세서 178

매도담보 178

매도의뢰접수 256

매립 58

매매 178

매수인 59

매입임대주택 59

매장물 발견 179

맹지 60

면세 354

면세점 355

면적 304

멸실등기 305

멸실회복등기 305

명도소송 179

명의대여 60

명의수탁자 60

명의신탁 180

명인방법 180

모기지론 61

모두생략등기 305

모듈러 주택 418

목장용지 305

목적세 355

묘지 306

무과실책임 180

무능력자 181

무상지분율 418

무임승차자의 문제 61

무제한납세의무자 355

무주물선점 181

무주택세대주 418

무효 181

무효등기의 유용 306

무효행위의 전환 181

묵시적 의사표시 182

문화산업단지 419

문화재보호구역 419

문화지구 419

물권 182

물권법정주의 183

물권변동 183

물권적 청구권 183

물권행위 184

물납 355

물상대위 184

물상보증인 185

물세 356

물적 편성주의 306

미관지구 420

미등기양도자산 356

INDEX

미분리과실 185

미성년자 185

미실현이익 356

민간임대주택에 관한 특별법 61

민간투자사업 62

ㅂ

바나나현상 62

바다로 된 토지의 등록말소 307

바닥면적 420

반의사불벌죄 256

방재지구 422

방화지구 422

방황형 고객 256

배분법 63

배타성 186

버블형 도산 63

법률사실 186

법률행위 187

법인세 357

법정담보물권 187

법정대리 187

법정신고기한 357

법정지상권 187

법정질권 188

법정추인 188

법지 63

법지적 307

베드타운 63

베란다 422

변경등기 307

변제 188

병합 · 분할감정평가 64

보류지 423

보수적 예측 64

보완재 64

보유세 357

보전산지 423

보존등기 308

보존지구 423

보존행위 189

보증금 189

보증보험 256

보증부월세 357

보통세 357

보통징수 358

복대리인 189

복리시설 424

복성가격 64

복성식평가법 64

복식지목 308

복식지번 308

복임권 190

복합개념의 부동산 65

복합건물 65

복합부동산 65

복합 용도 개발 425

복합적 개발 66

본번 308

본안판결 190

부가가치세 358

부과과세제도 358

부기등기 309

부담부증여 190

부당이득 반환청구권 190

부대시설 424

부동산 322

부동산가격의 이중성 66

부동산가격의 제원칙 67

부동산가격 형성요인 68

부동산개발 69

부동산 개발업 등록제 69

부동산개발위험 69

부동산 거래신고 257

부동산거래신고제 70

부동산거래정보망 257

부동산경기순환 70

부동산경영 71

부동산 관련 서비스업 71

부동산관리 71

부동산관리업 257

부동산광고 71

부동산구매결정동기 258

부동산권원 258

부동산금융 72

INDEX

부동산 등기 309
부동산등기부 309
부동산 등기 특별조치법 309
부동산마케팅 72
부동산문제 72
부동산세금 359
부동산수요 72
부동산시장 73
부동산신탁 73
부동산 실권리자명의 등기제도 74
부동산실명제 74
부동산유동화 74
부동산의 공적제한 191
부동산의 분합 310
부동산의 유용성 74
부동산입지선정 75
부동산정책 75
부동산조세 359
부동산중개 75
부동산중개업 258
부동산증권화 75
부동산투자 76
부동산 투자기법 분석 76
부동산 투자의 위험분석 76
부동산학 77
부동산현상 77
부동산활동 77
부동성 78

부동침하 425
부속건축물 426
부정형지보정 78
부정형획지 78
부증성 78
부지 79
부채감당률 79
부채금융 79
분기점 모형 79
분류과세 359
분묘기지권 191
분양가상한제 80
분양권전매제한 81
분양보증 258
분양처분 426
분필 310
분필등기 310
불가분성 191
불공정한 법률행위 192
불법행위능력 192
불연재료 426
비과세소득 360
비교방식 81
비례세 360
비례율 426
비배제성 66
비송사건 259
비업무용 부동산 360

비오톱 427
비용위험 81
비율임대차 81
비준지 259
비진의표시 193
비체계적 위험 82
비탄력 82
빈지 82

ㅅ

사도 427
사례자료 259
사선제한 427
사실상의 사도 260
사실인 관습 193
사업소세 361
사업연도 361
사용권 82
사용대차 194
사용인 260
사인증여 194
사자 195
사적지 311
사정변경의 원칙 195
사중개 260
사해행위 196
산재성 점포 82
산지전용허가 428
삼각측량 311

INDEX

삼차원지적 311

상계 196

상권 83

상린관계 196

상사중개 260

상속등기 361

상속세 362

상속인에 의한 등기신청 311

상속재산 362

상수원보호구역 428

상업지역 428

상향시장 83

상호검증 261

상환기금법 84

생애주기비용 91

생애최초주택구입 429

서비스부동산 261

선관주의의무 196

선매제도 429

선의 · 악의 197

선의점유 · 악의점유 197

선의취득 197

선하지 84

선형이론 84

설계도서 430

성큰가든 433

세법 362

세부측량 312

세율 363

세지적 312

셀링포인트 261

소급과세금지의 원칙 363

소득이득 84

소득효과 84

소매인력법칙 85

소비대차 198

소비세 363

소유권 198

소유권보존등기 312

소유권의 일부이전 313

소유권의 취득 199

소유권이전등기 199

소유물반환청구권 199

소유물방해예방청구권 200

소유물방해제거청구권 200

소유자 동일의 원칙 313

소지 85

손금 363

손해배상책임 및 보장제도 262

손해배상청구권 200

수도용지 313

수득세 364

수목의 집단 85

수변구역 430

수산자원보호구역 430

수수료 262

수요의 법칙 86

수익가격 263

수익방식 86

수익분석법 87

수익사례 263

수익성 부동산 263

수익성 지수 87

수익환원법 87

수준측량 313

수치지적 314

순가중개 263

순가중개계약 263

순영업소득 87

순현가법 88

순환재개발방식 430

슈바베지수 88

스프롤 현상 88

승계취득 201

승역지 · 요역지 202

시가표준액 364

시가화조정구역 431

시방서 431

시범도시 431

시산가격 88

시설보호지구 431

시장성 연구 89

시장연구 89

시장의 실패 89

시장지향형 입지 89

시장침투율 90

시장포획률 90

시장흡수율 90

시점수정 90

시행사 432

시효 202

시효정지 203

시효중단 203

신고납부제도 364

신고납세제도 365

신규등록 314

신생아 특례 대출 91

신청서류편철장 314

신청서편철부 314

신축 432

신탁 315

신탁등기의 말소 315

신탁등기의 신청 316

신탁원부 316

신탁재산 315

실버타운 433

실지거래가액 365

실질과세의 원칙 365

실현수익률 91

심사청구 365

심판청구 366

쌍방대리 204

ㅇ

알선 264

약관에 의한 계약 204

약정담보물권 205

약정해제권 205

양도 366

양도가액 366

양도담보 205

양도소득 366

양도소득세 367

양어장 316

양입지 317

어린이 보호구역 434

에스크로우업 91

에스크로우제도 92

에이지 싸이클 92

엘우드법 92

역저당 92

역진세율 367

연간소득 대비 주택 가격비율 93

연대납세의무자 367

연대적 편성주의 317

연면적 93

연부 368

연부연납 368

연와조 93

염전 317

영구임대주택 93

영속성의 원칙 317

영토고권 94

예고등기 318

예비등기 318

예측의 원칙 95

오표시무해 206

오피스텔 94

완충 녹지 433

요구수익률 95

요인자료 264

용도지구 434

용도지목 318

용도지역 435

용도지역별용적률 319

용수지역권 206

용익권 206

용익물권 207

용재림지역 95

용적률 436

용적이양제 95

우선매수신고 208

우선변제권 207

우유부단형 고객 264

원가연동제 96

원금 균등상환방식 96

원료지수 96

원상회복의무 208

원시적 불능 209

INDEX

원천과세 368

원천징수 368

위락지구 436

위약금 209

위탁경영 411

위험부담 209

위험 조정 할인율 96

유권대리 · 무권대리 210

유류분제도 210

유사지역 97

유실물 습득 210

유원지 320

유익비 211

유저당 211

유지 320

유추해석 211

유치권 212

유통세 369

유형적 개발 97

유휴농지 320

유휴지 97

을구 321

응능세 369

응익세 369

의사능력 212

의사표시 213

이의신청 321

이전 436

이전등기 321

이전수입 97

이중등록의 금지 265

이중매매 264

이해관계인 214

이행강제금 436

이행불능 214

이행지 97

이행판결 321

익금 369

인가주의 265

인구집중유발시설 98

인근지역 98

인근지역의 생애주기 99

인도 214

인세 369

인수주의 215

인역권 215

인장 266

인접성 99

인증 265

인지 216

인플레이션 헤지 100

일람도 322

일물일권주의 216

일반중개계약 266

일신전속권 216

일조권 437

임대료규제정책 100

임대료보조정책 100

임대료 비율 101

임대사례비교법 101

임대주택 101

임대차 217

임야 322

임야대장 322

임야도 323

임의경매 266

임의대리 217

임장활동 101

임차권등기명령제도 218

임치 217

입목저당 218

입주자대표회의 102

입주자저축 437

입지결정 102

입지경쟁 103

입지규제최소구역 437

입지인자 103

입지잉여 104

입찰 267

입찰기일 218

입찰지대이론 102

입체환지처분 438

ㅈ

자경 438

INDEX

자기과잉형 고객 267

자기과장형 고객 267

자기현시형 고객 267

자력구제권 219

자본이득 104

자본환원율 104

자산담보부기업어음 104

자산담보부증권 105

자연재해위험개선 438

자연환경보전지역 439

자유부번제도 323

자주점유 · 타주점유 218

잔여법 105

잔여지 439

잡종지 323

장기보유특별공제 370

장기수선충당금 439

장기 전세주택 106

장기할부조건매매 370

재단저당 219

재매매의 예약 219

재산세 370

재정비촉진지구 440

재조달원가 106

재축 441

재해관리구역 440

저당 106

저당권 220

저당대출 담보부증권 108

저당상수 108

저당유동화 109

저당지분환산법 109

적 82

적극적 지적 323

적산법 109

적재성 109

전 324

전단계거래액공제법 370

전단계세액공제법 371

전대차 220

전득자 220

전세권 221

전속중개계약 268

전용률 110

전용면적 110

전유부분 220

점유권 221

점유보조자 222

점유보호청구권 221

점유의 소 222

점유취득시효 222

접근성 268

접근조건 268

접도구역 441

접수장 324

정률법 110

정보공개의무 269

정보전시수수료 269

정부의 실패 111

정비사업 441

정상가격 111

정상임료 111

정상지가상승분 371

정액법 112

정착물 112

제1종근린생활시설 400

제1차 저당시장 112

제2종 근린생활시설 402

제2차 납세의무자 371

제2차 저당시장 113

제권판결 324

제방 324

제척기간 223

제한납세의무자 371

조건 223

조방농업 113

조세 372

조세법률주의 372

조세의 귀착 372

조세의 부과 373

조세의 전가 373

조세특례제한법 373

조세평등주의 374

조작성 사고 269

INDEX

조정 224

종가세 374

종교용지 325

종국등기 325

종량세 374

종률세 374

종업원할 374

종합과세 374

종합부동산세 375

종합환원이율 113

좌표 325

주거공용면적 113

주거분리 114

주거지역 442

주거지역의 변화 114

주등기 325

주말 326

주말 · 영농체험 442

주상복합아파트 443

주요구조부 443

주지목추종의 원칙 326

주차장 326

주택 443

주택가치 114

주택거래신고제 114

주택경기실사지수 115

주택공영개발지구 444

주택관리업자 115

주택금융 115

주택단지 444

주택담보 노후연금제 · 주택연금 116

주택도시기금 116

주택도시보증공사 445

주택바우처제도 117

주택법 444

주택보급률 117

주택상환사채 445

주택여과과정 118

주택임대차보호법 224

주택조합 445

주택후분양제도 118

준공검사 446

준공공소유 225

준법률행위 225

준보전산지 446

준부동산 118

준점유 226

준주택 446

중간생략등기 326

중개계약 270

중개대상물 270

중개보수 270

중개보조원 271

중개사무소 271

중개수수료 272

중개실무 272

중개윤리 273

중개인 273

중개행위 272

중도금 273

중심업무지구 446

중심지 이론 119

중재 226

중정 120

증여 375

증여세 375

증여의제 376

증환지처분 447

지가 120

지가구배현상 120

지가변동률 120

지구단위계획 447

지대 121

지렛대효과 121

지목 121

지목법정주의 326

지목변경 327

지방교육세 376

지방세 376

지배권 227

지번 327

지번부여지역 328

지번색인표 328

지분권 122

지분금융 122

지상권 227

지식산업센터 123

지역권 227

지역분석 123

지역자원시설세 377

지역지구제 124

지장물 125

지적 329

지적공개주의 329

지적공부 329

지적국정주의 330

지적기준점 330

지적도 331

지적도근측량 331

지적등록주의 330

지적삼각측량 331

지적전산자료 332

지적정리 332

지적측량 332

지적측량기준점 332

지적측량의 방법 333

지적측량의 원점 333

지적편집도 334

지적확정측량 334

지표권 125

지하권 126

지하층 447

지형도면 448

직권등기 334

직접대리 · 간접대리 228

직접세 377

직접점유 · 간접점유 228

직 · 주분리 126

직 · 주접근 126

진의 아닌 의사표시 228

질권 229

집단취락지구 127

집약농업 127

집합건물 127

징구법 274

징수유예 377

★

차임 274

착공신고 448

착오 229

참여중개 274

창고용지 335

채권입찰제 127

채권자대위권 229

채권자취소권 230

채권행위 230

채무불이행 231

채무불이행율 128

처분권 128

철도용지 335

철회 230

첨부 231

청구권 232

청문 275

청산 448

청약 231

청약가점제 449

청약부금 449

청약의 유인 232

체계적 위험 128

체납처분 378

체납처분비 378

체비지 449

체육용지 335

촉탁등기 335

총부채상환비율 128

총부채원리금상환비율 129

총위험 129

최고 233

최대가격보증계약 129

최대수요이론 129

최대수용이론 130

최소마찰비용이론 130

최소비용이론 130

최유효이용 130

추인 233

축소해석의 원칙 233

축척 336

INDEX

축척변경 336

출구전략 131

출연행위 234

취득 378

취득세 379

취득세 과세표준 379

취득세율 379

취득시효 380

취락지구 450

취소 234

취하 336

침묵방어형 고객 275

침입적 토지이용 131

ㅋ

클로징(Closing)단계 275

ㅌ

타당성분석 132

타성기간 132

타운하우스 450

탈법행위 234

탐문법 275

탑상형아파트 132

택지 133

택지개발예정지구 450

테크노폴리스 451

토지 337

토지거래허가제 134

토지공개념 133

토지대장 337

토지부담률 451

토지상환채권 451

토지선매제도 134

토지소유권의 범위 235

토지은행제도 134

토지의 이동 338

토지의 표시 338

토지이용전환 135

토지이용활동 135

토지이용활동의 기준 135

토지적성평가 136

통정허위표시 235

투기 136

투기과열지구 136

투자가치 137

투자결합법 137

투자의 수익성 137

투자의 안정성 138

투자의 환금성 138

트러스구조 138

특별건축구역 451

특별법 235

특수법인 276

특수지도 276

특수지역권 235

특정가격 138

특정용도제한지구 452

ㅍ

파고라 452

파산 276

파인애플기법 139

판독 139

판상형아파트 139

편철필증 339

평면지적 339

폐쇄등기부 339

포락지 140

포토폴리오이론 140

표제부 339

표제부등기 340

표준건축비 140

표준세율 380

표준임대차계약서 276

표준지공시지가 140

표현대리 236

프로젝트 141

프리미엄 141

플롯테이지현상 141

플리핑 142

피셔수익률 142

피어기초 452

필로티 452

필요경비 380

필요공가율 142

필요비 236

INDEX

필지 340

핌피현상 142

ㅎ

하도급 277

하자 236

하자담보책임 237

하자보수보증금 453

하자있는 의사표시 238

하천 340

학교용지 341

한계심도 143

한계지 143

한정가격 143

할당효율적시장 144

할인현금흐름기법 144

합동사무소 277

합동행위 238

합법성의 원칙 381

합병 341

합필 341

합필등기 341

항변권 239

해약금 240

해제 239

해제계약 239

해지 240

행위능력 241

허프의 확률모델 144

현명주의 241

형성권 241

형식적 심사주의 342

호스텔 453

혼동 242

혼화 242

홈에쿼티론 145

화폐의 시간 가치 145

환경영향평가 454

환급금 381

환급세액 381

환매 145

환매권 243

환매특약 342

환원이율 146

환지 454

환지등기 342

환지방식 454

환지처분 455

회귀분석 146

회복등기 343

회복시장 147

획지 147

효율적 시장이론 148

효율적 할당 148

후보지 148

휴한지 149

흠결 149